그림책과 철학하기를 통한 교육적 변화

포스트휴먼 어린이

그림책과 철학하기를 통한 교육적 변화
포스트휴먼 어린이

초판 1쇄 발행 2021년 11월 27일
초판 2쇄 발행 2025년 10월 10일

지은이 카린 무리스
옮긴이 이연선·변윤희·손유진·신은미·이경화·한선아
펴낸이 김승희
펴낸곳 도서출판 살림터

기획 정광일
편집 조현주·송승호·이희연
북디자인 꼬리별

인쇄·제본 (주)신화프린팅
종이 (주)명동지류

주소 서울시 양천구 목동동로 293, 2215-1호
전화 02-3141-6553
팩스 02-3141-6555
출판등록 2008년 3월 18일 제313-1990-12호
이메일 gwang80@hanmail.net
블로그 http://blog.naver.com/dkffk1020
한국교육연구네트워크 www.kednetwork.or.kr

The Posthuman Child
Copyright ⓒ Karin Murris, 2016
All rights reserved
Korean translation copyright ⓒ Sallimter Publishing, 2021
Authorised translation from the English language edition published by Routledge,
a member of the Taylor & Francis Group
Korean translation rights arranged with Taylor & Francis Group through Orange Agency

이 책의 한국어판 저작권은 오렌지에이전시를 통해 저작권사와 독점 계약한 살림터에 있습니다.
저작권법에 의해 한국 내에서 보호를 받는 저작물이므로 무단 전재와 복제를 금합니다.

ISBN 979-11-5930-205-3 93370

*가격은 뒤표지에 있습니다.
*잘못된 책은 바꾸어 드립니다.

그림책과 철학하기를 통한 교육적 변화

포스트휴먼 어린이

카린 무리스 지음
이연선·변윤희·손유진·신은미·이경화·한선아 옮김

포스트휴먼 어린이

『포스트휴먼 어린이The Posthuman Child』는 초등, 유아, 그리고 교사교육 속에 제도화되어 있는 연령주의에 기반을 둔 실천에 대항한다. 교육의 목적이 비판적 포스트휴머니즘 관점에 기반을 두고 있으며, 심리학, 사회학과 철학에서의 아동기에 대한 계보를 추적하여 지금의 아동과 아동기에 대한 지배적인 형상이 아동들을 인식론적으로 그리고 존재론적으로 열등하게 위치시켜 왔음을 보여 준다. 이 책 전반은 남아프리카공화국과 영국에 거주하는 교육실습생, 교사, 실천가들과 3~11세 사이의 어린이들과 함께했던 철학 작업의 실천적이고 이론적인 사례들이 얽혀 있다. 어린이들이, 특히 여아, 흑인, 가난하고, 가정에서 사용하는 언어가 영어가 아닌 경우, 일상 속에서 어떻게 소외되고, 차별받고, 거부되어 왔는지에 대한 논의로 이끈다. 이 책은 특히 아동기 담론들에 대한 해체에 탁월하게 기여할 것이다.

좋은 그림책들과 훌륭한 이미지들의 도움을 받아, 이 책은 변화를 위한 급진적인 제안을 한다. 어린이를 (비-)인간 타자들과 관계를 하는 데 유능하고, 잠재력 있고, 유연한 존재로 재형상화하는 것이다. 이 책은 문자와 문해교육, 교사교육, 교육과정 구성, 실행과 평가 분야에 필요한 시사점을 탐구한다. 어린이와 함께 연구하고, 일하고, 살아가는 모든 이들에게 이 책은 필수이다.

이 책의 저자 카린 무리스(Karin Murris)는 남아프리카공화국 케이프타운 대학교의 교육학부 교수로 재직 중이다.

〈유아교육 다시 읽기 Contesting Early Childhood〉 시리즈

시리즈 편집자: 구닐라 달버그 Gunilla Dahlberg & 피터 모스 Peter Moss

'유아교육 다시 읽기'는 현재 유아교육 분야를 지배하고 있는 주된 담론에 대하여 의문을 제기하면서 다양한 관점과 논의로 이루어진 대안적 내러티브를 제시한다. 이 시리즈는 유아교육 현장 활동과 새로운 정책 수립이 급격히 증가하면서부터 어떠한 교육적 가능성이 실현되고 있는지, 또는 이에 수반되는 위험은 어떠한 것인지를 검토하고, 이 분야가 어떠한 방식으로 점차 규제와 통제로 물들어 가고 있는지 조명한다. 이 시리즈에서 출판하는 저서들은 유아교육의 현장 활동이 실제로 어떻게 윤리적이고 민주적인 실천에 기여할 수 있는지 보여 준다. 저자들은 서구 사회 및 개발도상국 세계에서 전개되고 있는 대안적인 교육 실천으로부터, 그리고 발달심리학과 같이 다른 학문 분야로부터 새 아이디어를 취하고 이를 탐구해 들어간다. 이들은 현행 이론 및 최선의 교육 실제를 현재 전 세계에서 일어나고 있는 정치적, 사회적, 경제적, 문화적, 기술공학적인 주요 변화의 맥락 속에서 이해한다.

〈유아교육 다시 읽기〉 시리즈의 저서들

『포스트휴먼 어린이: 그림책과 철학하기를 통한 교육적 변화The Posthuman Child』, Murris(2016).

『로리스 말라구치와 레지오 에밀리아 학교Loris Malaguzzi and the Schools of Reggio Emilia』, Cagliari, Castagnetti, Giudici, Rinaldi, Vecchi and Moss(2016).

『어린이에게 귀 기울이기Listening to Children』, Davies(2016).

『유아교육의 변혁적 변화와 진정한 유토피아Transformative Change and Real Utopias in Early Childhood Education』, Moss(2014).

『어린이의 교육과정 되기Young Children Becoming Curriculum』, Sellers(2013).

『아동기 특성 재고하기Reconfiguring the Natures of Childhood』, Taylor(2013).

『유아기와 의무교육Early Childhood and Compulsory Education』, Moss(2013).

『들뢰즈와 내부작용 유아교육: 이론과 실제 구분 넘어서기Going beyond the Theory/Practice Divide in Early Childhood Education』, Lenz Taguchi(2009).

『들뢰즈와 가타리를 통해 유아교육 읽기: 운동과 실험Movement and Experimentation. in Young Children's Learning』, Olsson(2009).

『유아놀이에서 윤리적 정체성 형성하기Forming Ethical Identities in Early Childhood Play』, Edmiston(2007).

『레지오 에밀리아와의 대화In Dialogue with Reggio Emila』, Rinaldi(2005).

『불공평한 아동기Unequal Childhoods』, Penn(2005).

『유아교육의 윤리와 정치Ethics and Politics in Early Childhood』, Dahlberg and Moss(2005).

지금도 (되어)가고 있을
내 아이들, 손자, 손녀와 모든 어린이에게
이 책을 바칩니다.

차례

그림과 표 차례 12
머리글 14
감사의 글 22

1장 라이카 26

1부 포스트휴먼 철학적 관점

2장 미궁: 교사교육의 세 가지 목적 실행하기 61
  회절적 일시정지: 회절적 저널 89

3장 이것은 어린이가 아니다 94
  회절적 일시정지: 흉상-젖가슴-아기-여자 123
  회절적 일시정지: 다리, 입과 귀를 확장할 때 필요한 아이디어 131

4장 포스트휴먼 어린이 145
  회절적 일시정지: 누나 결혼식의/에 리암의 사진들 176

5장 어린이와 아동기의 형상화 191
  회절적 일시정지: 만들어지고-창조되는 어린이에 대한 신체정신 지도들 224

6장 존재인식론적 불평등과 기관 없는 듣기 235
  회절적 일시정지: '할머니와 금붕어' 읽기 250

2부 포스트휴먼 내부작용 페다고지

7장 레지오 에밀리아와 어린이와 함께하는 철학을 회절적으로 읽기 269

8장 교사는 새끼 밴 가오리 305
　　회절적 일시정지: 남아공의 새끼 밴 가오리 339

9장 그림책과 함께 철학하기를 통해 이분법적 사고 뒤흔들기 342
　　회절적 일시정지: 앤서니 브라운 이분법적 사고 뒤흔들기 프로젝트 375

10장 교육을 탈식민화하기: 총을 든 검은 코끼리와 흰 코끼리 378
　　회절적 일시정지: 놀라움 392

옮긴이 후기 416
참고 문헌 419
용어 정리 439

| 그림과 표 |

그림

1.1   케이프타운의 누르드훅 비치
2.1   디 도널드슨의 미궁 브로치 사진(존 도널드슨John Donaldson이 촬영)
2.2   예비 교사가 케이프타운에 위치한 클리프턴 비치에 만든 미궁(저자의 사진)
2.3   나빌라 키디의 2014년 최종 아동기 연구 설치미술품
3.1   나빌라 키디가 그린 〈이것은 어린이가 아니다This is not a child〉
3.2   개인-주의에 대한 서구 형이상학의 형판(그림: 코너 랄프스Connor Ralphs)
3.3   지구인들, 그들이 모두 같아 보인다는 문제(그림: 조이 캐럴Joey Carroll)
3.4   우리와 비슷하기 때문에 다른 지구 거주자들을 실험할 수 있다(그림: 조이 캐럴Joey Carroll)
3.5   흉상-젖가슴-아기-여성 사진에 대한 학습자들의 초기 질문들
3.6   철학자의 빨랫줄 2014
4.1   휴머니스트들이 주장하는 서구의 형이상학 재현주의(그림: 코너 랄프스Connor Ralphs)
4.2   오른쪽 화살표를 사용하여 차들을 주차장으로 향하게 하는 리암
4.3   결혼식에서 리암이 찍은 사진들
5.1   흘렌기위 므카이즈Hlengiwe Mkhize의 신체정신 지도
5.2   타린 웰시Tarryn Welsh의 신체정신 지도
7.1   주고받기: 쉘 실버스타인Shel Silverstein의 아낌없이 주는 나무
7.2   로리스 말라구치Loris Malaguzzi의 시 '백 가지 언어들'에 대한 질문들
7.3   앤서니 브라운Anthony Browne, 공원에서 일어난 이야기
7.4   행위주체성을 지닌 '뒤엉켜 있는 스파게티' 같은 지식(나빌라 키디Nabeela Kidy 작품)

8.1	가오리로서의 소크라테스(© Sharon Girard and proustmatters.com)
8.2	굴뚝을 청소하는 철학적 질문들
8.3	텍스트에 관한 질문의 분류를 위해 사용하는 상징기호
9.1	고릴라와 예쁜이는 서로 떨어질 수 없는 친구가 되었다
9.2	킹콩이 죽은 장면에 화가 나서 고릴라는 텔레비전을 부수었다(이 페이지는 전부 빨간색으로 칠해져 있다)
9.3	이카루스는 아버지 다이달로스가 경고했음에도 태양을 향해 높이 날았고 날개가 녹아서 추락해 바다에 빠져 죽는다
10.1	어린이의 교실에서 현실 세계를 배제할 수 있을까?
10.2	미로
10.3	흰 코끼리와 검은 코끼리가 총으로 서로를 죽인다
10.4	이제 회색이 된 중간 크기 귀를 가진 코끼리들이 코/손을 잡고 악수를 한다

표

5.1	어린이의 형상화에 대한 지도
8.1	철학적 탐구 페다고지 공동체를 통한 문해력 수업에서 가오리로서의 교사의 역할
8.2	네 가지 테스트 읽기 질문유형과 존재인식론적 가설
9.1	이분법적 사고 뒤흔들기 프로젝트에 적합한 앤서니 브라운의 그림책 목록

머리글

피터 모스Peter Moss

'유아교육 다시 읽기Contesting Early Childhood' 시리즈의 신간인 이 책을 통해 카린 무리스Karin Murris가 품고 있는 목표는 야심 차고 중요하며 매우 절박하다. 그것은 포스트휴먼 어린이로의 재형상화, 윤리적이고 공정한 교육 실천, 교육의 주요 목적 중 하나인 '관계물질적 주체화'이다.

포스트휴머니즘에 익숙하지 않은 독자들을 위해 카린은 이 패러다임의 입장에 대해 이해하기 쉽게 소개한다. 포스트휴머니즘의 관점에서 보면,

모든 지구 거주자들은 서로 뒤얽혀 있고 항상 되어 가며 언제나 다른 모든 것들과 내부작용[한다are].$^{Barad, 2007}$ 포스트휴먼 어린이는 관계적이다is. 속성, 역량, 목소리, 행위주체성 등을 가진 개체가 미리 존재하는 것이 아니다. 개체들은 관계를 통해 물질화되고 나타난다. 의미 또한 마찬가지다. 종들 사이에, 그리고 각 종의 서로 다른 구성원 사이에는 인식론적 평등뿐 아니라 존재론적 평등도 함께 존재한다.

핵심은 '함께 공유하고 있는 내부-연결된 자연문화 세계에 대한 집단적 책임의 관계적 윤리'를 지닌 인간 동물들, 다른 동물들과 인간 아닌 개체(예: 기계)를 포함한 모든 '지구 거주자들' 간의 연결성 및 상호의존성에 있다. 이와 같은 관계에서 자연은 인간중심 연구에 필요한 단순한 대상으로 전락될 수 없으며, '저기 어딘가'에서 인간에 의해 발견되기를 기다리는, 자연의 일부로 꼼짝할 수 없는 그 어떤 것이 아니다. 포스트휴머니즘은 인간중심주의뿐 아니라 아동중심주의에 대해서도 비판적이며 자율적 행위주체자로서의 어린이에서 '항상 모든 것들과 내부작용하는' 물질적이고 담론적인 거대한 힘의 그물망에 얽힌 어린이로 사상적 전회를 시도한다. 그러나 포스트휴머니즘은 어린이를 다른 많은 '지구 거주자들'과 함께 존재의 정점인 완전히 발달된 성인 특권 그룹의 외부에 있는 열등한 위치에 있는 존재로 바라보는 휴머니즘 관점에 대해서도 역시 비판적이다.

이와 같은 출발점으로부터 카린은 성인이 진정한 진리가 무엇이고 따라서 교육적으로 가치 있는 것이 무엇인지를 알고 있다는 주장이 갖는 연령주의적 편견, 즉 존재인식론적 불평등으로 인해 오늘날의 교육이 고통을 받고 있다고 주장한다. 어린이 존재에게는 지식을 주장할 권리가 주어지지 않기에 어린이의 목소리는 외면되고 어린이가 제공하는 지식에 아무도 귀 기울이지 않는다고 주장한다. 대신 어린이는 지식이 제공되기를 기다려야 하는데, 그것은 성인에 의해 공급되거나 혹은 내재적인 생물학적 발달 과정을 통해 얻게 되며, 두 경우 모두 성숙된 성인이라는 목표로 귀결된다. 이 책은 이러한 불평등을 종식시키고 다음과 같은 변화를 통해 가능한 다양한 교육적 실천을 제공함으로써 교육과 학교를 변화시키는 데 도움을 주고자 한다. 그와 같은 교육 실천에는 **탐구공동체**community of enquiry 내에서 어린이와 함께 철학하기, 민주적으로 작업하기, 상호적이고 반응적인 듣기(제기된 질문에 대해 교육자가 답을 알지 못하는 경우), 그림책, 신체정신 지도와 회절적回折的 저널(텍스트와 잘 섞여 있는 풍부하게 묘사된 사진, 그림과 표 등)을 포함한 다양한 도구의 사용이 포함된다.

이러한 변화된 교육의 중심은 '어린이와 학생들이 세계에 새로운 무언가를 가져오고', 그들 고유의 목소리로 말을 하게 하는 것으로, '주체화'라는 교육 목표로 우리를 이끈다. 카린은 여기서 교육철학자 거트 비에스타Gert Biesta의 업적으로부터 교훈을 얻을 뿐 아니라 캐런 바라드Karen Barad와 함께 비에스타의 글을 서로 회절적으로 읽으며 회절적 방법론을 사용함으로써 확장시켰다. 비에스타는 교육은 세 가지 영역 안에서 작동하고, 반복되고 중복되는 세 가지의 목적이나 목표가 있으며, 교수 기술은 이 세 가지 목표, 즉 학교교육 또는 **자격부여**qualification, **사회화**socialisation, **주체화**subjectification 사이에서 적절한 균형을 찾는 것이라고 주장한다. 자격부여란 학생들에게 취업(예: 교사로서)을 비롯해 미래 삶에 적합한 지식, 기술 및 성향 등을 갖추도록 하는 것이며, 사회화는 학생들이 **기존 질서의 일부가 될 수 있도록**become part of an existing order 하고 그 질서(예: 교직)에 대한 동일시를 통해 정체성을 수립하는 것을 포함한다. 그러나 주체화에 대해 비에스타는 다음과 같이 말한다.

아마도 사회화 기능의 반대라고 하면 가장 쉽게 이해될 것이다. 이는 분명 '신참자'를 기존 질서에 끼워 넣는 것에 관한 것이 아니라 그러한 질서로부터의 독립을 암시하는 존재 방식으로, 개체란 더 포괄적인 질서의 한낱 '표본'이 아니라는 존재 방식과 관련된다.2010: 21

교육 목적으로서의 주체화는 찰스 테일러Charles Taylor가 말한 기존의 실재를 정확하게 재현하기 위해 갖고 있던 지식을 전달하는 '현대 재현주의 인식론'의 관점으로부터 우리를 멀어지게 한다.1995: 5 대신 우리의 관점을 비에스타와 그의 동료인 데버라 오스버그Deborah Osberg가 붙인 용어인 '발현주의자' 인식론으로 전환하도록 하며 이를 새로운 속성의 창조로 정의한다.

> 발현에 대한 [현대적] 일시적 이해는 발현이 새롭고 때로는 생각도, 상상도 할 수 없는 강력한 속성을 나타나게 한다는 사상을 유지해 왔다. … 따라서 강력한 발현은 결정주의(주어진 일련의 환경은 단 하나의 논리적 결과를 가져온다는 사상)에 직접적인 도전이 된다. … [만약] 우리가 지식(또는 아는 것)을 현재에 의해 **결정된**determined 것이 아니라 현재로부터 **발현하는**emerging **것으로 사유한다면**… 각각의 지식 사건은, 다시 말해 각각의 지식(아는 것)이 일어나는 것은 반드시 **또한 급진적으로 새로운**also radically new 것이다.Osberg and Biesta, 2007: 33, 34, 40, 강조는 저자

카린은 비에스타의 제안에 물질을 더하여 발현적 인식론과 페다고지 주체화의 중요한 조건은 다양성과 차이, 그리고 상호의존적인 모든 '지구 거주자들'과의 포스트휴먼 관계라고 주장한다. 의미-생성과 새로운 지식 창조의 과정은 단지 인간 존재뿐 아니라 다른 동물들 및 질료와의 내부작용을 포함한다.

포스트휴먼 어린이의 의미와 잠재성에 대해 연구하면서 카린은 이 시리즈의 이전 책들에서 소개된 사상가들과 경험들이 함께하였다. 먼저 17세기 네덜란드 철학자 바뤼흐 스피노자Baruch Spinoza로, 인간 몸뿐만 아니라 인간의 마음도 자연의 일부part이며 자연을 통제하거나 지시하는 것이 아니라는 그의 사상은 "많은 현대 포스트휴머니스트들

에게 지속적으로 영감을 주고" 있다. 다음은 프랑스 철학자 질 들뢰즈 Gilles Deleuze와 펠릭스 가타리Felix Guattari로, 그들은 "리좀으로서 지식이 작용하는 방식과 우리가 어떻게 동일성sameness보다는 차이difference에 초점을 둔 '배움'을 사유해야 하는지"의 개념을 알도록 도움을 제공한다. 페미니스트 사상가 캐런 바라드는 물리학에 깊이 매료되어 "'질료(물질)와 의미(담론)'는 서로 회절적으로 간섭하며 뚜렷한 정체성-생성의 경계 없이 새로운 패턴을 생성하는 파도와 같이 늘 얽혀 있다"라고 주장한다. 끝으로 레지오 에밀리아 지역 학교의 페다고지 실천 철학은 "포스트휴먼 어린이에 적합한 리좀 교육과정rhizomatic curriculum을 제공할 수 있으며" "현재의 연령차별적 실천을 중단시킨다".

그러나 카린은 이 시리즈에 새로운, 그의 아이디어와 실천의 배치에 새로운 주제를 추가한다. 카린이 "'타인과-함께-생각함으로써-스스로-생각하기'를 배우기 위해" 탐구공동체에서 어린이와 함께 철학하기에 깊은 관심을 가지고 헌신했음은 이미 언급한 바 있다. 그는 개념과 실천에서 그것이 의미하는 것에 대한 해석의 차이가 아주 다를 수 있음을 인정하였다. "실천에서의 차이d]ifferences는 교사의 교육철학(예: 휴머니즘 또는 포스트휴머니즘, 특정한 주체성에 대한 함의), '공동체'와 '탐구'에 대한 개개인의 해석, 그리고 이 둘, 대한 특정한 균형"에 따라 크게 좌우되는 것이기는 하다. 그러나 카린의 이해와 수행으로 보면 어린이와 함께 철학하기란,

리좀적 내부작용 페다고지는 인식론적 변화와 권력 이동을 야기하며 직접 교수 실천으로부터 벗어날 것unlearning을 요구한다. 우리가 일상적으로 어린이의 이야기를 들어왔던 것을 와해시키고, 지식이라고 간주되는 것에 도전하며, 교사가 중요한 질문을 하는 사람이라는 권위를 무너뜨린다. 마지막으로 어린이와 함께

하는 철학은 어린이를 경계 없는 물질담론적 [원문대로 적음] 관계에서 (발현)병합하는 유능하고 유연하며 잠재력 있는 사람으로 가정한다.

카린은 또한 아동기 연구가 지닌 잠재력을 중요하게 생각하고, 이를 교사교육을 위한 교육과정에 사용함으로써 발현적인 교사들이 "교육적 실천과 관찰에 가져오는 어린이의 형상과 아동기에 대해 더 잘 알 수 있도록" 하고, "어린이의 형상이 어떻게 존재론적으로 미약한 존재로 잘못 자리매김되는[될 수 있는]지" 파악할 수 있게 한다. 이는 어린이가 그동안, 그리고 여전히 많은 교육 실천과 의사결정 과정에서 제외되는 이유이기도 하다. 다시 한번 그는 "심리학이 전 세계적으로 유아교육정책과 실제, 교육과정 설계에 여전히 지배적인 분야이지만, 아동기 연구가 아동 심리학에서 아동 사회학, 아동 철학으로 광범위하게 [b]roadly 어떻게 전환되어 왔는지에 주목하며observing, 아동기 연구에서의 일반적인 이해에 의문을 제기"한다.

마지막으로 덧붙일 중요한 말은 카린이 남아공에 거주하면서 그곳의 교사양성과정 학생들과 함께 작업을 함으로써 이 책 시리즈에 아프리카의 관점을 새롭게 제공하게 되었다는 점이다(비록 몇 가지 예는 다른 곳, 특히 카린이 살면서 일했던 잉글랜드와 웨일스에서 나왔지만).

카린은 포스트휴먼과 관련된 관점들을 설득력 있게 대변하는 반면 오늘날 유아교육에 널리 퍼져 있는 몇 가지 다른 관점들에 대해 비판적이다. 데카르트 사상의 이원론적 존재인식론 및 확실성 추구('여전히 우리 뼛속에 새겨져 있는'), "방법론적 타당성 결핍을 갖고 있는 발달주의, 정상적인 과정, 복잡성 감소, 자본주의 경제 노동력 대비, 진화론적 편견, 어린이의 타자화" 등이 이에 해당한다. 이와 같은 관점들은 바라드와 프릭커Fricker를 회절적으로 읽은 결과가 반영된 용어인 존재인식론적 불평등을 영속시킨다. 그러나 그의 비평은 모더니티의 산물에만 국한되지 않는다. 사회적 구성주의와 후기구조주의 역시 포스트휴머니즘의 관점에서 볼 때 물질을 인정하지 않고 사회적이고 담론적인 것에만 끊임없이 초점을 맞추고 있기 때문에 문제가 된다.

'유아교육 다시 읽기' 시리즈의 가장 큰 강점 중 하나는 그것이 교실에서 어린이와 함께하든, 대학에서 예비 유아교사와 함께하든 새로운 이론적 관점과 실제 페다고지 실천을 연결시켜 주는 방식에 있다. 시리즈로 출판된 책들은 유아교육 분야의 새로운 사상, 이해, 개념만을 탐구하는 것이 아니며 초기에 출간된 책 제목처럼 '유아기 연구에서 푸코 실행하기'가 그 가능성을 보여 준다.[MacNaughton. 2005] 나는 유아교육 분야에서 새로운 이론적 관점을 적용하는 것이 다소 이례적이라고 생각한다. 대학의 교육전문가들이 푸코나 들뢰즈, 바라드에 대해 저술을 하고 있는지는 모르지만, 얼마나 '실행하고' 있는가? 새로운 관점을 바탕으로 유아기를 둘러싼 현재의 지배 담론에 대해 의문을 제기하는 '대안적 내러티브'와 함께 행하는 것은 쉽지 않겠지만, 이 시리즈는 그것이 완전히 가능하다는 것을 보여 준다. 또한 지배 담론을 실행하는 데 투자되는 자원의 일부만이라도 대안적 내러티브와 이를 활성화하는 풍부한 실험에 전용된다면 이를 더욱 광범위하게 확장할 수 있을 것이다.

카린의 책은 대안적 내러티브로 작업하는 방식에 관한 또 다른 사례이다. 유아교육기관에서 어린이와 함께하든, 대학에서 예비 교사와 함께하든 카린은 포스트휴먼 관점을 적용하고, 어린이와 함께 철학을 하며, 젊은 연구자들과 철학 기반 아동기 연구를 수행하는 것이 어떤 의미인지를 생생하게 보여 준다. 우리가 이 텍스트를 통해 알 수 있듯이 어린이와 젊은 연구자들은 모두 성장하는 듯하다. 나는 카린의 학생 중 한 명의 목소리로 이 글을 마치고자 한다. 카린의 아동기 연구 코스에 참여하고 있는 이 미래의 교사는 오늘날 우리가 직면한 상황을 다음과 같이 요약한다. 이는 대안이 지닌 잠재력, 새로운 사유와 실행에 대한 갈망, 현 상황으로부터 탈피하는 것의 어려움, 그리고 희망과 좌절의 혼합이다.

휴머니스트 관점에서 벗어나기란 나에게 매우 까다롭고 때로는 어색한 일이기도 하다. 나는 거울에 비친 우리 모습처럼 우리가 휴머니즘에 아주 익숙하기 때문이라고 생각한다. 이러한 방식으로 나는 포스트휴머니즘이 작용한다는 것을 알 수 있다. 하지만 나를 괴롭히는 것은 '전 세계가 이런 방식으로 삶을 바라보도록 하려면 우리는 무엇을 해야 하는가?' 하는 것이다. 어떻게 우리가 배운 것을 교실을 벗어나 더 크고 광범위한 사회 환경으로 옮겨 갈 수 있을까? 이 사상을 널리 확산하기 위해서는 정말로 다리와 입 그리고 귀가 필요한 걸까? 이것은 사유로 시작되었겠지만 어떻게 그것을 넘어 성장하게 되었을까? 독자들의 생각을 알고 싶다.

감사의 글

이 책을 발전시키고 써 가면서 많은 사람들과 내부작용을 해 왔다. 그것은 멋진 프로젝트이자 진정한 특권이었다. 루틀리지Routledge 출판사의 앨리슨 포일Alison Foyle부터 편집자 피터 모스Peter Moss와 구닐라 달버그Gunilla Dahlberg에 이르기까지 명성 있고 획기적인 '유아교육 다시 읽기Contesting Early Childhood'(이하 'CEC'로 약칭) 시리즈에 나의 연구가 포함될 수 있도록 응해 준 모든 이에게 깊은 감사의 뜻을 전한다. CEC의 많은 책들이 나의 사유와 글쓰기에 지적으로 기여하였다. 물론 나의 철학에 대한 경이로움과 교육적 실험은 수천 명의 교사교육자, 철학자, 교사, 학생들과 학습자들에 의해 가능했다. 지난 25년 동안 그들과 함께할 수 있는 특혜를 얻었다. 특히, 오랫동안 우정과 협업을 이어 온 조안나 헤인즈Joanna Haynes의 독특함과 진귀함은 두드러진다.

이 책은 특히 남아프리카연구재단의 지원을 받은 포스트휴머니즘 연구 프로젝트를 통해 로시 브라이도티Rosi Braidotti와 그의 사상들을 다시 소개해 준 비비언 보잘렉Vivienne Bozalek의 공이 크다. 그 이후로 그는 내가 포스트휴머니즘 독서 모임을 이끌어 갈 수 있도록 도왔고, 매주의 회절들이 지금 이 연구의 하이라이트가 되었다. 나의 사유와 존재는 이와 같은 마주침을 통해 (발현)병합(e)emerge하였기에 개인의 공헌들에 대해 충분히 감사의 뜻을 전하는 것으로도 부족하다. 이 모임의 헌신, 열정과 깊은 통찰력과 우정이 없었다면 이 책은 가능하지 않았을 것이다. 비비언 보잘렉, 베로니카 미첼Veronica Mitchell, 카먼 블라이스Carmen Blyth, 시디크 모탈라Siddique Motala, 브렌다 레이보비츠Brenda Leibowitz, 테리사 조르자Theresa Giorza, 루넷 메이링Rouxnette Meiring, 주디 크라우더Judy Crowther, 크리스티 스톤Kristy Stone, 로빈 톰슨Robyn Thompson, 제이컵 피더슨Jakob Pedersen, 수마야 바바미아Sumaya Babamia, 다니엘라 가차고Daniela Gachago, 수전 뉴턴-킹Susan Newton-King, 앨리슨 플라르드Allison Fullard와 샨텔 그레이Chantelle Gray에게 진심 어린 감사의 마음을 전한다.

나빌라 키디Nabeela Kidy의 깜짝 놀랄 만큼 아름다운 그림 〈이것은 어린이가 아니다Ceci n'est pas une enfante〉와 〈행위주체성을 지닌 '뒤엉켜 있는 스파게티' 같은 지식〉에 대해서도 특히 감사하다. 강력한 이미지들의 행위주체성은 이 책 전반에서 느낄 수 있으며 나의 주장의 핵심을 뒷받침하고 있다. 두 이미지에서 코너 랄프스Conor Ralphs의 그래픽 디자인은 서구 형이상학의 몇 가지 핵심 분리에 대해 명백하게 보여 주고 있다.

케이프타운 대학교의 대학원 학생들은 그들의 작업에 포함된 글과 시각적 사례들을 사용할 수 있도록 해 주었다. 특히, 흘렌기위 므카이즈Hlengiwe Mkhize와 타린 웰시Tarryn Welsh는 감사하게도 그들의 신체 정신 지도를 공유하였다. 아프리카의 레지오 에밀리아 협회에 나를 초대해 주고 아이디어와 지원을 아끼지 않은 데스 휴고Des Hugo와 테사 브라운Tessa Browne을 빼놓을 수 없다. 케이프타운 대학교에서 우리가 시작한 레지오 에밀리아 읽기 모임은 유아교육에 대해 재고해 볼 수 있도록 너무나 필요했던 플랫폼을 제공하였다. 나의 교육적인 생각들을 실제로 적용하는 데에서, 케이프 공동주택에서 나누었던 사라 스탠리Sara Stanely의 작업, 많은 대화와 함께했던 시간은 영감이 되었다.

직접 찍은 사진들과 자신의 사진을 사용할 수 있도록 허락해 준 내 아들 리엄Liam Geschwindt에게도 감사의 뜻을 전한다. 디Di와 존 도널드슨John Donaldson은 미궁 브로치 사진을, 질 주버트Jill Joubert는 미궁과 예술 교육에 대한 멋진 생각들을 나누었다. 클라레 베어벡Clare Verbeek은 함께 쓴 논문의 일부를 사용하도록 했고, 그녀의 우정과 지원은 이미 직장을 넘어선다. 공동저자인 랜초드Vursha Ranchod와 조안나 헤인즈는 공동으로 참여했던 논문들의 일부 데이터를 사용할 수 있게 해 주었다. 로빈 톰슨과 그의 재단 소속 학습자들은 과거에 함께 했던 작업들을 너그러이 공유하였고, 그 풍부한 생각들을 마지막 장에 다시 담았다.

원고 집필을 지원해 준 케이프타운 대학교의 인문대학 교수진에게 감사의 마음을 전한다. 나를 대신하여 연구 기간 첫 6주 동안 남아공 서구 케이프 읽기 모임 협회의 위원장을 맡아 준 재키 돈브랙Jacqui Dornbrack, 그리고 재닛 콘디Janet Condy는 내가 필요할 때 항상 그 자리에 있었다. 국가와 국제 규모의 아프리카 문해력 학회에서의 그와 다른 위원회 구성원들의 관대했던 지원은 그 가치를 헤아릴 수조차 없다.

이 책의 편집을 맡아 준 사이먼 게슈빈트Simon Geschwindt는 원고에 대해 비판적이고 창의적인 의견을 제공했을 뿐 아니라 삶 속에서도 함께 철학적인 질문들과 즐거움들로 주기적으로 회절하였다. 나를 지지해 준 훌륭한 가족에게 따뜻함과 깊은 존중을 보낸다. 고양이와 강아지들에게도 그들은 늘 내 옆에 있었으며 적극적으로 이 책을 집필할 수 있도록 도와주었다. 이 책의 생산에서 행위주체성을 가진 환경은 따뜻한 우리 집, 수영장, 바다와 아름다운 서쪽 케이프 지역의 기후를 포함한다. 뮤젠버그Muizenberg의 파도와의 주기적인 내부작용과 누르드훅Noordhoek 바다에서의 강아지 산책은 이 책 속에 (발현)병합하였다.

　그림책의 삽화를 재판할 수 있도록 해 준 출판사에 감사의 뜻을 전한다. 데이비드의 『코끼리 전쟁Tusk Tusk』[1]에서 세 장의 이미지, 앤서니 브라운의 『공원에서 일어난 이야기Voices in the Park』[2]에서 한 장의 이미지, 앤서니 브라운의 『우리는 친구Little Beauty』[3]가 해당된다.

　이 책은 이전에 출판했던 논문들의 여러 부분으로부터 도움을 받았다. 물론 포스트휴머니즘 관점에서 다시 분석하였다. 2장에서 교육 목표에 대한 몇 가지 핵심 아이디어는 무리스와 베어벡Murris and Verbeek, 2014 연구에서 도출하였다. 6장의 일부는 무리스Murris, 2013b의 논문을 일부 다시 작성하였다. 8장과 10장의 연구 자료는 무리스Murris, 2014b를 수정한 것이다. 10장은 내가 진행한 사례 연구에 대한 팻 엔치소Pat Enciso의 논평에 관한 응답을 포함하고 있다. 『코끼리 전쟁』 사례는 헤인즈와 무리스Haynes and Murris, 2013의 논문에서 사용되었던 것이다. 그러나 두 사례의 경우, 똑같은 연구 자료를 사용했다 하더라도 이 책에서는 포스트휴먼 관점에서 분석하였다. 8장과 9장에서 문해력 교육에 대한 몇 가지 주장은 무리스Murris, 2014c로부터 발췌하였다. 9장의 많은 부분은 무리스Murris, 2015의 글을 참고하였다. 그러나 포스트휴먼 분석이 강화되었고, 무리스와 랜초드Murris and Ranchod, 2015 연구의 일부 연구 자료를 통합하였다. 끝으로, 이 책의 여러 장에서 무리스Murris, 2008에서 발췌한 내용들을 사용하였다.

---

1. Ccopyright © 1978 David McKee, 안데르센 출판사.
2. Artwork © Anthony Browne, 랜덤하우스 어린이책 출판사, 랜덤하우스 그룹, Illustrations © 2008 Brun Limited.
3. Walker Books, London SE1 1 5HJ, www.walker.co.uk.

1장
라이카

레이더 스크린에 잠깐 비치는 깜박 신호 같은 작은 반점에 불과하지만 인간Man은 돌아가는 세계의 중심이다. 인간Man은 태양이자 핵이자 버팀목이며 통합하는 힘이자 접착제로서 모든 것을 한데 끌어모아 통합한다. 인간Man은 나머지 것들과는 다른 독특한 존재이다. 이러한 차별성이 인간에게 유전된 거리, 즉 세계와 동료와 스스로에 대해 깊이 생각할 수 있는 지위를 부여한다. 구별되는 개체, 모든 척도의 단위, 육체의 유한성, 분리성이 그 비결이다.Barad, 2007: 134

느린 사고

25년 전이었을까? 어느 교무실에서 교사 2명과 주고받은 대화는 나에게 급진적으로 교육적 변화를 가져온 과정이었다. 그들의 대화에 영감을 받은 박사학위 연구논문은 아동기, 성인기, 실은 학술적 철학에 대한 나의 이해를 바꿔 놓았다. 그 교사들은 우리 반의 라이카[1]라는 9살짜리 소녀에 대해 이야기하고 있었다. 그들 중 누군가 "라이카는 느리게 생각하는 아이예요."라고 말했다. 나는 그 말을 이해할 수 없었고 심히 괴로웠다. 정말 사고가 하나의 사물object처럼 느리거나 빠르게 움직일까? 라이카에 대한 교사들의 좌절감 섞인 말을 들을 때 그들이 사용한 '느리게 생각하는 사람slow thinker'이라는 메타포metaphor² 사용에 충격을 받았다. 그 아이에게 부당했기 때문이다.³ 존재론적으로 그리고 인식론적으로 부당했다. 그 메타포는 확실히 지적 결함을 표현한 것으로 만약 라이카의 사고가 빨랐다faster면 보다 잘better 생각하는 아이였을 터인데 하는 가정을 내포하고 있다. 지적 능력뿐만 아니라 그 아이의 존재being('onto')에 대해서도 평가 판단이 이루어진 것이다.

라이카가 안됐다고 느꼈다. 이제 겨우 9살이다. 라이카의 앞으로의 학업과 행복의 많은 부분들이 특정 메타포적 언어 사용으로 사고와 행동이 구조화된 초등⁴ 교사들의 손아귀에 달린 것처럼 보인다. 어떻게 정신mind을 빠르게 또는 느리게 움직이는 세상의 사물로(치즈 조각처럼) 더 성숙mature하거나 덜 성숙한 것에 비교해 생각하고 말하는 게 가능한지 의아했다. 교사들은 라이카의 정신의 속도를 변화시킬 여지가 거의 없어 보였다. 이것이 라이카가 처한 실존적 현실이다.

---

1. 이 책에 나온 거의 대부분의 아이들의 이름처럼 라이카(Laika)는 가명이다. 실제로는 남자아이다. 라이카는 1957년에 러시아가 우주탐사 때 쏘아 올린 떠돌이 개의 이름이다. 그 개는 1주일 만에 뜨거운 열기와 공포 속에서 고통스러운 죽음을 맞이했다(출처: http:/ /news.bbc.co.uk/2/hi/science/nature/2367681.stm, accessed 21 December 2014). 박사학위 논문에서도 동일한 남자아이에 대해 언급했었다(Murris, 1997). 하지만 여기서는 그 아이의 이름과 성별(gender)을 바꿨다.
2. 내가 말하는 '메타포'는 이들 사이에 있는 모종의 유사성 때문에 하나의 개체(entity)나 경험을 이용해 또 다른 개체나 경험을 묘사하는 것을 의미한다[이는 줄리언 제인스(Julian Jaynes, 1990: 48) 그리고 레이코프와 존슨(Lakoff and Johnson, 1980: 178)이 내린 정의를 변용한 것이다]. 제인스(Jaynes, 1990: 48-49)는 모든 메타포마다 있는 피은유체(metaphrand) 즉, 묘사할 사물(잘 모르는 것)과 은유체(metaphier), 즉 그것을 설명하는 데 사용되는 사물이나 관계(아는 것) 사이의 유용한 구별에 대해 말한다. 이후에 교육 이론과 실제 구축에 흔히 사용되는 은유체인 인간 눈의 중요성을 고찰할 것이다.
3. 감정을 먼저 느낀 후에 왜 그럴까 그 이유에 대해 생각하지 않는다는 점을 여기에 밝혀 둔다. 여기서 감정은 오로지 인지적인 것만도 아니고 또 오로지 정서적인 것만도 아닌, 인지적이면서도 정서적인 하나의 판단으로 개념화하였고, 또한 물질담론적이다.
4. 남아공에서 초등 단계는 대략 4세~9세이다.

우리가 생각해 낸 메타포들은 심히 윤리적이고 정치적이다. 메타포에는 행위주체성agency이 있다. 메타포는 "우리로 하여금 특정 방향으로 나아가게 하는" "언어의 다리legs of language"이다.[Kirby and Kuykendall, 1991: 11] 메타포는 우리가 세계를 지각하는 방식과 '자기 자신'과 다른 사람과 관계 맺는 방식에 지대한 영향을 미친다.[Lakoff and Johnson, 1980: 3] 나는 라이카가 수업시간에 교사와 부모, 학우, 교육 제도(예를 들면, 테스트와 시험exam을 실시할 때 시간의 제한)에 의해 어떤 대우를 받았는가와 관련하여 뿌리 깊은 사고 습관이 지닌 교육적 함의를 이론화하였다.[Murris, 1997] 메타포적 언어는 '열린' '넓은' 마음을 가진, 또는 문제를 얘기함으로써 '잊어버리거나' '마음에서 떨쳐낼 수' 없는 문제에 '집착하는' '좁은' 마음을 가진 라이카의 사고를 '빠른' 또는 '느린'으로 평가하는 것을 가능하게 한다. 수업 진행 시 교사는 '그 아이가 어떠한지' 알아내기 위해 '공통의 관심사 찾기'로 수업을 시작할 수 있으며, 그 결과 그 아이는 '뭔가를 짚어 내거나' '자신의 새로운 아이디어를 제시할' 수 있다. 철학자 조지 레이코프George Lakoff와 언어학자 마크 존슨Mark Johnson은 어떻게 이런 지향적orientational 메타포가 우리의 '특정the' 정신에 대해 생각하고 말하는 방식을 형성하는지를 분석한 후, 지향적 메타포가 문화적으로 역사적으로 연관되어 있으며 전 개념 체계를 구조화하고 있음을 강조하였다.[Lakoff and Johnson, 1980: 15-16; 1999] 이것은 '위/아래', '안/밖', '앞/뒤', '접촉/분리', '깊은/얕은', '중심의/주변의' 등과 같은 '어떤a' 정신에 대한 공간적 지향성을 보여 준다. 레이코프와 존슨은 이러한 메타포의 물리적이고 문화적인 근간을 설명한다.

우리 문화에서 사람들은 자신들이 동물과 식물, 물리적 환경을 지배하는 존재라고 생각한다. 인간을 다른 동물보다 우위에 두고 그들을 지배하는 것은 인간만이 지닌 독특한 능력인 이성적 사고와 관련된다. 그리하여 지배가 위(CONTROL IS UP)라는 것은 인간이 위(MAN IS UP)이고, 따라서 이성이 위(RATIONAL IS UP)라는 것에 근거를 제공한다.^{Lakoff and Johnson, 1980: 17}

그 당시 나는 어떻게 이러한 개념이 근본적인 교육적 가치를 형성하는지를 연구하였다.^{Murris, 1997} 예를 들면, 어떻게 '많을수록 위'라는 메타포적 구조화가 '진보'와 '지식 증가'의 기저를 이루고 있는지를 분석하였고, 또한 어떻게 이러한 메타포가 일상 언어에 통합되어 '그녀는 연약해요' 혹은 '그녀는 불안해요'와 같은 표현이 참이든 거짓이든 간에 정신현상을 직설적으로 문자 그대로 묘사한 것으로 받아들여지는지도 분석하였다. 이와 같은 보편적 지식으로의 주장은 정신을 하나의 개체, 특히 '눈-으로서의-정신mind-as-an-eye'으로 이해하는 것과 직접적으로 연관되어 있다. 즉, 우리가 세상에 대해 가장 잘 아는 것은 우리가 지각perceive할 수 있는 것이다. 서양 철학의 전통에서는 인간 광학optics 패러다임에 근거를 두고 개체들과 맺은 최초 관계를 지식의 하나로 본다. 즉, 우리는 세계와 함께 무엇을 '하다hantieren'가 아니라 세계를 '응시한다begafft.'^{Heidegger, 1927/1979} 그 결과, 어린이가 생각하는 것을 묘사할 때 사용하는 대부분의 언어가 시각과 관련된다. 어떤 아동은 반짝반짝 빛나brilliant거나 맑다bright. 예를 들어, 아이들이 문제의 해결책을 찾아보고see 있을 때 아이들은 명석한clear-headed 사고를 한다. 교사가 다른 관점point에서 그림을 보고look, 분명한clear 혹은 명료한transparent 의견을 제시할 것을 요구할 때 아이들은 전체 그림picture을 파악할 수 있다.'^{Lakoff and Johnson, 1980: 51}

여기서 나의 주장의 핵심은 (부디 눈이 번쩍 뜨일 만한 일이길) 눈-으로서의-정신의 메타포에서 실제로 창출된[5] 추상 개념은 '보기seeing'가 이루어지는 독자적 공간인 정신-공간mind-space이다. 이것은 마치 정신-공간이 실제 물리적 공간인 것처럼 말하는 것을 가능케 한다. 정신을 신체에서 분리된 공간으로 개념화한 것은 계몽주의 이후 교육 이론과 실제에 지대한 영향을 미쳤다. 생각하기는 고정된static 것으로 여겨진다. 생각은 '외부' 세계와의 상호작용 전과 후에 정신의 '내부' 영역에서 일어난다. 철학자 리처드 로티Richard Rorty는 다채로우면서도 다소 정확하게 자연을 재현해 '담는' 거울로서의 정신의 메타포가 일반적으로 이런 사유와 지식에 대한 시각에 책임 있다고 말한다.Rorty, 1980 현대 과학에서는 정신을 신체와 분리된 존재이자 '사유하는 도구thinking thing'로 보는 휴머니즘 중심의 데카르트적인 마음의 개념이 상당 부분 남아 있다.특히 3장 참조 질 들뢰즈와 펠릭스 가타리는 정신분석에 관한 한 아주 비판적이어서 무의식과 같은 정신-공간의 개념을 단수('한 마리의 늑대wolf'), 즉 단일체로 보는 것을 거부하였다.

> 어리석기는! 당신은 한 마리의 늑대가 될 수는 없어. 항상 여덟이나 아홉, 여섯이나 일곱 마리야. 혼자서 동시에 여섯 또는 일곱 마리의 늑대가 될 수는 없지만 늑대 무리에서, 다섯이나 여섯 마리 사이에서의 한 마리는 될 수 있어⋯ 프로이트는 무의식의 관점에서 무리에 접근하려고 했지만, 무의식 자체가 이미 무리라는 것을 직시하지도 또 알지도 못했다.Deleuze and Guattari, 1987/2013: 32-3

무의식은 '무리'이다. 단수가 아닌 복수이다. "나는 이것이다, 나는 저것이다"Deleuze and Guattari, 1987/2013: 33라고 말할 수 없다. 렌스 타구치Hillevi Lenz Taguchi, 2013: 708-9는 들뢰즈에게서 사유란 '행위act'이지 '내'가 한 것이 아니라고 설명한다. 이와 유사하게 들뢰즈와 가타리Deleuze and

---

5. 이러한 메타포가 존재론적 개념을 창출한다는 점에 주목하는 것은 중요하다.

Guattari, 1987/2013:3는 공동 집필에 대해 다음과 같이 적고 있다. "우리 각자가 여럿이었기 때문에 이미 꽤 큰 무리였다." "'정신Mind', '의식', '무의식', '사유' 등은 모두 심리학과 정신분석에서 '유일한 하나One'의 공간을 상정한 개념들로서 '극단적 이원론deep dualism'[6]을 가정한다."Leal and Shipley, 1992: 34 이와 같은 철학적 입장은 우리가 행동하고 사람을 상대하는 방식에, 또 지식을 대하는 태도에 실제적인 (그리고 해로울 수 있는) 영향을 미친다.

데카르트의 유명한 격언 "나는 생각한다, 그러므로 나는 존재한다cogito ergo sum"는 서구 사상에서 독특한 주체성을 구축하였다. 즉, "주체는 각자의 구성적 활동을 통해 스스로를 구축하고 규정짓는다."Dahlberg, 2003:264 테일러에게서 영감을 받은 달버그는 "근대성에서 독립적이고 자의식이 강한 주체는 확실성과 진리의 중심지이자, 모든 것이 생성되고 모든 것이 회귀하는 제1원리이다"Dahlberg, 2003: 264라고 주장했다. 데카르트적인 확실성 추구와 지식의 근원에 대한 탐색은 기초로부터 이루어지며, "본질적으로 횡문화적이고 역사적인 확실한 고정점 또는 기반이 있다고 가정한다. 비교적 확실한 방법이 더 충분한 확실성을 갖게 되면서 관련된 적절한 신념을 추적해 간다고 가정한다."Benjamin and Echeverria, 1992: 65-6

불쌍한 앨리스

영국의 철학자 존 로크가 논했듯이 데카르트적인 관점에 따르면, 지식은 '내부 공간'(데카르트적 정신) 속의 '외부 공간'(외부 세계)을 재현representing함으로써 가능하다. 이런 이원론적 인식론은 루이스 캐럴

---

6. 릴과 시플리가 이를 극단적 이원론이라 칭하는 첫 번째 이유는 그것이 그렇게 '우리를 단단히 지배'하고 있기 때문이며, 또 다른 이유는 그들이 주장한 대로 그것이 모든 다른 이원론들의 기저를 이루고 있기 때문이다(Leal and Shipley, 1992: 35).

Lewis Carroll, 1865/2013: 58이 아주 잘 묘사하고 있다. 비범한 앨리스가 "지금 저한테 물어보신… 없는 것 같아요"라고 말하자, 모자 장수는 "그럼 말을 말아야지." 하고 응수한다. 불쌍한 앨리스는 말하기 전에before 생각해야 함을 상기하게 된다. 모자 장수는 생각이 이미 '거기' 정신-공간에 있기에 그저 말로 표현만 하면 된다고 생각한다. 여기서의 전제는 짝 활동이나 그룹 활동이 앨리스가 어떤 가치 있는 새로운 생각들을 하는 데 도움이 되지 않는다는 것이다. 앨리스가 머릿속에 이미 있는 생각을 전달하는 것이 아니라면 3월 토끼와 차를 마시며 대화를 나누는 것은 (물론, 3월 토끼가 그렇게 급하게 서둘러 가지 않았더라면) 아무런 의미가 없다. 흔히 교사들은 아동의 '텅 빈' 마음을 지식으로 '가득 채워 주는 것'이 자신들의 일이라고 믿고, 또한 그 지식에는 현 세계를 있는 그대로 정확히 재현하거나 반영한다고 믿는다.Benjamin and Echeverria, 1992: 64 그 결과 교사의 역할이 학습자보다 훨씬 더 적극적이다. 학습자의 훨씬 더 수동적인 역할은 필기하기와 '사실들' 암기하기, 교사의 질문 듣고 대답하기 등에 한정되며, 학생 개개인의 '지식'은 대부분 필기시험으로 평가받는다. 앨리스에게 (다양한) 생각mind을 탐구하도록 교육하는 것은 이원론적인 교육철학으로 가르치는 교사들에게는 좌절감을 안겨 줄 것이다. 교육 이론가이자 실천가인 마틴 벤저민Martin Benjamin과 에우제니오 에체베리아Eugenio Echeverria는 지식이 데카르트적 이원론에서 어떤 의미를 지닌 것인지 다음과 같이 설명한다.

> 이런 관점에서 지식은 능동적이라기보다 수동적으로 습득되고, 실제적 탐구라기보다는 주의 깊은 관찰의 결과물에 가깝다. 또한 지식은 대단히 개인적이다. 이론적으로 볼 때 올바르게 이해하려는 마음을 지닌 인식자는 스스로 세계의 지식을 획득할 수 있다.Benjamin and Echeverria, 1992: 65

이원론의 관점에서 어린이와 함께 더불어 생각하기, 어린이에게 (철학적) 질문을 스스로 할 수 있도록 '허용'하기, 그리고 짝 지어서, 소그룹으로, 또는 '탐구공동체'(어린이와 함께하는 철학이라 불리는 교수학습 접근의 페다고지)로 배우기 등의 교육적 가치를 알아보는 것은 힘겨운 일이다. 따라서 이와 같은 교육적 변화의 가능성을 깊이 있게 탐색하기[2부 참조] 위해 이 책의 1부에서는 먼저 이런 필연적인 방향 전환에 대한 철학적 근거를 살펴보고자 한다.

영토성

정신/신체 이원론은 이 책을 통해 중단시키고자 하는 핵심적인 이분법으로, 인간의 '유일무이한 사고 능력'이 인간을 '위에' 위치시키고, 또 동물과 식물과 물리적 환경에 대한 '지배력을 부여한다'는 믿음이 깊이 배어 있다.[앞부분의 인용문 참조] 릴과 시플리는 인간 존재의 성향에 대한 정신분석학적 설명이 이원론을 맹신하여 자신과 그 외 모든 것 사이, 특히 타인 사이에 '뛰어넘을 수 없는 간격, 즉… 자아와 자아 아닌 것 사이의 분열'을 만든다고 하였다.[Leal and Shipley, 1992: 34] 레이코프와 존슨은 이와 같은 존재론적 분열의 욕구를 인간 존재의 기초 본능들 중 하나인 영토성territoriality으로 설명한다.

> 우리는 물리적 존재이다. 우리의 피부 표면에 의해 경계 지어지고, 세계의 다른 부분들과 구분되며, 세계의 다른 부분을 우리의 밖에 있는 것으로 경험한다. 우리들 각각은 경계 짓는 표면과 안-밖의 지향성을 지닌 하나의 그릇이다. 우리는 우리 자신의 안-밖 지향성을 다른 물리적 대상에 투사한다. [또한 우리는] 이 지향성을 우리의 자연환경에도 부여한다.[Lakoff and Johnson, 1980: 29]

우리 일상에 담겨 있는 과학적이고 철학적인 언어와 담론의 이원론적 구조는 라이카와 앨리스와 같은 아동뿐만 아니라 모든all 아동과 관련된 진리 주장에 지대한 영향을 미쳐 왔으며 지금도 그렇다. 담론은 언어와는 사정이 다르다. 담론은 말해진 것, 혹은 말해지지 않은 것 그 이상의 것이다. 담론은 무엇이 의미 있다고 여겨지는지와 무엇이 특정 시대, 문화, 맥락과 특정 집단에서 말해질 수 있고 말해질 수 없는 것인지를 결정한다.Barad, 2007: 146; Lenz Taguchi, 2010: 53

1980년에 출간된 레이코프와 존슨의 책 『삶으로서의 은유Metaphors We Live By』는 획기적이었다. 이 책은 우리의 개념 체계가 어떻게 물리적이고 문화적인 환경과의 지속적인 상호작용에 뿌리를 두는지를 설명한다. 이를 토대로 사고, 행동과 가치가 '육체와 분리된' 것이 아님을, 즉 우리가 몸들을 갖고 있다have(비-이원론적 언어: -이다are)는 사실과 항상 이미 연관되어 있음을 설득력 있게 논했다. 나는 포스트모던(포스트-이원론) 교육을 이야기할 때 이들의 견해를 포함시켰다. 또한 현대 교육에서 아주 탄력적인 개념적 혼동, 즉 정신이 마치 '저절로' 자라나 단계적으로 '성숙하는' 물리적 신체인 것처럼 이해하는 것에 대해서도 지적했다.Murris, 1997; see also Egan 2002: 79-82 나는 사유란 정신-공간 '안'에서 생성되는 것이 아니라 상호작용 그 자체의 관계-역동적인 과정 안에서 생성되기 때문에 상호작용적이고 대화적이며 민주적인 페다고지를 가능하게 하는 철학적 정당성을 제공하면서 이를 이론화했다.Murris, 1997

하지만 이 책은 나의 원래 철학적 지향을 상당히 급진적으로 깨고 나왔다. 이 책은 인간중심주의적 시선, 즉 "인간을 실재 내의 다른 물질보다 우위에 두며" "세계를 다른 모든 영향력 있는 인간-아닌 힘들은 무시하며 인간들의 것으로만 구성된 사회적 세계로 축소시켜 놓은" 그 언어가 실재를 구성한다는 생각과 시선에 비판적이며, 비-서열적인 일원론적 교육철학을 따른다.Hultman and Lenz Taguchi, 2010: 526 이러한 포스트휴먼 사유는 어린이를 바라보는 방식과 유아교육 연구에 많은 영향력을 미친다. 언어 철학에 대한 통찰과 담론에 초점을 맞추는 것과는 별개로 몸들(인간 아닌 몸들을 포함)이 지닌 물질과 물질성의 존재론적 포용을 위해서는 정신/신체 테제, 그리고 이에 따른 자연/문화Nature/Culture의 이분법을 와해시키는 교육철학이 필요함을 주장한다. 어떤 면에서 후자는 인간의 사회적 실제에만 한정되어 있는 후기구조주의, 사회구성주의, 사회적 구성주의, 그리고 포스모더니즘[7]의 가설들을 여전히 당연시한다.Barad, 2007: 145 아동기를 탈자연화하는 것은 관념의 역사에서의 '언어적 전회'와 연관된다.Taylor, 2013: xvi 이것은 언어와 담론들이 세계를 이해하는 방식을 형성한다는 생각이다. 어린이와 아동기를 이론화하는 데에서 더 진전된 변화는 행위주체성이 (또한) 물질세계에도 있으며, 배움이란 어린이 '안'에서 일어난다는 생각을 문제화하는 현대의 '물질적 전회'이다. 그러나 앞으로 논의하겠지만, 행위주체성이란 항상 체화된 유기체인 사람과 물질세계 (예를 들면, 방 안의 가구, 손에 쥔 찰흙, 탁자 위에 놓인 그림책) '사이'의 공간 '안'에 있으며, 서로에게 행위하는 모든 물질적 유기체들 사이에 위치하는 시공간적 관계를 고려한다.Lenz Taguchi, 2010: 36

『포스트휴먼 어린이』는 사람을 분리된 실체인 '신체'과 '정신'으로 구분할 수 있다고 가정하는 언어와는 거리를 둔다. 다시 말해 사유의 탈영토화, 즉 재현주의가 없는 사유를 통한 '새로운 시작과 생성'을 가정한다.Deleuze and Guattari, 1987/2013 플라톤은 서구식 사고에 동사 '-이다to be'는 고정된 의미를 가진다는 개념을 도입했다. 그는 정체성의 개념을 감각들의 세계가 아닌, 이성과 합리성의 영역인 가지계intelligible world

---

7. 특히 4장, 5장, 10장을 참조.

에만 적용했다. 플라톤에게서 이성의 영역은 '-되기becoming'가 아니라 '-이기being'이기 때문에 그 세계에서 모든 것은 '그것이 어떤 존재인가'이다. 철학자 트레버 커노Trevor Curnow는 플라톤의 이원론이 "엄격한 양자택일either/or로 작용하는 논리 구조를 어떻게 확립했는지를" 지적해 내는데, "그와 같은 논리는 정확히는 정체성을 문제 삼지 않기 때문에 가능하다."1995: 25 그 결과, 서구식 사고에서 느리게 생각하는, 총명한, 예술적, 등등 '-이다be'라는 것은 불가능성, 적어도 '변화'의 가망이 없음을 말한다. 라이카는 느리게 사고하기 때문에 교사가 해 줄 수 있는 것이 그리 많지 않다. 여기서 살아 있는 유기체는 끊임없이 분명히 변해 간다는 사실에 대한 고려는 없다.

숨 쉬는 주체성

심리학자 줄리언 제인스Julian Jaynes는 동사 '-이다to be'는 문자 그대로의literal 언어가 아니라, 숨을 쉬는 것과 성장하고 있는 것에 관한 메타포로부터 생성된 개념이라고 주장한다. 그는 동사 'to be'는 산스크리트어에서 '성장하다' 또는 '성장하게 하다'를 의미하는 동사 '부bhu'에서 나왔고, 'am'과 'is'는 '숨을 쉬다'를 뜻하는 산스크리트어 '아스미asmi'와 동일한 어근에서 진화되어 온 것이라고 말한다.Jaynes, 1990: 51 관계적 물질주의와 포스트휴머니즘의 숨 쉬는 주체성이라는 개념은 양자택일 논리를 붕괴시켜 재구성하며queer[8] 타자와 공존하는 방법에 대한 가상의 가능성을 제시한다. 라이카의 숨은 폐를 통해 나올 뿐만 아니라 세포도 숨 쉬게 하며 '그 숨'은 '그 아이'의 몸을 떠나 '다른' 몸들과 내부작용할 때[9] 피부의 경계를 넘는다. 원자의 개별 자아들의 경계

---

8. 후기구조주의 페미니스트 작가들(예를 들어 Taylor, 2013: 64)의 영향으로, 나는 자연/문화의 이분법을 없애기 위해 동사 '붕괴시키다(queer)'를 '재구성적(reconstructive)' 자극으로 사용하였다.
9. 이러한 상상의 접속을 한 베로니카 미첼에게 감사드린다.

를 넘는 포스트휴먼 주체는 우리가 새끼 밴 가오리라는 새로운 비유를 통해 가르침(7장)과 교사(8장)에 대해 달리 생각하게 한다.

이 책의 목적이 이론화에 있지만, 이와 더불어 어린이와 함께 철학을 '하고 있는' 예비 교사와 어린이들과의 실제 '물질담론적' 만남을 통해, 그리고 체계적인 활동 참여와 사례를 통해, 연령주의[10]의 페다고지 실천과 교육과정에 지대한 영향을 미친 이원론적 메타포들을 없애는 것을 목적으로 한다. 나는 단어 '물질담론적'에 하이픈(-)을 사용하지 않는데, 이는 '물질적'인 것과 '담론적'인 것이 동시에 생성됨을 보여주기 위함이다.[11] 똑같은 이유로 '신체정신'에도 하이픈을 사용하지 않는다.[12] 이 책은 사유하기란 체화되고 육체를 횡단한다고 제안하며, 주체성은 단수적이지도, 독립적이지도, 젠더적이지도, 인종적이지도 않을 뿐 아니라Lenz Taguchi, 2013, 연령차별적인 편견을 통해 본질화되는 것도 아니라고 제안한다.

더욱이 우리가 라이카의 사고 (또는 그 아이의 본질essence)에 대해 생각하는 방식은 다른 인간 동물과의 신체적 상호작용과 의사소통 관계의 실존existence뿐만 아니라 다른 물질적 조건, '인간-아닌 정보'에도 기인한다.Larson and Phillips, 2013: 20

라이카의 학교는 영국 남부의 아주 부유한 마을에 위치해 있다. 하

---

10. 성차별과 인종차별처럼 연령차별은 사람의 나이에 대한 '편견 내지 차별'이다(출처 www.oxforddictionaries.com/us/definition/american_english/ageism, accessed 1 December 2014).
11. 이것은 유물론적 페미니즘 사상에서 중요한 변화이다. 잭슨과 마쩨이(Jackson and Mazzei, 2012: 110 fn1)는 양방향 화살표 즉, 물질 '↔담론'으로 표기했다. 나는 '물질담론적'의 존재론적 전체성(wholeness)을 선호하는데, 그 이유는 다음에 설명하기로 한다.
12. 이 개념은 렌스 타구치(Lenz Taguchi, 2012)가 플로이드 머렐(Floyd Merrell)을 원용해 처음 사용했다. 여기서 '신체정신'은 인간이 비-이원론적 '완전체'라는 통찰을 표현한 단어이다. 특히 전체론적 주체성(holistic subjectivity)뿐만 아니라 '신체정신물질'을 표현하기 위해 'I'이나 'ii' 대신에 'iii'를 쓰자는 나의 제안과 철학적 해석에 대해서는 1장의 나머지 부분과 3장, 4장을 참조.

지만 그 학교 통학권에는 대규모의 임대주택 단지가 있다. 약 3분의 2 정도의 아이들이 저소득 가정 출신으로 무료급식을 받고 있다. 새로 부임한 교장 선생님의 강력한 정치적 이상과 헌신 덕분에 이 작은 학교는 '갈 데 없는' 아이들의 안식처가 되었다. 이런 평판이 널리 퍼지면서 '말썽꾸러기' 아이들이 몰려들었고, 그중에는 이전 학교에서 서너 번이나 퇴학을 당한 아이들도 있었다. 비탈에 세워진 이 현대적 학교의 설계는 특이했다. '열린 학교'로서 수업할 공간은 많았지만, 이들 공간을 나누는 벽과 문은 아주 적었다. 교직원들에게 또 다른 어려운 점은 필요한 감독(아이들 움직임과 행동 감시[13])을 어렵게 만드는 아이들이 숨을 외진 곳과 학교 출입문이 너무 많다는 것이었다. 학교 건물 맨 아래층에는 독서를 할 수 있는 책을 보관하는 용도로 사용하는 방이 하나 있었다. 이 공간은 2년 동안 나에게 아주 특별해졌다(공간은 물질화되었고, 내가 지금 실천하고 있는 이론들 속에서도 여전히 그러하다).

'플라톤의 동굴'

나에게 배정된 교실은 입구가 하나만 있는 원형의 방이어서 그림책을 가지고 철학 수업을 진행하기에는 완벽했다. 그곳에 상주하는-철학자로서 4~11세의 모든 아이들과 공부한 이후로 곧 이 교실은 '플라톤의 동굴'이라는 별칭으로 불렸다. 아이들이 자기 생각을 표현하는 것을 아주 '안전하게' 느꼈다고 말한다면 지나치게 순진한 것일지 모르지만 나는 그 공간을 아이들의 학문적 자유를 위한 성역이라고 평가한다. 소극적인 힘은 은근히 작용한다. 정식 교사는 아니었지만, 나이가 있고 그 공간을 '소유한' 것처럼 보이며 또 벌을 주거나 담임교사와 부

---

[13]. 들뢰즈를 원용해 달버그와 모스(Dahlberg and Moss, 2005: 50)는 감시가 어떻게 '일상생활 속에서 자연스럽게 이루어지고, 또 행동에 대한 지속적인 관찰을 가능케 했는지' 논한다.

모에게 얘기할 수 있다는 단순한 사실이 영향을 미쳤고 아이들의 행동을 규제하였다.Fricker, 2007: 9-10 하지만 적어도 아이들은 죽음이나 그들이 중요하게 여기는 아동권리, 동물보호, 시간여행, 가상친구 등과 같은 주제들에 대해 제지당하지 않고 충분히 이야기 나누었다. 상주하는-철학자로서 그 학교 교사들과는 다른 종류의 성인의 지위를 가진 덕분에 다른 관계를 형성할 수 있었고 그에 따라 지식도 함께 구성할 수 있었다.Petersen, 2014: 37 때로는 아이들의 철학적 발상이 교사들의 거센 비판을 불러일으키기도 했다.Haynes and Murris, 2012 10장에서는 포스트휴머니즘 관점에서 아이들과 함께 철학하기가 사회적 그리고 존재인식론적 정의(6장)를 위해 '금기시되는 주제'에 대해 다른 반응들을 필요로 하는 이유에 대해 깊이 있게 다룰 것이다.

라이카의 철학 '교실'의 건축-구성archi-text-ure이 절대적으로 '탐구공동체', 어린이와 함께하는 철학의 페다고지를 만드는 데 기여하였다. 몇몇 반은 아이들이 30명 이상이었으며, 이 아이들 모두를 그 원형의 교실에 밀어 넣는다는 것은 곧 몸이 서로 맞닿을 뿐만 아니라 전통적인 좌석 배치에서 훨씬 더 서로의 얼굴을 잘 들여다보고 상대방이 말하는[14] 바를 잘 들을 수 있음을 의미한다. (이른 오후에 해가 보이는) 그 교실에는 햇볕이 잘 드는 창문들이 있었다. 교실 중앙에 1990년대 초기의 유일한 녹음 장치였던 커다란 스탠드형의 전방향全方向 마이크가 놓여 있어 모두의 목소리를 들을 수 있었다. 나는 그것을 이용해 모든 철학적 탐구를 녹음테이프에 담았다.

마이크는 '장치apparatus'이다. 그것은 "사물이 아니라 행위이다."Barad, 2007: 183 포스트휴머니스트 캐런 바라드Karen Barad는 '질료matter'(물질적인 것)와 '의미meaning'(담론적인 것)는 회절적으로 서로 간섭하는 파

---

14. 일부러 '목소리'라는 개념의 개체-이원론적(indivi-dualised) 사용을 피한다. 특히 다음 부분과 6장 참조.

동처럼 항상 얽혀 있으면서 뚜렷한 정체성-생성의 경계선[15] 없이 새로운 유형을 만들어 낸다고 설명한다.[2007: 3] 물질적이고 개념적인 것은 그 장치 안에서 합쳐져 '비-이원론적 완전체'를 형성한다. 아이들이 고찰한 철학 개념의 의미는 '사용된 특정 장치와 연결되어' 물질화되었다.[Barad, 2007: 120]

철학자의 동굴에서 녹음 장치는 '진실'을 '왜곡'하지 않는 범위 내에서 지식 생산에 '개입'했다. 되돌아보면 그 장치는 어린이들이 수업시간에 말한 것과 말하지 않은 것을 재-현하는re-presenting 데 있어 객관적인 도구는 아니었다. 물론 그 당시에 이를 염두하고 그 장치를 사용했다. 실은 많은 요인들이 어린이들과 교사가 수업시간에 말하고 행하는 것에 영향을 미친다. 이 책에서 이런 요소들을 '관계적 물질주의', '비판적 포스트휴머니즘', '페미니스트 포스트휴머니즘' 또는 '신물질주의'로도 알려진 포스트휴머니즘의 관점에서 살펴보고자 한다.

바라드에게 "권력관계는 물질과 담론 사이에서/함께 내부작용을 통해 물질화된다."[16][Jackson and Mazzei, 2012: 265] 물질성에 초점을 맞춤으로써 수업시간에 어린이들의 관심을 인간 동물들에서 돌려놓을 수 있었다. 그것은 공간이 우리의 철학적 실천을 물질화하는 데 얼마나 도움이 되는지를 '알게-해 주는ac-knowledge' 가능성을 열었다. 원형의 교실은 매주, 짧은 순간, 아이들이 그림책[17]에 대해 열린 철학적 질문을 하고 탐

---

15. 이에 대한 설명은 '회절적 방법론(diffractive methodology)'이라는 소제목 아래에서 더 깊이 있게 다룬다.
16. 자료를 회절적으로 읽는 것은 후기구조주의가 아니다. 후자는 담론이 권력관계를 생산하기 위해 어떻게 작용하는가를 강조하지만(Jackson and Mazzei, 2013: 265), 담론이 또한 어떻게 물질적인지는 외면한다.
17. 흥미롭게도 아이들에게 보통 의미 있는 그림책 사용은 좀 나이 있는 아이들, 심지어 그 책들이 '유아용' 그림책이라고 생각한 9세~10세 아이들의 적극적 참여를 막을 수 없었다. 예를 들어, '유아용 책은 몇 세부터일까? 그리고 노인용 책은 몇 세부터일까?' 같은 질문이 포함되게 유도하며 그 아이들의 관심을 공동의 의견(collaborative consideration)을 낼 만한 철학적 질문으로 돌리는 것은 철학적 경청의 담론적 그리고 물질적 중재였다.

색할 수 있는 그들만의 친밀한 공간을 만드는 데 도움이 되는 물질적 힘이었다. 그 공간에는 '사회적인' 그리고 '자연적인', '물질적인' 그리고 '담론적인' 것들이 서로 얽혀 있다."$^{Jackson\ and\ Mazzei,\ 2012:\ 269}$ 어린이들은 내가 연구하고 있다는 것과 그들의 생각이 나와 이 학교에 근무하는 몇몇 성인들에게 중요하다는 사실을 알고 있었다. 다른 교사들이 그들의 이야기를 철학적으로 경청해 주는 것에 익숙하지 않았으나,[18] 어린이들은 그것이 가치 있다는 것을, 특히 교장 선생님이 중요시한다는 사실을 알았다.

그는 〈가디언〉에 내가 기고한 어린이에 관련된 기사를 발견했었다.$^{Bates,\ 1990}$ 초등학교에 철학자를 고용한 것은 아주 특이한 사례였지만, 교육철학과 친숙했던 그는 어린이들에게 철학을 가르치는 것이 행동 장애와 학습 장애를 겪고 있는 많은 학생들을 도울 수 있을 것이라 생각했다. 때때로 교장과 몇몇 담임교사들이 수업을 참관했지만, 가끔은 자신들의 의견을 공유해 보고픈 유혹을 떨쳐낼 수 없었다. 그들의 참여(또는 배제) 역시 물질화되어 중요한 담론적 의미를 지녔다.

지렁이처럼

기억나는 여러 사건 중 이 책의 목적과 관련이 있는 하나를 골라 본다. 바라드가 기억은 "영원히 완전히 또는 단순히 지우거나, 고쳐 다시 쓰거나, 되찾을 수 있는(즉, 마치 소유할 수 있는 사물처럼 뺏거나 되돌려줄 수 있는) 고정된 과거의 기록"이 아니라고 한 주장은 옳다. "과거는 결코 끝나지 않는다"라는 말은 진실이며, 또한 기억은 순차적인 것이 아니라,[19] 항상 "어느 개체보다도 방대한 과거와 미래의 재구성"이라

---

18. 물론 여기서 개개의 교사들을 탓하지 않는다. 교과과정 자체가 정보와 의견을 교류하는 철학적 참여를 가치 있게 여기지 않기 때문이다(내가 제시한 세 가지 교육 목적에 대해서는 2장 참조).

는 말도 진실이다.$^{Barad,\ 2007:\ ix}$ 나는 과거에서 한 발자국 물러나 거리를 두고 회상할 수도, 과거 그대로 묻어 두거나 떨쳐 버릴 수도 없다. 암묵적으로 이 책의 목소리가 '나의' 목소리, 즉 "단일 주체에게서" 나온 목소리라고 말한다면 잘못된 일일 것이다.$^{Jackson\ and\ Mazzei,\ 2012:\ 320}$ 나의 신체정신 속에서 나의 철학자 동굴로 "다시-돌아갈 때" 마치 과거의 순간들이 순차적으로 "줄에 꿰어 놓은 구슬"$^{Barad,\ 2007:\ 394}$처럼 존재하는 "과거로 되돌아"$^{Barad,\ 2014:\ 168}$ 가는 것이 아니라, 퇴비를 만드는 '지렁이'처럼 "토양을 뒤엎고 헤집으며 개간하고 흙을 먹고 배설하고 굴을 파고 또 파서 공기가 통하게 하고 산소를 공급하고 또 구멍을 내어 새 기운을 불어넣으며 토양을 계속해서 뒤집는다".$^{Barad,\ 2014:\ 168}$ 이렇게 보면 나는 지금 '나의' 기억에 아주 다른 철학적 시각을 접목한 셈이다.

담임교사가 그 반에서 '성가신 일'의 '주동자'라고 이후에 일러주었던, 그 당시 9살이었던 피터는 철학적 탐구를 좀 더 하기로 결정한 '유령은 존재하는가?'라는 주제에 대해 토론할 때 울음을 터뜨렸다. 피터가 갓난아기였을 때 일어난 자동차 사고에서 피터는 살아남았지만, 그의 젊은 엄마는 운이 좋지 못했다. 안전벨트를 하지 않았던 피터의 엄마는 차에서 튕겨져 나가 즉사했다. 어릴 적부터 피터는 엄마 유령에게 얘기를 했고 또 어딜 가든지 간에 엄마 유령이 밤낮으로 늘 따라다녔다고 말했다. 당연히 아이들의 철학적 탐구의 결과(유령이 존재하느냐 하지 않느냐에 대한 대답)는 피터에게 아주 중요했다. 엄마와의 실질적인 대화의 가능성이 그 결과에 달려 있었기 때문이다. 피터가 거

---

19. 바라드(Barad, 2014)는 양자물리학이 시간은 결코 '여기' 또는 '지금' 존재하는 것이 아니라, 불/연속적 운동, 이/분법, 동성애자 (즉, 정체성 밝히기), 연속과 단절 사이의 차이임을 어떻게 경험적으로 보여 주는지 논한다.
20. 들뢰즈와 가타리, 잭슨(Jackson)과 마쩨이(Mazzei)의 영향을 받아 '기관 없는 목소리(Voice without Organs)'라는 개념을 사용한다. 특히 6장 참조.

의 외치듯 자신의 이야기를 하자 아이들이 눈에 띄게 동요했다. 난 침묵했다. 솔직히 어찌해야 좋을지 잘 몰랐다. 흥미롭게도 피터가 울자 그 옆에 앉아 있던 라이카가 적극적으로 나섰다. 라이카는 어색한 침묵을 깨고 이런저런 말을 했다(사람들이 나중에 나에게 했던 말이 희미하게 기억난다). 나는 경청하지 않았다. 그럴 수가 없었다. 나는 나의 신체정신 '안' 다른 곳으로 주의를 집중했다. 눈물이 샘솟고 목이 마르고 슬프면서도 뭔가가 일어나고 있다는 생각에 흥분되었다. 책임감이 무겁게 나를 짓눌렀고, 어떻게 끼어드는 것이 좋을까 이리저리 궁리했다. 하지만 확신이 들지 않아 가만히 있었다. 나의 침묵은 라이카의 행위주체성이 실현되는 데 도움이 되었다. '우리'는 피터, 다른 아이들, 인간이 아닌 다른 것들을 포함한 모든 다른 현상들과도 서로 얽혀 있다.

특히 라이카가 '아무것도 아닌 것'에 대해 말을 꺼낸 것은 다른 아이들에게 피터의 이야기에 대해 생각하고 느낄 기회를 주었다. 그곳에 무엇이 필요한지에 대한 라이카의 통찰이 있었고 그것은 놀라웠다. 반 전체가 무거워졌고 걱정으로 가득 찼다. 물질담론적 사건은 교실 안 신체정신들에게 흔적을 남겼다. 그 사건 이후로 동굴에서뿐만 아니라 자기 반으로 돌아간 후에, 어떻게 생각했고 어떻게 행동했는지가 중요하다는 것이 증명되었다(다른 교사들이 나한테 일러줬다).

철학이 중요하다

아이들과 함께하는 철학은 회의론자들이 말한 '그저 떠들기' 혹은 '개념 갖고 장난치기' 그 이상의 것이다.[Murris, 2000] '우리의' 래브라도가 공을 물고 올 때 바짝 긴장해 경계를 늦추지 않는 것처럼 또는 '엄청난 집중을 요구하고 몰입과 즐거움이 그 특징인' 놀이에 푹 빠져 정신 팔린 아이처럼, 철학을 할 때 진지함이 있다.[Griffiths, 2014: 124] 무슨 일이 일어났는지가 중요하다. 그것은 세계와 세계의 부분인 우리의 신체정신들에 흔적을 남긴다. 그 흔적은 우리가 생각하고, 느끼고, 행하는 것에 변화를 일으킨다. 차이를 만들어 낸다. 반 전체가 유령이 존재한다고 주장할 충분한 증거가 없다고 결정 내린 순간 피터의 평소 차분했던 얼굴에 고통이 스며들었다. 유령이 존재하지 않는다면 논리적으로 수용해야 하고, 그렇게 되면 엄마의 목소리는 진짜가 아니게 된다. 이 결론은 당연히 피터에게는 엄청나게 충격적인 일이었고, 그가 쏟아 낸 눈물은 그 반에 공동체를 형성하는 중요한 계기가 되었다. 그것은 "공동체의 일상에서 행하는 것doing으로, 지속적인 마주침을 통해 불쑥 나타나는, 도덕적 설교나 규제를 통해 강요될 수 없는 행함"이다.Davies, 2014: 6

이와 같은 마주침을 통해 반 아이들은 피터의 '유령-엄마'에 대해 알게 되었다. 피터 엄마의 죽음의 구체적인 물질적 상황들이 나의 신체 정신 '안'에 생생한 이미지를 만들어 냈다. 피터 개인의 이야기는 관념('유령은 존재하는가?')과 '얽혀' 철학적 작업에 놀라움과 절박함을 부여했다. 들뢰즈와 파르네Deleuze and Parnet를 원용해 브로닌 데이비스Bronwyn Davies는 이와 같은 만남을 '강도intensity'로 묘사하는데 "이미 알고 있는 것의 습관적 실천 밖으로 우리를 이끌어 내는 생성"이다.2014: 6 매기 맥루어Maggie MacLure는 '빛나는', 불러일으키는, 데이터에 대해 언급하는데, 그는 그것을 "명제적 의미를 넘어… 명확하게 체화되고 [그리고] 물질-언어화된, 추상적이고 잡히지 않는 것"으로 묘사한다.2013: 661

그날의 일은 나의 계획 안에서는 예상할 수 없는 것이었다. 우리는 '유령' 개념에 대해 배우고(새로이 연결해 보고), 그와 동시에 우리의 이해 방식을 바꾸고 피터와 관련지었다. 우리는 피터에 대해 심리적으로 더 잘 알게 되지 못했거나, 유령에 대한 추상성과 관련하여 새로운 사실을 배웠지만, 그 경험은 완전히 존재에 관한 것이었다.[21] 나와 다른 교육자의 반응뿐만 아니라 아이들의 반응과 얽혀 있는 생생한 경험으로서 '유령'이 어떤 의미를 가지는지에 대한 피터의 고백은 새로운 어떤 것을 나타나게 하였다.

동굴의 벽지

4개의 반 모두 '플라톤의 동굴'에서 매주 1시간씩 교대로 수업했다. 나는 각 연령대에 똑같은 그림책을 사용했다. 담임교사들은 아이들이 교실로 돌아와서 관련된 그림을 그리거나 연극이나 역할극 같은 다른 활동을 할 수 있도록 권했다. 그 그림들을 (때로는 만화를) 동굴에 걸어 놓았다. 시간이 흐르자 이 그림들은 동굴의 '벽지'가 되어, 물리철학자[22] 바라드가 부른 "수행적 행위주체"Barad, 2003, 2007로서의 역할을 하였다. 포스트휴머니즘은 사물(물질)이 역동적이고 행위성을 가진다는 생각을 이론화한다.Bennett, 2010, Coole and Frost, 2010; Hekman, 2010; Jackson and Mazzei, 2012; Braidotti, 2013 이것은 무엇 또는 누군가가 '소유한' 것이 아니라, 실행enactment이다.Barad, 2007: 235 물질은 "세계의 생성에 적극적인 참여자"이다.Barad, 2007: 136 그 '벽지'는 '수행할' 수 있다. 벽지는, 이를테면 역동적인 원자로 구성되어 있고, 인간 동물과 인간 아닌 동물이 공유하고 있는 벽을 특징으로 하고 있기 때문이다. 벽지는 "우리의 생각과 존재를 변형시킬 수 있는 힘과 권능"을 갖고 있다.Lenz Taguchi, 2010: 4[23] 양자물리학은 원자가 원래 생각했던 것만큼 '단순'하지 않다는 '다양하고도 확고한' 경험적 증거를 제공한다.Barad, 2007: 353 원자는 하나씩 '보

---

21. 실존주의는 종종 심리적인 것으로 축소된다(예를 들어 5장의 '유약한 아이(fragile child)'의 이미지를 참조).
22. 하이픈(-)은 둘 사이의 잘못된 구분을 강조했을 것이다. 바라드는 물리학자인 동시에 철학자이다.
23. 렌스 타구치(Lenz Taguchi, 2010: 4)는 우리의 몸과 내부작용하여 안에서부터 흥분시키는 커피의 힘을 예로 제시한다.

고', 집을 수 있고, 옮길 수 있는 작은 물질 조각이라는 의미에서 실재한다.Barad, 2007: 354 원자는 더 나아가 원자보다 더 작은 소립자, 이를테면 쿼크와 전자로 나뉠 수 있지만, 공간과 시간 '안'에 확정적인 '위치를 갖지' 않는다.Barad, 2007: 354 원자는 자신의 존재를 다양한 공간과 시간들을 거쳐 가며 존재론적으로 확장시키기 때문에 어딘가에 위치할 locate 수 없다.Barad, 2007: 383 3장에서 관계적 물질주의가 주체로부터 객체를 분리하는 인식론적 '선'이 고정적이라는(세계에 대해 생각하는 주체) 기본 존재론적 가정을 포함해 서구 형이상학을 어떻게 허물어 버렸는지에 대해 좀 더 자세히 고찰하고자 한다. 포스트휴먼 존재론에서 객체와 주체 '사이'의 선은 "서로의 참여 실행'에 선재하지 하지 않으며 또한 '임의적이지도 않다". 집행된/수행된enacted 물질적 실행들의 구체적 특성이 객체와 주체를 형상화한다.Barad, 2007: 359

내부작용

아이들의 그림과 글은 아이디어의 표현이자 문자 그대로 역동적인 원자들로 구성되어 있다. 따라서 아주 실재의 의미에서 보자면, 그들의 담론적 생산의 물질성이 (잠재적으로 무한한) 새로운 아이디어를 생성했다. 아이들은 그것과 또 다른 아이들과 '내부작용'을 하고 있었고, 나 또한 그랬다. 좀 더 익숙한 '상호작용'과 반대되는 내부작용Barad, 2007; 2013: 815은 주체뿐 아니라 세계 안의 객체를 포함하여 개체화된 존재를 가정하지 않고, 로시 브라이도티 같은 다른 비판적 포스트휴머니스트처럼 바라드는 상호 관계성을 중시한다. 사물은 관계를 맺고 서로 영향을 주고받기 때문에 '존재한다'. 내부작용은 '자연'과 '문화'가 결코 순수하지 않으며, 서로 영향 주지 않은 적이 없지만, 늘 관계를 맺고 있다는 점에서 '상호작용'과 다르다. 서로 내부작용하고 있는 모든 인간과 인간 아닌 현상의 뒤얽힘은 각각의 어린이, 그 교사, 그 가구, 그 그림, 기타 등등의 경계가 어디에 있는지를 인식론뿐 아니라 존재론적 관점에서도 단정할 수 없음을 의미한다. 그들은 '서로 외형성의 관계' 속에 있지 않다.Barad, 2007: 152 따라서 "행위주체성은 인간-아닌 것에 행위하는 인간에게만 있지 않다."Larson and Phillips, 2013: 21 교수와 학습과 연구에 대한 함의는 심오하다. 지금, 시공간 '속'의 이 순간, (결코 뒤에 있지 않은) 과거의 실천들을 되돌아보며, 나는, 교사나 연구자로서, 내부작용들의 '밖'이나 '외부'에 떨어져 있지 않았음을 재-인식하게 되었다. 이와 더불어 과거 '속'의 사건들을 재-기억하는 행위로부터 멀리 떨어져 있지 않았다. 나는 지금도 그때도 완전히 관여하고 있었으며, 그것이 물질담론적 실천의 일부이다.

아이들은 종종 수업시간에 벽에 걸린 새 작품을 알아보거나 이미 거기에 걸려 있던 오래된 작품에 주목하며, 새롭게 리좀적 연결을 하며Deleuze and Guattari, 1987/2013[24] 반 아이들이 생각해 볼 '신선한' 질문들을 생성했다. 들뢰즈와 가타리가 소개한 '리좀'은 (지식의 나무의 메타포처럼) 뿌리나 줄기, 가지 없이 비계층적이며, "시작과 끝이 없지만, 항상 사이-내부에, 여러 방향과 장소를 향해 열려 있으면서 모든 방향으로 뻗어 나온"Dahlberg, 2003: 280 것으로 구성된 지식이다. 벽지는 물질적인 동시에 담론적이었으며, 감응하고 감응을 받는 힘을 가졌다. 벽지가 수행하는 강한 힘이 없었다면 우리의 대화 중 일부는 발생하지 않았을 것이다. 때때로 전체 수업이 자발적인 내부작용들로 이루어져, 철학적 탐구의 출발점으로 계획해 온 것을 포기하게 만들었다.

이렇게 새로운 방식으로 인간 내부작용들을 생각하는 것은 라이카의 사고를 '느리다' 또는 '빠르다'라고 보는 관점에 대해 함의를 제공한다. 우리가 교육자로서 "학습의 주체가 할 수 있는 것, 이를테면 그

---

24. 두 개의 리좀적 교수법은 7장 참조. 지식으로서의 리좀, 아동 철학 수업에서 교사의 역할에 대한 함의는 8장 참조.

들이 무엇을 이해하고, 어떻게 발달하고 성장하는지, 또 그들이 무엇을 개념화하고 수행할 수 있는 것에" 초점을 맞출 때는 오로지 '나'를 '물질'과 분리시킬 때이다.Lenz Taguchi, 2010: 57 반면에 학습을 주체 '안'에서 일어나는 것으로 위치시키지 않고 내부작용의 역동적인 관계적 과정으로 개념화한다면 라이카의 사고는 여러 신체정신들과 담론적이자 물질적인 환경과 항상 내부작용을 하고 있다. 생각하기는 정신 활동으로서 마음 '속'에 있는 것이 아니라, 항상 뒤얽혀 있고 "신체를 초월하며… 정신 이외의 다른 기능과 연결되어 있어… 새로운 방식으로 물질을 이해시킨다".Lenz Taguchi, 2012: 267 소녀 라이카는 시간이 흐르는 동안 **변화 없이** 있지 않았으며, 또 인간 아닌 타자와의 **접속 밖에 있지도** 않다.Hultman and Lenz Taguchi, 2010: 531, 강조는 저자 동시에 생각하고 개념화하는 정신 또한 물질적이다. 즉, "사고의 세포, 체액과 사고의 시냅스들 사이에 정보의 흐름"이 있다.Lenz Taguchi, 2010: 47

동굴 속의 그림책

이런 수업의 시작은 때때로 유기적으로 발생되지만 그렇다고 해서 그 시간이 무질서하거나 짜임새가 없는 것은 아니다. 수업은 어린이와 함께 철학하기 페다고지를 특징짓는 일련의 유형에 따라 구조화되었다.[25] 아이들은 보통 그림책인 텍스트에 철학적인 질문을 던졌다.

심층 연구를 위해 학문적 철학을 공부하기 이전에, 청소년 도서 담당 사서 자격을 갖춘 나의 아동문학 관련 배경을 토대로 처음으로 양질의 그림책들을 출판했다. 철학적 사색의 가능성이 다른 텍스트보다 월등하게 뛰어났기 때문에 명확한 선택이었다.Murris, 1992, 2015b 캐나다 교육학자 키렌 이건Kieran Egan의 글[1988, 1992, 1995]은 또한 나의 그림책 선

---

25. 구체적인 것은 7장 참조.

택[Murris, 1993, 1994, 1997]과 수업에서의 상상력의 역할을 이론화하는 데 많은 영향을 주었다.[7장과 9장 참조]

그림책을 어린이와 철학 수업에 활용하는 아이디어는 무엇보다도 실질적인 이유로 그 분야에서 꽤 빨리 퍼져 나갔다. 그와 동시에 심한 반대와 논쟁을 불러일으켰다. 그림책과 철학하기 수업은 좋은 텍스트는 탐구 페다고지 공동체 모형을 만들 수 있어야 한다는 기존의 '아동 철학 교과과정(P4C)'의 가정에 의문을 제기할 뿐만 아니라[Murris, 2015b], 또한 문해교육(예, 독해, 독자 반응), 문학 연구와 문학 비평에 강한 반발을 일으켰다.[Arizpe, 2012; Haynes and Murris, 2012] 내부작용적 페다고지로서 그림책과 철학하기가 갖는 민주적인 속성 또한 저항을 불러일으켰다.[Haynes and Murris, 2012; 그리고 10장 참조] 철학탐구공동체에서 어린이들은 '해야 하는[done to]' 교육과정이 아니라 '발현적' 교육과정을 창출했는데, 이 과정이 필연적으로 일으키는 윤리적·정치적 차원이 모두 큰 문제가 되었다.[Dahlberg and Moss, 2005] 대런 체티[Darren Chetty, 2014]는 나의 특정 그림책(예를 들면 데이비드 매키의 그림책) 활용이 포스트 식민주의 교육적 맥락에서 철학탐구공동체에 적합한가에 대해 유용한 비평을 이론화했다. 10장에는 체티의 비평과 또 그와 유사한 후기구조주의자의 비평에 대한 나의 답변이 실려 있다.[또한 Murris, 2008 참조] 다른 글에서[Murris, 2000] 나는 어린이와 함께한 철학 수업은 '진짜' 철학이 아니라는 교육철학자들의 비평에 대응했다. 종종 오해를 사는 부분은 철학의 재개념화 과정에서의 역동적인 얽힘, 탐구 페다고지 공동체의 민주적인 실천, (내포된) 철학적 독자로서의 유능한 아이, 텍스트의 철학적 독자로서의 교사, 인식론적 모호함, 선정된 그림책의 미학적 우수성 등이다.[Haynes and Murris, 출간 예정]

이 책의 서론은 포스트휴머니즘 철학을 활용하여 '초기에' 했던 실천들의 '회절들'[아래 참조]로 구성되어 있다. 『포스트휴먼 어린이』에서는 아동과/혹은 예비 교사와 함께 철학하기의 출발점으로 그림책 활용에 새로운 지향점을 도입하고자 한다. 그림책을 문해력 수업에 활용할 때의 전통적인 기호학적 틀을 넘어서는 동시에 이를 포용하고자 한다. 또한 철학적 참여가 두 개의 아주 다른 상호의존적[26] 기호체계(이미지와 언어)만을 포함하지 않음을 보여 주고자 한다.Sipe, 1998, 2012; Nikolajeva and Scott, 2000, 2006 즉, 이 책의 물질성(예를 들면 그림 디자인, 색깔 사용, 매체[종이, 가상, 기타 등등])도 포함하고자 한다. 모든 학습처럼 그림책으로 철학하기는 상상력과 감정, 갈망, 욕망을 필요로 한다.Lenz Taguchi, 2010: 59 더욱이, 그림책은 차별적 이분법을 없애기 위한 어린이와 함께 하는 수업의 교재로 사용될 수 있다(9장). 플라톤 그 자신은 동의하지 않을 터이지만 신중하게 선정한 그림책은 내부작용적 포스트휴머니즘 페다고지에서 최선의 선택이다. 플라톤에게 동굴 '밖으로 나오는 길'은 감각이 아닌 이성(지적 영역)을 통해서였다. 플라톤 철학은 신체로부터 정신을, 상상력으로부터 이성을, 의견으로부터 진실을, 예술로부터 수학을 분리했고, 그의 철학은 여전히 오늘날 주류 교육 이론과 실제, 정책, 교육과정 설계에서 중요하다고 생각하는 것을 형성하는 데 영향을 주고 있다.

이 책에서는 교육자들[27] 스스로 어린이들의 철학적 사유의 물질담론적 힘을 경험함으로써 어떻게 그림책과 철학하기가 성인들, 어린이들과 인간 아닌 타자들 '사이'에 좀 더 인식론적으로 공정한 교육적 관계를 만들어 내는지, 또한 예비 교사와 현직 교사의 교육에서 그림책을 교재로 사용될 수 있는지를 보여 주고자 한다.

---

26. 따라서 '그림 책'(picture books)이 아닌 '그림책'(picturebooks)으로 표기한다.
27. 이 책에서 '교육자'는 유아교사, 교생, 교사, 교사교육자, 그리고 부모와 같은 '비공식' 교육자를 의미한다.

회절적 방법론

나는 지나치게 해석하거나 반성reflect하지 않고[28] 회절하면서[29] 나의 철학자의 동굴 속 과거 경험으로의 '여행'을 계속하고자 한다. 회절적 방법론은 도나 해러웨이Donna Haraway가 "이항대립을 넘어서 차이/차이들의 재고"Kaiser and Thiele, 2014: 165를 돕기 위해 메타포[30]로 도입한 회절의 개념Haraway, 1992을 토대로 캐런 바라드Barad, 1995, 2007, 2014가 개발하였다. 페다고지와 교육연구 분야에서 회절적 방법론을 토대로 한 연구는 렌스 타구치Lenz Taguchi, 2010, 2012, 2013, 애너 파머Anna Palmer, 2011, 카린 헐트먼Karin Hultman and Lenz Taguchi, 2010, 알렉시아 잭슨과 리사 마쩨이Alecia Jackson and Lisa Mazzei, 2012 등에 의해 활발하게 이루어지고 있으며 영향을 미치고 있다. 이 책에서 어린이, 예비 교사, 교사와의 철학적 작업을 회절적으로 다시 읽은 상당 부분은 이들에게서 영감을 받은 것이다. 다른 어떤 방법론보다 회절은 정신/신체의 이분법을 넘어선다.Lenz Taguchi, 2013: 1103 바라드Barad, 2007: 74는 물리학에서 나온 '회절'이라는 용어를 "간략히 말하자면, 회절은 파도가 맞부딪혀 합쳐지는 방식[그림 1.1] 참조과 관련되며 파도가 장애물을 만나 물결이 눈에 띄게 굽이치고 퍼져 나가는 현상과 관련 있다"라고 설명한다.

회절은 "여러 방향으로 분산됨"을 의미한다.Barad, 2014: 168 회절 패턴은 음파와 광파뿐만 아니라 물결파도 있다.Barad, 2007: 74 바라드는 연못에 두 개의 돌을 서로 가까이 던졌을 때 나타나는 익숙한 현상을 생각

---

28. 반성(reflection)은 현재 예술과 인문학, 사회과학 분야에서 널리 쓰이는 방법이다. 그것은 (메타포의) 거울을 들여다보고 정확히 자기 자신을 알거나, 혹은 자신이 사용하는 언어를 통해 그 세계를 있는 그대로 반영함을 가정한다. 포스트휴머니즘은 이러한 재현주의(representationalism)에 반응하여 신유물론을 상정한다. 즉 물질세계는 현존하므로 이를 알기 위한 중재가 필요치 않다(Barad, 2007: 379).
29. 현재 사회과학에서 지배적인 방법론인 반성과의 차이점은 3장과 5장에서 심도 있게 논한다.
30. 바라드에게 회절은 메타포가 아니라 세계를 있는 그대로 설명한 것이다.

[그림 1.1] 케이프타운의 누르드훅 비치

해 보길 권하며 다음과 같이 설명한다.

> 두 개의 돌에 의해 생긴 물속의 요동이 밖으로 퍼져 나가다가 서로 맞부딪혀 겹쳐지면서 파동 성분들 사이의 (진폭과 상의) 상대적 차이로 인해 하나의 무늬를 만들어 낸다. … 파동은 서로 간섭하게 되는데, 이때 만들어진 무늬를 간섭무늬 또는 회절무늬라고 부른다.^{Barad, 2007: 76-77}

"파동이 내부작용 속에서 그 자체가 변하거나"^{Lenz Taguchi, 2010: 44} 일종의 "중첩"^{Barad, 2007: 76}을 만들어 냈을 때가 간섭하거나 겹쳐졌을 때이다. 힘과 운동으로서 회절은 내부작용에서 생성된 차이의 일부분part이다. 새로운 물결무늬는 연못에 두 개의 돌을 던진 그 사람의 주체성과 떼어 낼 수 없고 또 별개의 것도 아니다. 바라드에게 회절은 해러웨이의 경우처럼 하나의 메타포가 아니라 물질 그 자체 현상을 의미한다.^{Sehgal, 2014: 18} 파동은 경계 지어진 물체가 아니라 요동disturbance이다. 들뢰즈를 원용해 렌스 타구치Lenz Taguchi, 2010: 58는 이것이 의미하는 바를 설명한다. 렌스 타구치에 따르면 "들뢰즈는 부정 없는 차이, 즉 어떤 것을 반대하거나 부정하는 것이 아닌, 그 자체로in itself 차이를 지닌 차이를 제안한다". 파동은 모든 내부작용 속에서 차이화된다. 파동은 영원한 생성이다. 여기서 의미하는 바는 "다른 무엇에 비교된 차이가 아니라 그 자체에 내재한in 차이"이다.Lenz Taguchi, 2010: 58 이는 다른 유기체들, 즉 나와 같은 인간 동물에게도 똑같이 적용된다. 철학자의 동굴에 대한 '나의' 기억을 회절할 때 말이다.

어린이와 함께 철학하기에 사용된 일상적이고도 친숙한 공간과 "장치"Barad, 2007는 많은 새로운 발상과 이야기를 생성했다. 아이들의 철학적 사색은 나의 신체정신을 한계점까지 밀어붙였다. 대학에서 받은 교육과 달리, 별개의 내용이 담긴 주제를 아이들에게 가르치기 위해 내가 소유하고possessed 있는 철학적 지식을 이용하는use 것과 아주 다르게 나는 철학적이어야be 했다. 그와 동시에 나의 경험주의적 인식론은 종종 반응적responsive 경청을 하지 못하게 방해했다. 나는 나 자신(여전히 나'인) '자아'이고, 앞으로도 나일 것이며, 과거는 '지울' 수 없는 것인)을 철학자 교사이자 연구자로 간주하며, 주당 한 시간씩 '플라톤의 동굴'에서 다섯 학급을 가르치며 돈을 받으며 개체-이원적인indivi-dual 어린이들과 상호작용하는, 고유한 속성과 자질과 성질을 지닌 개체-이원적인 존재로 보았다. 나의 목표는 철학 교육을 통해 나 자신에 대해 더 많이 알 수 있는 철학적 주제들을 다룰 탐구공동체를 만드는 것이었다. 나는 궁극적으로는 인격 형성formation 교육의 과정 속에 나의 책임이 있다고 생각했다. 어린이와 함께하는 철학 수업이 아이들이 좀 더 책임감 있게 행동하고 좀 더 나은 학습자와 시민이 되는 데 도움을 줄 수 있다는 걸 보여 줘야 할 의무가 있었다. 결국 그것이 내가 월급을 받는 이유였다.

여기서 내 아이디어는 '내I'가 '어떠했는지was'를 설명하는 이야기를 재구성하는 것이 아니라, ['나I'인am] 유산의 뒤얽힌 관계성들에 응답하고, 책임을 느끼고, 책임을 지며… 나 자신(결코 하나one 혹은 자아self인 적이 없는)을 "앞으로 다가오는 것을 향해 나아가도록" 위험 속에 놓는 것이다.Barad, 2014: 183 회절은 중요한 새로운 통찰을 실현하는 데 도움이 된다. '그 당시에', 지식 습득은 더욱 전문적이고 지식이 풍부한 타자가 있는 학교교육을 통해 **중재**mediated 가능하다고 생각했다. 다시 말해, 지식 습득이란 어린이가 미래의 어느 시점에서 도달하게 될[31] '온전한-인간'인 성인 철학자로 되어 가는 선형적인 여정이라고 여겼다. 바라드는 그 "자연이론과 사회이론을 교차로 읽으며 나온 중요한 통찰들을"Barad, 2007: 232 회절적으로 읽고 있다. 그 덕분에 라이카와 같은 아이들이 피아제의 발달 단계 이론에서 말한 것처럼 생물학적으로 결정된 것이 아니며, 또 사회적으로 구성된 정체성도 가지지 않았다고 생각할 수 있는 가능성을 열었다. 전자의 입장은 사회적 요소를, 후자는 물리학과 생물학, 물질적 요소를 간과하고 있다. 그와 동시에 두 입장은 모두 자연-사회의 이분법을 당연시하고 있다.Taylor, 2013 [32]

모든 동물처럼 인간 동물은 신체정신들이다. 어린이도 예외는 아니다. 라이카의 사고는 늘 항상 물질담론적으로 세계와 내부작용한다. 라이카의 사고에는 '느린', '빠른', '성숙한', '미성숙한', '철학적인', '구체적인' 등과 같은 속성을 갖고 있지have 않다. 사유하기란 '그' 세계의 부분으로, 그 세계의 특정 구성들과의 내부작용적 참여이다. 따라서 라이카의 사고를 마치 그 세계 '내'에서 분리해 낼 수 있는 개체의 것

---

31. 물론, 이 교육철학은 여전히 교육과정 구성, 교육정책과 실제에 있어서 지배적이다. 예를 들어 파일, 바슬러 위스네스키, 퓰러(File, Basler Wisneski, Mueller, 2012) 참조.
32. 이 새로운 존재론적 인식론(ontoepistemology)은 3장에 상당히 자세히 설명되어 있다.

처럼 느리다고 말하는 것은 말이 안 된다. 생각을 하는 것은 '내'가 아니며 우리가 세상과 관계를 맺을 때 그냥 생각이 '불현듯 떠오른' 것이다.^{Lenz Taguchi, 2013, 주체성에 대한 중요한 변화는 4장 참조}

나의 박사학위 논문이 진척됨에 따라 점점 더 어린이들을 철학에 입문시키는 데 막중한 책임감을 느꼈다. 어린이들에게 성인 철학자처럼 사고하게끔 부추기는 것, 즉 이상적인 "철학자의 아이"^{Murris, 2015b}를 만드는 것이 나의 역할이었을까? 사회 정의와 관련하여 연구의 초점을 주로 아동들이 실로 성인 철학자처럼 사고할 수도 있다는 증거 찾는 데 맞췄다. 확실히, 반추해 보건대, 아이들은 충분히 지적이고 추상적 사고를 할 수 있었을까?

적절한 질문들이 떠올랐다. 만약 읽고 쓰는 능력이 사고방식을 바꾼다는 것이 사실이라면^{Egan, 1988, 1992, 2002}, 연구자로서 아동의 철학적 대화를 분석할 때 무엇을 '놓치고' 있는 걸까? 그리고 친구이자 동료인 조안나 헤인즈의 자극과 부추김과 지지에 힘입어, 나의 사고와 실천을 천천히, 그러나 상당히 전환되기 시작했다.[33] 나의 '동굴' 속 아이들이 성인 철학자처럼 사고할 수 있고 또 해야 한다는 사실을 논하려는 열정적인 시도에서 내가 행한 실천의 규범성에 의문을 가지기 시작했고 결국 아이들이 제시한 의견과 더 나이가 많은 아이들과 성인들이 제시한 의견 사이의 차이들에 초점을 맞춰 평가하게 되었다. 이런 변화는 다른 글에 실려 있다.^{Murris, 1997} 관계적 물질주의는 나의 물질담론적 철학적 실천들을 이론화하는 새로운 가능성을 열었다. 이 책에서 이런 새로운 견해 중 일부를 구체적으로 다루고자 한다.

이 책의 목표는 어린이(3세~11세)는 분석철학의 기준에 따라 '진짜' 철학자라는 증거를 제시하는 것이 아니다. 어린이와 함께한 철학의 이

---

33. 나의 작업상 변화는 아이들과의 동일한 대화를 20년이 지난 후 다시 읽은 결과를 반영한 결과이다(Murris, 1992, 1993, 2013a 참조).

론화된 실제를 물질담론적 지렛대로 이용하며, 철학적 탐구를 통해 사색가로서의 어린이의 능력이 평가받는 방식에 변화를 일으키고자 한다. 『포스트휴먼 어린이』는 "건설 현장"Braidotti, 1991: 2과도 같다. "구성요소 선정과 작업 할당, 건설을 위한 종합계획이 필요하다. 이것들은 생각들의 '물질성'으로 불리는 것에서 중요한 요소이다." 여기에 관련되는 장인정신이란 이미 만들어진 구조물로 비계를 설치하는 것과는 엄연히 다르다. 여기에 사용된 재료와 형태는 예측 불가능하고 무한하며 관계적이다.

이 책의 의도는 교육자들에게 어린이와 함께하는 철학이 어떤 교육적 변화를 일으켰는지를 보여 주는 데 있다. 최근 소속되어 있는 대학교에서 내가 만든 아동 연구 코스childhood studies course는 이 책의 내용을 근간으로 한다. 나는 이 과정이 유아와 초등 교사교육 교육과정, 또한 우등학사과정과 석사과정에서 필수적인 부분일 수 있음을 논하고자 한다. 이 과정은 두 가지 목적을 갖는다. 첫째, 교육자들이 사색가로서의 어린이에 대해 갖는 생각들에 비판적으로 참여하기. 둘째, 교육자들에게 그들 고유의 철학적 탐구를 수행할 수 있도록 몇 가지 아이디어로 무장시키기이다. 신체정신 속에 이와 같은 목적과 함께하며 조심스럽게 이 책을 일종의 미궁labyrinth처럼 만들었다. 이에 대해선 2장에서 설명하고, 각 장마다 짧은 요약을 제시해 마무리하고자 한다. 1부에서는 상당 부분을 교수와 학습, 교육과정 구성에 특정 철학적 접근법을 사용하는 '이유'를 밝히는 데 할애한다. 그다음에 이어지는[34] 2부에서는 포스트휴머니즘 관점에서의 아동 교육이 교실에서 어떤 모습인지를 보다 실천적인 측면에서 고찰하고자 한다. 2장에서는 이 책의 집필

---

34. 잘못된 이론/실제 이분법을 만들지 않았다. 왜냐하면 이론화는 물질적 실행(material practice)이기 때문이다(Barad, 2007: 55 참조). 실제 예시와 활동, 과제가 1부에 포함되어 있다.

에 영감을 준 아동 연구 코스의 정당성에 대한 이유를 제시하고자 한다. 이를 위해 서론에서 바라드의 관계적 물질주의에서 설명하고 있는 회절적 방법론을 사용하고 교육철학자 거트 비에스타가 제시한 교육의 목적을 아울러 제시할 것이다. 나는 이들 사이를 오가며 회절적으로 읽어 갔다.

1부
포스트휴먼 철학적 관점

2장
미궁
교사교육의 세 가지 목적 실행하기

어떤 교육 프로그램이든 내용의 우선순위를 결정하기 위해서는 철학적 정당성이 확보되어야 한다. 교육과정에 포함되어야 할 핵심 교과는 무엇이고 교육과정 제안서에서 강조하고 있는 교육의 목표[1]는 무엇일까? 이런 맥락에서 현대 교육철학자 거트 비에스타Gert Biesta의 글은 고무적이다. 나는 비에스타의 교육의 세 가지 목표를 참고하여 Murris and Verbeek, 2014 아동 연구 코스를 예비 교사교육의 필수핵심교과로 개념화했다. 2장에서는 이전 연구를 발전시키고 캐런 바라드Karen Barad의 관계적 물질주의와 비에스타의 세 가지 교육 목표 "사이를 오가며"Barad, 2007 회절적으로 읽는다. 여기서 나온 새로운 통찰에는 비에스타의 '주체화subjectification'에 대한 관계적 물질주의에 대한 해석이 내가 제안한 포스트휴먼 유아교육의 페다고지에 어떤 영향을 미쳤는지가 포함되어 있다. 2장은 이 책을 통해 설명하고 주장하는 바와 같이, 내가 가르치고 있는 특정 아동 연구 코스의 정당성을 입증하는 역할을 한다. 아동 연구 코스의 '이유'와 '방법'에 대하여 간략히 언급한 후, 이 책 전체 내용을 개관하고 이것이 교사교육에 어떻게 활용될 수 있는지 제안

---

1. 교사교육에 초점을 맞추고 있지만, 나의 교육 목표에 대한 철학적 탐색은 다른 단계의 교육에도 또한 적용된다.

한다. 그리고 독자들을 '미궁' 속으로 초청하고자 한다.

(교사)교육의 목적

거트 비에스타는 교육은 세 개의 영역 속에서 작동하며, 서로 겹쳐지고 중첩되는 목적 또는 목표를[2] 가진다고 한다.^{Biesta, 2010, 2014} 비에스타에게서 가르침의 기예art of teaching란 예측과 통제가 불가능하고 위험 감수가 요구되는 이 세 개의 목표 사이에서 균형을 잘 잡는 것이다.^{Biesta, 2014: 147} 그에 따르면 교육은 학교교육이나 자격qualification뿐만 아니라 사회화socialisation와 그가 '주체화subjectification'라고 부르는 것과도 관련 있다. 그렇다면, 그가 교사교육에 적용할 때 제안하는 세 개 목표의 차이점은 무엇일까?

교사양성기관은 학생들이 자격이 되는지, 즉 아이들을 가르칠 때 적합한 지식, 기술과 자질을 갖추고 있는지 확인할 필요가 있다('자격'). 또한 교직이 '처음인 사람'이 기존의 교육 실제 안에서 잘 지내고 일할 수 있도록 가치와 전통에 익숙해지도록 하고, 요구되는 방식대로 행동하는 방법을 배울 수 있도록 할 필요가 있다('사회화').^{Biesta, 2014: 128} 교사교육에 이들 두 개 외에 더 많은 것을 포함시켜야 하느냐 마느냐를 놓고 교육학자들의 의견은 다양하다. 그러나 비에스타는 교육이 개인

---

2. 흥미롭게도 캐나다의 교육학자 키렌 이건도 또한 세 개의 교육 목표가 있다고 말하지만, 그 목표들은 본질적으로 양립할 수 없는 것이라고 주장한다. 이를테면 각각의 목표는 평가에 대해 다른 자세를 요구하기 때문이다(자격—학문적 영역—은 평가하지 말아야 하지만, 사회화는 올바르게 해야 하기 때문에 평가해야 한다고 말한다). www.youtube.com/watch?v=OQFDzRkmiUE (accessed 16 December 2014) 참조. 이건은 기존의 학교가 (그의 교육철학과는 다르게) 어떻게 기능하는지 설명하면서 그의 교육 목표들을 도출해 냈다. 비에스타가 보기에 그 목표들은 이상적인 것(ideal)이고, 따라서 규범적이다. 이건의 세 번째 교육 목표는 (스펜서의 영향을 많이 받은) 루소의 교육 이론에의 입문이다. 즉, 아동의 자연적 발달(natural development)에 대한 발상은 비에스타의 주체화(subjectification)와 다르지 않지만, 거기에는 아동 행위주체 또는 자유는 없고, '거기에'는 태어날 때부터 아동 '안'에 타고난 선함 속에 오로지 자연적 개화(natural unfolding)만이 있을 뿐이다. Egan, 2002 참조.

에게 영향 미치는 방식과 관련된 중요한 세 번째 목표인 '주체화'를 제안해 이 논의를 더욱 풍성하게 하고 있다. 각각의 교육 목표는 모두 타당하지만 비에스타는 우선순위를 매겨 세 번째 '주체화'를 교육의 근본으로 삼는다. 지식과 기술, 자질, 능력, 증거에 대한 질문들은 모두 이것을 토대로 행해질 수 있다. 이 우선순위를 제대로 이해하기 위해 비에스타의 '주체화'가 의미하는 바를 자세히 분석하고 그것이 상정한 주체성의 본질을 고찰하고자 한다.

주체화

사회화의 교육 목표와 주체화의 교육 목표는 서로 다르지만 혼동하기 쉽다.^{Biesta, 2014: 129} 전자는 기존 질서의 일부 되기becoming part of an existing order 그리고 기존 질서와의 동일시를 통한 정체성 형성과 연관된다. 반면, 주체화는 자유에 의해 안내되며 기존 질서 '바깥'에서의 현존과 연관된다.^{Biesta, 2012: 13} 주체화는 학생과 교사의 '주체'로의 형성과 변형과 관련 있으며^{Biesta, 2010: 21}, 이를 통해 비에스타는 교사들과 궁극적으로는 교사가 가르친 아이들은, 개인으로, 사회를 적극적으로 형성하는 독립적 행위주체로서 현존하게 된다고coming into presence 말한다.

그러나 이는 별개로 일어날 수 없다. 특히 후기 연구에서 비에스타^{Biesta, 2014}는 주체성에 대한 실존적·관계적 해석을 확대해 한나 아렌트Hannah Arendt의 행위action의 개념까지 포함시킨다. 각 개인의 '현존'은 그들의 출발이 타자에 의해 어떻게 받아들여졌는지에 달려 있으며, 중요하게는 "타자가 나의 시작을 받아들이는 방식은 근본적으로 나의 통제를 벗어난다"라고 비에스타는 말한다.^{Biesta, 1994: 143} 타자는 자신의 소망대로 특정 주체의 시작을 받아들이는 탓에 특정 주체의 세계 속으로 들어옴coming into world은 항상 타자의 행위에 의해 정해진다. 비에스타는 교육적 함의를 이렇게 말한다.

교육자는 개인들, 즉 개별 어린이와 그들의 '현존coming into presence'을 지도할 책임만 있는 것이 아니라 아렌트가 말한 대로 '자유가 발현될 수 있는' 공간을 유지해 주는 역할도 해야 한다. 그것은 어린이 그리고 세계에 대한 이중책임이다.[Biesta, 2014: 144]

따라서 복수성과 차이는 주체성의 사건event가 일어나기 위한 필수조건이다. 비에스타는 차이를 인식할 때, '차이-로의-독특성'인 주체들을 서로 비교하여 설명하지 않는다. 철학자 에마뉘엘 레비나스 Emmanuel Levinas의 영향을 받은 그는 '대체불가능성-으로의-독특성'[Biesta, 2014: 144]을 제안한다. 중요한 사실은 비에스타에게서 '독특성 uniqueness'은 개인의 특성이나 본질, 자질이 아니라 타자와의 관계 속에서 드러나는 것이다. 독특성이 표현되기 위해 그리고 주체가 윤리적인 측면에서 특이성을 가진 각자가 되기 위해서는 타자가 필수적이다. 비에스타는 주체가 무엇인지is에 대한 인식론적 또는 존재론적 주장을 펼치진 않았다.[Biesta, 2014: 145]

이 주체는 또한 '이방인'의 목소리를 '가진다'.[Biesta, 2006] 바우만 Bauman을 원용해 비에스타는 이방인이란 '자연적인 범주'가 아니며, 무엇이 '고유의, 적절한, 익숙한, 이성적인 것인지에 관한 특정 구성'에 의해 생산된 것이라고 설명한다.[Biesta, 2006: 59] 예를 들어 아동이나 교사는 이성적 공동체의 구성원이 되면 특정 목소리를 얻고 말할 수 있으며, 그들이 말한 무엇what은 그들이 대변한 공동체의 합리적 담론의 규정과 원칙, 즉 "특정 집단이 합리적 지식이라고 생각한 것"에 따른 것이다.[Biesta, 2006: 57] 이것의 의미하는 바는 이this 특정 화자가 이this 특정 목소리로 말하는 것은 "중요치 않다"는 것이다.[Lingis 재인용 Biesta, 2006: 58] 사람들은 합리적 공동체 바깥에 있을 때에만 그들 고유의 목소리로 말을 한다.[Biesta, 2010: 88] 중요한 사실은 비에스타는 배제된 타자의 목소리가 타자이고 낯설기 때문에 항상 칭송해야 한다고 말하지 않으며, 다만 "낯설게 여겨지는 것은 익숙하게 여겨지는 것에 의해 결정된다"Biesta, 2006: 59라는 사실을 알아 둘 필요가 있다고 한다.

비에스타에게서 교육의 목적은 단순히 지식 습득이나 기존 질서로의 사회화 과정에 초점을 맞춘 것이 아니라, 자기만의 목소리로 말하고 또 새로운 무언가를 실현시키는 것이어야만 한다. 그는 이렇게 설명한다.

> 이성적 공동체는 구성원에게 목소리를 부여한다. 말할 수 있게 하지만, 어디까지나 이성적 공동체 구성원의 자격으로서 가능하다. 이 자격으로서 말하는 목소리는 **대변하는** 목소리이다. 하지만 말할 때 중요한 것은 **무엇이** 이야기되었는가 하는 것이다. 그러나 말하고 행한 것이 '이해가 되는' 한 **어떻게** 말했는지, 그리고 이보다 더 중요한, **누가** 말했는지는 중요치 않다. 결국, 이 자격으로서 말할 때 나는 나만의 고유한 목소리가 아닌, 내가 대변하는 공동체의 공동의 목소리로 말하는 셈이다. 따라서 이 자격으로서 말할 때 우리는 **서로를 상호 교환할 수 있다**interchangeable. Biesta, 2010: 87, 강조는 저자

다시 말해, 이성적 공동체는 개인에게 특정한 형태의 의사소통, 탈인격적이고 재현적인 방식을 감당하게 한다. 따라서 누가who 말했는지는 중요치 않다. 반면, 교사교육의 목표인 '주체화'는 자기 '자신만의' 독특한-대체 불가능한 목소리로 말하기, 그리고 새로운 것을 실현하는 일과 관련 있다. 이를테면 학계에서의 우리는 종종 학생들에게 대변하는 목소리, 즉 '공동체의 공동의 목소리'로 말하도록 사회화시킨다. 우리는 학생들에게 되돌아보거나, 발달 또는 사회적 구성주의자의 학습 이

론들을 비판 가능한 교육철학으로 소개하기보다는 진리로 '내면화'할 것을 요구한다. 이는 인종과 젠더와 계급이 주체성을 어떻게 구성하는지에 대한 지식과 관련된 특정 후기구조주의자의 주장도 마찬가지다. 그것은 후기구조주의 프레임워크에서의 '사회화'의 형태들이며 '주체화'는 아니다.[10장 참조] 하지만 마치 하나가 다른 하나를 배제하는 것처럼 사회화와 주체화 사이를 이렇게 엄격하게 구분하는 것이 무슨 도움이 될까? 그래도 주체화를 명확하게 다루는 것은 도움이 된다. 또한 교사교육의 특정 강좌를 통해 어떻게 주체화를 달성할 수 있을까? 나는 비에스타가 주체화를 결과물이나 생산된 어떤 것, 본질이나 정체성이 아니라, 하나의 사건event로 말한 것으로 알고 있다.

교육 행위는 학생들이 앞으로 될 무엇에 의해 좌우되지 않는다. 교사교육자로서 우리는 스스로를 "새로운 시작, 새로움, 아렌트의 용어로 탄생성natality으로 선언한 것에 관심"[Biesta, 2014: 143]을 보여야만 한다. 가르침은 하나의 자질이나 개인이 소유한 어떤 것이 아니다. 즉, 타자와의 만남 속에서만 이루어지며, 교사는 자신의 교육 활동이 학생들에게 미친 '영향'을 절대로 통제할 수 없다.[Biesta, 2014: 54, 56][3] 혹은 앞의 사례처럼 교사는 타자들이 어떻게 그 시작들을 받아들이는지를 통제할 수 없다. 그렇다면 실제는 어떤 모습일까?

주체화는 우리들의 행동에 책임을 지고 현명한 교육적 판단을 내리는 것으로, 공공장소에서 행동하는 것과 관련된다.[Biesta 2006,: 61] 비에스타는 이와 같은 판단을 교사가 교실에서 할 수 있는 가장 핵심으로, 보통 한창의 순간에 발생한다고 보았다. 어떻게 하면 예비 교사가 현명

---

3. 그러므로 교사의 정체성(identity)은 절대적이 아니라 '돌발적'이다. 즉 "가르침의 선물을 받는 그 순간에 드러난다"(Biesta, 2014: 54). 가르침의 선물을 받는다는 것은 달갑지 않은 것을 환영하는 것, 불편한 진실과 어려운 지식에 자리를 내어 주는 것이고, 또한 "우리가 받은 가르침에 권위를 부여하는 바로 그 순간"이기도 하다(Biesta, 2014: 55).

한 교육적 판단을 내리도록 변할 수 있을까? 먼저 이와 관련된 비에스타의 제안을 검토한 후에 그의 주장을 캐런 바라드의 관계적 물질주의를 통해 회절적으로 읽어 내고자 한다.

비에스타Biesta, 2013는 현명한 (덕이 높은) 교육적 결정을 내리는 능력은 직접 해 봄으로써doing it 개발할 수 있다고 주장한다. 교사는 각각의 세 가지 교육 목표에서 어떤 것이 교육적으로 바람직한가에 대한 상황적 판단들situated judgements을 내린다. 이것은 강의 시간에 견본으로 제시하거나 교재를 통해 규정할 수 없다. 비에스타가[4] 생각한 교사의 역할은 어느 구체적인 상황에서 실제적인 판단을 할 때 아동과 교육과정을 사이를 중재하는mediate 사람person의 역할이다.[5] 따라서 특히 유아교육과 초등교육에서 어린이child에 대한 지식은 중요하다(예를 들면, 추론, 도덕성, 교과지식 습득 등에서 어린이가 성취할 것으로 기대되는 것에 대한 지식). 그러나 비에스타Biesta, 2014: 142가 주장한 것처럼 아동기 교육은 "그 어린이가 어떠하며, 또 그 아동이 반드시 어떠해야 한다는

---

4. 그의 글에서 주체성에 대한 일관성 있는 개념을 추출하기 어렵다. 예를 들어, 교사는 학습의 조력자라는 견해와는 상반되게 비에스타는 교사가 "교육적 상황에 새로운 것, 이미 거기에 없었던 것을 도입해야"하며(Biesta, 2014: 44), 따라서 가르치기는 "교육적 상황에 전적으로 달려 있는 것이 아니라 초월적 개념을 필요로 할 수 있다"라고 주장한다. 비에스타의 주장은 복잡하고, 또 나의 주요 논의와 직접적으로 관련은 없지만, 그의 교사와 주체성의 개념과 '세계 속으로 들어옴'의 개념 사이에 긴장감은 확실히 있어 보인다.
5. 이 책에서는 '현실적 판단' 또는 (아리스토텔레스의) '프로네시스(phronesis)'의 복잡한 주제를 제대로 다루지 못한다. 조셉 던(Joseph Dunne)과 셜리 펜들버리(Shirley Pendlebury, 2003)는 생각하는 사람이 호혜성(reciprocity), 상호 존중, 개방성, 이유를 제시하고 경청하려는 자발성 등과 같은 다양한 덕목을 실천해야지만 현실적 이유가 현명한 행위를 낳는다고 본다. 공통점은 주고-받는 기꺼운 마음이다. 그들은 프로네시스의 특징이 '세부 부분과 미묘한 차이를 알아보는 능력'과 연관된 '초집중(salient focusing)'의 습관이라고 생각한다. 즉, 인지 성향, 혹은 여러 상황에 대한 개인의 지각과 정서적 반응에 일부 영향을 받는다고 생각한다(Dunne and Pendlebury, 2003: 207-8). 정서는 개별 상황의 필수적인 세부 사항에 대한 지각(아이스테시스 aisthesis)과 관련 있다. 조셉 던과 셜리 펜들버리는 프로네시스가 이론을 개별 사례에 적용한 것만은 아니라고 주장한다(Dunne, 1997: 157). 가르치기에 대한 함의는 "교사의 이성적 사고 능력이 '이론으로' 먼저 익힌 다음에 '실제로' 적용할 수 있는 것이 아니라는 것이다"(Kristjansson, 2007: 166).

사실"에 입각해서는 안 된다(예를 들면 자율적인 아이, 이성적인 아이).

4장과 5장에서 고찰하겠지만, 아동에 대한 지식과 연관된 주장들은 최근 20년간 철학Matthews, 1994; Kohan, 2002, 2015; Haynes and Murris, 2012; Kennedy, 2013, 사회학Dahlberg, Moss and Pence, 1999/2013, 문화-역사적 관점, 포스트모더니즘, 후기구조주의, 페미니즘Nolan and Kilderry, 2010: 108 등의 관점으로부터 해체되고예를 들면 Burman, 2008a 재구성되고예를 들면 Lenz Taguchi, 2010 있다. 이와 같은 논쟁점들을 진지하게 고려한다면, 교사교육에서 어린이와 아동기에 대한 페다고지와 지식을 특히 중요하게 다루어야 한다.[6]

주체화를 회절적으로 읽기

'반성reflection'에서 '회절diffraction'로의 방법론적 전환은 캐런 바라드의 관계적 물질주의에 영향을 받았다.[7] 비에스타의 주체화 개념을 회절적으로 읽으면 현재의 연령 차별적인 관행을 없애는 교육과정을 구성하는 데 도움이 되는 새로운 통찰들이 생겨난다. 앞서 간단히 살펴본 비에스타의 관계적 주체성은 개인의 주체성이 전-사회적pre-social이라는 생각을 내려놓는다. 그가 설명한 대로 가르침과 배움은,

> … 문화에 (이미 적응한) 유기체가 (아직 적응하지 않은) 다른 유기체에게 문화를 전수하는 일방적 과정이 아니라, 공동-구성적 과정, 즉 참여하고 있는 **유기체들**both participating organisms 모두가 능동적 역할을 하는 과정이자, 의미를 전수하는 것이 아니라 생산하

---

6. 현실적으로 대부분 유아교육 교사양성은 교과 지식에 초점을 맞추고 있다. 남아프리카공화국에서는 현재 (아동 연구가 아닌) 읽고 쓰는 능력, 기본 계산력, 생활 기술을 가르치고 있다. 현재 근무하고 있는 대학에서 새로운 프로그램을 개념화하면서 나는 아동 연구를 교육 연구가 아닌 방법론의 일부로 편성했다. 아동 연구가 교육실습의 기초이기 때문이다. 방법론의 수업시간 4분의 1을 아동 연구에 할당했다 (1주일에 1회 오전 시간).
7. 1장 참조.

는 과정이다.Biesta, 1994: 311-12, 강조는 저자

다시 말해, 의미는 2개 이상의 유기체들 사이의 공동-구성적 과정의 결과이다. 의미 생성은 '일방적 과정'이 아니다. 인간 주체들(성인과 어린이)이 "학습되는 내용의 의미를 구성한다."Biesta, 1994: 315 즉, 주체는 정체성이나 본질이 아니라 실존의 **사건**event이다.Biesta, 2014: 143 따라서 교육은 어린이(또는 학생)가 무엇이 되어야 한다는 생각에서 시작해서는 안 되며(그들의 교육을 책임지고 있는 성인에 따르는), "그것 자체로 새로운 시작을 알리는 것들에 대한 관심을 서로 잘 연결해 줌으로써" 시작해야 한다.Biesta, 2014: 143 '세계로 들어오기'란 독립적으로 수행될 수 없고, 의미란 아동을 하나의 주체로 인정할 때만(예로, 자연-실재주의 과학적 접근의 아동 연구에서처럼 아동을 하나의 대상으로 보는 것이 아닌) 공동-생성된다.[8]

바라드는 비에스타의 관계적 주체성에 대한 제안에 공감했을지도 모르지만, 바라드는 의미와 물질은 항상 존재론적으로 얽혀 있다고 주장하며 인간중심주의 인식론(의미 구성이란 오로지 인간들 사이에서만 일어나는 과정이라는 생각)을 붕괴시키고 복잡하게 만든다queer.[9] 그는 다음과 같이 말한다. "담론적 실천이든 물질적 현상이든 어느 것도 존재론적으로나 인식론적으로 선행하지 않는다. … 물질과 의미는 서로 조율하며 구성한다."Barad, 2007: 152 따라서 가르친다는 것은 "몸을 횡단하는 관계 맺음으로 마음 이외의 다른 능력도 사용하며… 물질을 새로운 방식으로 이해할 수 있도록 [만드는 것을]" 의미한다.Lenz Taguchi, 2012: 267 포스트휴머니스트와 관계적 물질주의자에게서 인간과 인간 아닌 물질은 항상 뒤얽힌 내부작용의 관계로 존재한다. 바라드의 신조어

---

8. 6장에서 이 관계가 대칭적임을 논한다.
9. 즉, 자연/문화의 이분법을 붕괴시키고 복잡하게 만든다.

'내부작용intra-action' 혹은 '내부-활동intra-activity'[10]을 '상호주관성inter-subjectivity' 또는 '상호-활동inter-activity'과 같은 개념들과 혼동해서는 안 된다. 후자의 개념들은 (서로의 관계에서) 이미 사회적인 독립적으로 존재하는 인간 주체, 즉 심리학의 과학 담론에서 상정한 것과 같은 부류의 주체성의 개념을 상정한다. 애너 파머는 다음과 같이 설명한다.

> 바라드는 인간 유기체와 물질 사이-내부in-between에서, 인간 개입이 없는 다른 물질 사이-내부에서 발생하는 지속적인 상호관계와 변화하는 상호과정들 속의 환경, 사물, 물질과 장소의 **행위주체성**에 주목하게 한다.Palmer, 2011: 6, 강조는 저자

가르침을 관계적 만남으로 생각하는 변화의 잠재력에도 불구하고, 이런 면에서 비에스타의 '주체화'의 개념은 여전히 **인본주의적**이다. 레비나스와 아렌트의 영향을 받은 비에스타의 주체성의 윤리학은 '존재', '본질', '본성'과 같은 개체 이원론의indivi-dual 형이상학적 용어로는 명료하게 설명되지 않는다.Biesta, 2014: 19 그러나 행위주체성agency은 오로지 인간 주체와 담론에만 있는 것처럼 보이며, 그의 철학은 물질matter의 행위주체적 수행성performativity을 고려하지 않는다.Barad, 2003, 2007

가르침과 배움에 대한 포스트휴머니즘의 분명한 설명은 전통적으로 교육에서 배우고 아는 주체(학습자이든 교사이든)를 보는 방식과 가르침의 물질성에 대한 시각을 흔들어 놓는다. 바라드Barad, 2014에게 물질은 단지 생기를 얻기 위해 다른 무언가가 필요한 비활성화된 물건이 아니다. 물질은 시간과 공간 '안'에 있는 사물이 아니며 그것은 물질화하며 여러 다른 시간성temporality을 펼친다. 한편, 비에스타를 회절적

---

10. 1장 참조.

으로 읽는 것은 교육의 목표가 지식과 기술, 그리고 사회화, 그리고 주체화를 포함할 수 있다는 통찰을 제시한다(또한 양자택일의 논리를 뒤튼다). 교육과정의 구성이나 교육정책들은 종종 다른 목표들을 희생시켜 하나의 교육 목표만 취한다.[11]

관계물질적 주체화

비에스타의 세 가지 교육 목표의 구별은 중요한 '행위주체적 절단 agential cut'으로 이어진다.[Barad, 2007] 행위주체적 절단은 특수한 내부작용이다. 어떤 분리나 차이화differentiations도 없는 경우가 아니라 늘 관계를 맺고 있다.[Barad, 2012: 77] 바라드와 비에스타를 회절적으로 읽는 것은 주체화가 담론적일 뿐만 아니라, 또한 중요한 사실은, 물질적material이라는 새로운 아이디어를 창출한다. 즉, 인간과 인간 아닌 신체들이 지닌 물질성은 사건 생산에 참여한다. 그것은 심지어 (책에 잉크로 인쇄되거나 컴퓨터 화면상에 있는) 글자가 행위주체성agency을 갖는다는 생각을 포함한다. 세 가지 교육 목표를 함께 읽는 것은 사실상 대학 강의실에서 교육적 실천에 대한 새로운 가능성을 열어 준다. 특히, 비에스타의 주체화 개념은 교육 지식에 공동체 내 '이방인'의 목소리라는 개념을 추가한다. 공공성이 변혁과 주체화에 중요하다. 데이비스Davies, 2014: 12가 주장했듯이, "하나의 공동체는 어떤 하나의 장소를 말하는 것도 아니고 또 어떤 유한한 집단들도 아니고, 이는 물질화하는 방식으로 존재하고, 이 세계에 참여하는 방식을 말하는 것이며, 주체와 다른 물질들의 장소로서 서로에게 그리고 함께 차이를 만들어 내며 세계를 재형상화하는 방식이다". 데이비스에 따르면, 공동체 참여는 '진행 중인 실험'의 일부가 되는 것이다.[Davies, 2014: 12] 그는 어떻게 성인들도 상

---

11. 예를 들어, 도덕교육은 주체화보다는 사회화에 조금 더 많이 치중하는 경향이 있다(Murris, 2012).

호 경청하기에 몰입해 갈 것인지를 어린이로부터 배울 수 있는지를 짚어 낸다. 즉, "어린이들은 그들 스스로 새로운 가능성을 향해 다양한 방법으로 열어 가는데, 그렇게 함으로써 윤리적 공동체의 기본이 만들어지는 것이다."[Davies, 2014: 12]

이 책은 철학적 탐구공동체를 통해 타자('이방인' 포함)의 목소리에 호혜적이고 반응적으로 경청하는 것[Haynes, 2007]과 성인들에게 이것이 얼마나 어려운 일인지에 대해서 다룬다. 조안나 헤인즈와의 공동 작업에서 (비에스타의 개념인) 이방인으로서의 어린이는 반복하는 특징이 있다. 우리의 핵심 주장 중 하나는 이방인as 아동의 목소리에 귀를 기울이려면 아동의 사유를 순수한 것으로, 다른 것으로, 혹은 미리 정해진 발달단계의 척도에 따른 것으로 쉽게 분류해 버리는 것에 끊임없이 의문을 제기할 때에만 가능하다는 것이다.[Haynes and Murris, 2012, 2013] 이러한 철학적 경청은 새롭고 공정한 작동 방식을 만들어 내는 데 도움이 된다.[Haynes, 2008, 2009a, b] 또한 어린이의 '목소리'에 귀 기울여 들을 때 개인에게서 눈을 돌려 비에스타가 제안한 대로 '자유'가 '나타날' 공간들'에 더 많이 집중해야 한다. 이러한 '공간들'은 담론적일 뿐만 아니라 경계가 없으며 물질적이고, 또한 거기에는 인간 아닌 것들도 포함되어 있다.[12] 우리가 어린이들을 관찰하고 그들의 말을 경청하는 방법은 우리가 사물들과 공간들을 능동적 행위주체성을 가진 것으로 보는 시각의 영향을 받는다.[Lenz Taguchi, 2010]

포스트휴머니즘 접근은 철학적 탐구에 어린이들이 빈번하게 보여주는 마법 같은, 의인화한, 그 기발한 참여('이방인'의 참여)를 포함시키는 것을 정당화하고 이론화하는 데 도움이 되며[Haynes and Murris, 2013], 유기체의 지식과 이해의 구축은 다양한 물질담론적 방식에 의해 발생한

---

12. 또는 바라드가 후기 연구에서 선호한 '비인간(inhuman)'(4장과 5장과 Barad, 2012: 81 참조).

다는 생각에 동조한다. 하지만 포스트휴먼 이방인은 (비)확정적인데, 이기being의 상태가 아니라 역동적이며, 또한 '예고 없이 되-돌아온(그 안에서)' 이방인에 의한 뜻밖의 일이자 개입이다.^{Barad, 2014: 178}

(비)확정적 주체성

(비)확정적(in)determinate 주체의 개념은 단일의 개체에 "붙어 있는 attached" 목소리의 개념을 흔든다. 들뢰즈와 가타리의 "기관 없는 신체Body without Organs"(주체 없는 사유) 개념에 영감을 받은 리사 마쩨이Mazzei, 2013: 733는 "목소리를 다르게 사유케 하는 다른 종류의 인간을 묘사하기 위해" "기관 없는 목소리Voice without Organs"의 개념을 만들었고, 또한 마찬가지로 "경청하기"를 다르게 사유케 하는 "기관 없는 경청Listening without Organs"을 만들었다.[LwO; 6장 참조]

1장에서 들뢰즈와 가타리Deleuze and Guattari, 1987/2013; 1994로부터 인간이란 단수의 주체(또는 생산품)가 아니라 복수임을 살펴보았다. 마쩨이Mazzei, 2013: 733는 이 다수성을 "배치, 뒤얽힘, 그리고 내재성의 평면에서 작동하는 단수의 주체로부터 발산되지 않는 목소리를 생성하는 힘과 강도의 결합 등"으로 설명한다. 이는 행위주체성과 의도성이란 개인 '내부'에 위치하지 않으며 물질담론적인 인간과 인간 아닌 타자와의 관계 속에서 지속적으로 생성됨을 의미한다. 따라서 이 책의 2부에서는 특별히 "개체-이원화되지-않은non-indivi-dualised" 행위주체성이 제공하는 교육적 함의를 다루고자 한다.

나는 파도 같은 움직임으로 비에스타의 주체화 개념을 포스트휴머니즘의 관점에서 읽어 갔다. 즉, 그의 개념을 부정하는negating 것이 아니라, (마치 바짝 붙어 해안을 향해 굴러가며 서로의 힘을 더해 새로운 무늬 즉, 이전에 만들어진 파도는 여전히 '있지present'만 새로 형성된 파도와 뒤얽혀 '중첩superposition'을 만드는 두 개의 파도처럼) 그의 주체화 개념에 담긴 담론적인 것과 또한 물질적인 것 모두를 통찰하였다. 이런 포스트휴머니즘적 읽기는 비에스타의 고유의 개념을 포함시키는 것을 가능케 할 뿐만 아니라, 그 개념을 확장시키고 또 반-인간중심non-anthropocentric의 존재론을 추가함으로써 그 고유의 '장치'Barad, 2007: 183를 더욱더 강력하게 만든다. 나는 주체화에 대한 회절적 '버전'을 통해 물질적인 것을 포함하고 학습을 이기being의 일부로 (늘 되어 가기 becoming) 보는 교육과정을 정당화하고자 한다.

다음 장에서 좀 더 자세히 살펴볼 관계적 물질주의 주체는 뚜렷한 경계가 있는 개인이 아니라, "다른 인간들, 물질, 우리 주변의 물리적 강도와 힘에 완전히 상호-의존하는 에너지의 흐름"Palmer, 2011: 7처럼 "펼쳐진다". 한 개인은 시공간을 초월하며 동일성을 유지하는 '중심화된 본질centred essence'이 아니라, 다른 여러 물질담론적 행위주체성과의 **마주침을 통해** 실존을 나타낸다.Petersen, 2014: 41 가르침과 배움에 광범위하게 영향을 미치고 있는 포스트모더니즘 존재론을 구성하고 있는 것은 바로 담론적인 것에서 물질담론적인 것으로의 전환이다. 교육의 목적으로서의 관계물질적 주체화는 초등학교, 유치원, 어린이집, 어린이센터, 놀이방에서의 유아교육에 대한 접근법을 정당화할 뿐만 아니라, 대학 강의실에서의 우리의 수업에 어린이와 함께 철학하기와 레지오 에밀리아 접근을 내부작용 페다고지로 접목시키는 것을 정당화한다. 7장에서는 가르침과 배움에 대한 두 가지 접근법을 오가며 회절적으로 읽음으로써 힘과 활력을 불어넣고, 또 그 과정의 일부로 새로운 무엇을 창출하고자 한다.

아동기 연구 사례

교육현장에서 어린이들의 철학적 대화 참여에 대한 성인의 반응은 어린이에 대한, 앎의 방식들에 대한 지배적인 심리학과 사회학적 시각에 의해 영향을 받는다. 어린이, 형제자매였을 때, 혹은 아마도 부모였을 때의 자신만의 경험과 기억을 갖고 지내 오면서 지금의 교육자들은 어린이와 아동기에 대한 특정 지배 담론에 의해 사회화되었다. 첫 교사연수 기간에 학생들의 역할 모델은 그들이 교생 실습 때 만났던 교사들이었으나 빈번하게 그들이 만난 교사들의 어린이에 대한 검증되지 않은 신념, 학생 자신들의 학교 경험, 그리고 자유, 통제, 권력, 사회적 지위와 연관된 뿌리 깊은 감정들이 모두 그들이 교육을 개념화하는 방식에, 인식론적 관점에서 무엇이 가치 있는지 또 누구의 말이 경청할 만한지를 결정하는 데 영향을 미친다.

관계물질적 주체화를 위해서는 교육자가 '발달성'Dahlberg and Moss, 2005, 즉 본질주의가 사실상 기존의 연령에 대한 편견의 결과로 개별 어린이들이 무엇을 할 수 있는지에 관한 일반화와 관련되고 있고 일반화를 시사한다는 것을 배우는 것은 중요하다. 그렇기 때문에 어린이와 아동기에 대한 전환된 관점에 대한 지식(예를 들어 아동기 연구와 같은 과목을 교육과정에 포함하기)은 유아교육 및 초등 교사교육의 핵심 요소가 되어야 한다. 학계 외부를 포함하여 어린이에 대하여 새롭게 사유할 기회를 개방하는 것은 다양한 교육적 실천과 관계를 가능케 하고, 또한 교육자가 여전히 지배적인 발달 담론을 대표하는 '하나'의 목소리가 아닌 그들 '자신만'의 목소리로 말할 수 있게 하는 사건들을 생성할 수 있다. 5장에서 어린이와 아동기의 다양한 형상들과 회절할 수 있는 방법에 대해 명료하게 안내하고자 한다.

지금까지 비에스타의 주체화 개념을 회절시킴으로써 (예비) 교사의 관계물질적 주체화에 초점을 맞춰 사례를 제시하였다. 나는 아동기 연구를 영아기, 유아교육 및 초등 교사들을 교육하는 교육과정에 포함시켜야 한다고 주장한다. 아동기 연구의 목적은 학생들이 어린이를 시민이-될-사람이 아닌 시민으로 위치시키는 실천을 할 수 있도록 그들을 사회화시키는 데 요구되는 기술과 지식(자질) 등을 배울 수 있도록 하는 데 있다. 그와 더불어 여전히 현 학교와 교사교육과정, 정책, 학교 실제 등에 영향을 미치는 발달심리학과 사회적 구성주의에서 바라보는 개체-이원적인 어린이에 대한 생각에 비판적 견지를 가질 수 있도록 하는 데 그 목적이 있다.^{File, Basler Wisneski and Mueller, 2012} 따라서 교육자는 어린이에 대한 후기 발달적postdevelopmental 관점으로 표현되는 이론을 포함하여 다양한 페다고지와 교육적 접근을 학생들에게 소개해 주어야 한다.^{Nolan and Kilderry, 2010} 이 책을 통한 교과가 바로 이와 같은 철학적 변화와 관련된다.

미궁에 들어가기

교사교육에서 어린이와 아동기에 대한 현재의 지배적인 형상화形狀化, figuration를 변화시키려는 도전적 과제는 확실한 길과 분명한 여정이 있어 이 글을 읽는 독자들이 여행하다 길을 잃어버리지 않는 책을 쓰는 것이다. 이 책의 구조는 중앙에 이르는 하나의 통로를 가진 미궁을 닮았다.^[그림 2.1] [13]

나는 미궁을 메타포로 사용하지 않는다. 미궁의 "층화 stratification"^{Deleuze 재인용, Pedersen, 2013: 727}는 물리적이고 형체를 가지고 있다. 매년 아동기 연구 수업을 수강한 학생들과 함께 나는 이 미궁을 걷고 마지막 주에는 낮에 주변 해변에서 모래와 바다를 이용하며 물질화하며 시간을 보내고, 그해에 함께 고민했던 생각들을 새로운 관점에서 얘기하며 하루를 보낸다. 학생들은 (그 전날에 수업시간에 미궁을 그린 후에) 모래 위에 미궁을 만들어 놓고 그곳을 걷기도 한다[그림 2.2]. 그

---

13. 미궁은 외길이다. '입구'로 들어가 중앙에 이르게 된다. 미로와 다르게 달리 택할 길이 없다. 중앙에 있는 목표 지점에 도달했다면 절반 정도의 거리를 간 셈이다. 뒤돌아서 다시 걸어 나와야 한다. www.labyrinthsociety.org(accessed 13 January 2015) 참조.

[그림 2.1] 디 도널드슨의 미궁 브로치 사진(존 도널드슨이 촬영)

해의 강의는 학생들의 신체정신에 흔적들을 남겼음이 틀림없으며, 어린이를 주체로 보는 모더니즘의 억측들을, 푸코가 말했듯이, "바다 끝 모래 위에 그린 얼굴처럼"Foucault 재인용: Biesta, 2006: 39 "지워 버렸을" 것이다.

나의 아동 연구 코스는 변화 가능성을 극대화할 수 있도록 신중하게 조직되었다. 미궁을 통과해 가는 여정은 이 책의 장들을 읽어 나가면서 각자의 길을 만들어 가는 과정과도 같다. 각 장의 순서는 일 년 동안 학생들이 어린이와 아동기에 대한 다양한 형상화들에 몰두할 수 있도록 한 물질담론적 힘으로 구성되었다. 그것은 바라드Barad, 2007: 183가 '장치apparatus'라고 부른 것으로 물건이 아니라 행위doing이다. 그것들은 경계를-만드는 실행들boundary-making practices이다.

장치는 물질화하기mattering의 가능성과 불가능성을 위한 물질

[그림 2.2] 예비 교사가 케이프타운에 위치한 클리프턴 비치에 만든 미궁(저자의 사진)

적 조건들이다. 그것은 무엇이 물질화되는지와 무엇이 물질화로부터 배제되는지를 실행한다. 장치들은 명확한 경계와 현상 내의 '개체들'의 속성들을 생산해 내는 행위주체적 절단agential cut을 실행한다.Barad, 2007: 148

이 장 앞부분에서 행위주체적 절단이 특별한 내부작용임을 살펴보았다. 즉, 행위주체적 절단은 물질과 의미 모두에 대한 것이다. 행위주체적 절단과 내부작용에 의해 경계들은 명확해진다. 바로 여기서 교육자의 책임이 보다 분명해진다. 이 미궁의 궤도가 교육자가 알아차려야 할 목표점으로 주입식 가르침이나 훈계 없이 어린이와 아동기에 대한 그들만의 다양한 생각들을 기록하고 표시해 주는 지점이다. 어린이와 아동기에 대한 상상 속에 그들이 갖고 있는 개념들은 장치들의 일부로, 우리가 사용한 철학적 탐구 페다고지 공동체도 그러하였다. 이 내부작용 페다고지는 새끼 밴 가오리처럼[14] 행동하는 교육자와 함께하며, 평가하지 않고 발산적 질문들이 그 특징이며, 새로운 아이디어를 함께 창출하는 하나의 공동체로 운동한다. 결과적으로 학생은 미리 예측할 수 있는 결과를 가진 그 어느 누구도 없는 가운데 자신의 실천을 바꾸고 변형시킨다. "교육적 기록작업pedagogical documentation"[15]의 활용은 협력적 회절적 저널의 형태로 이 과정의 주요 목적을 달성하는 데 중요하다.

회절적 일시정지

이 책 모든 장의 앞뒤에는 '회절적 일시정지diffractive pauses'가 포함되어 있다. 경우에 따라 장의 가운데에 위치하기도 한다. 가끔 거기에는 방법론을 설명하기 위해 학생의 저널 기록들을 포함시키기도 했다. 보통은 이론적 개념을 강화하기 위해 수록했다. 회절적 일시정지는 각 장 안에 구성된 전이의 공간들을 형성한다. 그곳에서 교육자를 위한 많은 실제 교수 방안들을 발견할 수 있겠지만, 각각의 회절적 일시정지는 다소 직접적으로 '실천적'이라는 명칭을 사용하는 것을 피했다. 일시정지에 특별한 형식이 사용된 것은 아니다. 그러나 교사교육에서 관계적 물질주의의 실제적 실행을 지원하는 길잡이로서 역할을 한다. 눈에 잘 띄도록 회절적 일시정지는 회색의 음영으로 표시하였다. 엄밀히 말하자면, 일시정지는 나의 논지에 따라 읽을 필요는 없으나 그렇지 않을 경우 총체적으로 경험하는 데 어려움을 겪을 수 있다. 왜냐하면 회절적 일시정지에는 논쟁이 되는 감정들이 있고, (대학) 강의실에서 가

---

14. 8장 참조.
15. '교육적 기록작업'이라는 용어는 레지오 에밀리아(Reggio Emilia)라는 교수학습 접근법에서 나왔다. 이에 대해선 7장에서 깊이 있게 다룬다. 그 장에서 아동 철학과 레지오 에밀리아를 오가며 회절적으로 읽고자 한다.

능한 상황들이 전개되기 시작하는 상상력이 있기 때문이다. 일시정지는 규범적이지 않지만 아이디어는 그와 회절하며, 그 과정에서 매번 새로운 무언가를 창출할 것이다.

미로가 아닌

미궁은 미로가 아니다. 그 차이는 아주 중요하다. 미궁에는 오로지 하나의 경로가 있어 앞으로 나아가고 '되돌아' 온다. 과거는 뒤에 남겨지지 않기에 현재의 일부로 남게 된다. 반면, 미로는 복잡하며 여러 다양한 경로가 있다. 쉽게 길을 잃을 수 있고 되돌아오지 못할 수 있다. 이 책의 목표는 교육자를 위한 명확한 여정과 체계적인 접근을 제시하는 것이지만, 한편으로는 철학적 탐구의 열린, 여러 가지 해석이 가능한, 발산적 특징이 발현될 수 있는 여지를 남겨 둔다. 비에스타와 마찬가지로 우리도 교사교육자로서의 우리의 시도를 학생들이 어떻게 받아들일지는 전혀 알 수 없다. '교육자의 세계 내 존재'의 자유는 늘 인간 아닌 타자를 포함한 타자들과의 내부작용에 의해 형성된다.

어린이와 함께하는 철학의 이론과 실제는 이 책에서 일종의 행위주체적 절단agential cut으로 작동된다. 그것은 "경계-만들기 실천"Barad, 2007: 140으로, 포함시킬 것과 배제시킬 것을 결정하고, 자연/문화, 아동/성인, 감정/인지, 안/밖 등과 같은 차이와 이분법들이 어떻게 교육 이론과 실천 속에서 만들어지고 집행되는지를 검토할 수 있는 철학적 공간을 마련한다. 이와 같이 어린이와 함께하는 철학은 단순히 '교육 도구' 내지 '사고력 프로그램'이 아니라, "물질화 효과와 구성적 배제를 포함하여 차이가 어떻게 만들어지고 재생산되고, 또 안정화되고 와해되는지"Barad, 2012: 77를 탐구하는 급진적인 '장치'이자 회절적 방법론이다. 차이는 만들어지는 것이지 발견되는 것이 아니다. 교사교육자로서 "'우리'는 '우리'가 집행되도록 돕고 있는 뒤얽힘들에 대해, 그리고 '우리'가 무엇에 기꺼이 헌신하려는 것인지에 대해, '우리 자신'과 '우리'가 '되어 갈'지 모르는 누군가에 대한 헌신"을 포함하여Barad, 2007: 382, 책임을 다해야 할 뿐 아니라 설명할 수 있어야 한다.

이 책의 미궁 구조는 어린이와 아동기에 대한 새로운 통찰이 생산될 수 있도록 하기 위해 매끄러운 표면 위에 명확한 '경계'와 방해물을 함께 놓아두면서 임시 '통로'를 제공한다. 따라서 이 책의 각 장은 지면 배치 순서대로 읽는 것이 도움이 될 것이다.

교사교육자인 우리는, 관계적 물질주의 주체화를 포함해, 이 장에서 고찰하고 있는 세 가지 교육 목표 모두에 대해 책임이 있다. 바라드의 철학물리학philosophyphysics처럼 미궁으로 향한 동기는 정의justice, 즉 사회social 정의뿐만 아니라 일종의 존재인식론적 정의로부터 나온다. 바라드는 다음과 같이 설명한다.

> (정의의 실천이란 필연적으로 목적을 이루기가 불가능한, 세계의 윤리적 요청에 응하는 늘 이미 불충분한 시도라는 점에서 지극히 중요하며, 간절한 우리의 동경이다.) 차라리 이렇게 말할 수도 있겠다. 나를 움직이게 하는 것은 질문에 대한 마지막 해답이나 해결책을 찾는 것이 아니라 정의로-다가가기justice-to-come에 대한 의문 그 자체였다. 핵심은 그 질문들을 살아나게 하고 그것이 더 풍성해지도록 돕는 것이다.Barad, 2012: 81

이 책의 전반적인 의도는 학교뿐만 아니라 교사를 교육하는 기관에서 행해지고 있는 기존의 제도화된 차별적 교육 실천을 획기적으로 바꾸는 데 도움을 주는 것이다. 어린이와 함께하는 철학은 그 장치들 중 하나이다. 그중 하나의 실천인 어린이와 함께하는 철학은 어린이의 사유자thinker로서의 능력과 관련하여 뿌리 깊이 배어 있는 이원론적 가정에 심오한 질문을 던지며, 비교적 새로운 학제 간 교과인 '아동기 철학'Matthews, 1978, 1993, 1994, 2009; Lipman, 1993; Kennedy, 1996b, 2000, 2006, 2010, 2013; Kohan, 1998, 2002, 2011으로 구체화하였다.

내가 제안한 어린이와 함께하는 철학의 관계적 물질주의 개념화는 이를테면 데카르트적 실재론, 합리주의, 미국 실용주의, 후기구조주의, 포스트모더니즘 등을 수용한 이종적인 분야(어린이를 위한/함께하는 철학, 약어로 'P4C' 또는 'PwC)에는 새로운 것이다.예를 들어 Rollins, 1996 참조 동종성의 결핍이 그 분야를 재-현하려는 연구자, 그리고 일종의 장치로서의 어린이와 함께하는 철학과 씨름하고 있는 연구자들에게 어려움을 주고 있다. 바라드의 입장에서 보면 이것은 본질이나 내재적 경계가 없는 열린 실천이다.Barad, 2007: 146 [16]

포스트휴먼 철학은 교육자들에게 물질담론적 철학의 실천에 의해 직접 감응될 수 있도록 세심하게 짜인 겹겹의 교육 기회를 제공하는 것이다. 그 의도는 독자를 글 속으로 끌어들이고, 독자(동시에 독자인 나)와 함께 더불어with and alongside 생각하도록 하는 것이지, 독자에게 일방적으로 말을 하는 것은 아니다.[17] 거의 모든 장에서 어린이나 학생들의 철학적 생각들은 독자가 체험적으로 그리고 다르게 참여하도록 하는 데 핵심이 된다. 학생과 교사가 미궁을 만들어 걸을 때마다 예측과 모방이 불가능한 재현할 수 없는 새로운 출발점이 생긴다. 이런 구조 때문에 무수한 변형이 가능하여, 해마다 이 강좌는 그 실제에 있어

---

16. 결과적으로 아동 철학은 종종 오해를 받고 있고(예를 들어, Ecclestone and Hayes, 2009; Vansieleghem, 2006; De Suissa, 2008; Hand, 2008 참조), 2009년 3월 31일~4월 2일에 옥스퍼드에서 여러 동료들은 '어린이와 함께하는 철학이 아닌 것(What Philosophy with Children is not)'이라는 주제로 철학 교육 연찬회에서 심포지엄을 개최했다. 다운로드 https://uct.academia.edu/KarinMurris/Conference-papers.
17. 내가 글을 쓸 때 마찬가지로 '타자' 또한 현존한다. 나는 독자/작가의 이분법에 얽매이지 않으려고 애쓴다(이에 대한 간단한 논의는 Jackson and Mazzei, 2012: 138 참조).

많은 차이가 난다. 상호 간의 물질담론적 뒤얽힘은 다른 지식과 다르게 뒤얽힌 물질담론적 경험을 낳는다. 9장에서는 나의 그림책 사용이 부수적인 것이 아니라 교사교육의 목표 중 하나인 관계물질적 주체화의 정의를 실현하려는 나의 노력에서 핵심적인 사항임을 논할 것이다.

『포스트휴먼 어린이』는 존재인식론적 불평등을 다룬 책이다. 특히 인식자knower로서의 어린이에 대한 구조적이고도 체계화된 차별을 다루고 있으며, 이 책에 등장한 어린이들은 3세~11세이다. 이 책은 변혁적인 교육 실천인 어린이와 함께하는 철학의 참여를 통해 이와 같은 차별에 어떻게 도전할 수 있을지에 대한 교육적 지원을 제공한다. 어린이에게 행해지는 존재인식론적 불평등의 중요한 요인이 두 가지 있으며, 이에 대해선 6장에서 페미니스트 철학자들인 캐런 바라드Karen Barad와 미란다 프릭커Miranda Fricker를 오가며 회절적으로 읽으면서 자세히 살펴본다.

여기서 제안한 교육 변화는 교육자인 '우리-자신들(우리의 상상력, 욕망, 존재)'의 변화에 관한 것이다. 그것은 우리 자신들과 학생과, 어린이와 그리고 다른 인간 아닌 타자들, 이를테면 세계의 사물들, 자기 자신 또한 일부인 세계, 우리 기관과 우리 사회를 포함한 우리의 관계의 변화이다.^{Barad, 2007: 383} 이러한 변화는 어린이와 아동기에 대한 철학적 탐구를 통한 타자와의 더불어 생각하기에 의해 활성화된다. 미궁을 '열린' 신체정신과 함께 걷는다면 어린이와 함께하는 철학은 이러한 변화의 실현을 도울 수 있는 장치이다.

구불구불한 미궁

다음은 나머지 장들과 그 중간중간에 뒤섞여 있는 '회절적 일시정지'에 대한 간략한 요약이다.

일종의 항해 도구인 포스트휴머니즘은 서구의 형이상학과 인식론의 역사 속에서 그 이전에 대한 응답이다. 이를 온전히 이해하기 위해 3장에서는 휴머니즘이 정의를 위해 제기한 문제의 '근원'을 다룬다. 그것은 데카르트의 이원론으로 '완전한 인간' '지구 거주자'가 아닌 타자, 즉 여성, 노예, 동물, 어린이 그리고 물질들을 배제시킨다. 자연과학과 사회과학 사이를 오가며 회절적으로 읽으며, 캐런 바라드의 양자물리학 지식은 서구 형이상학에 대한 유례없이 급진적인 논쟁을 불러일으키고 있으며, 이 책의 나머지 장들의 철학적 틀을 이루고 있는 평등주의의 대안적인 존재인식론을 제시한다. 인터넷에서 다운로드할 수 있는 '흉상-젖가슴-아기-여자'의 두 개의 사진은 회절 기회를 제공한다.

 4장은 이 새로운 포스트-형이상학적 존재론이 유아교육에 미치는 함의와 관련해 교육자가 활용할 수 있는 몇 가지 아이디어가 포함된 **회절적 일시정지**로 시작한다. 이와 같은 실천 사례들은 새로운 시각에서 본 어린이가 어떤 존재인지(또는 아닌지)에 대하여 탐색한 후에 제시한다. 캐런 바라드의 관계적 물질주의와 나와의 회절 속에서 떠오른/떠오르고 있는 새로운 생각에는 주체성 또는 '신체정신물질 bodymindmatter'을 표현하기 위해 대명사 'iii'를 사용하였다. 대문자 나 I 또는 소문자 나i 대신에 신조어 나iii를 우리가 서식하고 있는 이원론적 담론에 도전하는 일종의 지속적인 물질담론적 상기물로 사용해 어린이에 대한 대안적이고 비-이분법적 이해를 열어 두고자 하였다. 본장의 새로운 아이디어는 (뒤이은 회절적 일시정지에서) 6살짜리 아이가 누나의 결혼식에서 찍은 일련의 사진 작업으로 이어진다. 그 사진들은 소문자 i, 대문자 I, 소문자 두 개의 ii, 소문자 세 개의 iii로 어린이의 시각에서 바라본 것들이다(여기에는 각 입장에 따라 어떻게 다양한 종류의 관찰자, 교사연구자의 위치를 취하게 되는지가 포함되어 있다).

 5장에서는 어린이와 아동기를 다르게 실행하기 위해 두 가지 전략을 사용한다. 우선 '어린이의 목소리'의 개념을 관계적 물질주의의 관점에서 탐구한 후에, 두 번째로, 잘 알려진 6개의 어린이에 대한 형상화, 즉 '발달하는 어린이', '무지한 어린이', '악한 어린이', '순수한 어린이', '유약한 어린이', '공동체 어린이'에 대한 분류를 계보학적으로 살펴본 후 어린이와 아동기에 대한 재형상화를 시도한다. 각각의 형상화는 자연/문화의 이분법과 특정한 교육적 실천들을 가정하고 있다. 나는 정의 실현을 위해 이와 같은 형상화는 근절되어야 함을 주장하며, 이를 위해 5장에 실천적 활동인 신체정신 지도 만들기를 포함시킨다. **회절적 일시정지**에서 이 활동을 설명하고 두 개의 예를 통해 어떻게 몸이 '트랜스포머'가 될 수 있는지 설명한다. 새로운 포스트휴머니즘 어린이 형상화는 물질담론적 관계를 통해 (발현)병합된 유능하고 rich 유연하며 resilient 잠재력 있는 resourceful 아동이다. 이와 같은 재형상화는 유능한-무능한 어린이 사이를 구분하여 분리하는 당대의 생각을 뛰어넘는다.

  6장은 이 책을 구성하는 핵심 중 하나를 요약하는 인용문으로 시작한다. 어린이들은 세 가지 차원에서 거부당하고 있다. "윤리적으로 부당하게 배제되고 있으며, 인식론적으로 부당하게 불신받고 있고, 존재론적으로 부당하게 낮은 위치에 놓인다." 여기서 나는 지식에 근거하여 '정체성 편견 identity prejudice'이 얼마나 어린이를 차별하고 타자화시키는지에 대해 집중적으로 다룬다. 지식, 윤리, 정의와 변화의 뒤얽힘은 미란다 프릭커와 캐런 바라드를 서로 회절적으로 읽음으로써 갖게 된 새로운 관점의 산물이다. 바라드의 철학물리학과 프릭커의 '인식론적 불평등' 개념이 서로 내부작용하여 존재인식론적 불평등이라는 새로운 아이디어를 창출한다. 차별의 영역에 '연령'을 포함시키는 것은 어린 (흑인) 어린이가 '포함되도록' '허용하기' 위해 무엇을 지식으로 간주할 것인가에 대한 의문을 요구한다. 기관 없는 듣기를 가능케 하는 확장된 인식론적 중용과 인식론적 평등, 인식론적 균형을 논함으로써 매듭짓는다. 앞으로 제기될 쟁점들은 본 장의 핵심인 어린이와 함께하는 철학적 탐구에 대한 전사본(유튜브에서 시청 가능함)을 분석한 **회절적 일시정지**와 뒤얽혀 있다.

이 책의 2부에서는 좀 더 분명하게 관계적 물질주의 철학이 유아교육에 주는 함의에 초점을 맞추고 가르침과 배움에 대한 2개의 접근인 어린이와 함께하는 철학과 레지오 에밀리아를 서로 회절적으로 읽는다. 두 내부작용적 페다고지는 어린이 존재론을 "비인간 되기inhuman becomings"로 봄으로써 정의를 행하며, 어린이를 유능하고, 유연하며, 잠재력 있는, 관계 속에서 (발현)병합하는 '것으로' 재형상화한다. 회절에 의해 생성된 이러한 "중첩"Barad, 2007: 76은 비판적이지는 않지만 **회절적 일시정지**의 사례에서 보여 주듯이 그 과정 중에 독창적인 어떤 것을 창출하며 두 페다고지에 힘을 실어 준다.

8장에서는 산파와 가오리, 새끼 밴 신체라는 세 가지 이미지의 회절적 읽기로 나타나는 중첩 또는 간섭무늬로서 새끼 밴 가오리의 이미지를 제안한다. 나는 현재 남아공의 문해교육을 '위기'로 보고 급진적인 제안을 한 상태이고, 다섯 가지 대응책을 제시하였다. 즉, 측정 장치에 대한 비판, 언어 문법에 가정된 권력관계, 교사의 역할 재고, 학습자가 사용 가능한 언어 재고가 그중 네 가지 대응책이며, 이는 어린이를 바보광대Fool로 보는 지위로부터 해방시키기 위한 노력들이다. 다섯 번째 대응책은 이해력의 의미에 대한 간섭이다. 8장은 새끼를 밴 가오리가 할 수 있는 질문들과 가정하고 있는 존재인식론의 지도를 그린다. 내부작용적 페다고지가 지닌 윤리정치적 함의를 설명하고, 교실에서 할 수 있는 어린이와 함께하는 철학 수업을 제안한다. 본 장의 **회절적 일시정지**에 제시된 교사교육자 지원 자료에는 케이프타운 인근의 케이프 아파트에 사는 다섯 살짜리 아이들 한 그룹에게 철학적 질문을 던지며 활동하고 있는 어느 새끼 밴 가오리의 유튜브 영상이 담겨 있다.

9장에서는 추상 개념을 철학적으로 탐색할 때 좋은 그림책을 활용하는 것과 관련된 체계적인 몇 가지 주장들을 간단히 살펴본 후에 그림책 작가 앤서니 브라운이 『우리는 친구Little Beauty』2008의 텍스트와 이미지를 창작할 때 그가 검열과 아동 보호에 대해 내린 복잡한 결정을 더 자세히 알아본다. 나의 분석은 자연/문화, 과학/예술, 동물/인간, 환상/현실, 기계/생명, 어린이/성인 등의 차별적인 이분법에 대한 브라운의 도발적인 유희를 전경화한다. 그의 자서전, 어린이에 대한 신념과 그의 심미적 선택 사이의 뒤얽힌 관계는 교육기관에 풍부한 자료를 제공한다. 성인/어린이의 이분법의 중심을 뒤흔들어 놓기 때문이다.

모든 연령대의 학생들과 함께 그림책 속 이분법을 "그 한계로 몰아갈" 수 있다. 9장에 포함된 **회절적 일시정지**는 한 교사의 연구 사례이다. 여기서는 인간 아닌 것과 텍스트의 물질성(특정 사례로 빨간색)이 철학적 탐구 텍스트로서 그림책 『우리는 친구』가 작용하는 방식에 어떠한 감응(영향)을 주는지를 보여 준다. 이 장은 다양한 앤서니 브라운의 그림책을 활용해 '이분법 뒤흔들기 프로젝트'를 시작하는 방법에 대한 의견을 제시하는 것으로 마무리한다.

마지막 장에서는 어린이와 함께하는 철학이 새로운 '포스트'-형이상학의 출발을 통해 교육을 탈식민화하는 데 도움을 줄 수 있다고 제안한다. 이 장에서 나는 데이비드 매키David McKee의 『코끼리 전쟁Tusk Tusk』을 선정한 나의 선택과 이 그림책을 남아공의 2학년 수업에 적용한 나의 독특한 방식에 대해 비판하는 후기구조주의자인 동료들과 회절한다. 이 장에 통합된 **회절적 일시정지**에는 다섯 개의 문해 수업에 대한 관계적 물질주의 분석이 포함되어 있다. 회절적 방법론을 사용함에 따라 생긴 간섭무늬에는 귀중한 통찰이 담겨 있다. 즉, 교사의 영향력이 없는teacher-proof 텍스트는 존재하지 않으며, 어린이와 함께하는 철학 수업의 교사교육에는 '그' 텍스트에 '저항하며' 읽을 수 있게 하는 교사의 복합적인 역할을 명시적으로 포함시켜야 하며, 그 강좌는 1시간 단위의 1회성의 수업이 아니라 더욱 커다란 프로젝트의 일부가 될 수 있도록 구성되어야 한다. 마지막으로 이런 회절들은 후기구조주의 비평에 대한 휴머니즘 형이상학의 가면을 벗긴다. 독단적 주장과 불평등한 관계, 표현의 자유 제한을 방지하기 위하여, 이러한 그림책에 대한 포스트휴머니즘의 지향은 선형적 시간을 부정하고, 모든 지구 거주자를 포용하고, 차별을 조장하는 이분법을 부순다.

휴머니즘은 아동기와 성인기라는 '두-세계관'을 창조해 왔지만, 포스트휴머니즘은 공동의 자연문화 세계로 합치고 있다.$^{Taylor,\ 2013}$ '포스트' 식민주의 교육을 위한 이런 형이상학적 차이들이 지닌 교육학적 함의를 교육자을 위한 소크라테스의 두 가지 형상화, 즉 '쇠파리'와 (새끼 밴) '가오리'를 통해 고찰한다. 쇠파리는 담론적인 것, 사회권력, **정체성**, 비판적 행위주체성에 초점을 맞추는 휴머니스트가 보여 주는 주변화된 아동기 장소에 어린이를 위치시킨다. 따라서 존재인식론적 불평등이 어린이에게 행해진다. 이와 대조적으로 새끼 밴 가오리는 '하나의 one' '자아$_{self}$' 내에서 중요한$_{matter}$ **차이**들에 초점을 맞춘다. 후자는 아동의 '안$_{in}$'에 초점을 두고 있지만, 전자는 그렇지 않다. 이 책은 교육에서 심리학, 사회학, 그리고 담론적인 것에 초점을 두는 배타적인 인간중심주의로부터 근본적으로 벗어나는 일이, 어릴 뿐만 아니라 가난 속에 허덕이며 살고 있는, 영어가 '모국'어가 아닌 사람들에게 더욱 공정한 교육적 만남을 가능케 하기 위해 무엇보다 시급함을 보여 주며 끝마친다.

회절적 일시정지:
회절적 저널

발현적 연구 방법론인 회절[18]은 우리가 아동기 연구 강좌에서 종합평가의 핵심 부분으로 사용한 기록작업에서 아주 중요하다. 이 강좌의 핵심 과제 중 하나는 3명이 한 조가 되어 컴퓨터 기술을 활용해 **회절적 저널**[19]을 쓰는 것이다.[20] 교육자는 물질들 사이 또는 물질과 담론 사이에서 일어나는 상호 연결 속에 "냄새와 감촉, 온도, 압력, 긴장과 힘을 기록하는 그 신체정신의 능력들에 주의를 기울여야 한다."[Lenz Taguchi, 2012: 267] 중요한 것은, 이런 종류의 기록작업은 그 강좌에서 일어난 일들을 재현하거나 학습을 "중재하지"[Barad, 2007: 231] 않고, "유형의 인쇄된 물질적 실체로서, 장치로서" 그것은 교육자들과 내부작용하며 "각각이 서로를 종속시키고, 서로를 구성한다."[Larson and Phillips, 2013: 20]

이 강좌의 다양한 양식들, 예를 들어 파워포인트 발표, 읽기 자료, 유튜브 영상, 철학적 대화 등은 그들의/나의/우리의/타자의 몸에 흔적을 남기고, 기록작업은 차이의 **효과**들을 지도로 만들었다.[Barad, 2007] 신체는 물리학에서처럼 "어떤 종류의 신체, 인체, 기관, 인공물 또는 어떤 종류의 물질"로 이해할 필요가 있다.[Hultman and Lenz Taguchi, 2010: 529] 그것들은 내부작용하는 중첩된 힘들이다. 5장에 두 가지 예시([그림 5.1]과 [그림 5.2])를 제시했다. 회절은 어떤any 차이에 관한 것이 아니라, 물질화된 차이에 대한 것이다.[Barad, 2007: 378] 바로 여기서 '새로운 것'을 생성하는 교육자의 책임과 의무가 활동하기 시작한다. 바라드는 새로운 것은 시공간의 제약을 받지 않기 때문에 그것은 소유될 수 없음을 일

---
18. 1장 참조.
19. 이전에는 이런 아이디어가 떠오르지 않아 오로지 반성적 저널만을 쓰게 했다.
20. 우리는 내부작용을 위해 구글 문서도구를 사용한다. 이것은 학생들이 제출한 의견을 확인하고 그들과 내부작용할 기회를 엿보는 데 필요한 유용한 도구를 제공한다.

깨워 준다. 오히려 물질의 뒤얽힘으로 다른 시공간에 걸쳐 "널리 펼쳐져" 있다. 미래와 과거가 항상 열려 있고, 결코 닫힌 적이 없다. 따라서 "새로운 것은 앞으로 다가올 일의 흔적이다."[Barad, 2007: 383] 바라드에게서 저작권 기호(ⓒ)는 소유권의 상징이 아니라, "(누구를 위해, 무엇을 대가로?) 차이들의 생산에 수반되는 책임의" 상징이다.[Barad, 2007: 383]

이 장에서는 바라드[Barad, 2007: 14]가 물리학을 통해 물결파와 음파, 광파가 겹쳐질 때([그림 1.1])의 결합 방식을 묘사한 '회절'이라는 물리학 용어를 어떻게 사용하는지 살펴보았다. 아동기 연구 강좌에서 각각의 물질담론적 내부개입은 파문 혹은 파동을 유발하고, (마주쳤을 때) ('최초의' 파동들을 완전히 '뒤로' 남겨 두지 않고) 이들을 하나로 합쳐 신체정신에 흔적을 남기는 새로운 파동을 만들어 낸다. 파동은 경계를 지닌 단일한 실체가 아니라 흔들리는 움직임이며[Barad, 2007: 100], 강좌 중에 (바다의 바위들이나 서핑 보드들처럼) 새로운 물질담론적 개입은 더 많은 효과들을 생성한다. 두 개 이상의 파동이 합쳐졌을 때 예상치 못한 새로운 파동이 생기고, '그 자체 내에서' 파동과 파동 사이의 '경계'는 유동적으로 바뀐다.

파동처럼 인간 주체 '사이'의 경계도 또한 유동적이다. 미시적 차원에서 볼 때[21] 인간을 포함해 모든 물질들은 모두 똑같은 질료인 행위주체성을 가진 원자로 이루어졌다. 다음 장에서 더 자세히 살펴보겠지만 현재 지배적인 서구의 고전적인 존재인식론은 잘못된 (인간의) 눈에서 시작한다.

따라서 교육적 기록작업은 단지 학습과정을 (반성reflection에서처럼) 거리를 두고 멀리서 관찰하는 것이라기보다는 교육자가 강좌를 여행하면서 발생하는 다양한 내부작용들의 '그 특정' 역사를 지도로 그

---

21. 하지만 여기서 미시/거시의 이분법을 제시하는 것을 잘못된 일일 것이다(Barad, 2014: 174).

려 내는 행위주체적 절단이다. 요점은 이것이다. "지식 실천들이 물질적 결과를 제시하는" 것이 아니라, "우리가 집행하는 실천들이 **물질화된다**matter". 이와 같이 앎의 실천들은 "세계의 차이화된 되기의 부분"이다.Barad, 2007: 91, 강조는 저자

지식 만들기란 "세계에 구체적인 물질 형태를 내어주며 세계의 일부로서 물질적으로 참여한다는 점에서" 사실들의 생산이 아니라 "세계 만들기"와 관련 있다.Barad, 2007: 91 저널을 쓰는 것은 교수와 학생에게 어떻게 아동주의childism[22]가 생산되는지를 알 수 있게 하며, 사실상 차이를 생성하고 '객체'와 '주체'를 만들어 내는 장치들을 알아볼 수 있게 한다. 이와 같은 집행이나 행위주체적 절단은 그것들이 규범적이기 때문에 중요하다.Barad, 2007: 380

(개념적이고 물리적인) 현상인 어린이는 타자를 제외시키는 특정 장치들에 의해 구성되고 유형화된다.Barad, 2007: 120 교육적 기록작업은 어떻게 이러한 장치들이 '어린이'의 의미를 구성하는지 알아내는 데 교육자에게 도움을 준다. 구불구불한 미궁, 예를 들어 우리가 본 영화, 우리가 토론한 읽기 자료, 우리가 한 연극, 우리가 만든 예술작품, 교생실습 동안에 한 실험 등은 새로운 '파동' 생성을 위해 주도면밀하게 계획된 것들이다. 교사로 구성된 소집단의 행위주체적 절단은 공동의 기록작업, 늘 과정 중에 있으며 중요한 차이를 만드는 그들의 합작품으로 물질화되었다. 이 철학적 작업은 이미 객관/주관의 이분법을 가정하고 있고, 신체/정신의 이원론에 기생한다는 측면에서 주관적이지 않다. 대신에 바라드Barad, 2007: 91는 "우리가 그 일부분인 구체적인 물질화"에 책임져야 한다는 점에서, 회절적 방법론이 아주 세세한 사항에 주의를

---

22. 아동주의는 연령주의의 특이한 형태이다. 성차별주의 혹은 인종차별주의처럼 나이 어린 사람에 대한 편견에 의한다. 6장과 엘리자베스 영-브륄러(Elizabeth Young-Bruehler, 2010) 참조.

기울이고 "세계의 엄청난 활기를 현시하게 한다"는 점에서 객관성을 주장한다. 그리고 유아교육에서 흔히 발생하는 사례들이 심리학, 생물학 또는 사회학적인 것을 국한하지 않고, 포함하고 있다는 점도 이와 같은 맥락에서 보아야 한다.[23]

교수로서 나는 페다고지스타가 레지오에 영감을 받은 실제에서 하는 것처럼[7장 참조] 학생과 서로 대화하고 정기적으로 아이패드에 저장해 놓은 몇몇 이미지 사진과 비디오 자료를 공유하고 토론함으로써 그들의 철학적 작업과 내부작용한다. 학생들의 말과 이미지, 때로는 (학생들이 증강현실[24]을 이용할 때의) 움직임 등이 그해에 지속된 학생들의 풍부한 내부작용의 일부만을 어렴풋이 보여 준다. 레지오에 영감을 받은 실제에서 아틀리에스타가 하는 것처럼 미술 교수는 학생들이 강좌 내용에 대한 자신의 생각을 물질화하고 확장하도록 돕기 위한 지식과 기술을 가지고 학생과 내부작용한다.[25] 다음으로 학기말 시험을 준비할 때 학생들은 미궁에서 벗어나 "그들이 왔던 곳으로 되돌아간다". 하지만 이번에는 그들 스스로 한다. 학생들은 공동 작업을 통해 읽고 느낀 후에, 새로운 생각과 감정의 물질화를 에세이로 설명하고 뒷받침해서 최종 '설치미술'로 남긴다.[설치미술품의 예시는 [그림 2.3][26] 참조]

설치미술품은 학생들이 어린이와 아동기에 대한 자신들의 변화된 관점을 2, 3차원적으로 표현해 보고 미니어처의 교실을 구성해 봄으로

---

23. 4장과 5장 참조.
24. 태블릿과 휴대폰 덕분에 (예를 들어 토론을 음성 녹음하기, 역할극을 비디오로 녹화하기) 실재는 증강을 통해 수정된다. 이런 컴퓨터 기술의 사용은 실제 움직임과 2D와 3D 글쓰기를 추가함으로써 교육에서의 기록작업(7장)을 향상시킨다. 예를 들어 휴대폰으로 저널을 증강시키면 3D 이미지와 비디오 영상이 '활성화'된다.
25. 미술 교사(artiersta)는 특이한 유형의 미술 교육자로 7장에서 설명한다. 학생들은 생활기술 강좌의 일부인 창작 미술 수업에 참여한다. 시간과 여러 제도적 제약 때문에 실제 이 작업이 지닌 발현적 속성을 드러내는 데 한계가 있지만 미술 교수와 나는 가능한 한 친밀하게 함께 작업하기 위해 노력한다.
26. 나빌라 키디의 설치미술품은 다음 장 앞부분에서 더 자세히 알아본다.

[그림 2.3] 나빌라 키디의 2014년 최종 아동기 연구 설치미술품

써 물질화시켜 볼 수 있는 기회가 된다. 이 강좌의 공식적인 시험인 학기 말 전시회를 통해 학생들은 동료 학생들과 교수, 가족, 친구, 설치미술품의 외부 심사관들과 관계를 맺는다(이 모습은 촬영된다). 결론적으로 전시 행사 그 자체는 물질담론적인 뒤얽힘을 통해 새로운 생각들을 물질화한다.

3장
이것은 어린이가 아니다

나는 포스트휴머니즘으로의 전회를 우리가 무엇 그리고 어떤 사람이 될 수 있는지에 대하여 함께 결정할 수 있는 놀라운 기회이자 인류가 스스로를 긍정적으로 다시-창안해 볼 수 있는 아주 특별한 기회라고 생각한다. 그것은 창의성과 윤리적 관계에 힘을 부여함으로써, 그리고 인간의 취약성과 두려움과 같은 부정적인 본성을 통해서도 가능하다. 이는 범지구적 차원에서 저항과 임파워먼트의 가능성을 찾을 수 있는 계기가 될 것이다.Rosi Braidotti, 2013: 195[1]

이것은 어린이가 아니다

2014년, 예비 교사 나빌라 키디는 아동 연구 코스에서 〈이것은 어린이가 아니다 This is not a child/ Ceci n'est pas une enfante〉[2]라는 그림을 그리고 전시했다. 그는 어린이가 어떤 의미인지 정확하게 설명하기가 어렵기 때문에 그림으로 그렸다고 설명하였다. 르네 마그리트의 〈이미지

---

1. 이 구절을 상기시켜 준 루넷 메이링에게 감사드린다.
2. 2장을 참조하라. '정상적인' 남성적인 단어인 un enfant을 여성 철자로 사용한 것은 그녀의 의도였다. 나빌라(Nabeela)가 소녀를 그린 것처럼 언어는 어떤 사실을 반영하며 un enfant('올바른' 프랑스어 사용) 대신 une과 enfante를 사용했다.

[그림 3.1] 나빌라 키디가 그린 〈이것은 어린이가 아니다 This is not a child〉

의 배반: 이것은 파이프가 아니다Ceci n'est pas une pipe〉에 영감을 받아, 교복을 입고 무엇인가를 하고 있는 여학생 그림을 그렸는데, 그림은 언제나 해석이기 때문이다. 그는 "단순해 보이지만 이 결과물이 강좌의 전 과정을 마치고 알게 된 깊은 깨달음이었다"라고 결론지었다.

철학물리학자인 캐런 바라드Barad, 2007: 360에게서 마그리트 그림의 핵심은 파이프 이미지가 파이프의 재-현re-present이지 진짜 파이프가 아니라는 것뿐만 아니라 단어들이 사물을 나타내고 언어가 '바깥'에 있는 세계를 재-현한다(현재화한다)는 이 모든 생각을 문제시하는 것이다. 이 장을 이끌어 가는 질문은 바로 '단어나 개념이 무엇을 나타내는가?'이다. 1장에서 라이카와 느린 사고(교사의 생각에 따르자면)의 사례를 탐구할 때 보았듯이 이 질문은 교육자에게 가장 중요한 질문이다. 질문에 대한 암묵적이거나 명시적 대답은 지식 그리고 우리가 우리 자신과 인간 아닌 타자들과 만들어 가는 관계에 대해 우리가 어떻게 생각하는지를 구성한다. 그것은 우리가 갖고 있는 교육 이론과 실제 그리고 어린이와 아동기에 관한 지식과 관련된 우리의 주장을 보여 준다. 이와 더불어 정신과 언어에 관한 철학들은 그것을 사용하여 교사를 교육하는 기관에서 구체화된다. 교사의 교육 실제를 통해 그것이 어떻게 드러나며 그 실제가 어떻게 이미 지식에 대한 특정 통념적 사상들을 취하고 있는지를 알아보기 위해 이 장에서는 고대 그리스 형이상학이 단어와 개념에 대한 우리의 사고에 어떠한 영향을 미쳤으며, 어떻게 이것이 '그' 세계를 나타내게 되었는지를 다룬다. 이와 같은 지식은 정의를 위해 반드시 필요한 포스트휴머니즘에 대한 깊이 있는 이해를 가능하게 할 것이며[Barad, 2007], 이 장을 시작한 인용구가 제시한 바와 같이, 인간과 인간 아닌 타자의 서식지인[Braidotti, 2010] 행성의 생존을 위해 필수적이라는 주장으로 이어 가고자 한다.

제한된 지면 때문에, 서구의 고전적 형이상학에 대해 이렇게 간략하게 소개하는 것은 이미 1장에서 탐구하기 시작한 것처럼, 생각의 습관 속에 깊이 각인되어 전승되어 오는 "뿌리 깊은 이원론"[Leal and Shipley, 1992: 35][3]에 대해 현대 사상가들이 특히 어떤 문제를 제기하고 있는지를 보여 주기 위함이다. 앞으로 보게 될 테지만, 이원론은 문법을 포함하여 이제는 일상의 구조가 되어 버린, 우리가 생각하고, 느끼고 함께 살아가는 우리의 학문적 언어 속에서 이분법을 만들어 왔기 때문에 '뿌리 깊다'고 할 수 있다. 교육자에게 중요한 이분법의 예시들은 자연/문화, 정신/신체, 감성/이성, 내부/외부, 여아/남아, 교사/학습자 등을 들 수 있다. 교육철학자 마이클 피터스[Michael Peters]는 신체/정신을 구분하는 이원론이 어떻게 '타자화하기를 위한 도구'가 되었는지에 대해 설명한다. 여아로부터 남아를, 감성으로부터 이성을, 지배문화로부터 소수를, 그리고 서로[each other]에게서 계층을 분리하게 되었는지 설명한다.[Peters, 2004: 14] 이러한 이분법은 교육에서 차별적 연령주의 실천을 만

---

3. 페르난도 릴(Fernando Leal)과 퍼트리샤 시플리(Patricia Shipley)는 그것을 뿌리 깊은 이원론이라고 부른다. 처음에는 그것이 우리를 그렇게 심오하게 지배하기 때문이며 또한 이는 다른 모든 이원론의 기초가 되기 때문에 주장한다(Leal and Shipley, 1992: 35).

들어 낸다. 포스트휴머니즘은 이분법적 사고가 지닌 인간중심주의적 특성에 강력히 문제를 제기하며 어린이를 재-평가할 수 있는 새로운 존재론을 제안한다. 그것은 지식 생산의 중추인 언어를 제거함으로써 그와 더불어 세련된 언어를 사용하는 성인이 '완전한-인간'이자 지식을 생산하는 유일자라는 사실을 제거함으로써 가능하다.

'포스트휴머니즘'의 '포스트'란 우리가 '휴머니즘'을 떠날 수 있거나 떠나야 한다는 것을 제안하는 것은 아니다. 설사 그것이 가능할지라도 말이다. 과거란 늘 현재와 미래[4]의 일부로 존재하지 않고 시간과 공간 '내'의 정적인 사건들처럼 고정된 것이 아니다. 휴머니즘은 인간 동물들에 의해 공유되는 특성으로 "필수적이고 보편적인 어떤 것"을 나타내며 정체성이란 "휴머니스트 기표"이다.Jackson and Mazzei, 2012: 68 기표로서 정체성은 어린이와 같이 인간 분류에 대한 의미를 고정시키는 데 역할을 한다. 어린이와 아동기에 대한 휴머니스트의 생각은 우리가 어린이를 어떻게 생각하고 대해야 하는지를 결정한다. 포스트휴먼 어린이에 대한 생각은 우리가 하는 분류와 우리의 유년 시절 경험들이 교육 이론과 실제를 형성하는 다양한 방식들에 열릴 수 있도록 하며 비판적 경각심을 불러일으킨다.

개체-이원론: 우리 뼛속에 새겨진 이야기

포스트휴머니즘은 서구 형이상학과 인식론의 역사 속에서 '그 이전'에 대한 응답이다. 학술 철학에 익숙하지 않은 독자들이 후기구조주의, 탈식민주의 이론과 포스트휴머니즘이 그토록 열렬히 밑바닥까지[5] 거부하고 있는 데카르트 이원론을 이해하려면, '과거(로) 재-선회

---

4. 트린(Trinh)이 말했듯이 "모든 제스처, 모든 단어는 우리의 과거, 현재, 미래를 포함한다". 그것은 역사와 이야기가 분리되어 사실의 축적에 빠져들기 시작했다는 것이다(Trinh in Barad, 2014: 182).

하는' 장치로 사용함으로써, 그리고 휴머니즘에서 말하는 정의란, 사회적 정의가 아니라, 인간 아닌 동물 또한 포함하여 타자를 돌보는 것이라는 문제의 '근원'으로 '거슬러'[6] 올라가 봄으로써 이해될 수 있을 것이다.Barad, 2014: 169 바라드가 말했듯이Barad, 2007: 378, 포스트휴머니즘은 "여성, 노예, 어린이, 동물, 그리고 그 외의 추방되었던 타자들을 Others(2천여 년 전 아리스토텔레스에 의해 인식자들knowers의 땅에서 추방되었던 사람들) 인식자의 층 안으로 기꺼이 받아들인다". 나는 또한 바라드가 '추방되었던 타자들' 사이에 물질matter와 같은 다른 신체들도 포함시키고 있다고 읽었다.

휴머니즘에서 '완전하지 않은-인간' 동물(예를 들어 여성, 아동, 장애인과 같은)과 인간 아닌 것들(물질)이 '인식자의 층'에서 제외가 된 것은 어떻게 가능했을까? 포스트휴머니즘은 이 질문에 대한 철학적 대답을 제공할 뿐만 아니라 실제 행위를 위한 심오한 윤리적이고 정치적인 시사점을 가진 '대안 철학'을 제공한다. 다르게 표현하자면, '비판적', '신new', '관계적' 물질주의라고도 하는 포스트휴머니즘은 인간 동물, 동물, 그리고 기계[7]와 같은 인간 아닌 것들 간의 상호의존성에 초점을 둔다. 포스트휴머니즘은 지식 생산에서 이전에 가정했던 인간 동물의 의미를 다시 정의한다. 페미니즘 철학자 로시 브라이도티는 포스트휴머니즘은 개념이 아니라 항해 도구로서 인류세로 불리는 바이오-유전학 시대에 인간 동물의 위치를 다시 생각하게 해 준다고 하였

---

5. 휴머니즘이 '뒤처질 수' 있다고 주장하는 것 대신 과거와 상상한 미래(인간 이론에 의해)가 있다. 이것은 인간에 대한 통제와 선택 의지에 가입하는 것을 의미하기 때문에 그 자체로 휴머니즘적 가정이다(Braidotti, 2013: 30 참조).
6. 새로운 회절 패턴을 만들 때 '뒤집고 또 뒤집는 전환'으로서의 반환하기(returning) (Barad, 2017: 168).
7. 포스트휴머니즘은 트랜스휴머니즘과는 다르다. 계몽주의 자아에 대한 비판이 아니라 자아에 대한 휴머니즘적 환영에 대한 비판이다(기술 제약 수단을 통해 달성된). 이 책에 포함된 포스트휴머니즘의 가닥은 인간중심주의를 거부하고 인간과 비인간은 늘 그리고 이미 다양한 상호관계에 얽혀 있는 것처럼 본다.

다.Braidotti, 2013: 5 요컨대 포스트휴먼 동물은 인식론적이고 존재론적 우주의 중심에서 개체-이원화된indivi-dualized '완전한' 인간이 아니라 자기-조직적이고 물질주의적인(앞으로 보게 될 이 개념은 자연 그리고 문화를 모두 포함한다) 인간-동물이다. 이제 약간 주제를 바꾸어서, 어떻게 그렇게 오랫동안 개체-이원화된 인간이 우리의 사유와 존재에 대한 존재인식론적 중심에 있게 되었는지에 대한 절박한 질문으로 다시-돌아가 보자. 이와 같은 질문이 우리가 아동과 아동기에 대해 생각하는 방식에 왜 그렇게 중요한가?

많은 사람들이 여전히 자신도 지각하지 못하지만 데카르트의 이원론을 따르고 있다. 3장의 주요 논조는 "우리가 이 이야기를 얼마나 잘 알고 있는가"Barad, 2007: 233를 보여 줌과 동시에 사회 구성주의, 후기구조주의와 포스트모더니즘과 같이 데카르트 이분법을 해체하려는 시도들이 있었음에도 불구하고 이 이야기가 여전히 "우리의 뼛속 깊이 새겨져 있으며", "여러 가지 방식으로 우리가 이원론에 서식하고 있고 이원론 또한 우리에게 서식하고 있음"Barad, 2007: 233을 보여 주는 것이다. 우리에게 주어진 도전은 "배웠던 것을 잊어버리고unlearn"Lyotard, 1992: 117 "낡은 어휘와 태도"로부터 스스로 거리를 두는 것이다.Rorty, 1980: 12

'데카르트 이원론'은 흔히 모더니티의 '아버지'라고 불리는 프랑스 철학자 르네 데카르트1596~1650를 대표하는 용어이다. 데카르트는 서구 사상(예를 들어 사회과학과 그 방법론의 발전에 영향을 주었거나 대중문화에 '나의 시대Age of Me'로 알려진 것)의 역사보다 훨씬 이전에 더 급진적으로 정신을 '내부 공간'에 위치해 있는 분리된 실체라는 개념으로 정착시켰다. 데카르트는 정신이란 정신 작용이 일어나는 '실체substance'라는 생각을 제시하였다. 데카르트의 가장 유명한 구절 중 하나를 인용하면 다음과 같다.

나는 생각하는 어떤 것으로, 혹은 모든 본질이나 본성이 생각에 있는 실체이다. 나는 나와 아주 가까이에 결합된 신체를 갖고 있지만, 그럼에도 불구하고… 나, 다시 말해, 나의 정신, 나 자신은 나의 신체와는 완전히 진정으로 구분되어, 신체 없이 존재한다.데카르트, 1968: 156

두 가지 실체 중 "정신의 자기-지식이 우월하고 의심할 여지가 없는 반면(사실상 부정할 수 없는), (정신에 의해 생기는) 신체의 지식은 가설이고 불확실하며, 파생된다는 점에서"Leal and Shipley, 1992, 42fn16, 정신이 신체에 특권을 갖는다. 다르게 말하자면, 사색하는 삶이 활동하는 삶보다 우월하다는 것이다.[8] 신체가 아닌 정신이 존재를 보증한다는 논리는 데카르트의 명언 "나는 생각한다. 고로 나는 존재한다cogito ergo sum"에서 잘 드러난다. 아리스토텔레스의 '실체' 개념을 바탕으로 데카르트는 이것을 실재를 구조화시키는 범주 중 하나로 사용한다. 돌, 의자, 나무와 같이 독립적으로 존재하거나 자체적으로 존재할 수 있는 수 있는 어떤 것이든 기술, 정서나 색깔과는 다른 것으로 실체이다. 데카르트에게 세계란 사유하는 실체res cogitans와 연장된 실체res extensa라는 두 개의 다른 종류의 실체로 구성되어 있다. 후자는 "…일반적인 아리스토텔레스학파의 개념인 물질적 사물"이며, 전자는 "…의식 혹은 정신으로-칸트의 유명한 구절인 생각하는 나, 혹은 그(혹은 그녀) 혹은 그것"Leal and Shipley, 1992: 35을 의미한다. 이 선험적인 자아[9]를 사람들은 흔히 그들 자신의 "근원적인 '나'", 그들의 "핵core", 그들의 "나", "그

---

8. 신체를 넘어선 정신에 대한 특권은 교실에서의 자원의 선택에 큰 영향을 미친다. 특히 5장과 7장을 보라.
9. 철학자 이마누엘 칸트의 '초월적'은 "이런 종류의 경험을 가질 수 있는 가능성의 조건"을 의미한다. 예를 들어, '시간'과 공간 없이는 아무것도 할 수 없다(Der transzendentalen Aesthetik in: Kant, I. Kritik Der Rheinen Vernunft: 66-94 참조).

것이-무엇-이든지 그들을 그들이라는are 존재로 만드는 것"이라 여긴다.Leal and Shipley, 1992: 35 푸코에게 자아는 다른 존재들 간의 경험적 존재인 동시에 모든 지식의 가능성에 대한 선험적 조건이다.

프로이트의 3층 '집'

우리는 데카르트에게서 모더니티를 특징짓는 '주체'와 '객체' 사이의 이분법적 분할이라는 매우 극단적인 표현을 발견할 수 있다. 그 분리는 토대가 되었다.Barad, 2007: 137 세계 '바깥'의 지식은 인식하는knowing 주체(즉, 의식적, 자기-인식적, 자립적, 독립적, 이성적이고 성숙한)의 '내부'에서 얻어진다. 인간 정신의 태생적 구조는 변하지 않는 실재 구조를 미러링한다.Jackson and Mazzei, 2012: 68 데카르트에게서 자연은 비활동적이며(마치 행위하지 않는 것처럼) 신체는 지그문트 프로이트의 '비엔나의 3층 집'과 같이 정신의 '주택'으로 간주된다.Steiner, 1993 철학자 조지 스타이너Steiner, 1993[10]는 TV 인터뷰에서, 프로이트의 집에는 지하실('자아'), 거실('원초아'), 그리고 "온갖 비밀스러운 물건, 추억, 잊히지 않는 먼지가 있는 다락방(초-자아)이 있다고 하였다. 그는 프로이트가 중산계급의, 오스트리아, 중부 유럽 건축과 관련하여 남성인간의men 의식"을 구축했다고 설명했다.

의식은 단수[11]이며, 다른 층위와 다른 깊이(예를 들어, 잠재의식)로 구성된다는 생각은 '삶으로서의'[12] 물질적 은유들 속에 표현되어 있다. 그러나 중요한 사실은 이러한 은유들이 세계가 존재하는is 방식에 관

---

10. Memento: 조지 스타이너(George Steiner)와 조앤 베이크웰(Joan Bakewell) 인터뷰. 1993년 5월 13일 영국 채널4에서 방송.
11. 1장을 참조하라.
12. 우리는 1장에서 조지 레이코프와 마크 존슨(George Lakoff and Mark Johnson, 1980)이 은유가 우리의 일상 언어뿐만 아니라 우리의 생각과 여러 가지 태도, 행동 및 인식론을 구성한다고 주장하는 방법을 보았다.

하여 많은 것을 알려 주지는 못한다는 것이다. 심리치료와 심리학의 발전은 19세기 상반기의 위대한 지질학적 발견과 관련이 있다.^{Jaynes, 1990: 2-3} 지질학적 용어로, 과거는 지구의 지각층 위에 '쓰여'진다. 19세기 중반 화학이 대중적인 과학으로 지질학의 자리를 차지하게 되었을 때 정신에 관한 우리의 은유적 사고에 또 다른 변화가 일어났다. "… 잠재의식을 억제된 에너지의 보일러로 표현했는데, 억제된 것들은 위로 밀고 올라와 신경학적 행동으로 나온다."^{Jaynes, 1990: 3} '그' 정신과 '그것'이 '무엇'인가에 대한 우리의 편견들은 '우리'가 한 부분으로 속해 있는 물리적 세계에 대한 우리들의 생각과 직접적으로 관련된다.

많은 사람들에게 물질적인 대상들이 존재하는 방식은 그것이 (실제로) 존재하는가 혹은 존재하지 않는가를 정하기 위한 패러다임과 관련된다. 세계 내에서 사물들의 존재are에 대한 우리의 생각과 그들과의 관계에 대한 우리의 개념은 우리가 그들을 어떻게 아는know(인식하는)지를 보여 준다. 다시 말해, 존재론은 인식론은 알려 준다. 포스트휴머니즘은 고전적 서구 존재론에 대한 응답이다. '서구'라고 칭하나, 뿌리는 고대 그리스 철학에 있으며 그 영향력은 전 세계에 뻗어 있다. 고대 그리스 존재론은 대부분의 사람들이 지리적으로 어디에 있든 상관없이, 그-자신들, 타자들과 세계에 대해 생각하는 방식에 깊이 뿌리내리고 있다. 우리의 언어는 개별화된 인간 '나'(예를 들어, 속성 및 성질을 가진)[13]에 대한 생각을 표현한다. 자연과학과 사회과학은 이와 같은 기본 구조 위에 세워졌으며 계몽주의 프로젝트는 정신과 신체 사이의 데카르트 이원론을 핵심으로 하고 있다.

---

13. 예를 들어, 철학자 버트런드 러셀(Bertrand Russell)은 한마디로 '실체'가 주체와 술어로 구성된 문장 구조의 세계 구조로의 전이로 인한 메타 물리학의 실수라고 주장했다(Russell, 1970: 196-7). '실체'와 같은 개념은 언어적으로 유용할 수 있지만 '세상에서 사물이 어떤 것인지'에 대해 알려 주지는 않는다. 그래서 1장 라이카의 경우 '그녀의 마음은 느리다'와 같은 문장의 구조가 세상에 질(느림)이 있고 이 질은 물질(마음)에 있다. 그러나 실제로는 그렇지 않다.

물질적인 **대상물**들이 존재하는 방식을 패러다임으로 사용하는 것은 분자나 원자와 같은 매우 작은 대상이나 지구나 우주와 같은 매우 큰 대상을 분류할 때 문제가 된다.Leal and Shipley, 1992: 35 이 문제를 사소하고 성가신 일로 여기며 무시할 수 없다. 바라드가 주장하듯이, 사소해 보이는 이 분류의 문제가 무엇이 있고is 무엇이 없는지를is not 정하는 데에서 (기하학적인) 광학을 '강력한 영상'으로 사용하는 서구 형이상학 문제의 본질을 드러낸다고 할 수 있다.Sehgal, 2014: 188 달리 말해, 미시/거시를 나누는 제안 자체가 잘못이지만, 미시적 수준에서의 사물들은 거시적 수준에서 보이는 것과 같지 않다.Barad, 2014: 174 인식론적 도구로서 인간의 시각은 세계에 대한 인간 경험이 세계가 어떠한지is를 판단하는 기준이 되도록 하여 인식자로 하여금 그 지식의 대상으로부터 멀어지게 한다. 이와 대조적으로 물리 광학을 통해서 보면 회절적 방법론[14]을 사용했을 때 우리가 볼 수 있는 것처럼 차이들이 각양각색으로 분산되어 있다. 결과적으로, 안다는 것knowing은 직접적인 물질적 관여와 더 가깝고 인식자knower와 지식의 대상들은 서로 뒤엉키고 뒤얽혀 있다.Barad, 2007

바라드의 흥미로운 프로젝트는 새로운 존재론과 그에 따른, 즉 해로운 개체-**이원론적**이고 불평등하며 비민주적인 서구 형이상학을 붕괴시키고 복잡하게 만드는queer 새로운 인식론을 가능하게 하는 양자물리학의 함의를 토대로 급진적인 사고를 제안한다. 다른 페미니즘 유물론자들 또한 새로운 연구 방법론인 회절과 이론 및 실제를 알리기 위해 바라드의 이론과 그의 생각에 많은 영감을 주었던 도나 해러웨이의 아이디어를 활용하고 있다.Lenz Taguchi, 2010; Van der Tuin, 2011; Jackson and Mazzei, 2012; Kaiser, 2014; Thiele, 2014

---

14. 1장과 2장을 참조하라(예시: 학습 평가를 위해 회절적 저널을 사용하는 방법).

서구 인식론

포스트휴머니즘을 이해하려면 "지렁이"Barad, 2007: 231처럼 잠시 "땅을 파고 뚫고 들어가"(그 길을 따라가는 동안 나의 이해는 항상 부분적이고 변화하며), 종결이 없고 심지어 과거가 열려 있는 서구 인식론의 역사를 "방문"할 필요가 있다.Barad, 2014: 180-181 명료하게 설명하기 위해 우선 3장에 등장하는 몇 가지 핵심 용어에 대해 내가 이해하는 바를 기술하려 한다. 존재론ontology은 존재하는is 것에 대한 연구로 고대 그리스 철학자 데모크리토스의 원자론에서처럼 그것은 앎knowing의 '본질'을 구성한다. 데모크리토스의 영향력 있는 원자론에서 세계는 분리되어 귀속되는 속성을 가진 독립적으로 존재하는 사물들로 구성되어 있다고 가정한다. 심지어 가장 작은 단위인 원자들조차도 그와 같은 방식으로 존재한다고 본다. 그의 원자론과 뉴턴 물리학은 확실한 성질들을 가진 사물에 대한 생각을 거부하고 원자에 관한 양자 모델을 제안하는 덴마크 물리학자 닐스 보어Niels Bohr에 의해 도전받았다.Barad, 2007, pp 137-8 보어의 과학 철학에(일부는 보어가 직접 하지 않았다) 큰 영향을 받은 바라드는 인식론에 대한 존재론적이고 윤리적인 함의점을 이끌어 낸다.[15]

인식론epistemology은 그리스어 '에피스테메episteme'로부터 유래하였으며, '지식에 대한 이론'으로 우리가, 예를 들어 원자와 같이, 어떤 것을 어떻게 알게 되는가를 연구한다. 인식론의 근본 질문은 지식의 기원과 경험의 장소 그리고 지식을 생성하는 이성을 포함한다. 형이상학metaphysics은 본래 아리스토텔레스의 철학 기록에서 왔으며 문자 그대로 그의 철학책 『자연학Physica』을 넘어서meta로 표현되었다. 형이상학은 이제 과학이라는 실증적인 방법에 의해 해결될 수 있는 것 '너머'

---

15. Barad, 2007 참조.

또는 '그 뒤에' 있는 실재와 관련하여 제기되는 모든 질문들을 탐구하는 것을 의미한다. 중요하게 보아야 할 점은 바라드의 양자물리학에 근거한 해석은 이를테면 언어나 측정과 같이 직접적이고 중재가 되지 않는 '그' 세계로의 인식론적 접근이 있음을 보여 주는 실증적인 사실들에 의존하고 있다는 점이다.

대부분의 서구 인식론은 변화를 제외하고는 영원한 것이 없다는 생각에 대한 응답이다. 이것은 헤라클레이토스BC. 535-c.475 BC의 "당신은 같은 강물에는 두 번 발을 담글 수 없다"라는 유명한 표현을 통해 드러난다. 결국 우리의 감각을 통해 접근할 때마다 세계의 지속적인 변화가 모니터 된다. 자, 그러하다면, 다음과 같은 핵심적인 인식론적 질문이 생긴다. "우리는 끊임없이 변화하는, 그로 인하여 늘 믿을 수 없고, 불확실하며, 기만적인[16] 세계에 대한 확실한 (진짜) 지식을 어떻게 얻을 수 있는가?" 간략히 말하자면, 확실성에 대한 이와 같은 탐구는 두 개의 인식론인, 합리주의와 경험주의를 이끌어 냈다. 플라톤과 데카르트가 합리주의의 대표적인 철학자인 반면 아리스토텔레스는 경험주의를 주도했다. 합리주의에서, 지식은 이성을 통해 획득되며, 경험주의에서 지식은 감각을 통해 획득된다. [그림 3.2]는 이와 같은 형이상학 구조를 시각적으로 재현하였다.

합리주의와 경험주의는 모두 모든 변화의 '이면'에 있는 변하지 않는 실재에 대한 접근을 가정한다. 라파엘의 작품 〈아테네 학당The School of Athens〉에서 시각적으로 훌륭하게 표현되었듯이, 손가락으로 하늘을 가리키고 있는 플라톤에게 개념들에 대한 특정 지식(사유의 대상)은 오직 이성의 사용을 통해서만 발견될 수 있었다. 공간과 시간에서 물리적 대상의 세계, 감각-지각의 세계는 항상 변화하고 있다. 한편 플

---

16. 이 질문은 "사물에 대한 의견과 신념이 너무 많기 때문에 진실을 결정하는 사람은 누구인가?(인식론적 상대주의)"와는 다른 질문이다.

라톤에게 존재론적인 존재인 형식form은 [그림 3.2]의 개Dog에서처럼 변하지 않으며, 비-물리적이고, 비-공간적이며, 비-시간적이다. 이와 달리 라파엘의 그림에서 아리스토텔레스의 손은 아래로 향하고 있는데, 이는 진리란 감각을 통해, 그리고 우리가 보고 만질 수 있는[17] 개들을 포함한 상황의 특정적이고, 구체적인 세부 상황을 통해 획득된다.

물론 세계가 무엇으로 구성되어 있는지(존재론)에 대해 우리가 어떻게 개념화하는가는 그 세계를 안다고 우리가 어떻게 주장하는가에 영향을 미친다. 바라드의 방식에 따라, 나는 이 책에서 전반적으로 '존재인식ontoepistomology론'이라는 개념을 활용할 것이다. 고전 철학의 두 가지 전통, 합리주의와 경험주의는 존재인식론이 모두 개채-이원론적이다. 즉 인식 주체knowing subject는 사유를 '행하는' 시간과 공간에서[18] 분리된 개체이다. 라이카의 사례처럼(1장) 여기서 사유하기란 '빠르거나' '느리며' 그 자체로 측정되고 판단될 수 있다. 앞서 보았듯이, 여기서 존재인식론 또한 (완전히-) 인간중심적이다. 플라톤과 아리스토텔레스는 모두 평등주의 사상가와는 거리가 멀다. [그림 3.2]의 '사람을 묘사한 그림'은 확실히 백인, 남성이며 여성, 어린이, 노예는 아니다.Turner and Matthews, 1998

[그림 3.2]의 왼쪽과 오른쪽 사이에 존재론적인 간격이 있다면 어떻게 지식이 가능한가? 이 둘 사이의 형이상학적 '분할선'의 본질은 무엇인가? 고전적 서구 형이상학의 형판形板은 철학적 근거뿐만 아니라 심리학적 근거로도 주체와 객체 사이의 간격을 '연결하는' 이론을 필요로 하며, 이는 교수와 학습에 중요한 시사점을 제공한다. 교육학자 켈리A. V. Kelly, 1995는 (인지적) 확실성과 (정서적) 안정의 확보를 위해 심리

---

[17] 아리스토텔레스 개념에 대한 소개는 조셉 던(Joseph Dunne, 1997)을 참조하라.
[18] 시간은 자연과 문화가 분리된 연속적이고 선형적인 것으로 이해된다(Barad, 2007: 231).

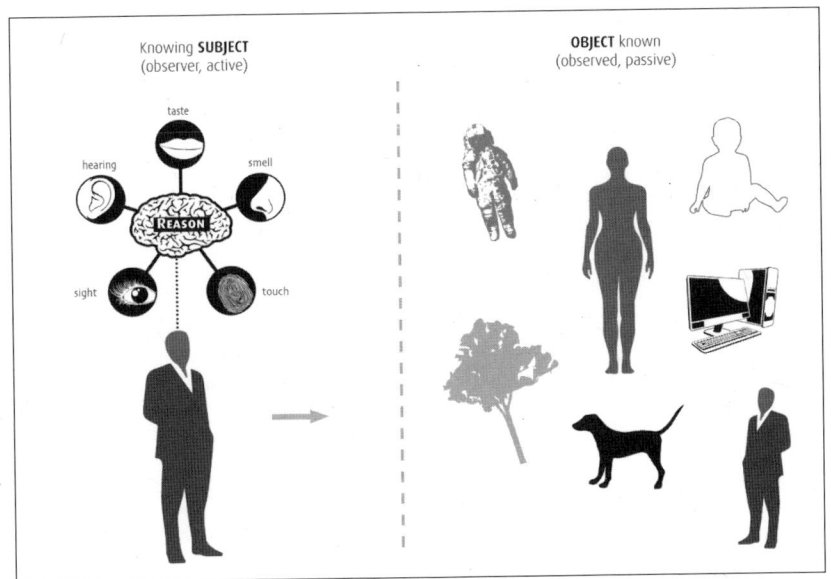

[그림 3.2] 개인-주의에 대한 서구 형이상학의 형판(그림: 코너 랄프스)

학이 필요했고, 그 요구가 내용 지식과 분절된 학습 영역(수학과 문해 등)에 초점을 맞추는 교육과정을 이끌어 냈다고 지적한다. 어떤 의미에서는 뿌리 깊은 존재론적 이원론을 형이상학에 도입함으로써 고전 철학은 결국 지식, 객관성, 진리에 대한 중요한 인식론적 문제를 남기게 되었다. 아일랜드 철학자이자 주교인 조지 버클리George Berkeley는 철학의 역사에 대해 다음과 같이 도발적으로 말하고 있다.

> 전반적으로, 나는 지금까지 철학자들을 즐겁게 해 온 그리고 지식으로 향하는 길을 막아 온 그 어려움들이 전부는 아니더라도 훨씬 많은 부분이 전적으로 우리들 자신에 있다고 생각하는 편이다. 다시 말해, 우리가 애초에 소란을 일으키고는 그것이 보이지 않는다고 불평한다.Berkeley, 1977: 46

2천 년에 걸쳐 이어진 소란으로 항상 변화하고 있는 세계에서 확실하고 진리인 지식을 (심리학적으로든 철학적으로든) 확보하는 것이 어려워졌다. 그러나 우리가 앞서 보았듯이 이슈는 주체/객체가 분리되어 있다고 가정하는 존재인식론 내의 문제로 나타난다. 바라드[Barad, 2007: 137]는 다음과 같이 말하고 있다. "재현주의는 그것이 가정하고 있는 문제가 있는 형이상학의 포로이다." 흥미롭게도, 합리주의나 경험주의 모두 주체(인식자)와 객체(인식 대상) 사이의 형이상학적 관계(즉, 두 가지를 분할시킨 선의 본질)를 우선적인 문제의 원인으로 간주하지 않는다. 합리주의와 경험주의는 "그들 스스로 만든 형이상학적 출발선에서 물러날 수 없는 상황에 빠져 있기 때문에 이 문제를 해결하는 데 가까이 갈 수가 없다. 따라서 새로운 출발선이 필요하며"[Barad, 2007: 137], 그것이 바로 인간과 인간 아닌 신체의 수행적인[19] 이해를 포함하는 관계적 존재론[Barad, 2007: 139]이다.

양자물리학의 새로운 존재인식론

관계적 물질주의자들에게 자연은 단순히 인간 지식의 대상으로 감환될 수 없다. 자연은 '그것'에 대한 인간들의 사유 또는 실험에 의해 발견되는, '바깥에,' 수동적으로 존재하는 것이 아니다. 바라드에게 아는 것knowing과 존재하는 것being을 분리하거나 구분하는 것은 불가능하다. "그것들은 서로 연관되어 있다."[Barad, 2007: 185] 물리적 세계란 [그림 3.2]의 선의 다른 쪽에 머리 떨어져 있지 않다. 하지만 "과학적 개념을 이용하고 테스트하는 것을 포함하여, 모든 지식들을 만들어 내는 실천은 우리가 기술하는 현상의 일부이며, 그 현상에 기여하는 물질의 집

---

19. 바라드는 주디스 버틀러(Judith Butler)의 수행성 이론의 영향을 받았지만 문제에 대해 '실체화 과정에 참여하는 능동적 행위자'라기보다는 추론적 관행의 수동적 산물'로 본다(Barad, 2007: 151).

행enactment이다".Barad, 2007: 32 페미니즘 이론가 도나 해러웨이와 양자 물리학자인 닐스 보어에게 깊은 영향을 받은 캐런 바라드의 물리학과 철학에 대한 기여한 중요한 공헌은 바라드의 생각 이전에 해러웨이와 보어가 대부분 인식론적 이슈라고 생각했던 것으로부터 존재론적 시사점을 보여 준 것이다. 보어의 유명한 이중-슬릿 회절 실험Barad, 2007: 81-4[20]은 그의 유명한 상보성 이론complementarity theory에서 설명하였듯이, 빛은 어떤 특정 조건하에서 (뉴턴의 생각처럼) 입자처럼 움직이고, 다른 조건에서는 파동처럼 움직인다는 점을 분명히 했다. 전자는 파동도 아니고 입자도 아니다―이 '복잡하게 만든queer 실험'의 결과[21]이다.Barad, 2014: 173 파동과 입자는 대상object에 내재한 속성이 아니다. 하지만 "관찰된 현상의 본질은 그것을 측정하는 장치의 변화에 협응하며 이에 따라 변화한다"라는 것이다.Barad, 2007: 106 전자들과 그들 '사이'의 차이들은 여기here 또는 저기there, 이것this 또는 저것that, 이것one 혹은 다른 것other, 혹은 차이의 어떤 다른 이분법적 유형도 아니다. 전자가 가진 것을 인간 동물도 갖고 있다.Barad, 2014: 174-5 지식은 "세계에서 거리를 두고 서 있으면서" 세계를 재현하는 것이 아니라 "세계와의 직접적인 물질적 참여"를 통해 구성된다.Barad, 2007: 49 알기 위해서는 수행해야 한다. "즉, 당신은 보는 것seeing이 아니라 행함doing으로써 현미경을 통해 보는 것을 배운다."Barad, 2007: 51 실체들의 존재론은 양자 수준에서뿐 아니라, 그들의 관계성을 통해 나타난다.Kaiser and Thiele, 2014: 165 양자물리학은 주체와 객체들(대상)이 분리될 수 없는 비-이원론적 전체들Barad, 2007이라는 실험적 증거들을 제공한다. 페미니스트 유물론자

---

20. 실험에 대한 유용한 설명: www.youtube.com/watch? vD Iuv6hY6zsd0
21. 앞서 살펴본 바와 같이, 바라드에게 '퀴어'란 '이상한(strange)'을 의미하는 것이 아니라, 자연/문화 이분법을 혼란스럽게 하여 '정체성을 부정(undoing of identity)' 하고자 하였다. 이는 파동과 입자들은 존재론적으로 다른 실체이기 때문이다. 이는 어떻게 하나의 전자가 둘 다가 될 수 있는지에 대한 핵심 질문을 야기시킨다. www.youtube.com/watch?v= cS7szDFwXyg을 참조하면 된다(2015년 2월 21일 출력).

인 카이저와 티엘레[Kaiser and Thiele, 2014: 166]는 다음과 같이 설명한다. "존재-인식론은 분석의 단위로 각각의 주어진 실체들에서 출발하며, (자신들, 문화와 사물 등) 행위자들의 힘을 (모두 한 번에) 과정적으로, 관계적으로, 비대칭적으로 생산되는 것으로 여긴다."[22]

어디에서도 모든 것을 볼 수 있는 신의 속임수

관계적 양자 인식론은 전통적 형이상학이 보여 주는 개인화된 신체에 대한 '집착'에서 인간의 행위주체성과 책임감을 제거한다. 거기에는 어떤-것some-thing이 없으며, 그것들이 측정되기 전 시공간 안에서 존재하며, 시공간을 통해 움직이는 경계가 있는 실체도 없다. 달리 말해, 포스트휴머니즘은 [그림 3.2]의 형이상학적 분할선을 제거한다. (주체에 의해 이루어지는) 측정하기와 '그' 객체와 '그' 주체의 되기는 모두 내부작용을 통해 동시에 발생한다. 이와 같은 급진적인 새로운 존재인식론을 위한 새로운 재-표상re-presentation을 제안하는 것은 불가능하다. 즉, [그림 3.2]의 뒤를 잇는 표상은 불가능하다는 것이다. 시각적 재현이 불가능한데, 그 이유는 바라드가 양자물리학을 읽고 영감을 받은 관계적 물질주의는 '평평하고'[Lenz Taguchi, 2010: 43][23] 비-위계적인 존재인식론이기 때문이다. 결국, 그런 이미지는 '어디에서도 모든 것을 볼 수 있는 신의 속임수'를 암시한다.[Haraway, 1988: 581] [그림 3.2]의 경우처럼 말이다.

이와 같은 그 어디에서나nowhere라는 선험적이고 '넘어서는meta' 관점은 (즉, [그림 3.2]에서 가정한 '신의 속임수'처럼) 가능하지는 않지만 광학적 영상은 해러웨이에게 강력한 것으로 남아 있다. 모더니티의 신

---

22. 핵심 질문은 다음과 같다. 측정하기 전에 경계가 있는 어떤 자리가 있는가. 흥미롭게도 하이젠버그의 대답은 불확실성에 관한 것이었고 보어(그리고 바라드)도 불확정성으로 말하였다.
23. 계층적(수직)과 반대되는 '평평한'(수평)의 개념은 존 프라운(John Frown)에 나와 있다(참조: Hultman and Lenz Taguchi, 2010: 529).

체와 분리된disembodied 무한한 시각vision에 대해 논쟁하면서, 해러웨이는 특정적이고 체화된embodied 그리고 이항대립을 피하는 시각의 필요성을 강력하게 요구한다.Haraway, 1988: 581-2 보편성이 아니라 특수성이 객관성을 가능하게 한다고 그는 주장한다. 눈은 '능동적 지각 시스템'으로 수동적이지 않으며, 도덕적으로 정치적으로 순수하지도 않으나 '보기seeing의 특별한 방식들'로, 즉 삶의 방식들이다.Haraway, 1988: 583 각각 다른 유기체들이나 기계들의 눈들은 다르게 '본다'. 따라서 객관성이란 "어떻게 이런 다양한 시각적 시스템이 기술적으로, 사회적으로, 심리적으로 작용하는지"를 이해하는 것이다.Haraway, 1988: 583

이원론은 역사적, 사회적, 문화적으로 순진무구한 객관성이라는 개념을 만들어 냈는데, 그 이유는 세계가 지식 시스템(분할선)을 통해 재현 가능하다는 잘못된 가정을 하고 있기 때문이며, 그리고 지식이란 재현을 피하면서 눈은 재현을 하는 인식 주체와 함께 체화되고 특정되는 것이 아니라고 주장하기 때문이다.Haraway, 1988: 581 바라드는 해러웨이의 제안을 토대로 시각이 "뚜렷한 신체로부터 뛰쳐나가서 어디로부터 왔는지 모르는 정복하려는 시선에 이르는 것을 의미하는 것으로" 어떻게 사용되어 왔는지를 설명하면서 시각의 의미를 복구하고자 하였다.Haraway, 1988: 581 바라드에게 자리location란 또한 '고정된 위치position'에 관한 것이 아니며 그는 해러웨이의 '상황적situated'이라는 개념이 완전히 잘못 이해되어[24] 왔다고 정확하게 지적하였다. 즉, 누구의 **정체성**을 나타내는(참조하는) 일련의 축을 따라 누구의 사회적 자리location의 특정화와 융합된 것이다.Barad, 2007: 470Fn45, 강조는 저자 '자리location'란 '지역의local' 또는 '관점perspective'과 같은 의미가 아니다. 이를테면 나의 이메일 주소는 인터넷 안in에서는 특정적이지만, 인터넷망 그 자체는 항

---

24. 지식이 '상황적이다'라는 생각은 종종 교육과정에 토착 지식 시스템을 포함시켜야 한다고 주장하는 데 사용된다.

상 유동적이고 생성되는데, 정체성들도 마찬가지다. 바라드에게 자리란 "특별한 접속성"이며[Barad, 2007: 471Fn45] 신체정신이 어떻게 세계와 내부작용하는지와 관계가 있다.

객관성은 존재인식론의 이슈로, 해러웨이에게도 그것은 단지 인식론적 차원만은 아니었다. 바라드의 양자물리학에 대한 지식과, 자연과학과 자연과학을 서로 교차해서 읽어 갔던 그가 사용한 회절적 방법론은 서구 형이상학에 대해 전례 없는 급진적인 논쟁을 보여 주고 있다.

다른 지구 거주자들이 우리에게 말하는 것은 무엇일까?

바라드는 작은 유기체에 관한 과학적 연구를 통해 개인/집단 이분화에 의문을 제기하고 정체성과 개별 존재의 본질을 문제시하였다. 이 작은 생물체들은 전통적으로 뇌 속이 사고양식과 행동을 담당한다고 보여 주지만 거미불가사리처럼 이 유기체들은 그것이 없다. 바라드는 거미불가사리는 뇌도 없고 눈도 없지만 앎knowing과 존재함being과 행함doing이 분리될 수 없다는 아이디어의 "생생한 증거"라고 주장한다.[Barad, 2007: 369-84] 이들의 사촌인 불가사리, 성게, 해삼도 눈이 없지만, 극피동물의 전체 골격체가 시각체로서 기능한다. 이들의 뛰어난 시각적 능력은 과학자들에게 영감을 주기도 하는데, 예를 들어 광학 컴퓨팅을 제작할 때 필요한 작은 렌즈를 만들 때가 그러하다.[Barad, 2007: 369-70] 거미불가사리는 눈을 갖고 있지 않지만, 그들이 눈들이며are 그것이 "시각 장치"이다is.[Barad, 2007: 375] 뇌가 없지만, 거미불가사리는, 쉽게 잘 부서지는brittle이라는 이름에서 알 수 있듯이, 포식자에 포획될 위험에 처할 때 팔다리를 끊어 내며 그렇게 함으로써 그것의 신체의 경계를 계속해서 다시 만든다.[Barad, 2007: 375] 이처럼 거미불가사리는 시공간 '내'의 개별적인 객체로 있는 것이 아니라, 항상 다른 현상과의 내부작용을 통해 생성되고 다른 현상들과 뒤얽혀 있다. 경계들이 '거기'에 있지만, 결코 결정적이거나 영구적인 것이 아니며, 항상 변화하고 생성한다. 바라드는 "거미불가사리는 자연의 순수한 부분들이 아니며 문화의 각인을 위한 백지도 아니며… [또는] 단지 인간의 개입을 위한 자원도 아니다"라고 설명하였다.Barad, 2007: 381 거미불가사리는 "팔들보다 더 많이 뒤얽혀 있는 상태로, 세계의 생생한 형상들"이다are. 그것들은 "지식-생산과 생산물-생산 기획들" 그 이상이다.Barad, 2007: 381 그것들은 세계이며are, 세계 '내in'가 아니라 세계의 일부part이다. 모든 다른 유기체나 물질처럼 말이다. 예를 들어, 자크 미취Jacques Mitsch가 연출한 강력한 다큐멘터리 〈식물의 정신에서In the Mind of Plants〉[25]는 식물이 의식을 가지고 세계와 어떻게 내부-작용하는지를 보여 준다. 식물은 음악에 반응하고, 능동적이고 역동적인 사회생활을 하며, 공동체로서 행동하고, 우리가 알고 있는 눈, 귀, 두뇌와 신경체계 없이도 식물을 둘러싼 공간을 자각한다. 식물은 운동하고 행위주체성을 가지고 있으며, 화학공격이나 전쟁을 수행할 수 있다는 점에서 그러하다. 식물에게 행위주체성을 할당하는 것에 대한 거부는 '운동'[26]의 개념을 위한 기준으로서 인간 시간의 사용과 관련이 있다.

거미불가사리와 식물을 포함하여 다른 지구 존재자들 또는 물질, 인간 아닌 타자들은 모두 세계의 일부이다. 바라드의 '얽힘entanglement' 개념은 실재와 언어, 자연과 문화, 물질과 의미가 서로 불가분하게 뒤엉켜 있다는 아이디어를 표현한 것이다.Barad, 2007: 3 그렇다면 나의 신체나 한 아이의 신체를 경계 없이 존재론적으로, 시각적으로 '테두리' 없이 생각하는 것은 어떻게 가능할까?

---

25. 참조: www.youtube.com/watch?v=W2zyOpv_SHo
26. 참조, 예시: www.youtube.com/watch?v=CrrSAc-vjG4. 인간 아닌 동물과 식물에 대한 인본주의적 투사와 포스트휴머니즘의 지능, 주체성 및 의도성의 비인간화 사이에는 현저한 차이가 있다.

비확정적인 경계와 가장자리

양자물리학자의 관점(앎knowing의 패러다임으로서 인간의 눈을 사용하지 않는)에서 볼 때 "신체의 경계는 내재적 모호성이 있으며"Barad, 2007: 155, 경계들은 어떤 특정한 실행을 통해 결정된다. 보어는 어두운 방에서 막대기를 쥐고 있는 사례를 제시하였다.

> 막대기를 느슨하게 잡으면, 촉각은 사물인 것처럼 느낀다. 그러나 그것을 꽉 잡으면, 우리는 그것이 이질적인 신체라는 감각을 잃어버리게 되며, 조사를 하고 있던 촉각이 받는 인상은 막대기가 신체에 닿는 그 지점에서 즉시 신체의 일부가 된다.Bohr, Barad, 2007: 154에서 인용

두 개의 다른 실행은 막대기가 (팔의 '확장'으로서 사용되어) 주체의 '일부'인지 또는 (관찰과 연구의 대상으로서) 객체인지 여부를 결정한다. 이것은 단순하게 인간이 어떻게 세상을 주관적으로 경험하는가에 대한 문제이지, 사물이 세계 내에 어떻게 존재하는가에 관한 문제는 아니라고 말하면서 반박할 수 있다. 바라드는 이와 같은 가능한 반박에 대해 다음과 같이 대응한다. 긴 내용이나 읽어 볼 만한 가치가 있다.

> 언뜻 보기에, 신체의 바깥 경계는 분명해 보일 수 있어, 사실 논쟁의 여지가 없다. 커피 머그잔은, 사람들의 경계가 확실히 피부로 끝나는 것처럼, 바깥 표면에서 끝난다. 겉으로 보기에는 시각적 단서들에 의존하는 것이 엄격한 실증적 접근을 구성하는 것처럼 보이지만, 표면들과 그 고형물들은 과연 실제 보이는 그대로일까? … 물리학은 가장자리나 경계선이 존재론적으로 또는 시각적으로 결정될 수 없음을 말해 준다. 머그잔과 손 사이의 '인터페이

스'에 대하여 말하자면, 손에 속하는 x개의 원자들과 머그잔에 속하는 y개의 원자들이 있는 것이 아니다. 게다가 앞서 본 바와 같이, 실제로 둘 사이의 명확한 가장자리는 어느 쪽에서도 시각적으로 존재하지 않는다. 물리 광학에서 잘 알려진 사실은 '가장자리'를 자세히 살펴보면, 볼 수 있는 것은 빛과 어둠 사이에 명확한 경계가 아니라, 오히려 빛과 어둠의 일련의 띠들로, 바로 회절[27] 패턴을 볼 수 있다.Barad, 2007: 155-6

바라드에게서 신체적 경계의 생산은 누군가의 개인적, 주관적 경험의 문제이거나, 우리가 세계를 어떻게 아는지의 문제가 아니라 세계가 존재론적으로 어떻게 만들어지는가의 문제이다. 바라드는 결국 인간의 눈에만 보이는(그래서 주관적인) '분명한 경계'가 보인다는 경험적 사실을 지적한 것이 아니라, 물리적 광학적 관점에서 보면 그렇지 않다는 점을 지적하는 것이다. 바라드는 시각장애인에게 막대기는 신체의 일부가 아니라 자신의 신체의 일부분인 막대기와 협상하는 방식이 "특정 신체의 수행성을 (문화적으로 그리고 역사적으로) 반복한 결과"라는 점을 주장한다.Barad, 2007: 155 이를테면 그 시각장애인은 막대기를 잃어버리거나 막대기가 부서졌을 때만, "정신 속에서 '정상적인 체현'"의 이미지로 막대기를 세계와의 지속적인 협상의 일부인 장치로 인식하게 된다.Barad, 2007: 58 그렇게 되면 물질적인 것과 담론적인 것의 완전한 뒤얽힘을 알아차릴 수 있게 된다(그것이 현실에서 항상 그렇지 않다는 것을 의미하는 것은 아니다).

물질matter과 의미는 사실이라는 문제a matter of fact로 복잡하게 뒤얽혀 있다. 주체의 비확정적인 위치 또한 마찬가지다. 바라드Barad, 2007: 159

---

27. 회절에 대해서는 1장과 2장을 참조하라.

는 스티븐 호킹의 움직이지 않는 신체를 사례로 이에 대해 상세히 설명한다. 스티븐 호킹은 인공 스피치 장치를 통해 말을 전달한다. 그의 무릎 위에 놓인 상자인 장치 없이는 대화도 없고, 호킹도 없다. 호킹은 자신의 신체 가장자리에 멈춰 있는 것이 아니다.[Barad, 2007: 159][28] 호킹의 주체성은 그의 신체 이상이며, 즉 자신의 생각에 접근 가능한 특권을 갖고 있다. 그는 거짓말을 할 수도 있고, 자신의 생각을 감출 수도 있으며, 비밀을 가질 수도 있다. 철학자 루트비히 비트겐슈타인[Wittgenstein, 1971: 157; 293]이 잘 알려진 '상자 속 딱정벌레' 메타포를 통해 강조했듯이, 호킹이 실체substance로서, 사유하는 존재res cogitans로서 정신을 '가지고 있다'고는 볼 수 없다. 그가 자신의 생각에 접근하는 과정에서 가지는 권위는 인식론(그가 어떻게 아는가에 대한 것)이지 존재론(그가 알고 있는 그 물질에 관한 것)이 아니다.[Murris, 1997 참조] 그의 정신은 이 세계 내의 실체entity가 아니라, 거미불가사리가 그러하듯, '그'는 '신체정신'으로 존재한다('iii'로서 iii[29], 다음 장에서 설명할 것이다).

포스트휴머니즘은 반휴머니즘이 아니다. 포스트휴머니즘은 '결속성, 공동체-연대, 사회 정의와 평등 원칙' 등 휴머니즘의 세속적인 해방적 아젠다를 거부하는 것도 '자율성, 책임감, 자기-결정'과 같은 자유주의적 개인주의 가치를 완전히 버리는 것도 아니다.[Braidotti, 2013: 29] 포스트휴머니즘의 사유는 '그리고/그리고'로 긍정적이며 '둘 다'의 논리로 비판적이지 않다.[1장 참조] 포스트휴머니즘이 반대하는 것은 휴머니즘에 의해 행해지는 지구 거주자들에게 대한 '인식론적 폭력'이다.[Braidotti, 2013: 30] 브라이도티는 다음과 같이 말한다. "인식론적 폭력을 인정하는 것과

---

28. 'he'가 말하는 방법에 대한 호킹(Hawking) 참조. www.youtube.com/watch?v=UErbwiJH1dI.
29. I 대신 'iii'를 사용하는 방법에 대한 설명은 4장을 참조하라.

[그림 3.3] 지구인들, 그들이 모두 같아 보인다는 문제(그림: 조이 캐럴)

The reason we have to experiment on them is that they are so much like us.

[그림 3.4] 우리와 비슷하기 때문에 다른 지구 거주자들을 실험할 수 있다 (그림: 조이 캐럴)

실생활에서의 폭력을 인정하는 것은 긴밀하게 연결되어 있다. 휴머니즘의 기준으로 볼 때 인간 아닌 동물들과 비인간화된 사회적·정치적 '타자들'에 대한 폭력은 과거에서 행해졌으며, 지금도 여전히 이루어지고 있다."Braidotti, 2013: 30 휴머니즘은 본질적으로 모순으로 가득하다. [그림

3.3]과 [그림 3.4]에 그것이 두드러지게 표현되어 있다. 한편으로는 휴머니스트의 사회 및 과학적 실천은 인간 동물과 인간 아닌 동물 사이의 유사성을 가정한다. 그와 동시에 '그들'은 먹고, 가두고, 학대받아도 될 만큼 충분히 다르다(그리고 어린 인간 동물도 후자의 경우에 해당되는데, 왜냐하면 그들이 어리기 때문에 체벌[30]의 희생자가 될 수 있다).

외계인들이 보기에 지구인들은 모두 비슷하게 보일 것이다. 만약 지구인 또는 더 광범위하게 '지구 거주자들'[31]이 '우리'와 매우 다르다면, 그들을 대상으로 실험하는 것은 큰 의미가 없다. 그런데 만약 그들이 우리와 별로 다르지 않다면, '우리'가 '그들'을 먹고 학대하는 것을 어떻게 정당화할 수 있을까?

이것은 어린이가 아니다

이 장에서의 나의 '시간여행'은 (연령)차별의 중심에 있는 개체주의 individualism를 전복시키기 위해 고대 그리스를 통과하고 "다시 미래로 돌아가는 것을" 포함한다. "지금-여기와 그때-저기" 사이에 절대적 경계는 없기[Barad, 2007: 168] 때문에 이러한 특정한 방식으로 서구 철학의 역사에 대해 사유하는 것은 생각해 보는 것 자체가 물질담론적 내부작용이다.[32] 이와 같은 여행이 '나의' 신체정신에 표식을 남겼으며 (독자에게도 그러기를 바라며), 나는 결코 동일하지 않고 항상 생성 중에 있으며, '나의' 목소리는 유동적인 경계[33]를 가진 '탈중심적인' 목소리이다. 목소리는 "개체에 대한 전통적인 개념을 능가하는 역사적으로 특정한 일련의 물질적 조건들을 포함하는 인간과 인간 아닌 행위주

---

30. 1996년 이후 불법임에도 불구하고 남아공 학교에서는 체벌이 여전히 관행이다 (Murris, 2012, 2014b).
31. 이 용어를 제게 제안한 사이먼 게슈빈트에게 감사드린다. 〈Earthlings〉는 예를 들어 그림에 인간이 아닌 동물을 포함시킬 것을 제안한다. '지구 거주자'는 더 '수평적'이며, 뿌리, 부서지기 쉬운 별 및 물질 등을 포함한다.

체자의 복잡한 네트워크에 기인하는 것"으로 이해될 필요가 있다.[Barad, 2007: 23] '목소리'와 유사하게, '행위주체성'과 '의도성' 등과 같은 개념은 더 이상 인식자들과 사유자들인 개별적인 주체들 '내in'에 위치하지 않는다.[34] 누군가는 반대할 수도 있지만, 어린이와 관련된 사례에서 변화와 사회 정의를 추구할 때 문제가 되지 않는가? 인간 존재의 행위주체성에 대한 이런 흔치 않은 관점은 많은 질문들을 발생시킨다. 아동 권리 담론[35]을 통해 개별적인 어린이에게 목소리와 행위주체성을 부여하는 것이 확실한 권력을 부여하는 것일까? 포스트휴머니스트들이 의미-만들기와 지식 구성[36]의 존재론적 중심에서 어린이들을 '제거'하는

---

32. 내가 관계론적 유물론에 대해 읽은 것 중 '가져온' 것은 독일 철학자 마틴 하이데거의 획기적인 존재론에서다. 『존재와 시간(Sein und Zeit』(1927/1979)』이다. 하이데거는 역사와 포스트휴먼의 생각의 발전에 기여하였다. 개인(존재)이 아닌 육체적 존재(존재)가 존재론적으로 우선한다는 근본적인 생각이다. (다른 사람을 포함하여) 존재들에 둘러싸여 있는 시간과 공간에서 다른 것보다 앞선 것, 즉 시간과 공간에서 하나가 선행하는 것과 혼동될 수 있다. 이러한 사고의 변화는 포스트휴먼 및 기타 비이원적 관계적 교육의 발전을 가능하게 했다. 하이데거는 또한 다음과 같이 주장한다. '생각한다는 것은 무엇을 의미하는가?'라는 질문을 하기 때문에 정의할 수 없다. 이는 생각으로만 대답할 수 있는 것이다(Heidegger, 1968: xii). 우리는 생각하고 있다. 이 대상(신체)에 갇힌 이 주체(정신)는 세상에 대해 생각하는 것이 아니라 우리는 항상 이미 '존재', 즉 세상에 있다. Dasein은 일반적으로 영어 'being-there'로 번역되어 주체(정신)를 '대체'한다(Heidegger, 1927/1979, para. 2). Dasein은 항상 자신의 생각(무엇인가가 아닌 작용이다)에 대해 생각하기 때문에 자신에 대해 분리된 (주체/객체) 견해를 가질 수 없다(즉, 자신을 사물로 간주함을 의미한다). 이런 이유로 사고는 외부적 정당화를 필요로 하지 않는다. 그것은 다른 목적을 위한 수단이 아니다. 사고는 항상 진행 중이다(Unterwegs). 하이데거에게서 교사와 학생의 관계는 중세 길드의 스승과 견습생 사이의 관계와 같다. '학습이 일어나도록'(Heidegger, 1968: vi) 하는. 가르침과 학습에서 두드러진 점은 '시간 속'과 '공간 속'의 '속'이 심리적 의미가 아니라 존재론적 의미로 이해된다는 것이다. 심리적 방법은 감각과 성찰의 도움으로 자신의 경험에 접근하는 개인에 의존하는 경향이 있다. 필요한 것은 개체가 이분화된 존재의 형이상학이 아니라 존재를 인정하는 포스트 형이상학의 시작이다(Thomas and Thomson, 2015).
33. 내 글에 '독자'가 포함된다는 것의 의미는 2장을 참조하라.
34. 특히 4장을 참조하라.
35. 예를 들어 유니세프의 아동의 참여 권리(www.unicef.org/crc/files/Participation.pdf, 2015년 2월 19일 접속).
36. 아이들은 지식 생산에는 거의 관여하지 않고 정규 교육에서 지식 소비에만 관여한다.

것이 문제화될까? 어렵게 얻은 자율성의 혜택이 상실될 위험에 처하는 것일까?

이 책은 철학탐구공동체에서 다른 지구 거주자들(특히 개체-이원적이지-않은 '낯선' 사람으로서의 어린이)의 목소리를 호혜적이고 반응적으로 듣는 것에 관한 이야기이며 그리고 이것이 성인의 듣기에 얼마나 도전적인지에 대해 다룬다. 포스트휴먼 관점에 뿌리를 둔 교육적 변화는 개인(개체)을 '넘어' 이동하며, 주체와 객체 사이에 가정된 데카르트 사상의 이분법적인 분할선을 문제시한다. 교육적인 내부-중재intra-vention들은 교수와 학습을 알려주는 선, 즉 이 '선line'의 본질에 내포된 특정 가설들을 보여 준다. 세계는 학습자에게 재현되거나represented 또는 제시presented될 수 있다고 보며Lenz Taguchi, 2010: 44, 그리고 그것은 어린이와 아동기에 대한 형상들과 교사가 집행하는 페다고지를 알려주는 바로 그 구분이다.

나빌라 키디의 가슴을 아프게 하는 아름다운 작품, 〈이것은 어린이가 아니다Ceci n'est pas une enfante〉는 본 장을 구성하는 핵심 질문인 '단어나 개념이 무엇을 언급refer하는가?'를 구성하는 데 영감을 주었다. 그의 설치작품은 우리가 특히 다음 장에서 보게 될 것처럼 단어, 사물, 그것들을 분리시켜 유지하는 것(분할선)이 무엇인지 그리고 '그것들이 서로 관계를 다시 맺게 하는 것이 무엇인지'(언어적이고 상징적인 재현을 통해) 등 이들 사이의 휴머니즘 관점의 존재인식론적 관계를 탐구하게 한다. 중요한 것은, 가정 자체에서 실재에 직접 접근할 수 있는 방법은 없다고 보는 것이다. 즉, 인간 동물들은 사물들이 무엇인지are와 거리를 두어 왔으며, 여기에는 '어린이'가 포함되며, 나빌라가 언급했듯, 어린이가 무엇을 의미하는지를 포착하거나 아주 자세하게 나타내는 것의 어려움도 포함된다.

'이것은 어린이가 아니다'는 단지 재현주의의 와해에 관한 것이 아니다. 들뢰즈가 **부정적**negative 차이[37]라 칭했던 특정한 유형의 차이도 와 해한다. '이것은 어린이가 아니다'에서 '아니다'를 이탤릭체로 표현함으로써, 나는 '어린이'라는 개념을 (세계 '내'의 '이' 존재인) 어린이에 할당하여, 어린이라는 개념이 의미를 갖기 위해 어린이를 그것의 '성인'의 '반대' 개념으로부터 나와서 분리된 것으로 보는 것이 맞지 않다not는 것을 제시하고자 하였다.Hultman and Lenz Taguchi, 2010: 529 부정적 차이의 경우, 언어의 기표체계는 어린이의 주체성을 현존시킨다. 이는 '어린이'를 '성인'의 반대에 위치 지음으로써 가능하다. 따라서 어린이의 주체성은 언어의 효과이다. 이러한 부정적 차이는 항상 어떤 도달할 수 없는, "우리의 언어 체계 밖의 지연된 또는 약속된 현존의 의미작용이 부재한 어떤 것"에 의존한다.Hultman and Lenz Taguchi, 2010: 529 바라드에게, 어린이는 단순한 언어적 구성이 아니라 담론적이며 그리고 반복적인 역동적이고 물질적인 생성물이다.Barad, 2007: 151 부정적 차이에 초점을 두게 되면, 어린이와 아동기에 대한 결핍 모델이 출현하며, 이 경우에 어린이는 여전히 발달하고 있는 중이며, 완전하지 않은 그리고 완성되지 않은 미성숙한 상태가 된다. 어린이를 성인과 비교할 때, 어린이는 성인, 즉, 성숙하고, 발달한, 완전함을 의미하는 '초월적 기표'와 비교된다.

그와 반대로 긍정적 차이는 신체들 '내'에서의 차이이다(성인처럼, '외부 자체'의 무엇과 비교되지 않는다). 이러한 차이는 다른 신체들 사이between 그리고 다른 신체들 내within의 연결에 의해 만들어지는 차이이기 때문에, 어린이는 항상 이미 세계의 부분으로서 자신을 찾는다. 그것은 계속적으로 (생명 그 자체처럼) 잇따라 일어나는 특이한 사건으로, 그것들 자체 내에서in themselves 미분화하는 신체에 관한 것이다.Hultman and Lenz Taguchi, 2010: 529 그리하여 우리가 '어린이' 혹은 '아동기'

---

37. 헐트먼과 렌스 타구치(Hultman and Lenz Taguchi, 2010: 528-9)의 부정적인 차이에 대한 설명을 참조하라.

라고 말할 때, 우리가 교사로서 행하는 것에 어떤 차이가 만들어지는 가? 우리가 어린이를 지목하고, 어린이를 정확하게 가리킬at 때, 신체에 어떤 영향을 미치는가? 우리가 교실에서 이런 신체들에 대해 어떻게 생각하는지에 따라 어떤 차이가 만들어지는가? '그것들' 그리고 다른 신체들(내가 앉아 있는 의자, 내가 들고 있는 그림책, 창틀 위의 개미들, 배고픔 위)과의 나의 내부-작용은 '나의' 신체에 어떤 차이를 만들어 내는가? 다음 장에서 다루게 될 주체성과 어린이가 어떤 존재인가에 대한 포스트휴머니즘 철학이 제공하는 시사점들은 잔물결을 일으킬 것이다. 5장에서는 어린이와 아동기에 대해 잘 알려진 다양한 형상화들에 대해 다루고자 한다.

회절적 일시정지:
흉상-젖가슴-아기-여자

나는 회절 저널에서 관계적 물질주의 분석을 실천하는 데 매우 유용한 아래의 활동을 발견했다. 우리는 인터넷에서 손쉽게 다운로드할 수 있는 이미지를 사용하였다. Google에서 'baby sucking statue'를 검색한다. 이미지는 다음 링크에서 볼 수 있다.

- http://brog.engrish.com/wp-content/uploads/2009/baby-sucking-statue.jpg
- http://cdn-ugc.mamaslatinas.com/gen/constrain/500/500/80/2013/01/08/12/9b/gn/pozc2ouio0.jpg
- http://weirdasianews.com/wp-content/uploads/2008/04/stateu-breast-feed.jpg

다운로드해 보면 박물관 같이 보이는 곳에 있는 여성(엄마?)과 아기의 사진 두 장을 볼 수 있다(일부 사이트는 한 장만 있다). 한 어머니가 윗옷을 입지 않은 여성 흉상 근처에 서 있고 아기는 그 동상의 젖가슴 쪽으로 몸을 기울인 채 젖을 빨고 있다. 어머니는 웃고 있다. 수업시간에 우리는 세 그룹으로 나누어 두 장의 사진을 회절적으로 보고 병합(발현)되는 새로운 생각에 대해 토론하였다. 브레인스토밍brainstorming 또는 굴뚝 청소chimney sweeping 로 시작하여, 먼저 그룹별로 큰 종이에 사진에 대한 질문을 쓰게 했다. 예를 들어 본 장에서처럼 활동한 전과 후, 그러고 나서 철학적 탐구를 통해 드러난 차이에 대해 협력적으로 탐구한다. 한 예비 교사 그룹의 첫 반응에 대한 예가 [그림 3.5]에 나타나 있다(이것은 학생들이 그들의 저널에서 회절을 시작하기 전이다). 사진에서 오로지 인간에게만 초점을 두는 인간중심적 시선에서의 휴머니즘 분석으로부터 벗어나(특히, 당신 자신만의 관점에서) 다른 관점으로 이동하는 것은 매우 어렵다.

교육적 분석에서, 물질의 역할은 보통 물질이 인간의 목적(예: 의도, 디자인 및 동기)에 어떻게 기여하는지로 축소된다. 망고들이라는 그룹에 속한 학생들은 전형적으로 여성 그리고 그녀가 무엇을 누구를 보고 있는지 그리고 아기에 관심을 보였다. 예를 들어 아기가 몇 살일지, 배가 고픈지 또는 젖을 빨고 있는지, 아기의 행동이 본능적인 것인지 등에 관심을 보였다. 조각상은 학생들이 조각으로 묘사된 인물이 누구이며, 그것이 예술인지(이것 또한 인간중심적인 질문) 물을 때만 사진 '속'에 있었다. 마지막에, 조각상은 학생들의 9번 질문에서 진짜가 아닌 것으로 가정되는데, 이것은 아기가 조각상이 진짜가 아니라는 것을 알았을 때 아기의 반응이 어떨지 동료들이 추측하도록 초대한다(그것이 학생들에게 주어진 것 같다). 플립차트의 상징은 질문을 범주화하는 데 사용되었는데, 이것은 8장에서 어린이와 함께하는 철학을 위한 교수 전략 중 하나로 다시 다룰 것이다.

학생들은 이 물질과의 더 많은 회절하기에 대한 생각들을 저널로 작성하도록 제안받았다. 아래 질문들이 도움이 되었는데[38] 그것은 이해력 증진 활동, 즉 하나씩 하나씩 짚어 가며 하는 것은 아니다. 차라리 호소력 있는 몇 가지 질문을 선택하고 거기서부터 탐구를 시작하는 것이 더 효과적이다.

1. 사진은 정체성과 관련하여 어떤 방식에서 구성적인 힘으로 작용하였는가?
2. 물질들은 무엇을 허용하고 무엇을 금지하는가? 물질들은 특정 물질적 실천과 사회-문화적 실천에의 참여를 초대하고, 배제하고, 규제하는가?
3. 물질은 특정 정서, 개념, 아이디어와 지식을 구성하는 데 도움이 되었는가? 흉상이 청동으로 만들어졌고 다른 신체는 육체로 만들어졌다는 것이 그렇게 중요한가?
4. 사진에서 보이지 않거나/들리지 않은 것은 무엇이며 여전히 행위주체성을 갖고 있는가? 보이지 않는 물질은 당신이 사진을 읽는 데 어떤 영향을 주는가?
5. 여러분의 분석에서 엄마, 아기와 흉상을 각각 별개의 개체로 가정하고 있는가? 그것을 하나로 간주한다면, 여러분의 분석과 어떤 차이가 있을까? 물질적 환경(빛, 공간, 시간)은 분석

---

38. 이 질문들은 2014년 데니즈 우드(Denise Wood)가 NRF Posthumanism 및 Affective Turn 프로젝트의 일환으로 발표한 웨비나(웨스턴 케이프 대학교의 비비언 보잘렉이 2015년 2월 21일에 카먼 블라이스와 이메일 교환을 통해 운영)에서 도움을 받았다.

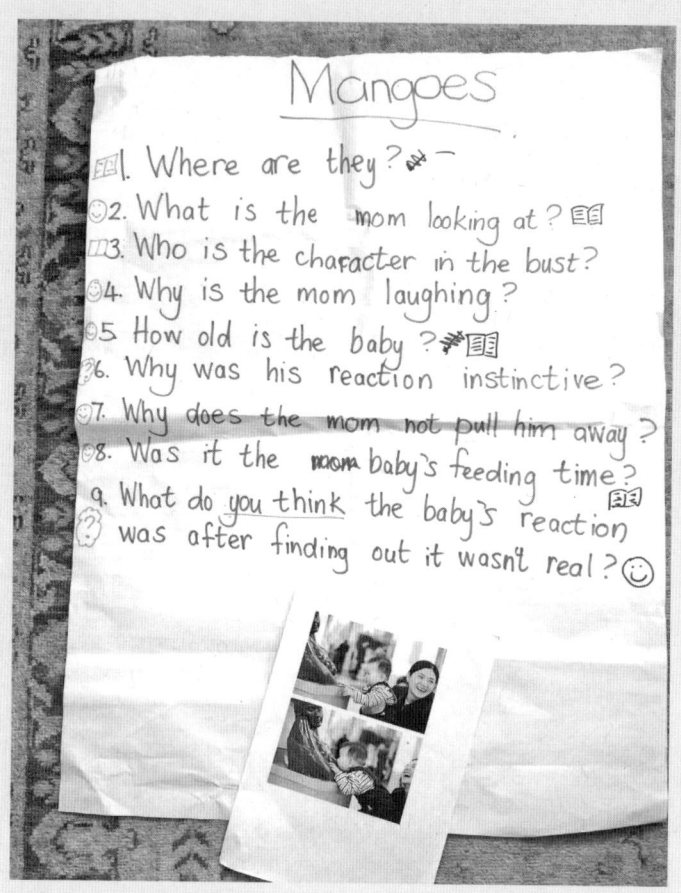

[그림 3.5] 흉상-젖가슴-아기-여성 사진에 대한 학습자들의 초기 질문들

에 어떤 차이를 만드는가?

6. 엄마, 아기 그리고 흉상은 어떻게 실체/정체성의 생성으로 수행되고 있는가? 사진의 구성 속에는 어떤 이분법적 가정이 전제되어 있는가?

7. 사진 속의 어떤 물질이 가장 중요한가? 만약 당신이 카메라를 들고 있었다면 사진은 달라졌을까? 어떤 이분법은 포함시켰고, 또 제외시켰을까?

수직적 혹은 휴머니즘 분석[39]

한 가지 가능한 해석은 [그림 3.5]의 학생 질문 9에서 가정한 것처럼 아이들은 실재와 실재가 아닌 것(물활론)을 알지 못한다는 것이다, [그림 3.5]의 아홉 번째 질문처럼. 물활론은 어린이를 결핍의 관점으로 보는 것이다. 어린이에게 부여된 속성은 인식론적 결핍이다. 어린이는 현실과 환상을 구분하지 못한다고 가정한다. 휴머니즘 분석의 초점은 어린이 '안'에서 일어나는 것과 엄마 '안'에서 일어나는 것에 있다. 이를테면, 아이는 젖을 빨고자 하는 내적 충동을 가지고 있다는 설명이다. 신경학적으로 말하자면 아기의 두뇌는 생존 또는 본능에 따라 젖을 빨도록 '하드웨어적으로 내장되어 있다'는 것이다. 또는 문화적으로 학습된 행동으로 간주될 수 있다. 우리는 이처럼 아기가 젖을 물려지거나, 혹은 물려졌었다고 가정할 수 있다.

심리적 분석은 주제/객체 분리에 근거한다. 우리는 '엄마'와 '아이'를 '보았고' (따라서) 의존성의 관계를 가정한다. 흉상은 인간 동물에 비해 보다 작은 가치가 부여된다. 흉상은 수동적이고 비활동적이다. 아기와 엄마는 행위주체성과 의도성을 가지고 있지만 흉상은 그렇지 않다. 우리는 웃고 있는 아이와 엄마를 본다. 그녀는 행복해 보인다. 나머지는 '배경'일 뿐이다. 사건은 하나의 경험이고 차이를 만들어 내지만 그 차이는 심리적으로 관련된 사람들 내에 있다. 엄마는 기분이 좋고, 아기는 아마도 좌절했을까? 무엇이 엄마를 웃게 했는지에 추측해볼 수 있는 질문들이 떠오른다. 아마도 엄마는 당황했을까? 우리는 엄마가 자신의 감정을 표현하

---

39. 두 분석의 차이는 주간 포스트휴머니즘 독서 모임 동료들과의 헐트먼과 렌스 타구치(Hultman and Lenz Taguchi, 2010)의 논문에 관한 토론에서 도움을 받았다. 4장을 참조하라.

먼서 얼마나 진실했었는지 추측할 수 있다. 어떻게 알 수 있을까? 어쩌면 엄마는 자신의 진짜 감정을 억누르고 있지 않을까? 자연/문화, 내부/외부와 같은 이분법들이 선택, 인간 행위주체성, 의도 등을 포함하여 이 분석을 어떻게 지배하고 있을까?

학생들과 저널에서 회절하기를 할 때, 아래의 아이디어들이 사진을 보다 포스트 휴머니즘으로 분석하는 데 도움이 되었다. 한 가지 새로운 아이디어가 한 그룹의 회절에서 (생)겨났고 더 많은 새로운 아이디어가 만들어졌다. 만약 흉상이 초콜릿으로 만들어졌다면? 그것이 우리의 이미지 읽기를 어떻게 변화시켰을까?

수평적 혹은 관계적 물질주의 분석

회절적으로 관찰하기 위해 여기서 주어진 기회들은 무엇이 있을까? 형식적인 분위기와 만남은 재미와 웃음을 실제화시켰다. 웃음은 공간 '안'에 있지, 여자의 '안'에 있는 것이 아니며, 여자, 아기, 동상과 공간, 빛 간의 관계 속에 있다. 사진 속 신체들 간 관계는 비-위계적이었고 '평평'해야 했다. 아기와 동상은 '서로에게' 무엇인가를 하고 있다. 그들 '사이 내부'에서 발현되는 내부작용들의 효과로 그들은 변형된다. 동상은 아기에게 어떤 가능성을 제공한다. 동상은 아기의 입술이 동상에 닿거나 손이 아기를 잡는 곳에서 '끝나지' 않는다. 동상의 젖을 빨기 시작하면 아기의 두 눈은 동상의 얼굴/눈에 집중된다. 아기의 손은 마치 동상이 인간인 것처럼 동상 위에 손이 올라간다. 윗옷을 벗은 동상의 신체와 얼굴 표정이 아기가 젖을 빨도록 초대한다. 여자, 동상 그리고 아기는 자신만의 고유한 행위주체성을 갖고 있지 않다. 아기, 동상 사이의 내부작용을 보면, 아기가 젖꼭지를 빨기 위해 자신의 근육을 동상 쪽으로 이동시키면서 상황이 발현되었다. 이를 위해 아기는 여자의 품에 안겨 조심스럽게 균형을 잡아야 한다. 아기는 여자의 몸, 그를 잡고 있는 근육, 옷의 감촉, 직물에 스며든 몸의 온기를 느낀다. 무게의 균형을 조심스럽게 잡으면서, 동상에 손을 뻗을 때 자신을 다치게 하지 않는지 확인하며 두 신체들을 조절한다. 동상, 여자, 아기, 박물관—이 모든 것들은 중첩된 힘들이자 끊임없는 생성이다.

동상의 색상, 광택, 만졌을 때의 느낌에 주목해 보자(초콜릿으로 만들어졌다면?). 동상은 만졌을 때 꽤 따뜻할 것이다. 태양이 비추고 있는 것처럼 보인다. 아기가 외투를 입지 않은 것으로 보아 아주 추운 날씨일 리가 없다. 박물관 내부이기에? 어떤 방식으로, 명백해 보이는 형식적인 분위기와 아기의 신체 나이가 웃음의 유발 원이 되었나? 사진 속에 작용하는 복잡한 물질적 조건은 무엇인가? 우리가 사진을 읽을 때 갖고 오는 전통적인 모성관계에 대한 담론은 무엇인가?

게다가 그것은 사진이지, 단순히 '세계에 대한 창'이 아니다. 그것은 선택과 행위주체성을 표현하며 하나의 기구이다. 즉, '사물thing'이 아니라 '행함doing'이다. 그 동상은 사진에서 똑같이 중요한 물질이다. 질문이 생긴다. 여자와 아기에만 초점을 맞출 때 누가 무엇이 소외되는가? 누가 사진을 찍었을까? 누가 무엇이 그렇게 보이도록 했는가? 사진은 어떻게 여성의 정체성을 아기 엄마로 물질화하였을까? 두 가지 사진에 어떤 차이가 있는가? (동상의 얼굴과 어깨는 두 번째 사진[40]에서 다른 힘을 가지고 있다.) 과제로 3주간 공동으로 저널 작업을 한 후, 개별 문장들을 하나의 직조로 짜내어, 한 그룹('Educats')은 다음과 같이 결론을 지었다.

---

40. 비비언 보잘렉이 나에게 언급하였다.

시간과 공간의 어떤 순간에 아기는 입을 사용하여 무언가를 탐구한다. 지나갈 때 허리 높이가 아기가 연결하기에 가장 좋은 높이이거나 혹은 아기가 배가 고팠거나 편안함을 추구하고 있었을 수도 있다. 그녀가 그의 어머니라면 아기가 어머니의 팔에 안겨서 흉상을 탐색하고 빨았을까? 아기가 젖을 뗀 적이 있을까? 우리는 왜 이 갤러리가 대사관, 공공기관, 쇼핑센터에 있을 것이라고 가정하는가? 왜 한 번도 '초콜릿으로 만든 전시물'이라고 생각하지 않았는가? 아이를 안고 있는 여자가 다른 각도에서 지났다면 이런 일이 일어났을까? 가장 중요한 것은 이 이미지에 묘사된 것처럼 이 사건을 구성한 모든 것이 그것이 일어나는 정확히 그 순간에 함께 왔다는 것이다. 이 공간과 시간 내에 있는 모든 것이 똑같이 중요하다. 즉각적이고, 과거와 현재를 넘어 모든 것이 의미를 구성한다는 것에 주목하라. 이 공간 내의 모든 것은 내부작용하기 때문에 행위주체성이 주어졌다. 우리가 무엇인지 그 존재와 특히 우리가 교육받아 온 방식은 그 자체가 이것을 쉽게 인식하지 못하게 하며 분석을 할 때 이와 같은 접근을 채택하는 것을 어렵게 한다. 모든 관찰들 내에서 내가 관찰한 것은 우리가 지속적으로 휴머니즘과 포스트휴머니즘 모델에 빠졌다가 나왔다가 하는 것이다. 우리가 어떤 모자를 쓰고 어디에 우리 자신을 배치할 것인가에 옳고 그른 접근이 있겠는가?

회절적 일시정지:
다리, 입과 귀를 확장할 때
필요한 아이디어

예비 교사가 3장을 읽고 수업에서 토론한 후 회절과 반성의 차이에 대한 공동의 회절적 저널을 쓰도록 하였다. 저널을 쓰는 데 유용한 것들은 다음과 같다.

우리가 지금까지 훈련받아 온 대부분이 우리 자신을 향해서 안과 뒤를 되돌아보고 반성하도록 하였기 때문에 회절하기는, 안보다는 바깥을 보게 하기 때문에, 나에게는 꽤 까다로웠다. '이것은 어린이가 아니다' 장을 다시 읽은 후에 회절과 반성 사이의 이원론만큼, 회절과 반성 사이에는 어느 정도의 유사한 연결고리가 있음을 느꼈다. 포스트휴머니즘은 가능한 할 수 있는 만큼 휴머니즘으로부터 멀어지라고 제안한 것은 아니라, 오히려 정제되고 한정된 관점을 넘어서서 볼 수 있는, 그리고 더 큰 그림을 볼 수 있는 능력을 요구한다. 나는 회절과 반성에 대해서도 마찬가지라고 생각한다. 반성한다는 것은 분명히 어떤 강점을 가지고 있지만, 회절하는 것은 우리로 하여금 이와 같이 내부로 보게 하는, 즉 우리를 하나의 개체로 보며 그것에 지나치게 집중하는 관점으로부터 벗어나 밖을 보게 하며 그것이 우리를 둘러싼 타자들에게 어떻게 영향을 미치는지 바라보게 한다. 나에게 이것은 적어도 하나의 개념을 다른 것과 관련하여 이해하는 데 도움이 되었다. 나는 이와 같은 휴머니즘 관점에서 벗어나는 것이 상당히 까다롭고 때때로 어색했다. 나는 그것이 우리가 반성하기에 매우 익숙한 것처럼, 너무 익숙해졌기 때문이라고 생각한다. 이런 식으로 포스트휴머니즘이 작용하고 있다는 것을 알 수 있다. 그러나 나를 괴롭히는 것은 우리가 어떻게 이런 방식으로 삶을 전체로 볼 수 있을지의 문제이다. 어떻게 하면 우리가 배운 것을 교실을 벗어나 더 크고 더 넓은 사회 환경으로 옮길 수 있을까? 확실히 이와 같은 아이디어를 펼치려면, 다리들, 입들과 귀들이 필요할까? 그것은 생각으로 시작되었지만 생각을 넘어서 어떻게 성장했었는가? 다른 사람들은 어떻게 생각하는지 알고 싶다?'땅콩 버터와 젤리 샌드위치' 그룹, 2015년 4월 9일 회절적 공동 저널의 시작 글

나는 특히나 메시지를 확장하는 데 사용된 – '다리들', '입들', '귀들'이라는 특정 언어의 힘에 감응되었다. 유머러스하면서도 적절했다. 4장은 다리, 입, 귀에 관한 것이다. 나는 회절을 설명하는 데 'in'보다는 'out'으로 보는 것으로 설명하는 것을 더 선호하고, 기존의 방식으로 교육하고 생각하는 것을 벗어나는 데서 발생하는 어려움을 좋아한다.

영화 〈봄, 여름, 가을, 겨울 그리고 봄〉

포스트휴머니즘에 대한 소개는 2015년도 교육과정의 다른 예비 교사들에도 실질적인 영향을 주었다. 매년 해 왔듯이 김기덕 감독이 연출한 〈봄, 여름, 가을, 겨울 그리고 봄〉이라는 한국 영화를 보고 토론하였다. 보통, 교수 실제(3개월 과정)로 들어가기 전 첫 시간에 준비의 일환으로 영화를 본다. 대부분의 시간은 교실 규율과 벌(두 개념 사이에는 개념적 차이가 있지만 자주 혼동되어 사용된다)에 관한 글을 읽고 함께 생각하는 시간을 갖는데, 이는 유아를 가르치는 페다고지 철학에 대한 질문을 공동체로 생성하는 데 활용된다.

우리는 법적인 요구 사항과 부모와 같은 책임을 지고 있는 존재의 복잡한 의미를 탐구하며, 향후 학교에서의 배치 경험에서 발생하는 도덕적 딜레마를 항해할 때 필요한 철학적 기초를 마련한다.Murris, 2014b 그런데 왜 나는 특별히 이 영화를 선택했을까?

이 영화는 불교 승려가 숲의 호수 한가운데 떠 있는 나무 오두막에서 보내는 고독한 그의 삶에 관한 것이다. 승려는 어린 고아가 함께 살고 있다. 정기적으로 그들은 작은 나룻배를 타고 해안에 가서 약초와 야채를 싣고는 걸어서, 또 수영해서 온다. 어느 날 소년은 혼자 나가서 모험을 하는데 물고기, 개구리, 뱀 세 마리의 동물을 놀린다. 끈 끝부분에 돌을 놓고 거기 몸을 묶어 가지고 논다. - 소년은 동물들의 고통을 즐기고 있다.

소년은 눈치채지 못했지만, 승려는 간섭하지 않고 소년을 지켜보고 있다. 돌을 제거하지 않고 소년은 집으로 돌아온다. 그가 자고 있는 그날 밤, 승려는 소년의 등에 큰 돌을 묶어 둔다. 일어나기 힘들어하자 승려는 소년이 세 마리의 동물을 구할 때까지 풀어 주지 않을 것이라고 말한다. 승려는 소년에게 너무 늦으면 "그 돌을 마음속에 영원히 가지고 있게 될 것"이라고 경고한다. 소년은 결국 세 마리의 동물을 모두 찾았지만 개구리만 살릴 수 있었다 - 물고기와 뱀은 이미 죽어 있었다. 피범벅이 되어 있는 뱀을 집어 들고 소년은 눈물을 터트린다. 다음 기간으로(여름) 넘어가기 전에 나는 영화를 멈추고 학생들에게 질문한다. 각자 간단하게 생각하는 시간을 갖고 세 그룹으로 나누어 철학적 탐구를 위한 질문을 만들어 보자고 했다. 그해 학생들은 깊이 감동받았으며 몇몇 학생들은 눈물을 흘렸다. 분위기가 무거웠다. 나는 이것이 우연이라고 생각하지 않는다. 내가 관계적 물질주의의 관점을 분명히 한 첫 번째 해였고, 몇몇 학생은 특히나 다른 지구 거주자의 곤경에 민감해 있었다. 그전 몇 년 동안에는 모든 학생들이 승려의 행동을 긍정적으로 받아들인 것은 아니었다. 어떤 학생들은 비록 소년이 자신의 행동의 결과를 경험함으로써 인생 교훈을 배웠다는 점은 받아들였지만, 승려가 잔인했다고 주장했다. 많은 학생들이 승려는 너무 멀리 갔고 어떤 시점에 승려가 개입하여 동물들을 구해야 했다고 결론 내렸다. 철학적 탐구가 어떤 방향으로 나아갈지 예측하는 것은 늘 불가능하다. 그러나 학생들의 관심은 교수학습에서의 개입에 대해 누가, 왜, 언제, 어떻게 개입해야 하는지, 유익하게 열려 있다.

아동관에 대한 지배적 영향

가르침과 배움의 세 가지 주요 방향 중 상호작용주의가 교사교육에서 가장 인기 있는 관점일 것이다. 경험주의 실제가 남아공 학교에서는 가장 일반적인 것이라 하더라도 그렇다. 발도르프, 몬테소리, 프뢰벨 교육이 상호작용주의 교수의 예이며, 경험주의와 생득주의 렌즈 사이의 연속선상에 위치시키며 이러한 관점으로 아동을 본다.^{Bruce, 1987/2011} 이 연속체의 한쪽 끝에는 경험주의 인식론이 있다. 아리스토텔레스의 발달론적 사상을 받아들이고 ^{Stables, 2008} 핵심 목소리로 존 로크^{1632~1704}와 함께하며, 아동의 정신을 백지상태^{tabula rasa}, 비어 있는 것으로 보고 교사가 지식으로 아동의 마음을 채워야 한다고 여긴다. 로크는 아동의 마음은 태어날 때는 어떤 아이디어도 문자도 없는 백지상태라는 유명한 생각을 가지고 있었다.^{Archard에서 인용, Locke, 2004: 87} 교사의 일은 백지상태인 아이의 마음에 경험을 심어 주는 것인데 이는 '세상에 대한 감각 지각'과 자신의 마음 작용에 대한 '반성적 인식'을 의미한다.^{Archard, 1998: 87} 따라서 학습은 구체적이고 특정한 개념을(예: 빨

[그림 3.6a] 철학자의 빨랫줄 2014

[그림 3.6b] 철학자의 빨랫줄 2014

[그림 3.6c] 철학자의 빨랫줄 2014

간색의 모양들) 획득하면서 일어나는데, 구체적인 개념에서 점점 더 추상적인 개념을(예: '빨강') 획득하게 된다. 연속체의 다른 끝에는 생득주의 혹은 '자유방임주의laissez faire' 접근이 있다. 장자크 루소Jean-Jacques Rousseau, 1712~1778의 교육철학에 영향을 받았으며 아동은 미리 결정된 방향으로 펼쳐지도록 이미 결정되어 있는 것으로 간주된다.Bruce, 1987/ 2011: 2 플라톤의 회상 이론만큼 오래되었다. 성인의 생물학적 구조가 이미 개념상 존재한다는 것이다. 인지발달은 잠재되어 있는 인지 구조를 나타내는 것이다.Matthews, 1993: 154 이 관점에서 아동은 유전적으로 미리 프로그램되어 정해진 방향으로 펼쳐 가는 존재로 여겨진다. 자연적으로 성숙해 가기 때문에 결코 서두르지 않아야 하며, 교사는 다른 사람의 가정, 선호, 기대 또는 욕망의 강요에 의해 구속되지 않는 아동 자신의 호기심과 속도에 따라 "자연스럽게" 성장하도록 도와주어야 한

다.Simon, 1998: 107

경험주의에 입장에서 보자면, 생득주의의 발달은 개별화되고 분리되어 있다. 독일 철학자 이마누엘 칸트Immanuel Kant, 1724~1804Bruce, 1987/2011: 2-11에게서 영향을 받은 상호작용주의도 마찬가지다. 계몽주의 철학자들은 모든 인간은 그들 자신의 이유에 따라 행동할 수 있는 자율적인 행위성과 능력을 가지고 있다고 생각한다. 아동은 어린 나이부터 행위성을 갖는다고 보았지만 그러나 이것은 성인의 성숙하고 합리적인 행위성과는 같지 않다고 생각했다.LaVaque-Manty, 2006: 365-7

칸트의 인식론은 합리적 사고의 구조(인간은 시간과 공간의 범주에 관한 그들의 사고를 명령하는 데 있어 제한적이다)와 감각 경험에 의해 제공된 내용의 결과로서 지식 습득의 한계를 아는 것 사이의 정교한 상호작용을 포함한다.

따라서 교사는 아이들이 자신의 전략과 주도성과 반응을 개발하도록 돕는 환경을 최대한 활용하게 하는 것이 매우 중요하다.Bruce, 1987/2011: 8 스위스의 심리학자 장 피아제Jean Piaget는 칸트의 영향을 받아 아이들은 점점 더 복잡해지는 세상에 대한 이해를 형성하는 인지구조, 즉 '스키마'를 가지고 있다고 믿었다. (나중에 볼 수 있듯이 이 발달에는 '단계'가 있다.) 피아제는 또한 아이들의 실제적이고 직접적인 감각 경험에도 초점을 두었다.Bruce, 1987/2011: 8, 53

역사적인 날짜와 이름을 배우는 데 도움이 되도록 나는 교사들에게 철학자의 연대순 시간표를 만들어 그 아이디어를 '빨랫줄'에 걸어 두도록 하였다.[그림 3.6] 참조 첫 번째 사진은 아리스토텔레스 교육철학의 발달을 물질담론적으로 표현한 것이다. 1년 동안 각 철학자와 이론에 대해 다각도로 더 많이 배우게 되면 계속해서 빨랫줄에 새로운 물질이 추가되었다(연말에는 몬테소리와 발도르프 센터를 방문한 것도 포함되었다).

자연/문화 이분법을 전제하기

위에서 기술한 연속체는 교수 실제를 분류하는 데 상당히 유용한 도구로, 그 범위가 보통 좀 더 경험주의이거나, 생득주의이거나, 상호작용주의에 가깝다. 그러나 결정적으로 이 모든 렌즈는 자연/문화의 이분법을 가정한다. 어린이는 자연과 연관되어 '완전한-인간'이 되기 위해 펼쳐지거나(루소) 발달되거나(로크) 상호작용한다(칸트). 마리아 크로미다스는 인간도 예외일 수 없는 다윈의 자연 선택설은 휴머니즘을 안심시키지 못한다고 하였다. 다윈의 아이는 인간의 기원이며 그런 의미에서 마지막 야만인이다.Kromidas, 2014 자연/문화 이원론은 아동과 아동기에 대한 우리의 이미지를 형성하고 있다. 다음 장에서 상세히 볼 것이다. 유아교사 교육자 티나 브루스Tina Bruce는 상호작용주의 접근법과 교사의 중요한 역할을 선호한다고 하면서 다음과 같이 요약하였다.

어린이들은 지식을 자연적으로 배우도록 미리 프로그램되어 있는 지식의 생득적 선동자라 보이지 않는다. 환경과 문화의 다양성에 따라 보류되거나 도움을 받을 수 있다. 아이들은 또래나 성인의 지지로 환경과 문화를 충분히 최대한 활용할 수 있다.Bruce, 1987/2011: 8

언뜻 보면 자신의 환경과 문화를 극대화하여 활용하려는 생각은 그럴듯하여 문제가 없는 것처럼 보인다. 그러나 개입주의 접근으로 바라보면 그 아이는 다른 학생들에게 문제가 된다(나중에 저널에서 표현됨). 학생들은 티나 브루스의 강의와 이전 장에서 읽었던 것과 영화를 독창적으로 연결하였다. 학생들은 개입주의 교사와 승려-환경과 문화를 최대한 활용해야 한다는 주장-의 인간 중심적인 관점에 대해 우려를 표했다. 영화에서 아이를 교육한다는 목적으로 환경과 비인간 동물을 도구적으로 활용하는 것에 대해 걱정하였다. 학생들은 교사와 교실 운영에 대한 새로 습득한 지식의 시사점을 느끼고 있었기 때문에 교실에서는 이런저런 많은 이야기들이 오가는 소동이 있었다. 흥미롭게도 대화 그 자체는 여전히 아이에 대한 경험주의적 관점을 표현했지만-정신을 가진 아이의 마음에 개념에 대한 올바른 지식으로 채워야 한다- 여기서 개념은 죽음과 같은 것을 말한다. 이런 담론은 회복 가능성이 높고 "우리 뼛속 깊이 새겨진다."Barad, 2007: 233

죽음의 개념을 알고 있는 사람이 있을까?

아래는 영화를 보고 생겨난 다양한 질문들 중 학생들이 선택한 질문에 대한 대화이다. '죽음으로부터 어린이들을 보호해야 할까?'에 대한 대화이다.

야야Yaya[41] 저는 경험이 최고의 선생이라는 것을 알고 있어요. 그렇지만 어느 정도는 승려가 그 상황에 아이를 노출하지 말았어야 아닌가 하고 생각해요. 아이가 그것으로부터 보호받았어야 하지 않은가, 말이에요.

티나Teenah 그전에는 생각해 보지 않았지만… 그 말이 맞는 것 같아요. … 저도 그게 좋겠다고 생각해요. 그것도 경험이니

---

41. 이름은 가명이다.

까… 그건 단순한 죽음이 아니에요. 살인에 가깝지요, 동물을 죽이는… 승려는 개입할 수 있었어요. 그랬다면 교훈을 얻지 못했을까요? 참 균형 잡기 어려운 문제네요!

카투샤Katusha 우리는 작은 척추동물을 덜 중요한 생명으로 생각해요. 다른 차원이 있잖아요. 그들의 죽음은 다른 걸까요?

야야 아무도 저의 애완동물이 죽었을 때 죽었다고 말하지 않았어요. 항상 농장으로 간 것이라고 했어요. 저는 생각했어요. '왜 가야 했을까? 그들이 더 이상 나를 사랑하지 않나? 나한테 무슨 문제가 있지?'라고 생각했어요. 만약 부모님이 죽음을 말해 주셨다면 더 좋았을 것 같아요. 더 좋은 장소가 있을까라고 말이에요.

나 그렇다면 여러분은 뭐라고 말했을까요? 아이가 물었을 때 뭐라고 말할 것 같아요?

[웃음]

야야 개념에 대해 더 알아야겠어요. 더 많은 준비가 되어 있을까요?

토보고Tobogo 아이들이 탐구하고 생각해 볼 문제예요. 여러분이 그것으로부터 아이들을 보호해서는 안 된다고 생각해요. 아이들은 순수하다는 이미지로 돌아가 보세요.

죽음이 무엇인지를 이해하는 것이 중요한 이유를 찾으면서 탐구는 계속되었다. 관련 지식의 종류, 생각의 대부분, 성인들은 갖고 있으나, 아이들은 둘 다를 갖고 있지 않거나, 그것으로부터 보호되어야 한다고 생각한다. 야야는 자신의 애완동물이 죽었다는 (농장으로 갔다) 말을 스스로 듣지 않은 것을 달가워하지 않았음에도 불구하고, 우리가 두 가지 다른 것에 대해 이야기하는 것처림, 그녀는 그 지식으로부터 어린아이들을 보호하겠다고 계속해서 말하고 있다. 나는 그 반의 학생들에게 도전적으로 왜 아이들이 그런 대화에서 보호받아야 한다고 생각하는지 강력한 이유를 물었다.

로완Rowan 내가 학교에 있을 때 5살, 6살 아이들이 있었는데 그 중 한 아이가 앓다가 실제 죽었어요. 너무 추상적이어서 아이들은 이해하지 못했어요. 아이들은 계속 '그 친구가 언제 돌아와요?'라고 물어봤어요. 그들은 그녀가 실제로 죽었다는 것을 이해하지 못했어요. 이론적으로 천국에 있지만 나는 아이들이 실제 일어난 일을 이해하고 있는지 잘 모르겠어요.

브론웬Bronwen 네, 관찰하고 있던 학교 중 한 곳에서 어린이들이 그림을 그렸습니다. 여자아이 중 한 명이 그네 타는 그림을 그렸어요. 그림 속에 다른 사람이 있어 나중에 선생님에게 물어보니 남자 형제를 그린 것이라고 말했어요. 나중에 작년에 그 남자 형제가 죽었다고 이야기했지요. 남자 형제는 그 어린이의 모든 그림에 있습니다. 그 아이는 정말로 이해를 못 하고 있어요.

나 죽음의 개념을 이해하는 것은 무엇을 의미할까요? 여러분은 특정 나이에만 특정 방법으로 죽음을 이해하는 것이라고 말하고 있나요?

카투샤는 다소 중요한 죽음에 대한 원래의 코멘트로 돌아왔다.

카투샤 그렇습니다. 우리는 중요한 죽음과 동물의 죽음을 구분하고 있는 것 같아요. 아이들은 고기를 먹기 때문에 죽음을 알고 있어요. 그러나 아마도 그것은 할아버지의 죽음과는 같지 않을 것입니다. 우리가 두 세트의 죽음을 가지고 있으며 그중 한 가지 죽음에서만 아이들을 숨기는 것일까요? 그렇다면 여러분은 어디에 선을 그리나요? 여러분은 개미가 덜 중요하다고 말할 수 있나요?

버샤 Vursha 그러나 아이들은 먹고 있는 것이 소와 닭이라는 것을 모릅니다.

나 그래서 유아교육에서 우리는 아이들을 삶의 기술의 일부로, 도살장으로 데려가야 할까요?

[어떤 사람들은 소름 끼쳐 하고, 항의하는 웅성거림]

그 질문은 당연히 중요하다. 왜 우리는 아이들을 이런 경험에서 보호해야 하는가? 이미 살해당한 동물 그리고 살해당하고 있는 동물과 마주치지 않도록 아이들을 보호해야 하는지에 대한 고려보다 더 많은 문제가 관여되어 있다. 그런 곳을 방문하는 모든 인간들에게 중요한 것은 무엇인가? 헬레나 페데르센 Helena Pedersen, 2013의 스웨덴 수의학과 학생들과 도살장을 방문한 것에 관한 잊을 수 없는 민족지학적 연구가 마음속에서 떠올랐다. 교육자 역할을 수행하면서 그녀는 도살장의 공간-물질적 구성을 통해 동물과 인간 동물의 몸이 어떻게 규제되는지를 자세하게 설명하였다.

그녀는 양을 도살장으로 양을 옮길 때 '매끄럽게' 옮기는 방법을 설명하고 있었다. 'Judas sheep(유다 양)'이 활용되는데, 살아 있는 양을 대체하는 방법으로 양가죽을 카트 위에 올려놓는 방법이다(실제 양을 훈련시켜서 다른 양이 도축장으로 들어오게 하는 방법은 더 이상 사용되지 않고 있다). 이 유인용 동물('배신'과 '속임수')은 양도 '도살 도구'의 일부로 만들어 관객들에게 '휴먼'과 '도살'에 민감하게 반응하도록 한다.^Pedersen, 2013, 722 페데르센은 도살장에 도착했을 때 발생한 연구의 중요한 순간에 대해 다음과 같이 말했다

우리가 복도에 들어가는 순간, 우리 연구팀의 방문의 성격의 변화가 있었는데, 이는 동물 보호 조치와 생산성 수치에 대한 분리된 토론에서 도살장에 가는 동물들과의 물리적 경험으로의 변화이다. 우리는 비좁은 복도를 동물들과 같은 속도로 나란히 서서히 지나갔는데, 낮은 울타리는 우리와 동물들 사이의 눈 맞춤을 가능하게 했다. 물리적으로 볼 때, 우리 사이의 거리는 불과 몇십 미터이고 모든 측면에서 이 거리는 지구 둘레에서 이 거리를 뺀 것과 같다. 우리와 소는 나란히 우주들로 들어간다. 철저한 종-코드화된 분리는, 우리 중 누군가는 줄의 끝에서 죽임을 당하고 누군가는 그렇지 않을 것임을 결정함으로써, 우리와 그들 사이의 순간적인 친밀감을 거의 꺼림칙하게 보이게 한다.^Pedersen, 2013: 722

이 구절에 나는 깊이 감응되었다. '나는' 나의 생생한 상상력 '속'에서 소의 눈을 바라보고 있다–소를 느끼고 소와 함께 있다. 카투샤가 언급한 '두 세트의 죽음'이 떠올랐다. 학교 견학에서 도살장을 방문하는 것이 적합한지 여부를 묻는 질문에 대한 다른 시각이 있다. 관계적 물질주의 관점에서 관찰자-관찰 대상의 이분법은 불가능하다. '우리'는 '그' 안'에 함께 있다. 소와 나는 모두 같은 세계의 일부분이고 도살장 장치는 한 사람의 육체가 다른 사람에게서 소비되는 주체성을 생산한다. 이제 나는 시체를 먹을 수 없을 것이고 도살장에서 그들과 내부작용은 나로 하여금 도살하는 것에 연루하게 될 것이다.

그곳에 있는 것이 나를 반응할 수 있게response-able 만든다. 바라드$^{Barad, 2014}$는 세계가 있는 방식이 (경험적으로), 즉, 개체-이원적인 원자의 실체들의 집합이 아니기 때문에 사실의 문제들, 돌봄의 문제들, 그리고 관심의 문제들은 모두 함께 온다고 본다. 나는 대학 수업에서 한 인간이 어린 인간 동물의 교육을 위해 동물을 죽이는 것을 허락한 영화를 본 후의 소란은 그들의 종-평등주의 인식의 증가와 직접적으로 관련이 있다고 확신한다.

이제 아이들이 '인도적인' 도살에 민감해지게 하는 마주침들에 참여하도록 허락/초대할 것인가? 그 질문에 대한 답과, 더 나아가 우리가 아이들을 죽음으로부터 보호해야 하는지에 대한 물음은 맥락, 페다고지 감각, 그리고 어린이가 무엇이며 지식은 무엇인지에 대한 질문들에 대부분 달려 있다.$^{Haynes\ and\ Murris,\ 2013}$ 전자의 주제는 6장과 2부에서 다시-등장할 것이다. 4장에서는 후자의 질문으로 시작한다. 어린이는 어떤 존재인가? 우리가 교육자로서 실천에서 집행하고 있는 교육철학들은, 암묵적으로 혹은 명시적으로, 아동에 대한 특정 관점을 가정하고 있다.

4장
포스트휴먼 어린이

이 특별한 장은 앞의 장에서 제시한 존재인식론 관점에서 어린이가 어떤 존재인지(아닌지)를 탐구하여 구성하였다. 캐런 바라드의 관계적 물질주의relational materialism^{Barad, 2007, 2014}와의 회절에서 발현되는/발현 중인 새로운 사유가 주체성 또는 '신체정신물질bodymindmatter'임을 표현하기 위해 대명사 iii를 사용하려고 한다. I 또는 i 대신에, 우리에게 익숙한 이분법적 담론에 도전하기 위해 지속적으로 물질담론을 상기하는 신호reminder로서 'iii'를 사용하자는 제안은 어린이 주체성을 대안적으로 그리고 비-이분법적으로 이해할 수 있도록 열어 준다. 아마도 이런 신조어들은 나의 학생들이 제안했던 다리, 입, 귀가 될 수 있을까?^{'회절적 일시정지'를 참조}

크리스 젱스Chris Jenks는 아직까지도 '어린이'가 이분법적 추론 안에 어떻게 갇혀 있는지 주목하였다. 젠더나 인종과 달리, 어린이는 "후기구조주의의 다양한multiple 공간과 자아-현존적인 정체성의 장self-presentational identity sets에서 해체"되어 있지 않다.^{Jenks, 2005: 3} 그러나 나의 해결책은 후기구조주의 또는 포스트모더니즘적인 해결이 아니라-담론(앞으로 우리가 볼 'ii로서의 어린이child-as-ii') 수준에서 해결될 수 있는 문제라는 것이다. 관계적 물질주의자인 나의 주장은 자연으로서의 어린이child-as-nature('최후의 미개인') 또는 i로서의 어린이child-as-i에서 '비인간inhuman-iii로서의 어린이'로 이동하자는 것이다. 아래의 인용문은 본 장에서 성취하고자 하는 것을 잘 요약해서 보여 준다. 마리아 크로미다스Maria Kromidas는 물질담론적, 존재인식론적 전회turn를 잘 설명해 준다.

> 인간의 경계를 넓히자고 주장하기보다는 아마도 그 문에서 기다리고 있을 어린이들을 포함하기 위해, 포스트휴머니즘은 어린이를 통해 인간 자체를 다시 생각해 보게 하고, 인간에 대해 상기시킴으로써 세계 내에서 인간 존재에 대한 새로운 비전을 되찾게 한다.Kromidas, 2014: 426-7

더욱이, 본 장의 새로운 관념idea들은 누나의 결혼식에서 5세 어린이가 찍은 일련의 사진들을 연구하면서 이루어졌다.이 장의 '회절적인 일시정지'를 참조 이 사진들은 'i', 'I', 'ii' 그리고 'iii'의 관점을 탐구하게 해 준다(각각의 위치 짓기가 어떻게 다른 유형의 관찰자-교사연구자를 가정하는지도 포함한다).

과학적, 인지적인 어린이-'i'로서의 어린이

넓게 보자면, 아동기에 대한 연구들은 심리학적 아동기에서, 사회적 아동기, 철학적 아동기로 전환되고 있다. 아직까지도 심리학은 전 세계적으로 고안되는 유아교육 정책, 실제, 교육과정 등에 지배적인 학문이다.File, Basler Wisneski and Mueller, 2012 예를 들어 교사교육기관에서 사용하는 교재들에 대한 연구에서 해치Hatch, 2012는 아동발달이론이 아직까지도 '유아교육의 주류를 만들어 내는 자료들, 프로그램들, 정책들'에 어떻게 강력한 영향을 주고 있는지 보여 준다. 그가 이름 붙인 것처럼 'DAP 브랜드'는 미국유아교육협회American National Association for the Education of Young Children: NAEYC에 의해 신중하게 판매되고 있으며, '미국과 전 세계의 수많은 프로그램들, 정책들, 생산물들'로 채택되고 있다.Hatch, 2012: 43 'DAP'는 발달적으로 적합한 실제Developmental Appropriate Practice로, 여기서의 발달적인 지향점은 피아제Piaget의 인지발달이론과 게젤Gesell의 성숙이론을 포함하여 많은 신체적 발달과 심리적 발달이론들로부터 정보를 얻고 있다.Linington, Excell and Murris, 2011 피아제의 '유전학적 인식론'은 사고thought의 구조에 대한 설명을 제공하고, '자연적natural'이고 '보편적'인 '과학적 합리성에 대한 특정한 체계'를 구성하고자 한다.Jenks, 2005: 21

인간은 일반적인 법칙에 따라 명백하게 식별 가능한identifiable 지적 성장[1] 단계를 통해 선천적으로 발달한다. 이 단계들은 "낮은 수준 상태인 유아적인infantile '형상적 사고figurative thought'에서 높은 수준 상태인 어른스럽고 '조작적인operative' 지능"Jenks, 2005: 22까지인 연속체로 연대기적으로 순서화되어 있을 뿐 아니라 위계적으로 배열되어 있다. 단, 어린이가 어떤 비정상성을 가지고 있지 않을 때 그렇다.Dahlberg, Moss and Pence, 1999/2013: 49 형상적 사고는 구체적이고 여기서 지금here and now에 대한 사고이며, 어린이들은 한 상황에서 다른 상황으로 경험을 추상화하고 이동하려고 애쓴다. 형상적 사고는 아동스럽고childishJenks, 2005: 22 덜 발달된 것으로 보인다. 개별 어린이의 지적 성장에서 각각의 단계는 "특정한 '도식schema' 혹은 잘-규정된 패턴 그리고 세계에 대한 어린이의 지향을 통치하는governing 신체적 작용 및 정신적 작용action의 일련적인 순서sequence에 의해 특징화된다".Jenk, 2005: 22

---

1. 피아제 자신은 교육적 이론이 아니라 정신이 어떻게 작동하는지에 관심을 두고 있었으며, 발달단계의 엄격한 적용에도 덜 관여하였다(Dahlberg, Moss and Pence, 2013: 49).

태어나서 성인이 되기까지 어린이의 '탈중심화decentring'라는 변형적인 과정은 "유아독존적인 주관성에서 실재적인realistic 객관성으로의 변화, 정서적인affective 반응에서 인지적인 평가로의 변화, 서로 다른disparate 가치의 영역에서 절대적인 사실의 영역으로의 이동"으로 특징화된다.Jenks, 2005: 22 어린이의 성숙 과정과 유전적인 인식론 프로젝트에서 어린이의 정신은 과학적이고 이성적rational, 즉 "추상화, 일반화, 논리-추론적 과정, 수학화 그리고 인지적 조작들"Jenks, 2005: 23의 능력을 갖추게 될 때 완성된다.

교육학자도 아니었고, 많은 분야에서 엄청난 계속적인 비판에도 불구하고, 교육에서의 피아제의 영향력은 아직까지도 막강하다. 결론적으로, 가르침teaching은 간단한 것에서 복잡한 것으로, 특정한 것에서 일반적인 것으로, 구체적인 것에서 추상적인 것으로, 경험적인 것에서 이성적인 것으로 진전되는 과정이 되고 있다.Egan and Ling, 2002: 92[2] 어린이들이 다음 단계를 위해 '준비'하기 전에 도달해야 하는 발달적인 '이정표'들은 DAP가 제시한 것으로, 이것들은 어린이들의 발달적인 요구, 흥미, 장점, 능력들을 어린이보다는 전문가들이 알고 있는 것에 초점을 두고 있다.Linington, Excell and Murris, 2011 그 메타포, 즉 개별적인 '어린이의 성인 되기child-becoming-adult'는 사다리를 오르는 것, 자율성이 증가하는 연속적인 단계 또는 이정표들을 성취하는 것이다.Dahlberg, Moss and Pence, 2031: 48 나는 사회적 어린이를 탐구하기 전에 이러한 이론적 입장에 대한 몇몇 주요한 우려점들을 다루고자 한다.

발달주의에 대한 비판

피아제의 영향력 있는 이론은 소위 발달주의developmentalism의 주요

---

2. 어린이의 상상적인 의미-창조 역량에 대해 초점을 둔 비판은 10장을 참조하면 된다.

한 예시로, 아리스토텔리스 철학Aristotelian 사상을 배경으로 하고 있다.Stables, 2008 개별 어린이의 정신/영혼(그리고 신체)은 선천적인 잠재력에 따라 형태화되어 가는 과정에 있다는 것으로Cregan and Cuthbert, 2014: 10, 도토리가 번성해서eudomonia 참나무가 되는 것과 같은 방식이다. 주된 우려는 이런 자연적인 메타포들이 인간과 교육에 적용될 때 벌어지는 개념적인 혼란에 대한 표현이다. 즉 정신을 마치 '자연적으로' 성장하고 단계에 따라 성숙되는 물리적인 신체[1장 참조]로 이해하게 된다는 것이다.Murris, 1997; Egan, 2002: 79-82 발달주의에 대한 다학문적 비판은 아래의 소제목들로 요약될 수 있다. 즉, 방법론적 타당성의 부족, 규범적인 과정normative process, 복잡성의 감환, 자본주의 경제적 노동 현장을 위한 준비, 진화적 편견과 아동을 타자화하기 등이다. 이를 순서대로 각각 살펴보고자 한다.

방법론적 타당성의 부족

심리학자들의 많은 노력이 심리학적 실험에서 도출된 피아제의 결론을 재해석하는 데 투입되고 있다. 마거릿 도널드슨Margaret Donaldson은 그 결과들을 의심하는 것이 아니라, 그런 결과들로부터 도출된 결론들이 틀렸다고 주장한다.Donaldson, 1978: 23 예를 들어 어린이가 얼마나 자기중심적인지를 보여 주기 위해, 피아제는 1단계(8세 이하)에 속하는 어린이들은 다른 사람의 관점을 설명할 수 있는 능력을 갖지 못했음을, 말 그대로 보여 주는 실험을 하였다. 그의 실험에서, 한 어린이는 3개의 다른 산들이 놓인 책상에 앉고, 그 책상 주변 다른 곳에는 인형이 놓여 있다. 대부분의 어린이들은 그 인형이 보고 있는 것을 설명하지 못한다. 어린이들은 이성적 사고와 추론을 위한 결정적인 요건인 "상상을 '탈중심화'할 수 없다"는 피아제의 결론에 대해 도널드슨은 이의를 제기한다.Donaldson, 1978: 20 즉 어린이는 다른 관점으로 전환할 수 없기 때문에, 타당한 추론을 할 수 없다는 것이다.Donaldson, 1978: 41 이 실험의 결론에 반론을 제기하는 실증적 증거들이 유사하게 구성된 실험을 통해 제시되고 있다. 단, 그 상황은 어린이에게 의미 있는 상황으로 구성된다.Donaldson, 1978: 23; Sutherland, 1992: 15

규범적인 과정

캐나다 교육학자인 키렌 이건Kieran Egan은 선형적인 과정으로서 발달을 인식하는 것과 관련된 또 다른 문제를 지적한다. 즉 발달을 선형적인 과정으로 인식하여 "인지적 이익에 치중하다 보면 손실이 없다고 인식하는 차별화가 증가"한다는 것이다.Egan, 2002: 105 그는 이런 생물학적 모델에서 어느 정도까지가 기술적인지descriptive 또는 처방적인지prescriptive 분명하지 않다고 주장한다. 즉 "어떤 사람이 '발달적인 과정'을 기술했다면, 얼마만큼이 자연적이고 자발적인 과정으로 어떻게 설명되는지 또는 얼마만큼이 이전의 교육적 처방에 의해 형성된 과정을 기술하고 있는지 우리는 질문해야 한다."Egan, 2002: 79-80 이 때문에 이것은 논쟁거리가 된다. 즉, 아동의 정신이 세계의 물리적인 것physical thing처럼 발달하고, 성장하고, 성숙한 것이 사실이라 하더라도, 발달주의가 교육적 이론으로서 정말로 바람직한가에 대해서는 여전히 논의될 필요가 있다. 특히, 교육자들이 어린이를 어떻게 사유자thinker로 인식하는지Murris, 1997, 놀이의 목적을 어떻게 생각하는지, 그리고 일반적으로 교육자pedagogue로서 자신의 역할(경험주의자 또는 생득주의자 둘 중 하나로)을 어떻게 이론화하는지 등을 형성하는 메타포로서 어린 시기의 실천practice에 대한 시사점이 엄청나기 때문이다.

복잡성과 다양성의 감환

과학적, 생물학적 어린이는 발달하면서 다른 단계들로 "분절되며cut

up", 이 발달 자체도 사회, 인지, 정서, 도덕, 신체 등으로 "분절되어" 있다. 각 분절된 범주들은 그 자체의 발달을 보여 준다(그래서 같은 어린이더라도 정서적 발달에서는 전조작기 단계에, 인지적 발달에서는 구체적 조작기에 있을 수 있다). 이런 발달은 측정할 수 있기 때문에, "복잡한 과정을 분리하고, 그것들을 이분법적으로 보게" 된다.Dahlberg, Moss and Pence, 2013: 49 이런 "복잡성과 다양성의 감환"은 타자성otherness를 존중하지 않으며, "타자Other를 동일자Same로" 바꾼다.Moss, 2014: 42 포스트휴머니스트에 따르면 아동에 대한 이분법적 사고는 중요한 지식을 놓치게 한다.Jackson and Mazzei, 2012: 114 [3]

흥미롭게도, 인류학자인 마리아 크로미다스에 따르면, 어린이와 "미개한savage" 성인 간의 (역사적 또는 지리학적) 비교는 더 이상 유효하지 않다. 미개한 성인이라고 인종차별을 받았던 타자와 여성들조차 지금은 "완전한 인간fully-human"으로 이론화되어, 동물과 어린이들만이 미개한 상태로 남아 있다.Kromidas, 2014: 426 어린이가 완전하게 형성된 인간fully-formed-human이 아닌 발달 중인developing 존재라는 것은 유아교육에 대한 생명의학 및 생물심리사회적 접근(예를 들어 연령, 체중표, 언어, 대근육 및 소근육 기술 등)에서 분명해진다.Cregan and Cuthbert, 2014: 10 하지만 모든 발달주의자들은 데카르트적인 이원론자이어서, 정신/영혼/지능 등이 신체보다 우선하는 것으로 간주하여 아동의 정신 그리고 신체는 관찰과 감시의 대상이 된다.Dahlberg and Moss, 2005

발달이론에서 의심할 여지 없는 가설은 그 과정의 목표가 성숙이라는 것이다. 각 단계의 다음에는 '더 나은better', 더 '성숙'한 단계가 연이어 온다. 이것이 아동기 철학자인 개러스 매슈스Gareth Matthews가 말한 "진화적 편견evolutionary bias"이다.Matthews, 1994: 17 발달주의는 반

---

3. 이를 설명하기 위한 예시는 이 장의 끝에 제시된 '회절적 일시정지'를 보라.

복 이론recapitulation theory이다. 어린이의 지적 발달은 '미개한' 것에서 '문명화된' 것으로 그 종의 발달과 (되풀이하는 것으로) 비교된다(여기서 아동은 자연적이고, 그 종의 기원으로서 여겨진다). 발달주의는 경험주의 또는 생득주의 또는 상호작용주의적인 교육자들과 밀접히 연관되어 있다. 어떤 입장이건 이들은 모두 자연/문화라는 이원론을 가정한다. 경험주의 교육자들에 따르면, 어린이의 정신(자연)은 문화(예: 지식과 정보)에 의해 "채워져야" 하고, 생득주의 교육자들 입장에서 보면 "발현될 수 있어야 하고", 상호작용주의 교육자에 의하면 (자연과 문화가) "상호작용되어야" 한다. 중요한 것은, 피아제 이론의 근본적인 철학적 가설은 어린이의 사고는 연령에 따라 자동적으로 발달된다는 것이다. 이 과정을 서두르려는 시도는 단순히 시간 낭비일 뿐이며, 아마도 교육적으로 잘못된 실천일 수도 있다.Gazzard, 1985: 11 그러나 매슈스가 지적했듯이, 철학적 어린이philosophical child는 과학적인, 인지적인 어린이가 아니다. 예를 들어 어린이와 함께하는 철학에서, 더 많은 지식을 갖는 것이 항상 유리한 것은 아니다. 철학적인 질문을 더 잘 다룬다는 것이 단순히 더 성장했다거나 또는/그리고 더 많은 것을 안다는 것을 보장하지 않는다. 매슈스에 따르면, 종종 철학적 사상의 탐구에서 성숙이란 '진부함' 또는 '비발명적임uninventiveness'을 의미하는 것인 반면 어린이들은 종종 "참신하고 발명적인 사상가"들이다.Matthews, 1994: 18

각각의 세대는 철학적 질문에 대한 자신들만의 답을 찾아야 한다.Van der Leeuw, 1991: 13 그러므로 학문discipline으로서 철학은 철학을 하는 어린이로부터 배워야 하는 무언가가 있다.Matthews, 1994; Murris, 1997; Kohan, 2002, 2015; Kennedy, 2006; Haynes, 2008; Haynes and Murris, 2012 매슈스에 따르면, 학문적인 철학은 "모든 것을 다시 시작하는" 인식론적 추구이다. 즉 "… 내가 알고 있다고 주장하는 것이 무엇인지 정말로 모르는" 나 자신을 발견하는 것이다."Matthews, 1994: 18 아동 철학의 개척자인 매슈 리프먼Matthew Lipman, 1993: 141은 학문 철학의 적법한 분야로서 아동 철학을 위한 공간을 마련하고, 어린이들이 성인 철학을 실현할 수 있을 때, 어린이들이 가지고 있는 철학적 신념의 중요한 역할을 성인 철학자들이 인정하게 될 것이라고 보았다. 타자와-함께하는-세계-내-철학적 존재philosophical being-in-the-world-with-others를 위해 필요한 하나의 조건은 소중한 신념과 전제들을 포기하는 것이다. 이는 신념을 사유에 대한 습관을 화석화시켜 온 나이 든 사람들에게는 훨씬 더 어려운 것이다.Murris, 2000

어린이를 타자화하기

서구에서 발달심리학이 보편화되는 경향은 교육자들로 하여금 어린이들로부터, 그리고 어린 시절의 자신들로부터도 '거리'를 두게 한다고 개러스 매슈스1994는 주장한다.Matthews, 1994: 66 그런 거리두기는 종종 '겸손condescension'으로 이어지는데, 매슈스는 이것을 "도덕적으로 모욕적인" 것이라고 하였다.Matthews, 1994 그는 교사들의 "단순한 지시simple directness"가 종종 "우리를 기본으로 돌아가게" 하므로, 교사들이 개별적인 어린이와 함께 지식 구성에서 이성적이고, 능동적이며, 협동적 참여자로서 참여해야 한다고 제안한다.Matthews, 1994: 67 어린이의 능력에 대해 일반화하는 것은 개별적인 어린이의 능력, 특히 철학을 할 때 어린이들의 상상적인 의미 만들기 능력을 정당화하는 데 실패한다.Murris, 1997; Haynes and Murris, 2013; Haynes, 2014

발달론자는 과학적인, 인지적인 어린이와의 거리를 유지한다. 어린이는 연구의 대상object로 간주되어, "측정되고, 비교되고, 통제되고, 능동적으로 형성"된다.Cregan and Cuthbert, 2014: 11 다시 말해, 어린이는 개체-이원적인indivi-dual, 'i'로서 위치 지어진다. 마치 어린이들을 측정하는 성인 연구자들처럼 말이다(그러나 어린이들의 자아는 'i'가 아니라, 'I'-완전하게-형성된-인간이다). 어린이는 자립적self-contained이며, 연구 대상으로 제한되어bounded, 휴머니즘의 완전한-인간fully-human 주체로 인정되지 않는다. 크로미다스Kroidas, 2014: 429는 발달주의가 신경과학과 결합될 때, 어린이는 아직 인간이 아닌not-yet-human 존재로서 두 배로 불이익을 당한다고 경고한다. 예를 들면, 아동기의 특정한 단계 시기는 호르몬의 상승으로 결정되기도 한다. 어린이가 'i'로서 취급될 때, 가르침 또는 배움은 '가부장적인' 것이 된다.Christensen and Prout, 2002: 480 어린이를 수동적인 존재, 즉 세계 내에서 행위하는 주체라기보다는 타인을 따라서 행동하는 사람으로 여긴다. 어린이를 타인에 의존하는 존재로 간주하여, 그들만의 권리를 가진 사회적인 사람이 아니라고 보는 것이다. 그리하여, 어린이와 함께 활동하는 선생님으로서, 어린이를 연구 대상인 'i'로 가정하는 모든 연구들은 어른(부모들, 양육자들)의 관점들과 관련될 뿐 어린이의 관점을 필요로 하지 않는다.Christensen and Prout, 2002: 480

인간 권리를 가진 어린이-'I'로서 어린이

전 세계 어린이에 대한 우리 시대의 규범적인normative 구성construction의 비약적인 발전은 1989년 유엔아동권리협약United Nations Convention on the Rights of the Child, 이하 UNCRC로 표기함 채택이다.Cregan and Cuthbert, 2014: 56 제12조 및 제13조는 아동의 관점과 표현의 자유 권리에 대한 존중을 포함한다. 여기에는 어린이가 "말하고talking, 그림을 그리거나 쓰는 것을 포함하여 그들이 선택한 모든 유형"의 정보와 생각idea을 수용하고 전달하는 자유 그리고 말할 수 있는speak 자유를 포함한다. 제14조는 아동의 사상, 양심, 종교의 자유를 규정하고 있다. "아동은 그들이 원하는 대로 사고하고 믿을 수 있는 권리를 가진다."[4] 소말리아Somalia와 미국United States을 제외한 모든 국가가 협약을 비준하였으며, 특별한 원조provision와 보호를 필요로 하는 삶의 단계로서 아동기를 표현하고 있다. 어린이에게 부여된 권리의 유형은 과거에는 성인들만을 위한 것이었다.

UNCRC에 대한 비판이 없는 것은 아니다. 일각에서는 아동들은 여전히 발달적[5]이기 때문에, 그 협약에서 18세 이하의 아동들은 여전히 완전히 발달하지 않은not-yet-fully-developed 책임감을 전제로 하고 있으므로 그 협약이 충분하지 않다고 보는 것이다. 그러나 지금은 시민적, 정치적 차원에서 아동 그리고 아동기에 대한 이해를 추가하고 있다.Cregan and Cuthbert, 2014: 6, 17 이러한 모순에도 불구하고, 보편주의자 입장인 UNCRC은 종종 유능한 존재로서 어린이에 대한 존중을 문화화하여, 어린이의 지위를 자유주의적 권리를 가진 개인으로서 격상시켰다는 찬사를 받고 있다. 그 협약에 따르면 아동기의 최종 목적은 성인 시민의 능력을 형성하여, 혼자 살아갈 수 있고 서구 스타일의 자유 민주주의에 생산적으로 기여할 수 있어야 함을 분명하게 명시하고 있다.Cregan and Cuthbert, 2014: 17 여기서 뚜렷한 칸트의 흔적을 볼 수 있다. 성인은 받아들여야 하는 가치 있는 규범이며, 어린이들은 아직까지 성숙 중인, 성인으로 형성되는 과정adult-in-the-making에 있는 부족한lesser 존재로, 유치하고, 능력이 부족하고, 쓸모가 덜한, 궁극적으로는 '타자Other'인 것이다. '미성숙immaturity'은 아동기와 동의어가 된다.Jones, 2009: 39

동시에 그 협약은 어린이의 규범적인 버전을 진일보시켜, 어린이를 "성인의 원형 또는 부모의 소유물이 아닌" 권리를 가진 아동으로 보고 있다.Jones, 2009: 6 또한 문화적인 그리고 다른 다양성에 대한 존중도

---

4. 교육자들이 사용하는 데 도움이 되는 요약본은 아래에서 다운로드할 수 있다. www.unicef.org/crc/files/Rights-overview.pdf.
5. 예를 들어 12조를 보면, 자신의 의견을 형성하고 표현할 수 있는 아동의 능력은 연령에 따라 발달한다. 그리고 대부분의 성인들은 가족이든, 법률이든, 행정적 결정이든 간에 자연히 취학 전 아동들의 견해보다는 10대 청소년들의 견해에 더욱더 비중을 두게 될 것이다.

주장하였다(이것은 UNCRC에 대한 보편주의자 주장과는 분명히 모순되는 것이다). 그러나 UNCRC이 어린이를 "무능력하고, 수동적이고, 투명하고, 취약하고, 요구가 많은 존재로 보고 완전한 성인으로서의 역량이 부족한 작은 성인mini-adult, 미래를 위한 투자로서 관심을 갖는" 연속체의 끝보다는 자신만의 능력을 지닌 개인으로서 어린이를 "능력 있고, 능동적이고, 가시적이고, 권력을 가지고 있고, 가치 있고, 현재에 관심을 갖는" 존재로서 간주하여 연속체의 끝에서 벗어난 지점에 어린이의 위치를 놓고 있다는 것은 환영할 만하다.Jones, 2009: 29 또 다른 방식인 비교적 해방적인 진보의 관점에서 보면 UNCRC는 어린이를 'i로서의 어린이child-as-i'에서 'I로서의 어린이child-as-I'로 이동시켰다는 것이다(비록 정신적으로만 그렇더라도 말이다). 어떤 사람은 어린이를 권력(예: 참여권)을 가진 행위주체자의 위치에 놓게 되어서, 부모-자녀 간의 지위와 권위가 평등하게 증가했다고 주장한다. 비록 실제에서는 이런 권리들을 어떻게 해석해야 하는지 그리고 어린이들이 그 권리들을 행사할지 또는 행사하지 않을 것인지에 대해 성인들이 중추적인 역할을 하더라도 그렇다는 것이다. 마그 셀러스Marg Sellers, 2013: 74는 "귀속되는 권리들은 어린이들의 요구와 욕망 전문가인 성인의 지식을 전제로 한다. … 이것은 가족과 사회 안에서 불공평하고 열등한 어린이의 위치를 악화시키는 개념상 취약성이 있는 가설"이라고 주장한다. 어떤 사람들은 실제로 어린이들이 가진 권리들이 연령, 능력, 언어 그리고 자원에 대한 접근과 같은 변수들에 의존할 뿐 아니라 실행에서도 타인에게 의존해야 하는 까닭에 어린이가 권리를 가졌다고 믿는 것에 대해 회의적이다.Cregan and Cuthbert, 2014: 56

실제, 특히 가부장적인 가정과 사회에서 어린이에 대한 이런 변화된 생각을 이행하고 포함한다는 것이 어렵다는 것은 놀랄 일이 아니다.Jones, 2009: 7 개별 인간 존재에게 권리를 부여하는 것은 "자민족 중심적ethnocentric이고 도덕적으로 제국주의적imperialistic"이다.Cregan and Cuthbert, 2014: 15 왜냐하면 모든 국가들이 시민들을 그런 인간중심적이고 휴머니즘 방식으로 개념화하지 않기 때문이다. 즉, 인간중심적이고 휴머니즘적 방식은 개별 인간 존재에게 권리를 할당한다. 아프리카에서 살면서 일하고 있는 우리에게는 어린이 권리와 복지에 관한 아프리카 헌장African Charter on the Rights and Welfare of the Child, ACRWC[1990]이 있다. 이 헌장은 UNCRC의 문화적 편견에 대한 비판적인 반응이다.Cregan and Cuthbert, 2014: 69-70 이 헌장의 제31조는 아프리카 어린이들에게 할당된 권리들에 대한 대가로 부모와 지역사회에 대해 가져야 하는 책임감을 추가하고 있다(UNCRC는 포함하고 있지 않은 것이다). 아프리카 어린이들의 자유는 "부모, 윗사람, 연장자들을 항상 존중하고, 필요할 경우 이들을 돕고", 국내와 국제 사회에 봉사하며, "관용, 대화, 협의consultation의 정신으로… 아프리카의 문화적 가치들을 보존하고 강화해야 한다"[6]라는 점을 명시함으로써 '균형'을 이루고 있다. 비록 아프리카 헌장ACRWC이 서구(내부의) 어린이를 전 세계적 규범으로 삼은 제국주의적 시행에 대한 적합한 반응으로 평가될 수 있지만, 그 헌장에 대한 보수적인 해석은 전 세계 어린이들을 위한 정치적 이익을 현저하게 감소시킨다. 두 곳의 아프리카 대학에서 많은 예비 교사들에게, 최소한 남아공 사람들로 구성된 나의 학생들에게 윤리를 가르쳤던 나의 경험에 비춰 보면, 존중은 '복종'을 의미한다.Murris, 2012 교육에 적용해 보자면, 그런 존중에 대한 해석은 현상태status quo가 지속되고 있음을 의미한다. 다시 말해, 가르침은 권위주의적이고, 비록 법에 어긋나지만 신체적 처벌이 종종 '흑인 문화의 일부'로서 정당화되기 때문에, 문화적 가치와 도덕적 가치가 혼동되는 현재의 상태가 유지된다는 것이

---

6. http://pages.au. int/acerwc/documents/african-chater-rights-and-welfare-child-acrwc, accessed 29 April 2015

다.^{Murris, 2014}

또한 UNCRC의 개인주의적 특성은 포스트휴머니즘에게는 우려가 되지만, 어린이들이 위계적인 세계의 자리로 돌아가야 하는 것 때문만은 아니다. 우리가 보았듯이, 일원론적 세계를 주장하는 포스트휴머니즘에게 모든 지구 거주자들은-상호적으로 얽혀 있으며 항상 되기becoming에-항상 다른 모든 것들과 함께 내부작용한다.^{Barad, 2007} 포스트휴먼 어린이는 관계적으로 존재한다is. 속성, 능력들, 목소리, 행위주체성 등을 가진 개체의 실존에 우선하는 것은 없다.[7] 개체들은 관계를 통해 물질화되고 존재하게 된다. 그리고 그렇게 의미meaning를 지니게 된다. 각 종들species의 다양한 구성원들 사이between, 그리고 종들species 사이between는 존재론적일 뿐 아니라 인식론적으로도 평등하다.

또한 사회적 구성주의, 언어적 구성주의, 후기구조주의, 포스트모더니즘 등은 모든 아동기 이론에 대해 비판적이다. 왜냐하면 아동기 이론들을 규범으로 서구의 개별화된 어린이를 가정하기 때문이다. 어린이는 유능하며, 자율적이며, 강하며, 어른 되기becoming adult[8] 과정에 위치 짓는다. 그들의 문제는 그것들이 어린이의 사회-경제적, 언어적, 문화적, 그리고 역사적 환경으로부터 탈맥락화되어 있다는 것이다. 어린이는 'I'가 아니라, 'ii'이다.

사회적 어린이-'ii'로서의 어린이

사회적 어린이의 핵심 관념idea은 초기 사회학자인 제임스James, 쿨리Cooley 미드G. H. Mead 등이 언급한 자아와 정체성 형성 과정에서의 사회의 영향력 및 타인과의 상호작용이다.^{Cregan and Cuthbert, 2014: 12} 발달

---

7. 관계적 물질주의 관점에 따른 목소리와 행위주체성에 대한 탐구는 5장을 참조하면 된다.
8. 이런 자유주의 모델에서 성인은 자기-결정, 자기-관리(통치), 상호의존성과 개인적 의사결정 등을 안내한다.

심리학처럼, 이런 초기 이론들은 어린이를 사회적 행위자로 보지 않고, 어린이의 (더 나은 사회화된) 성인 되기 과정으로서의 사회화에 더 관심을 두고 있었다.Cregan and Cuthbert, 2014: 12 유아교육에서 사회학자와 인류학자가 지배적인 경험적 실증주의 연구에 대해 질문을 시작한 것은 1970년대 후반부터였다. 연구 방법들은 기술적descriptive이며, 무엇을 해야 하는지what ought to be보다는 진실과 무엇이 존재하는지is에 초점을 두었다.Bloch, Swadener and Cannella, 2014 점점 더 많은 학자들이 어린이들을 인지과학의 대상으로 여기는 지배적인 관점에 우려를 표현하면서, 사회학적 관점에서 환원주의로서의 발달주의에 대해 비판하기 시작하였다.Jenks, 1982; Walkerdine, 1984; James, Jenks and Prout, 1998 이들은 발달 심리학이 정치적, 경제사회적인 권력관계의 역할, 문화의 정치학, 인종적이고 젠더화된 정체성, 통합inclusion과 배제exclusion 등을 무시했다고 주장한다.Dahlberg, Moss and Pence, 1999/2013; Moss and Dahlberg, 2005 또한 교육과정 구성에 활용된 아동 발달에 대한 발달심리학과 헤게모니적인 개념notions들에 대해 의문을 제기하였다.Nolan and Kilderry, 2010; File, Basler Wisneski and Mueller, 2012

포스트모더니즘 학자인 구닐라 달버그 그리고 피터 모스에 따르면, 발달주의는 유아교육에서 "내러티브(서사) 게임a narrative game"을 하고 있다. 그러나 "그런 내러티브 안에 있는 사람들은 종종 그들이 어떤 이야기들을 하고 있는지 알 수 없다".Dahlberg and Moss, 2005: 166 발달주의는 어린이에 대한 소위 보편적인 진실이라고 말하는 과학적 지식을 사용한 하나의 이야기일 뿐이다. 어린이들이 발달하면서 거쳐 가는 심리학적 단계들은 이런 이론들에서 나타나지만, 어린이들이 살고 있는 사회적 문화적 맥락은 무시된다. 포스트모더니즘 학자들은 어린이들을 중심에서 벗어난decentred 존재로 본다. 즉, 타인과의 관계를 통해 그리고 항상 특정한 맥락에서 존재한다고 보는 것이다. '특정한the 어린이' 또는 '아동기'는 존재하지 않는다. 왜냐하면 "많은 어린이들과 많은 아동기가 있기 때문이다."Dahlberg, Moss and Pence, 1999/2013: 46 물론 1962년 출판된 필리프 아리에스Philippe Aries의 중요한 연구Centuries of Childhood: A Social History of Family Life는 아동기가 사회적이고 문화적인 발명이며, 아동기에 대해 사회학자들이 주요한 영향력을 끼치고 있다고 제시하였다. 이는 어린이와 아동기에 대한 생물학적 상상력을 교란시키는 의미 있고 빛나는 연구였다. 예를 들면, 아동기를 다시 생각하는rethinking 리나 알라넨Leena Alanen의 획기적인 연구1988는 아동기의 사회학에 중요한 영감inspiration을 주었다. 이 연구는 아동기를 사회적 구성물로, 아동기를 사회 분석의 변수로 특징화하였으며, 어린이의 문화와 사회적 관계는 연구에서 고려되어야 하며, 어린이는 자신만의 목소리를 가지고 있는 능동적인 행위자로 보았다.Dehlberg, Moss and Pence, 1999/2013: 52-54; Cregan and Cuthbert, 2014: 12 이러한 주장들은 비록 '아동기가 생물학적 사실이라 하더라도, 그것을 이해하는 방식은 사회적으로 결정'된다는 것이다.Dahlberg, Moss and Pence, 1999/2013, pp 52 어린이는 수동적이지 않으며, 능동적인 행위주체자로서 '성인 되기' 과정에 있는 것도 아니며, 어린이는 '아동이기being child'일 뿐이다. 현재 아동기의 사회학적 이론들은 어린이와 성인 모두 항상 '이기와 되기being and becoming'의 상태에 있는 것으로 이해하고 있다는 점에서 훨씬 미래로 옮겨 가고 있다. 케이트 크레건Kate Cregan과 데니즈 커스버트Denise Cuthbert는 다음과 같이 설명하고 있다.

즉 아동들은 행위주체성(그리고 연구 대상object)이 이루어지는 유효한 위치site인 아동기의 '순간에' 경험적 실재를 가지고 있어서, 미래의 자아로 진보하는 상태로서 그들의 경험을 인식하고 명료하게 말해야 한다.Cregan and Cuthbert, 2014: 13

남반구에서 이런 행위주체성의 표현에는 학교를 다니는 동안 내전에 참여하기로 결심하거나 가족을 부양하기 위해 노동을 해야 하는 어린이들을 포함시켜야 한다고 그들은 주장한다.

전체적으로 종합해 볼 때, 아동기 연구자들의 초점은 심리학에서 사회적, 정치적, 문화적으로 옮겨 가면서 담론과 언어의 문제(권력으로서 발달심리학을 해체한 버먼Burman의 예처럼)를 제기하고 있다. 질적연구, 문화기술적 연구 방법 그리고 비판적 담론 분석 등이 이 분야에서 점점 일반화되고 있다.^{Bloch, Swadener and Cannella, 2014}

'어린이' 개념은 여성/남성, 흑인/백인, 빈곤/부 등 이원론적인 범주들이 어떻게 주변화하고 배제했는지에 초점을 둔 페미니즘, 후기구조주의, 탈식민주의, 포스트모더니즘 렌즈를 사용하여 점차적으로 연구되기 시작하였다. (인종처럼) 아동기는 사회적 구성물(사회적 구성주의)이라는 사상이 뿌리내리기 시작한 것이다. 현재 남아공에서 인종에 대한 맥락에서 널리 퍼져 있는 이론적인 렌즈인 탈식민주의 관점처럼 말이다.

사회적 구성주의에 대한 비판

프로우트Prout를 언급한 아프리카 테일러^{Affrica Taylor, 2013: xviii}는 아동기를 문화적 사회적 구성물로 그리고 기호학적 자율적인 시스템으로 간주하는 것을 반대하면서 경고하고 있다. 왜냐하면 사회적 구성주의는 역담론reverse discourse 되기의 위험성을 무릅쓰고, 문화(사회)를 자연nature에 대체함으로써 모더니즘의 이원론을 반복하기 때문이다.

아동기가 사회적 구성물로 만들어진다는 좀처럼 의심받지 않은 가설은 유아교육에서 우리의 실재에 엄청난 영향을 주는 휴머니즘 관점을 표현한 것이다(예: 특정한 이야기에 대한 어린이의 접근을 제한함으로써 젠더와 인종적 고정관념에 대항하기).^{10장 참조} 철학자 데이비드 아차드

David Archard는 테일러의 의견에 동의하고 있다. 그는 비록 아동기가 문화에 따라 또 역사적 시기에 따라 다양한 방식으로 이해되어 왔지만, 아동기가 사회적 구성물이라는 개념은 해체되고 재구성될 수 있다는 주장으로 단순화될 수 있다고 언급한다. 정치적 철학자인 존 롤스 John Rawls의 영향을 받은 아차드는 개념concept과 개념작용conception을 유용하게 구별하고 있다.^{Archard, 2004: 27-31} 그는 아동기의 개념은 성인기의 개념과 반드시 연결되어 있다고 주장한다. 즉 성인기가 아니면 아동기인 셈이다. 또한 아동기의 개념은 연령과 반드시 연결된다. 즉 "어린이는 어린 인간 존재이다."^{Archard, 2004: 29}

그의 주장에서 돋보이는 것은 우리가 어린이의 발달을 야생적인 미개인에서 성숙한 과학자가 되는 것을 진보라고 믿는지, 아니면 어린이의 발달을 상상적이고, 메타포적이고, 구체적이며 독창적인 사고의 점진적인 소멸로 특징화하는 것^{Egan, 1988, 1991, 1992, 1993, 1995, 1997}을 믿는지 여부이다. 이런 이론들은 아동기에 대한 자신의 개념작용에 달려 있다는 것이다. 게다가 아차드에 따르면, 아동기 또한 생물학적 현상일 뿐이며, 생물학은 시간과 공간을 초월하는 일련의 사실들로 이해될 수 없다. 이것들은 주어진 하찮은 사실들이 아니라, "특정한 과학적 담론의 주장을 대표하는 것"이다. 그리고 "사회적, 정치적, 지리적, 경제적 요소들이 '미성숙'에 대한 구성물의 원인이 된다". 이를테면, "한 어린이의 신체적 특성을 성인과 비교하는 것"이다.^{Archard, 2004: 26} 모든 사회는 아동기에 대한 개념을 갖고 있다. 그러나 그 개념에 대한 개념작용은 범위(언제 아동기가 끝나는지?), 특성(어린이와 성인 간의 차이는 정확하게 무엇으로 구성되는지?) 그리고 그런 차이에 성인들이 부여하는 의미작용에 따라 다양하다.^{Mattews, 1994; Archard, 2004: 28-31} 그러나 아차드의 비판에서, 어린이는 존재하는 신체이며, 물질적 세계의 행위주체성 중 일부라고 논하는 이론적 공간은 없다.

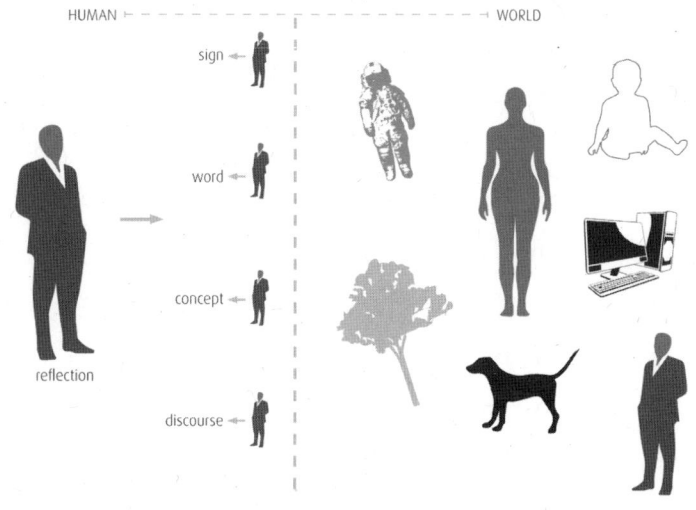

[그림 4.1] 휴머니스트들이 주장하는 서구의 형이상학 재현주의(그림: 코너 랄프스)

아동기가 사회적 구성물이라는 아이디어는 '언어적 전회'의 징후이다. 바라드는 "(말하자면) '사실'의 문제는 의미작용signification의 문제로 대체되었다"라고 언급하였다.Barad, 2007: 132 언어는 아주 많은 힘power을 갖게 되었다. 언어의 힘은 세계에 대한 우리의 이해를 결정할 수 있는 언어적 구조를 가능케 함으로써, 실체substantial일 뿐만 아니라 실체화substantializing되고 있다.Barad, 2007: 133 바라드는 다음과 같이 설명한다.

언어는 아주 많은 힘을 갖게 되었다. 언어적 전회, 기호적 전회, 해석적 전회, 문화적 전회. 최근에 모든 전회들은 모든 것들을 언어의 문제 또는 문화적 표상representation의 어떤 다른 형태로 전회하는 것으로 보인다.

4장 포스트휴먼 어린이 | 163

포스트휴머니즘은 어린이에게 직접 '접근'할 수 없고, 어린이는 현존하지present 않으며, 오직 재현re-presented될 수 있다는 가설들을 포기한다. 부지불식간에 어린이는 여전히 사회적 구성주의 접근 방식으로 객관화되어 있다. 즉 연구의 객체 또는 연구 대상으로서 타자other 모습([그림 4.1]의 우측에 있는 모습들)으로 위치 지어지며, 진짜가 무엇인지를 결정하기 위해 언어 또는 다른 재현의 수단을 통해 어느 정도 성공적으로 매개되기도 한다.

세계의 일부로서 어린이의 물질성은 의미-창출에서 (충분히) 중요matter하지 않은 것으로 간주되어 왔다. 포스트휴머니즘의 새로운 윤리존재인식론ethicoontoepistemology은 아동기 연구에 대한 사회학적 접근이 얼마나 휴머니즘(그리고 데카르트적인 이원론)적인지 드러낸다. 대조적으로, 포스트휴먼 어린이는 물질적인 어린이로, 신체는 어린이가 '가지고has' 있고, 그 '있음is'이기도 하다.

1980년대 이후, 다양한 후기구조주의 사상가들 그리고 탈식민주의 이론가들은 (유아) 교육에서 분화된differential 권력현상에 주목해 왔다. 젠더, 인종, 계층, '기타et cetera' 등에 관한 관심concern은 현재 교육 연구와 가르침에 초점을 두고 일상적으로 서로 얽혀 있다. 그러나 이항분리에서 배제된 것(남아공에서는 보통 인종, 계층, 젠더 순서이다)에 너무 많은 관심을 기울이는 위험성이 있다. 아이러니하게도, 이러한 이항분리에 대한 강조는 어린이에 대한 이항분리 사용을 강화하여, 차별적인 힘을 증대시킬 수 있다(10장에서 전형적인 예를 제시할 것이다). 학술적 담론 그리고 공적public 담론에서 공통적으로 사용되는 차별적인 권력 목록과 위에서 제시한 '기타' 사이에 연령age 범주가 자주 목록화되지 않는 것은 우려스럽다.6장 참조 '기타'에 대해, 그 기타가 무엇이 될 수 있는지 또는 무엇을 포함하지 않는지, 그리고 그 이유가 무엇인지 사고하는 것은 흥미로운 활동exercise이다. 많은 사람들이 '기타'

에 장애disability 또는 민족성ethnicity이 포함되는 것에 동의할 것이다. 그러나 인간 아닌nonhuman 동물들, 무생물, 또는 어린이는 어떨까? 인간이 규제적인 체제regulatory regimes나 사회구조를 만들었다는 측면에서 후기구조주의 그리고 탈식민주의 이론가들은 분명히 휴머니즘 입장이다. [그림 4.1]에 시각적으로 표현되었듯이, 형이상학적 분할선, 즉 구조가 주체subject를 생산한다. 그래서 화살표는 주체에서 오른쪽, 실재를 가리키는 것이 아니라, 분할선에서 주체를 향해 되돌아오는 화살표가 있어서, 형이상학적 분할선 자체가 인간의 구성물들이다. 후기구조주의에 따르면, 언어들은 공유함을 통해 구성되며constructed 공유된 가치shared value의 결과로서 그 의미를 갖게 된다.Jackson and Mazzei, 2012: 70 관계적 물질주의에 따르면, 물질matter은 이 그림[그림 4.1]에서 (그런대로) 문제가 되지 않는다. 예를 들어, 수용소의 유대인들 신발 더미 사진이 보여 주는 것은 매우 다른 힘을 가진다. 단지 수용소에서 살해된 유대인의 수number를 언급하는 것과는 매우 다른 이야기를 말해 준다.[9] 기호sign들은 중요하다. 그러나 기호 그 자체 또한 그리고 항상 물질로 이루어져 있고(물질로 감환되지 않는다), 기호의 특정한 물질은 의미에 대한 함축을 지니고 있다. 따라서 포스트휴먼의 선택은 '물질담론적materialdiscursive' 또는 '물질기호적materialsemiotic'이다. 수전 헤크먼Susan Hekman, 2010: 22은 포스트모더니스트 또는 '언어적 구성주의자'들은 언어/실재 이분법을 완전하게 해체하지는 않는다고 주장한다. 이들에게 언어는 사회적 세계뿐만 아니라 자연적 세계를 구성한다. "요약하자면, 우리 인간들은 우리가 조사한 모든 것의 창조자이다."Hekman, 2010: 1 방법론으로서 해체는 언어적 구성주의의 좋은 예이다.

---

9. 예를 들면, 9장에서 제시된 그림책에서 빨간색이 특정한 철학적 탐구를 어떻게 물질화하는지 참조하면 된다.

초월론적 기표로서 성인 해체하기

3장에서, 우리는 '이것은 어린이가 아니다'라는 문구가 어떻게 재현의 논리를 교란시키는지 그리고 어떻게 들뢰즈가 말한 부정적 차이인지 알아보았다. 이는 '어린이' 개념은 의미를 갖는다고 생각하는 것이다. 왜냐하면 그것이 아닌 것은 바로 '성인'이기 때문이다. '성인'과 '어린이'는 아동기 철학자 데이비드 케네디David Kennedy가 말한 '상호적으로 필요한 대조되는 쌍pair'으로, '어린이'는 '성인' 없이 사유할 수 없으며 그 반대도 마찬가지다.Kennedy, 2000: 215-6 바꾸어 말하면, 언어에서 기표 체계는 어린이 주체성 현존existence을 만들어 낸다. 그래서 어린이 주체성은 언어의 효과effect이다. 이런 부정적 차이는 항상 도달할 수 없는 무언가에 의존하며, 여기에서 어린이와 아동기에 대한 결손deficit 모델들이 나타난다. 즉 어린이는 아직 발달하고 있고, 완전하지 않으며, 끝나지 않았고 미성숙하다. 어린이는 성인과 비교되는데, 후자인 성인은 "초월론적 기표"로Hultman and Lenz Taguchi, 2010: 529, 성숙하고, 발달하였고, 완전하다. 중요하게, 차이는 공간과 시간을 통해 (실체로서) 원자적인 개체-이원indivi-duals의 움직임과 관련된다.

초월론적 기표로서 성인의 해체에 대해, (브라이도티처럼) 케네디는 자아가 하나의 특이한 고정적인 정체성 없이, 또는 존재가 지리적으로, 역사적으로, 민족적으로 확고하게 위치 짓거나 특정한 계층 구조에 의해 정해지는 것 없이, 어떻게 다수적이고 유목적인지에 대해 언급한다. 브라이도티 또한 지속적인 '되기'인 '유목적 주체'를 제안하였다. 즉 자아는 물질적인(신체적인) 실체entity로서 공간적-시간적 힘을 가지고 있으며, 환경에 속해 있고embedded 체현되는embodied, 내재적이고 역동적인 존재이다.Braidotti, 2006: 151-2; Braidotti, 2013 8장에서 보았듯이, 유목적 주체는 "인식론적 고아"Braidotti, 1991: 2로, 더 이상 의지할 인식론적 또는 존재론적 아버지(아버지라 쓰고 데카르트라고 읽는다)는 존재하지 않는다. 여기서 핵심적인 아이디어는 자아란 '실체로서의 주체self-as-substance'가 아니라, 항상 '과정에서의 주체subject-in-process'로, 항상 모순(그리고 회절)에 연루되어 생산된다는 것이다. 결정적으로, 이는 어떤 의미에서 "성인은 어린이가 되어 간다는 것을 의미한다. 즉 불완전하고, 항상 길에 있고, 발달하는 것을 결코 끝내지 못하는 어린이"가 되어 간다는 것이다.Kennedy, 2006: 10 성인을 항상-과정-내의-주체subject-as-always-in-process로 이해한다는 것은 다음을 시사한다. 어린이 관계들은 어린이가 '미래-노동자-소비자-시민'으로서 취급되기보다는 '동료-여행자'가 되는 것이다.Kennedy, 2006: 11 비슷하게, 아르헨티나의 아동 철학자인 월터 코한Walter Kohan에 따르면, 아동기는 인간 삶에서 하나의 시기일 뿐 아니라 놀이와 권력(~에 대한 권력이 아니고, 권한 부여와 같은 권력)과 연관된 경험의 시간인 아이온aion이자 이런 시간과 관련된 특정한 관계이다. 이러한 점에서, 성인들은 어린이들에게 많은 것을 배울 수 있다.Kennedy, 2006: 11-12; Kohan, 2015 코한은 아동기에 대한 각각의 개념작용은 특정한 시간의 개념을 전제한다고 언급한다. 한 사람의 삶이 시작되는 시기로 개념화된 아동기는 양적인 시간인 크로노스chronos로 연대기적인 개념을 전제로 한다. 대조적으로 아이온은 인간의 삶에서 시간의 강도를 지정한다. 즉, 운명, 지속되는 기간, 수량화되지 않는un-numbered 운동, 연속적인 것이 아니라 강도적인 것으로, 특히 어린이들처럼 존재의 힘 있고 강도 높은 경험의 시간이다.Kohan, 2015: 57 이와 같이, '어린이' 개념은 명사에서 동사로 옮겨 가고 있으며, 우리 모두 어린이로 할 수 있는 것이다.Kennedy and Kohan, 2008

그러나 개념의 해체에 초점을 둔 변형적인 아젠다들은 메타인지적으로 스스로를 제거하고 언어적 자아를 반성reflect할 수 있는 자아를 제안한다. 그리고 이는 사람들에게 내재되어 있는 담론에 도전함으로써 해방과 교육의 변화를 가져올 수 있다고 가정한다. 관계적 물질주의에 주요한 영감을 받았음에도 불구하고, 포스트모더니즘과 후기구조주의조차 우리가 말하고 사유하는 언어의 이분법 안에 갇혀 있다. 그래서 우리는 휴머니즘 담론에 둘러싸여 살고 있다고 볼 수 있다. 어떤 의미에서, 포스트모더니즘에서조차, 물질세계는 사회적으로 감환되고 있다. 같은 이유로(메커니즘으로서 자연/문화 이분법으로), 과학 연구들은 사회 세계를 물질로 감환시켰다. '어린이'조차 아동기에 대한 사회적 구성주의 접근법으로 재현re-presentation되고 있다. 재현하는 행위는 알려는 사람과 알려진 것 사이를 조정하는 행위로, "그것이 보유하고 있는 것과 거리를 두는 것이며, 물질에 대한 깊은 불신을 보여 주는 것이다."Barad, 2007: 133

포스트휴먼 어린이-'iii'로서의 어린이

캐런 바라드의 포스트휴머니즘 자연문화natureculture 지향은 언어 이전에 존재하는 것들을(어린이 또는 아동기를 포함하여) 언어가 재현할 수 있다는 관념에 의문을 제기한다. 어린이에 대해 사유하기, 관찰하기, 이론화하기는 "우리의 존재를 가지고 있는 세상, 그 일부로서, 우리는 그 세상에 대해 참여하는 실천practice"이다.Barad, 2007: 133 어린이에 대한 담론들에만 초점을 두는 유아교육 접근법은 "물질이 얼마나 중요한지"를 무시하는 것이다.Barad, 2007: 132-85 아동기를 탈자연화denaturalising하자는 생각은 역사적으로 볼 때 '언어적 전회'와 연결된다.Taylor, 2013 어린이와 아동기 이론화하기에서 더 나아간 전환은 행위주체성을 물질세계에서 기인한다고 보는 우리 시대의 "물질적 전회 material turn"Barad, 2007; Bennett, 2010; Hekman, 2010; Braidotti, 2013; Snaza and Weaver, 2015이며. 그리고 이론/실재Lenz Taguchi, 2010, 아동/성인Semetsky, 2006, 동물/인간Pedersen, 2013; Miller, 2015, 자연/문화Taylor, 2013; Rotas, 2015 분할 등을 포함하여 모든 이항의 반대쪽에 있는 것을 문제화하는 것이다. 포스트휴머니즘은 어린이를 유능한 의미창조자competent meaning-maker로 재-평가하게 한다. 이는 분명한 일원론적 존재인식론을 통해 가능하다.

3장에서 보았듯이, 포스트휴머니즘 또는 '관계적 물질주의'는 여러 방면에서 '작용하는 장playing-field'을 심도 깊게 민주화하고 있다. 즉 '외부'에 서 있거나 '위'에 서 있다고 여겨지거나, 또는 진정한 특권을 가진 초월적인 지위를 갖는 것은 아무것도 없다. 이는 인간의 신체를 인간과 인간 아닌non-human 것들이 얽힌 네트워크의 경계 안에 있는 유기체로 이해하는 것이다. 과학철학가 앤드류 피커링Andrew Pickering의 의견을 회절하여 수전 헤크먼Susan Hekman은 물질의 행위주체성으로 가득 찬 포스트휴머니즘 세계를 설명하기 위해 "뭉개진 실재론mangle realism"Hekman, 2010: 23이라는 용어를 제안하고 있다. 물질의 행위주체성은 인간 행위주체성으로 감환될 수 없고, 인간/인간 아님nonhuman의 구별, 진리에 대한 대응 이론을 파멸시킨다.[10] 뭉개짐mangle은 명사(분명한 경계 없는 실체) 그리고 동사(움직임) 두 의미 모두를 포함한다.Hekman, 2010: 24-5 비록 인간이 만들었다 하더라도, 헤크먼은 기계들(예: 카메라, 비디오 등 기록할 수 있는 기계)의 일부를 뭉개는 mangle 기계로 언급하였다.[11] 이런 기계들은 교육연구의 결과를 구조화하며, 과학적인 실재의 창출에 핵심 역할을 한다. 또한 이런 실재를 받아들이는 것은 항상 사회-정치적이다.Hekman, 2010: 24 포스트휴머니즘[12]은 매우 다양한 유형의 '존재being'들과 '앎knowing'에 개방되어 있다.

---

10. 진리의 대응 이론은 [그림 4.1]에서 지도화한 것처럼 존재론으로 가정한다.
11. 나는 '짜는 기계(wringer)' 의미를 가진 명사 '뭉개짐'의 사용을 선호하지 않는다. 반면 동사는 '조각조각 찢음으로써 파괴하다'라는 의미이다.
12. 포스트휴머니즘에 대해 흥미로운 것은 본질주의와 감환주의에 빠져들지 않고 물질주의로 '다시-전환'하는 것이다. 이 철학은 계몽주의 자아(self)에 대해 비판하는 것이 아니라 (종종 테크노-약학적인 수단을 통해 성취되는) 자아(ego)를 찬양하는 휴머니즘인 트랜스휴머니즘과 다르다. 대조적으로, 이 책에서 받아들이고 있는 포스트휴머니즘의 입장은 인간중심주의를 거부하는 것이다. 이것은 상호적 관계의 다양체 안에서 양자 얽힘으로 인간과 인간 아닌 것(nonhuman)을 본다.

여기서 우리는 어린이 주체성에 대한 이런 존재인식론의 시사점을 알아볼 필요가 있다. 포스트휴먼 어린이란 어떤 존재인가?

포스트휴머니즘은 인간을 제거할 수 없는 휴머니스트 담론에 머물고 있음을 인정함과 동시에 '과거before'에 일어났던 인간-중심성에 대해 비판하면서, 신조어(예: '내부-작용intra-action')를 지속적으로 사용하거나 이미 존재하는 개념들(예: '행위주체성agency')에 새로운 의미들을 부여한다. 이런 이유로, 나는 나의 신조어 'I' 대신에 'iii'를 소개하고자 한다. 'I'를 'iii'로 퀴어링Queering[13]하는 것은 어린이 주체성을 공간과 시간에서의 객체로 보는 것이 아니라 세계의 일부인 iii로, '신체정신물질bodymindmatter'을 중시하는 것이다. 신조어들은 우리에게 내재되어 있는 이원론적 담론에 대해 지속적인 물질담론적 도전으로 작동하여, 어린이에 대한 이원론적이지 않은 대안에 열려 있게 하는 것을 그 목적으로 삼는다. iii가 인쇄될 때 회색과 다른 검은색의 음영을 사용하는 것은 자아는 경계로 둘러싸인 단일한 유기체가 아님을 나타낸다. 그리고 포스트휴먼 분석은 담론에 물질을 단순하게 추가한다고 같은 담론이 되는 것이 아니라는 것이다(즉 ii에 i를 추가하면 iii가 되지만, iii는 아니다). 결국, 언어적 전회에 대한 관계적 존재론들은 여전히 휴머니스트 이원론을 가정하고 있다. 인간은 언어와 담론을 통해 지식 생산과 의미 창조를 담당하고 있다.[그림 4.1]을 보라 포스트휴먼 존재인식론은 이런 인간-중심성을 혼란스럽게 하고(분산시켜, 비확정적인 iii로 표현한다)[14] 재-표상(재현)을 더 이상 가능하지 않게 해서…"어디에서나 모든 것을 볼 수 있는 신의 속임수"를 없애는 것이다.3장 참조; Haraway, 1988: 581 양자물리학에 관한 연구 결과들은 '어린이'를 안다는 것이 어떤 의미인지, 그리고 어떻게 이해하고, 관찰하고, 경청해야 하는지, 그리고

---

13. '퀴어링(queering)'은 정체성(identity)과 이항분리에 근본적으로 의문을 제기하는 것이다.

어린이들'에게' 어떻게 관련되게 하는지 등을 포함하여 어린이 주체성을 개념화하기 위한 새로운 탈식민화 가능성을 창조한다. 어린이는 얽힘이다. 즉 사회적, 정치적, 생물적인 장소에서 개념들 그리고 물질적 힘으로 구성된 얽힘으로, 그런 얽힘들을 관찰하고, 측정하고, 통제하는 기제들에 의해 모든 요소들은 내부-작용을 하며, 그것들 간의 분명한 경계들이 '손실'되는 과정 안에서 섞여 짜이며 휘감겨지게 된다. 각 요소는 행위적인 힘을 가지고 있어서, 교육적 마주침으로 일어나는 것을 이해하기 위해 더 광범위한 인과적 요소들의 선택을 포함하는 가능성을 열어 놓은 뭉개진 것으로 어린이를 본다. 그래서 어린이는 경계 없이 뭉개진mangle-비인간inhuman 물질담론적 되기인 'iii'이다is.

"최근에야 공개적으로 이것에 대해 말한" 바라드는 "접촉의 본질로서 만질 수 있는 무한한 친밀감으로써, 그것은 특정한 얽힘 사이에서 거주하는 상처 사이로 피 흘리는 불확실한 동시에 활기찬 공간을 열어 주는" "비인간inhuman"을 제안했다.Barad, 2012: 34 그렇게 어린이를 묘사하는 것은 정의definition를 위한 시도가 아니다. 그것은 이 장의 목표도 아니다. 맥루어MacLure, 2013: 661가 지적했듯이, 정의하는 것은 "재현의 논리로 돌아가자는 것이며, 언어가 실체entities를 '참조'하는 곳이 되게 한다. 마치 그것들이 서로 분리되어 있고 구별되어 있는 것처럼 말이다".

관계항들이 아닌 관계들

관계적 물질주의에 따르면, 이론화를 위한 존재론적 그리고 인식

---

14. 다음 장에서 바라드의 관계적 물질주의의 미묘함을 좀 더 가시화할 것이다. 예를 들어 '흐릿하게 하기(blurring)' 또는 '잃어버리기(losing)' 경계는 정확하지 않다. 중요하게, 얽힘은 각각의 물질의 조각, 각각의 공간적 위치, 각각의 시간적 순간 등을 각기 합쳐 놓은 통합체가 아니며, "분리된 부분들을 혼합하거나 경계를 흐릿하게 하는 것이 아니다. 물질들의 특이성으로 구성된 촘촘한 거미줄(web)로, 이슈가 되는 것은 그것의 독특한 물질의 역사적 실재성(historiality)이며, 그것들이 어떻게 물질화되는가(come to matter)이다"(Barad, 2014: 176).

론적 출발점들은 개체들과 인간 아닌 타자들 '사이' 관계들relations 이지, 관계항들relata이 아니다. 관계들은 항상 물질담론적이며 개체individual들로 구성되어 있다. 그 반대가 아니다. 존재론적으로 개체-이원론indivi-dual에 앞서는 것이 개체화individuation 과정이다.[Mercon and Armstrong, 2011: 252] 17세기 네덜란드 철학자인 바뤼흐 스피노자Baruch Spinoza, 1632~1677의 일원론은 들뢰즈와 가타리[특히 Deleuze, 1970/1988를 보라]를 포함하여 많은 우리 시대의 포스트휴머니스트에게 영감을 주고 있으며, 특히 모더니티에서의 데카르트의 엄청난 이원론의 영향력에 대한 대안으로 여겨지고 있다. 데카르트가 어떻게 신체와 정신을 완전히 다른 물질이라고 했는지 상기해 보자. 스피노자에 따르면, 신체와 정신은 하나이며, 동일한 물질이다. 관계적 물질주의자인 제인 베넷Jane Bennett, 2010: 2은 인간 그리고 인간이 아닌 신체들은 스피노자가 말한 '특유의 생기peculiar vitality' 또는 '코나투스conatus', 즉 모든 신체들에 존재하는 힘을 가지고 있다고 설명한다. 스피노자를 인용하면서, 그는 "각각의 물物[res]들은 자신의 힘으로 할 수 있는 한, 그 자체의 존재로 보존하기 위해conatur 어떻게 노력하는지" 설명한다.[Bennett, 2010: 2] 이런 관점에서, (인간 신체를 포함하여) 모든 사물thing들은 평등하며, 종류kind의 차이가 아니라 존재론적 연속체continuum 형태로 존재한다. (합리주의자인 데카르트와 유사하게) 스피노자에 따르면, 인간 존재는 이성reason의 안내에 따라 살아가려고 애쓰며, 모든 물질thing들은 생기vitality를 가지고, "존재하기 시작하는 어떤 곳에서나 같은 힘을 가지고" 존재함을 지속할 수 있다. 스피노자는 떨어지는 돌조차 그 움직임을 지속하려고 애쓰는 것이라고 하였다.[Bennett, 2010: 2] 포스트휴머니즘이 스피노자로부터 받은 주된 영감은 인간 신체뿐 아니라 정신 또한 자연의 일부part라는 일원론적 생각으로, 정신이 신체를 통제하는 것도 아니고, (문화를 통해) 신체에 명령하는 것도 아니다. 그래서 휴머니즘(그리고 발달주의)은 인간중심주의로 특징화된다. 우리가 본 것처럼, 휴머니즘 학자들은 인간 주체에게 초월론적 위치를 부여함으로써, 인간이 아닌 동물들을 포함하여 인간 아닌 모든 만물에 대해 인식론적 권력과 다른 유형의 권력을 갖는다고 가정한다. 포스트휴머니즘은 연구의 대상으로 어린이를 생각하는 것에 대해 창조적인 대안을 제공하며, 세계의 개체-이원적 사물object로서 어린이를 대상화objectifying하고 본질화essentialising하는 규범성normativity으로부터 유아교육을 벗어나게 한다.

'iii'- 새 신발처럼

포스트휴머니즘은 '회절diffraction', '물질matter', '의미meaning', '행위주체성agency', '앎knowing', '이기being', '원인cause', '지향성intentionality', '실재론realism' 등과 같은 이미 존재하는 용어에 새로운 의미를 부여한다. 또한 우리는 '내부-작용intra-action'과 '행위적 실재론agential realism'과 같은 새로운 존재적 인식론의 정당성을 확보하기 위해 신조어들이 어떻게 구성되는지 보았다. 마지막으로, 잘못된 위계적인(초월론적) 존재론으로 표현될 때 문제가 되거나 혼란스러워지는 개념들이 있다. 단어들의 올바른 의미에 대한 논의는 단지 기호학적 문제가 아니라[15], 윤리적 그리고 정치적 문제이다. 좀 더 정확히 말하자면, 이것은 정의justice의 문제이다. 왜냐하면 앞의 장에서 지도화한 서구의 존재론은 우리가 거주하고 있는 언어와 차별적인 담론을 구현하기embedded 때문이다. 서구의 존재론들은 결코 순수하지 않다. 전통적인 휴머니즘의 존재론은 공간과 시간으로 명백하게 경계화된 개체-이원화된 주체를 가정한다. 즉 과학적 언어 그리고 일상적인 언어 등으로 'I'의 위치에

---

15. 핵심적인 존재인식론적 용어들에 대한 낡은(이원론) 의미를 거절하는 포스트휴머니즘을 포스트휴머니즘이나 학술적 철학에 익숙하지 않은 독자들이 이해할 수 있도록 책으로 쓰는 것은 정말 어려운 도전이었다.

놓게 하는 재현적 시스템을 통해 세계에 대한 지식을 구성할 수 있는 능력이 있는 'I'를 가정하는 것이다.3장의 [그림 3.2] 참조

철학자 질 들뢰즈와 펠릭스 가타리에 따르면, 우리의 모든 사유들은 'I'라고 말하는 습관에서 나오는 것이다. 나라는 자아는 다른 자아들과 다른 것things들과 구분되고 명명된다.Lenz Taguchi, 2010: 57 'I'는 반대가 아니라, 다른 동물들과 다른 것thing들로부터 떨어져 있는 'I', 더 높은 존재론적 지위(예: 호모루덴스, 호모파베르, 호모 라티오날리스)를 찬양하면서 인간이 아닌 타자들 위에 있는 'I'로 구별하는 것이다. 이런 'I'는 규준적이며, 다른 'I'를 포함시키거나 또는 배제시킨다. 'I'는 '완전히' 형성되거나 발달하지 않은 '다른' 인간인 '장애인', '여성', '아동', '흑인', '빈곤한 사람' 등과 거리를 두거나 분리한다.

'나', '자아', '주체'를 설명하기 위한 대명사로 대문자 'I'를 사용하는 것은 "개체는 이미 존재하는 서로에 대해 행동하는 실체 또는 행위자들로 독립적으로 존재하지 않는다"라고 가정하는 존재론을 정당화하지 못한다.Barad, 2012: 77 바라드는 "개체는 그런 식으로 선존재preexist하지 않으며, 내부작용으로 물질화된다"라고 설명한다. 이는 얽힌 관계relationships들로 개체를 물질화한다. 도전받는 것 중 하나는 이런 다른 주체성에 대해 언어적으로 표현하는 방식을 혁신하고 새로운 방식을 찾는 것이다. 그리하여 다음과 같은 질문을 제기한다. 배제되고 (사회적으로) 뒤처진 것들을 포함시키는 포스트휴먼 주체성의 물질성과 물질의 존재론적인 통합을 어떻게 최고의 언어로 표현할 수 있을까?

이런 이유로, 신조어 'iii'가 이 장에서 소개되었다. 대명사 'iii'는 타자(두 번째 'i' 또는 'ii')와의 평등한 지위를 갖는 윤리존재인식론ethicoontoepistemology으로 정당화할 수 있다.[16] 또한 '타자'에는 "성적

---

16. 'ii'를 사용하는 아이디어에 대해 나는 이전 동료이자 친구인 존 콜벡(John Colbeck)에게 신세를 지고 있다.

인sexualized 타자(여성), 인종차별적인racialized 타자(원주민), 자연적인naturalized 타자(동물, 환경, 또는 지구)" 등이 포함된다.^{Braidotti, 2013: 27} 브라이도티가 분명하게 언급하지는 않았지만, 나는 '자연적인 타자'를 발달하고 있는 것, '완전한-인간보다 못한', 어린이와 물질세계('그것'의 세 번째 'i')를 포함시키고자 한다. 'I'와 마찬가지인 '그것it'은 존재로서 있으며is, 타자의 존재들 '사이에amongst' 있는 '이것'은 '유동적인' 경계를 가진 신체이다. 이 신체는 공간 혹은 시간 '안'에 있는 것이 아니라 항상 관계(시공간) '안'에서 발현되는 세계의 일부이다. 'I'는 '신체정신물질' 또는 'iii'이다. 휴머니즘을 '극복하기' 위해 필요한 것은 또 다른 이론이 아니라, 글자 그대로 "다른 태도 또는 철학적 에토스ethos로… 접근"하는 것, 즉 실험적인 "위반transgression"푸코가 언급했으며, 비에스타에서 인용, 2006: 41이 필요하다. 비에스타는 "우리가 어떤 존재인지, 무엇을 행하고 있는지, 무엇을 생각하고 있는지 이기being, 행하기doing, 사유하기thinking에 대한 다른 방식들의 발달"이 위기에 처해 있다고 설명한다.^{Biesta, 2006: 41}

포스트휴먼 'iii'를 사용하는 것은 이기, 행하기, 사유하기에 대한 다른 방식을 야기하도록 돕는 제안이다. 이런 사용은 "새 신발처럼 처음에는 피부가 쓸려서 따끔거릴 수 있다"^{Lenz Taguchi, 2010: 64} 신체적으로 '경계' 또는 '영역' 없이 산다면, 양자量子의 얽힘으로써 'iii'는 '새로운' 단위가 아니라 하나의 단위가 하나-됨one-ness, 둘-됨two-ness, 셋-됨three-ness… 등의 특성을 뒤섞은 '하나의' 바다와 같다. 대명사의 사용은 응답-능력response-ability으로 또 다른-세기-능력, 또 다른 연산, 또 다른 미적분 등 또 다른 방식을 촉발한다.^{Barad, 2014: 178} 대명사 'iii'는 전통적인 시공간 관습을 겪는 〈닥터 후 시리즈Dr Who series〉의 타디스Tardis와 같다.

서로를 통해 비에스타와 바라드를 읽는 iii 방식은 주체가 어떤 존재인지에 대해 (아는 것이) 많은 것은 아니다. 경계들을 가진 독특하고 특이성이 있는 존재로서 주체가 세상 '속으로'(하나의 사건으로서) 누구로, 그리고 어디에서 오는지, 그리고 어떻게 시작되는지, 어떻게 (다른 인간 동물들, 인간 아닌 타자들과의) 내부작용으로 물질화되는지에 관한 것이다. 가르침과 배움을 위한 시사점은 어떻게, 언제, 어디서, 그리고 누가 이런 시작을 착수하는가이다(개체-이원화된 순간이 아니라, 사건들 또는 단위로서). '착수한다는 것'은 무엇을 의미하는가? 그것은 물질인가? 담론인가? 또는 둘 다여서 늘 같은 시대의 물질담론적인가? '착수'하는 이런 과정에서 교사(학습자)의 역할은 무엇이며, 교사는 학습자가 될 수 있는가/되는가? 역으로, 학습자 또한 교사가 될 수 있는가/되는가?[17]

회절적 일시 정지: 누나 결혼식의/에 리암의 사진들

카린 헐트먼과 렌스 타구치Lenz Taguchi, 2010는 연구, 가르침, 배움을 형성하는 물질의 행위적 특징의 차이를 보여 주는 유용한 예시들을 제공한다. iii는 (잘못된 이분법 설정 없이) 유아교육 실제를 이론화하는 포스트휴머니스트의 중요한 기여를 강조하기 위해 이런 예들 중 긴 하나의 예시를 사용하고자 한다. 나의 학생들의 회절적인 저널들 중 특히 한 예시는 그 힘을 진술하고 있다. 한 학생은 헐트먼과 렌스 타구치의 '모래놀이터의 여자아이' 예는 박물관의 동상에 대한 학생들의 소집단 회절분석3장 참조에 어떻게 큰 도움이 되었는지를 설명한다. 그는 다

---

17. 우리는 이런 질문들을 7장 우리의 미로에서 다시 발견할 수 있다.

음과 같이 썼다.

모임에서 우리는 휴머니스트와 포스트휴머니스트 두 입장의 해석에 따라 사진을 분석했다. 우리가 이미지를 인식하는 방식에서 휴머니스트 렌즈를 제거하는 것은 매우 도전적이라는 것을 나는 느꼈다. 그러나 나는 우리가 몇몇 방식으로 그것을 할 수 있을 것이라고 믿었다. 포스트휴머니스트 관점에서 보면, 동상도 어린이도 행위주체성을 가지고 있지 않다. 이 관점으로 보면 어린이와 동상은 얽혀 있는 행위주체성을 창출하기 위해 내부-작용을 한다고 볼 수 있다. 둘 다 분리되어 있는 상태에서는 조작될 수 없다. 어린이와 동상은 분리되어 있지 않고, 오히려, 관람객이 보는 이미지를 생산하는 내부작용을 하면서 함께 얽혀 있다. 어린이는 어린이들을 안으로 초대하고, 이 안에서, 서로의 관계에서 원인을 이해할 수 있다. 이는 모래놀이터에서 놀이하는 어린 여자아이의 예시를 본 후 더 분명해졌다. '모래와 여자아이가 동시에 서로에게 무언가를 하는' 방식 그것은 동상과 어린이에게도 마찬가지였다.

모래놀이터의 여자아이

헐트먼과 렌스 타구치의 포스트휴먼 분석은 양동이를 가지고 모래터에서 놀이하는 여자아이에 대한 매력적인 예시이다. 처음에 이들은 아래와 같이 휴머니스트 렌즈를 통해 어떻게 사진이 분석되어야 하는지 설명한다(이들이 말한 것처럼 다소 간략하다).

우리가 본다는 것seeing은 습관적으로 인간중심적 스타일로 보게 되며, 이에 따라 모래를 가지고 놀이하는 모래터에 있는 여자아이를 보게 된다. 사진의 주체subject인 여자아이는 단지 배경이 되는 모래터로부터 떨어져 있고 분리되어 있다. 이렇게 보는looking 방식에서, 우리의 이미지 읽기는 주체/객체 이항분리에 의존한다. 이는 연구자에게도 적용되는데, 봄seeing의 주체인 연구자는 분석해야 할 객체(대상)인 사진으로부터 떨어져 있고 분리된 존재로서 자신을 이해한다. 게다가, 이것은 인간으로서 이해되어야 하는 주체(주체-인간)과 자연의 일부로서 이해되어야 하는 객체(객체-자연) 간의 근본적인 분할로 이루어져 있다.Mol, 2002, 33 이런 분할은 가치value 측면에서 비대칭적이다. 즉, 모래를 가지고 놀이하는 여자아이가 훨씬 더 가치를 부여받으며, 모래, 양동이, 모래터보다 우월하다고 여겨진다. 여자아이는 능동적이고 모래는 수동적이다. 주체로서 아이는 자신의 의도와 능력을 발휘한다.Hultman and Lenz Taguchi, 2010: 527

휴머니즘 관점에서, 사진 속의 물질material은 진짜 중요한 배경일 뿐이다. 물리적인 사물object들은 다른 사물들과의 인과적 관계에서 명백하게 분리되어 있는 별개의 것들이며, "외부적인 행위자에 의해 행위가 가해질 때만 작동된다."Jackson and Mazzei, 2010: 111 헐트먼과 렌스 타구치Hultman and Lenz Taguchi, 2010: 529는 위의 사진의 '수직적', 위계적인 읽기에 대한 대안을 제안한다. 이 학자들이 제안한 읽기는 '수평적' 또는 '평평한' 읽기로, 3장에서 살펴본 존재인식론과 같은 선상에 있는 것이며, 이 장에서 설명한 것처럼 어린이 주체성을 위한 시사점을 제공한다.

포스트휴먼 방법론은 영아가 동상의 가슴에서 젖 먹는 이미지로 읽었던 사진 속의 인간에 초점을 둔 시작에 저항한다. 헐트먼과 렌스 타구치Hultman and Lenz Taguchi, 2010: 530는 우리에게 다음과 같이 특이한 예시를 제공한다. 이 예는 사진에 대한 수평적horizontal 읽기로 상세히 인용할 가치가 있다.

… 모래와 여자아이는 서로에게 동시에 뭔가를 하고 있다. 모래와 여자아이는 그들 사이에 벌어지는 내부-작용의 효과 때문에 변화한다. 따라서 사건들에서 모든 신체들은 서로의 관계 안에서 원인cause으로 이해되어야 한다.Deleuze, 1990, 4 이것을 이해하는 또 다른 방식에서, 모래는 여자아이와의 관계에서 모종의 가능성을 제공한다. 여자아이와 모래 사이의 내부-작용에서 그들의 상호적인 몰입의 효과로써 해결해야 할 새로운 문제가 발현된다emerge. … 여자아이와 모래는 자신만의 행위주체성을 갖지 않는다. 오히려, 관계적 물질주의자 접근에서 '행위주체성'으로 이해되어야 하는 것은 상호적인 몰입과 관계들에 관련되어 있는 다양한 신체들 사이-내부에서in-between 발현되는 특질quality들이다. 팔과 손을 들어 올리는 근육들이 천천히 열리면서 모래에 다가가서, 중력의 힘에 의해 양동이 안으로 특정한 속도로 떨어져, 그곳에 있는 하나의 모래 알갱이 위에 착륙하여 다른 모래 알갱이들을 굴러떨어지게 하고, 동시에 양동이의 중앙에 있던 모래 언덕을 만든다. 모래터의 울퉁불퉁한 모래 바닥은 여자아이의 몸을 그 아이의 임무를 수행할 수 있는 완벽한 균형을 찾도록 적응하게 한다. 아이는 모래터 주변에 자신의 온몸을 향한다. … 중력, 고르지 못한 모래 바닥, 양동이, 모래 알갱이의 특질 등은 아이의 신체와 내부-작용을 하는 모든 능동적인 힘들로, 아이는 그 힘들과 함께 그리고 그 힘들의 반동으로 놀이하고 있다.

관계적 물질주의의 방법론적 관점에서 모래는 능동이며, 행위주체성을 갖고 있다. 모래와 여자아이, 두 신체 사이에는 절대적인 경계선이 없다. 두 신체는 힘을 겹치게 한다. 여자아이는 모래와 놀이하고, 모래는 여자아이와 놀이한다. 어린이와 모래 둘 다 계속적으로 되기

becoming이다.^Hultman and Lenz Taguchi, 2010: 530 여자아이는 의도적인 우월한 자율적인 휴머니스트 주체인 'I'가 아닌, 'iii'로서 확실히 행위주체성을 가지고 있다.^Hultman and Lenz Taguchi, 2010: 530 이제 연구자의 시선이 사진이 아니라, 다른 어린이들과 대화하는 어린이의 실재적인actual 모래터를 관찰한다고 상상해 보자. 그리고 연구자가 내부-작용을 비디오로 녹화하고, 그 마주침을 전사하고, 데이터를 코딩하고 범주화하는 담론 분석을 한다고 상상해 보자. 그렇다면 얼마나 인간중심적인 분석일 수 있는지 또는 그런 분석이 될 수 있는지 훨씬 더 분명해질 것이다. 비록 데이터를 분석할 때 체현된 사회-문화적 관계들을 중시하더라도 이 연구에서의 어린이는 'ii'일 뿐이다.[18] 그러나 언어와 담론에 그렇게 많이 강조를 하고 있지만, 물질은 잊어버리고, 담론적 실제로서 물질의 역할은 무시된다. 철학자 들뢰즈와 가타리에 따라, 매기 맥루어는 질적 연구들이 패턴들과 규칙성을 드러내는 데 얼마나 전념하는지, 그러나 이는 "모든 현상thing을 유지하게 하는 역행적이고 지식-생산 작업일 뿐이며, 이렇게 얻어진 지식의 대가는 폐쇄closure와 정체stasis라는 위험뿐이다"라고 언급한다.^MacLure, 2013: 662 그는 연구자들이 재현에 저항해야 하며, 합리성의 감환적 설명의 한계를 폭로해야 한다고 제안한다.^MacLure, 2013: 663 그리고 사건의 강도를 '서핑'하는 대신에 '어딘가에 도달하기 위해' 어린이들이 물질세계와 어떻게 내부작용하는지 고려해야 한다.^MacLure, 2013: 662

이 장에서 제시한 'i', 'ii', 'iii'로서 어린이들 사이의 차이는 나의 아들들 중 한 명이 5세였을 때, 어머니인 나의 경험에 대한 연구에서 찾아볼 수 있다.[19]

---

18. 예를 들어 후기구조주의, 페미니즘, 사회적 구성주의 이론들이 포함된다.
19. 예 iii는 그의 허락을 받고 공유한 것이다.

리암과 누나의 결혼식

포스트휴머니즘 분석의 핵심은 언어의 물질성 그리고 언어적 물질성이 어떻게 신체에 감응하는지 더 많은 관심을 두는 것이다. 언어는 "신체 내에 그리고 신체의 일부로, 항상 신체로부터 이슈화되며, 신체의 의해 방해받으며, 다른 신체들을 감응시킨다."^{MacLure, 2013: 663} 담론 분석은 "발화의 일부인 눈물, 비웃음, 한숨, 침묵, 훌쩍거림, 재채기, 잔소리 또는 기침 등"을 놓치게 한다. 그리고 매기 맥루어는 다음처럼 이어 간다.

> 인터뷰 녹취록은 눈썹, 손, 어깨, 꼬고 있는 다리 등이 무엇을 하고 있는지 거의 기록하지 않는다. 그리고 만약 그런 특징들에 주의를 기울인다면, 그 목적은 보통 그것들의 '의미'를 지적하기 위함이다. 즉, 재현의 범위 내에 그것들을 들어오게 하려는 것이다. 그리고 현장 노트에 전개된 시나리오에는 맥박이 느려지거나 빨라지는 현상, 장의 경련, 피부전도성 변화 그리고 동공 확장 등 신체의 자동적인 반응을 확실하게 기록할 수 없다.^{MacLure, 2013: 664}

우리가 보았듯이, 포스트휴먼 '어린이'는 독립적으로 존재하는 연구의 대상([그림 4.1]의 오른쪽에 있는 것처럼)이 아니며, "더 높은 수준의 의미들, 주제 또는 범주들을 확인하기 위해 그 뒤에 또는 너머에 또는 아래를 파는", '데이터'에서 분리되어 외부에 서 있는 비판적인 교사연구자에 의해 대상화될 수 없다.^{MacLure, 2013: 660} 맥루어는 다음과 같이 지적한다.

> 데이터는 우리를 이해할 수 있게 하는 그 자체만의 방식을 가지고 있다. 이는 데이터 일부분인 면담에서 비꼬는 요소, 당황스

[그림 4.2] 오른쪽 화살표를 사용하여 차들을 주차장으로 향하게 하는 리암

러운 사건, 또는 당신이 이상하다는 느낌을 갖게 되는 관찰된 사건 등과 같이 특별히 '관심을' 갖게 될 때 가끔 보거나 오히려 느낄 수 있다. 또는 분명하게 표현되지 않은 연구의 평범한 '글쓰기' 과정의 몇몇 지점에서 글쓰기/작가를 예측할 수 없는 어딘가로 이동시키는 일종의 양자$_{量子}$들의 도약이 효과를 내면서 제거하고 인수한다. 그런 경우에, 마치 우리는 우리를 선택하고 있는 것에 선택된 것처럼 행위주체성은 분산되며 결정될 수 없다고 느낀다.^{MacLure, 2013: 660}

맥루어는 이런 유형의 마주침을 "'빛을 내기' 시작하는 데이터"라는 용어로 묘사한다.^{MacLure, 2013: 661} 맥루어의 그래픽적 기술은 '나를 선택한' 아래의 예시인 나의 아들들 중 한 명과의 당혹스러운 사건을 상기시켰다. iii는 교육자들과 여러 번 사용한 단어로, 이것은 어린이와 아

[그림 4.3] 결혼식에서 리암이 찍은 사진들

동기에 대한 매력적인 논평과 질문들을 유발한다.

결혼식

    2007년 여름 나의 딸이 결혼했다. 그 당시 우리는 서부 웨일스의 외딴 농장에 살고 있었으며, 작은 방목지는 결혼식 피로연을 위한 이상적인 장소였다. 우리는 휴가철에 4개의 오두막을 임대해 주었기 때문에, 오두막에 '낯선 사람들'이 머문다는 것은 우리 아이들에게 익숙한 일이었다. 그럼에도 불구하고, 우리는 농장 안채와 자동차들을 잠그지 않았다. 절도는 있었지만 웨일스 시골에서는 드문 일이었고, 우리가 살고 있는 곳에서는 12년 동안 한 번도 일어난 적이 없었다. 많은 사람들이 결혼식 행사를 위해 먼 곳에서 여행을 왔고, 농장으로 가는 운전 길은 언덕을 오르는 단 하나의 좁은 길밖에 없다. 결혼을 축하하려고 일부 손님들은 스페인에서 여행을 왔고, 나의 가장 친한 친구는 네덜란드에서 왔다. 가장 어린 아들 리암(그리고 나서 6살이 되었다)은 사람들에게 차를 주차할 장소를 보여 주라는 임무를 부여받았다(농가 안채 옆에 있는 방목지에 있다[그림 4.2]).

리암은 종이 위에 오른쪽을 향하는 화살표를 그렸다(사진에서는 거의 보이지 않는다).

결혼식이 끝난 3개월 후쯤, 네덜란드 친구가 나에게 이메일을 보내서 리암이 결혼식에서 찍은 사진들의 삭제를 허락해 달라고 했다. 내가 모르는 사이에, 아이는 내 친구에게 카메라를 빌려줄 수 있는지 물었고(아마도 내 친구가 내 아이의 사진을 찍은 후에?) 내 친구는 행복하게 카메라를 빌려주었다. 내 친구는 그 전에 아이의 사진에 대해 알아챘지만, 이제야 그 사진들을 분류할 시간을 낸 것이다. 내 친구는 사진들이 "이상하다"고 말했는데, 그것은 결혼식 사진들이 아니었고, 정말 상황에 맞지 않는 것들이었다. 아주 흥미로워진 iii는 친구에게 그 사진들을 나의 이메일로 보내 달라고 부탁했고, iii가 그것들을 보았을 때, 그 사진들은 "빛나는 데이터"MacLure, 2013로 변했다. 리암은 많은 사진을 찍었는데, 오로지 차들에 대한 사진만 있고 사람들에 대한 사진은 아예 없었다. 그리고 모든 사진들은 자동차 등록판들이었다.[그림 4.3]을 보라

나의 친구, 친구의 카메라, 컴퓨터, 나 자신, 나의 아들-이것들은 모두 바라드Barad, 2007: 148가 말한 장치apparatuses들이었다. "물질화mattering에 대한 가능성 그리고 불가능성의 물질적 조건으로, 장치들은 물질들과 물질화에서 배제된 것들의 행위를 실행한다." 장치들은 고유한 경계선 없이 개방된 실제practice들이며, '관찰을 위한 수동적인 도구'가 아니라 세계의 일부로 이루어지는 내부-활동intra-activity의 일부이다.Petersen, 2014: 33 바꾸어 말하면, 장치들은 현상을 생산해 낸다. 데이터는 이메일이 오기 전에는 존재하지 않았다. 관계란 존재들에 대

한 관계항relata을 수반하는 것이지, 그 반대가 아니다.

말해지고 실행되면서 그리고 사진들이 어떻게 활용되는가에 따라 물질들은 행위주체성을 갖게 된다. 결혼식 사진이 어떤 모습이어야 하는지should에 대한 기대는 데이터를 형성하는 데 중요한 원인적 요소였다. 이에 대한 더 나은 단어는 데이터의 구성된 본질을 강조하는 "창조creata"이다.Stainton-Rogers를 회절한 Petersen, 2014: 34 사진에 대한 호기심을 가진 iii는 아이에게 많은 질문을 했다. 그러나 이런 경계를 형성하는 실제들은 내가 선택한 질문에서 배제되었다.Petersen, 2014: 33 iii가 리암을 'i', 'ii', 'iii' 중 어디에 배치하는 것에 따라 창조된creata 분석이 어떻게 변화하는지 그리고 정당화 측면에서 만들어지는 차이를 보고자 한다.

'i'로서의 리암

휴머니즘의 개체-이원화된 관점에서 사진을 분석하는 것은 설명의 범위와 의미를 찾는 것과 관련된다. 왜 리암은 이런 사진들을 찍었을까? 그가 사진들을 찍은 이유 또는 원인은 무엇이었을까? 사진들로부터 받은 인상은 외로움과 무관심이었다. 그는 보이지 않는다고 느낄까? 누군가가 그를 찍을 때 얼굴에 왜 종이를 갖다 댔을까? 그는 매번 혼자였고, 누나, 다른 4명의 형제들, 파티에 온 다른 사람과 관계를 맺지 않은 것으로 보인다. 결혼한 그의 누나의 사진은 한 장도 없고 차들만 있다. 누나는 그에게 중요하지 않다. 왜 그는 보통 아이들이 흥미를 갖는 것에 관심을 보이지 않을까? 그에게 무슨 문제가 있나? 사진들이 나에게 그에 대해 말하고 있는 것은 그가 누구인지, 그의 인성, 그의 성격, 그의 본질이다. iii는 어떻게 엄마교사연구자로서 이런 사진들을 코드 또는 주제로 만들 수 있었을까? 이런 사진들은 어떤 징후sign에 대한 것일까? 아마도 그는 배제되었다고excluded 느끼며, 그의 누나가 받는 관심을 질투하고 있다. 그는 자신만의 차 한 대를 갖고 싶어 하나? 많은 부분(전부?)들이 추측이다. 그를 면담해서, 그 사진들이 무엇을 의미하는지 그리고 무엇을 재현하는지를 알아내는 것이 필수적이다. 그가 아직 너무 어리기 때문에 면담은 진실을 밝히는 데 도움이 되지 않을 것이고, 자신의 동기와 의도들을 반영하여 자신의 것을 추론하는 데에서 분리된detached 관점을 갖기 때문에, 진짜 자신을 알지 못한다. 또한 그는 내면의 감정들, 그의 진실을 억누르고 있을지도 모른다.

'ii'로서의 리암

사회적 구성주의자 그리고 후기구조주의자 관점으로 리암을 분석하면, 차에 대한 리암의 관심은 그가 세상을 어떻게 경험하는가의 측면에서 명백한 젠더 편견을 보여 준다. 즉 남자아이들은 차를 좋아하고, 여자아이들은 그렇지 않으며, 동일한 방식으로 볼 때 남자아이들은 총을 좋아하고 여자아이들은 그렇지 않다. 남자아이에게 놀잇감으로 총을 주는 것을 피한다 하더라도, 남자아이들은 바나나, 레고, 막대기로 총을 만들 것이다. 이것은 사회적으로, 역사적으로, 문화적으로 그의 양육과 교육에 의해 구성된 것이다. 리암은 매우 어렸을 때부터 차들을 가지고 놀았고, 그의 주변에 있는 형들을 모방하고 형들로부터 영감을 받았다. 리암은 비싼 차들을 가지고 오는 휴가 손님들이 자주 방문하는 농장에 사는 중류층의 환경에서 편안하게 자신의 몸을 움직인다. 그는 차를 소유하고 있는 사람들에 익숙하며, 그들이 소유한 차를 (특히 남자들에게) 지위의 상징으로 식별한다. 자동차들은 권력의 관계들을 표현하며 확언해 준다. 커플이나 가족들이 자동차를 탈 때는 보통 남자들이 운전을 한다. 농가에서 태어나서 그의 삶의 첫 8년을 농장에서 보낸다는 것은 이런 시골 환경에 있는 것being들을 자연스럽게 수용한다는come 것을 의미한다. 방목지를 주차장으로 사용하는 것은 소, 양, 트랙터, 빈번한 방문자들 사이에서 성장한 어린이에게는 정상적인 일이다. 그는 스스로 디자인한 이런 종이를 들고 방목지에서 성인들을 지시하는 책임과 임무를 즐기는 것으로 보인다. 이런 자신 있는 행동들은 특별한 양육의 결과이며, 그런 상황에서 성인과 어떻게 관계를 맺어야 하는지 그에게 익숙한 사회-문화적 실제를 내면화한 결과이다.

두 개의 분석에서 iii는 존재론적으로 그리고 인식론적으로 교사연구자엄마로서 거리를 두어야 한다. 두 사례에서 나의 지식은 상황과 그의 행동을 평가하고 해석하는 데 사용된다. 두 번째 분석에서, 이분법은 핵심적인 장치이다. 즉 남자아이/여자아이, 부자/가난, 시골/도시, 그리고 성인/어린이 이분법에 따라 그렇게 하는 것doing은 강화된다. 리암은 그의 사진들의 의미를 반성reflect하는 데 활용되는 성인의 지식을 통해 분명한 거리를 유지하고 있다. 이는 거의 폐쇄적이며, 해석학적 체계로 해체와 재구성되어야 한다. 리암이 무엇을 말하든 간에, 그것들은 이런 의미 형성 체계system of meaning making로 흡수되며, 이는 그가 어떻게 시골의 중산층 남자아이로 위치 짓게 되는지에 대한 예시이다. 우리는 이 사례에서 리암에게 귀를 기울이지 않는다. 정당성은 그에게 행해진 것이 아니다.[6장과 10장을 보라] 그렇다면 이 사진들에 대해 우리가 말할 수 있는 것은 이것뿐인가? 포스트휴먼 관점에서 사진들을 어떻게 다르게 볼 수 있을까? 맥루어[MacLure, 2013: 663]는 "이런 순간들은… 재현의 작업을 좌절시키며, 합리성의 감환적 설명의 한계를 폭로한다. 이 관점들은 물질세계가 어린이들과 어떻게 '내부-작용'하는지 생각하도록 우리를 밀어넣는다"라고 하였다.

'iii'로서의 리암

관계적 물질주의 관점에서, 핵심적인 질문은 '그것이 무엇을 의미하는가'가 아니라 '그것이 어떻게 작동하는가?'이다. 리암을 비공식적으로 '내부 관점화intraviewing'[20]할 때, 그는 나에게 그 사진들이 절도가 일어날 경우 증거로 작용할 거라고 말했다. 그는 모든 사람들이 차를 타고 도착했기 때문에, 게임에 앞서서 사람들이 가지고 있는 재산들을 경찰에게 보여 줄 수 있다고 설명했다. 게다가, 절도 사건이 일어나지 않더라도, 그가 나중에 슈퍼마켓에 가서 주차장에서 그들의 차를 본다면, 그들의 차로 사람들을 확인할 수 있을 것이다. 두 경우 모두 상당한 상상력을 보여 주며, 논리적으로 가능한 시나리오여서 iii는 놀랐다. 얼마나 영리한가. 번호판의 사진은 신원 확인을 위한 것이다! 그는 우리 모두를 보호하려고 했을까? 리암은 안전에 대한 우리의 대화에 실질적으로 참여하지 않았지만, 그는 틀림없이 참석했으며 그 공간의 긴장감을 느꼈을 것이다. 결혼식 손님들 중 일부는 심각한 약물 복용자도 있었고 성인들과 형제들은 결혼식 동안 귀중품들을 숨겨 두고자 하였다. 평상시에는 농가의 현관문이나 오두막집들을 잠그지 않았고, 농장 문도 잠그지 않았다(많은 문을 잠그지 않는다). 그러나 결혼식 동안에만 갑자기 일부 문들을 볼트로 고정시켰다. 그는 이 상황을 특이한 상황으로 주목했을 것이다. 물질성과 담론들이 서로 얽혀 있고(예: 볼트로 고정된 문, 사라질 수 있는 귀중품들, 나의 친구 카메라 등), 사진을 찍으면서 상호적으로 구성된다. 의식, 언어 또는 담론(무엇을 말할 수 있고 말할 수 없는지)보다 그의 행동을 이해하는 것이 더 중요하다. 창조를 생산하는 물질적 조건들이 무엇인지, 또한 무엇이 물질화된 물질들(빛나는 데이터)을 창조하게 하는가? 그의 몸은 어떻게 작동하는가? 예를 들어 리암이 어떻게 그의 얼굴을 종이 뒤로 '숨기는지' 보는 것은 매혹적인데[그림 4.2], 종이를 특별하게 사용하여, 이 신체적 몸짓은 도로 표지

---

20. 이 신조어의 출처는 피터슨(Petersen, 2014)이다.

판sign으로 생성되었다. 그는 차선 한가운데 자신의 몸을 위치시키고, 오른쪽의 헛간과 뒤에 있는 자동차들이 그를 지나치지 않게 도와준다. 물질의 행위주체적 힘은 자동차들을 방목지 오른쪽으로 이동하게 한다. 방목지는 종이의 신호가 지시한 것처럼 '차가 많은 주차장'이 되었으므로 담론적이다. 결혼식에서 차를 주차해야 하는 사람은 많을 것이고, 공간은 부족할 것이다. 사진 왼쪽에서 볼 수 있는 것처럼, 그 헛간 건물에 주차하는 것은 불가능하다. 문은 닫혀 있고, 빈 공간도 없다. 또한 차는 차도에 주차되어 있다. 모든 관계항들이 데이터를 창조한다. 인간중심적 렌즈에 저항하고, 그리고 사진에서의 인간 동물에 초점을 두지 않는 것은 매우 어렵다. 그것은 '자연스럽게' 되지 않는다. 그러나 리암이 어릴 적 장난감 차들을 가지고 놀 때, 그는 마치 차car인 것처럼 그것을 공간 주변으로 움직이면서 차가 되었고, 깔끔하게 옷 입는 것을 좋아했던 것처럼, 그에게 자동차들도 훌륭한 심미성을 갖추는 것이 중요했다. 요즘 그가 하는 컴퓨터 게임도 차 게임이다. 중요하게, 이것은 연령 제한이 없다. 나의 남편이 주장하길, 훌륭한 운전자는 그/그녀의 자동차이다. 당신은 세상을 통해 그리고 세상의 일부로서 당신 '자신'을 탐색할 때, '당신'이 얼마나 큰지 정확히 알고 있다.

관계적 물질주의 관점에서 리암의 사진을 읽는 것은 어떤 차이가 있는가? 어떤 분석들은 엄마연구자관찰자로 나를 그리고 다른 내부-작용적 물질담론적 힘들을 이미 포함하고 있다. 인간과 인간 아닌 것들은 서로 알고 있는 그들 자신을 형성하는 수행적인 행위자로서 이해되어야 한다.Lenz Taguchi, 2010 각 분석들은 특정한 관계들, 그리고 처음 분석과 두 번째 분석에서, 수행된 관계들은 지식 보유자로서 어린이를 배제하는 이분법에 의존하고 있다. 도나 해러웨이Haraway, 1988에 따르면, 이분법은 위계적인 사유를 강화시켜 이분법의 각 부분은 고정된 위치에서 다른 부분을 타자화하고 있다고 일깨워 준다. 세 번째 분석은 상황을 설명하는 이전의 지식들을 적용하지 않고, 아직 알지 못하는not-yet-known 것으로 이동하여, 나의 아들과 나 사이의 권력구조를 탈-영토화하고, 이 과정에서 우리 둘 모두를 변화시킨다.Petersen, 2014: 38-41 리암의 이야기는 묘사된 것이 아니라 많은 회절들로 구성된 실행 enactment으로, 그에게 물어본 iii의 질문들과 iii가 갖고 있는 이론들을 포함하여 활용된 장치들을 통해 물질로 된 것이다. 6장에서, iii는 혼란스러운 존재인식론의 불평등에 대한 포스트휴머니즘 방향성의 중요성을 언급할 것이다. 그러나 다음 장에서 특정한 형상화figuration가 어떻게 형성되는지, 우리 자신을 포함하여 어린이와 아동기에 대한 우리의 휴머니즘 이해가 어떻게 지속적으로 형성되는지를 살펴보고자 한다.

5장
어린이와 아동기의 형상화

　　어린이는 어떤 존재인가? 아동기란 무엇인가? 이 질문은 나의 머릿속에서 반복되며 맴도는 질문이다. 이 질문에 진정으로 대답할 수 있는지 이제는 잘 모르겠다. 왜냐하면 내가 알았다고 생각했던 것 그리고 나의 아동기라고 받아들여서 행복했던 것이 여기저기서 모두 뒤집혔기 때문이다! 이분법은 나의 아동기뿐만 아니라 '나의 성인기에도 영향을 주고 있으며, 지금 나는 이런 이분법들이 내가 미래에 가르칠 아이들 또는 나의 아이들의 삶을 어떻게 형성하게 할 것인가'에 대해 생각한다._{자신의 신체정신 지도를 만든 후에 작성한 예비 교사의 회절적 저널 도입부, 2015년 3월}

잃어버린 자율적인 행위주체성에 대한 두려움

　　포스트휴머니즘은 어린이의 주체성을 다시 생각해 볼 수 있는 창조적인 가능성을 열어 준다. 4장에서 우리는 '어린이'의 의미와 어린이가 어떤 '존재인지$_{is}$' 탐색하였다. 나의 "장치"$^{Barad,\ 2007,\ 2012,\ 2014}$인 포스트휴머니즘에 근거해 볼 때, 'i로서의 어린이', 'I로서의 어린이', 'ii로서의 어린이', 'iii로서의 비인간' 등 몇몇 핵심적인 특징들이 나타났다. 마지막의 'iii로서의 비인간'은 신체정신물질, 즉 물질담론적 양자들이 얽혀 있는 것으로 어린이와 성인 모두를 포함한다. 결국, 포스트휴머니즘에서 물질은 의미와 항상 얽혀 있는 것으로 간주된다.^{Barad, 2007; Alaimo and Hekman, 2008; Coole and Frost, 2010; Hekman. 2010}

어린이성인을 이해하기 위한 나의 제안은 신조어 iii로서의 "비인간"^{Barad, 2012:34}이다. 이 신조어iii는 '행위주체적'이고, 활성화되고non-inert, 힘force을 가진 것으로 (유기체적인 또는 비유기체적인) 물질을 보는 포스트-데카르트 학파의 재정의redefinition로 어린이의 사유를 가치 있게 여기는 비-이분법적 방식non-dichotomous way과 관련된다. 비록 "처음에는 피부가 쓸려서 따끔거릴 수 있지만"^{Lenz Tauchi, 2010: 64}, 나는 어린이(그리고 성인)에게 포스트휴먼 iii를 사용하려 한다. 왜냐하면 이것은 지식 생성에서 인간-중심성을 교란시켜서 휴머니즘 관점에서 아직-완전한-인간 아닌 '어린이'를 위한 공간을 만들어 주기 때문이다.

이 장에서 중요하게 볼 개념은 정체성identity 대신 차이difference에 대한 것이다. 기호학을 넘어서서, 부정적이고 긍정적인positive 차이 사이의 구별을 회상해 보면^{제3장 참조}, 후자는 ('성인'처럼 외부의 그 자체itself인 무언가와 비교하는 것이 아니라) 신체 '내부의within' 차이에 관한 것이다. 이런 차이는 어린이가 그/그녀 자신 '안in'에서 항상 이미 발견하는 다른 신체들과의 내부within 그리고 사이between 연결에 의해 만들어진다. 이것은 "그들 자신들을in themselves 차이화하는 신체들"에 관한 것으로, 다른 사건들 후에 오는 하나의 특이한singular 사건으로^{Hultman and Lenz Taguchi, 2010: 529}, 객체object에 대한 철학적 관점에서 볼 때, 서로 분리될 수 없는 "존재론적 불가분성"으로^{Barad, 2007: 128} [생명 그 자체처럼] 지속적으로 일어난다. 그리고 이것들은 겹쳐지면서 그 내부의 차이 효과를 보여 주는 회절적 패턴('중첩')을 만들어 내는 파동과 비슷하다. iii가 3장에서 질문한 바와 같이, 우리가 '어린이' 또는 '아동기'라고 말할 때마다 그것은 교사로서 혹은 연구자로서 우리가 하는 일에 어떤 차이를 만들어 낼까? 어떻게 하면 우리가 이 '낡은' 것을 깨고, 철저히 새로운 것을 생성하고, 동일하고same 친숙한 것을 추구하는 일에 저항할 수 있을까? 우리가 어린이에만 초점을 두어, 성인과 어린이의 차이를 정확히 집어낼 때마다, 신체정신은 어떤 영향을 받을까? 우리가 이론 실제를 위해 만들어 낸 공간 '속in에서' 이런 신체정신을 어떻게 위치 짓기position 하는가에 따라 어떤 차이가 있는가?

신조어 iii는 두려움을 유발할 수 있다. 관계적 물질주의자인 서맨사 프로스트Samantha Frost, 2010: 158는 두려움이란 우리에게 "인식론의 한계에 대한 반응…. 알려지지 않은 것에 대한 모호함의 반응"으로 행위의 원동력이 되는 효과/감응이라고 하였다. 토머스 홉스Thomas Hobbes에 회절해 보면, 그는 주체를 물질주의자의 자아로서 묘사하는 데 수반되는 위험을 인정한다. 물질주의자 자아는 환경과 분리되어 있는set it apart from its environment 신체들의 행위주체로서 (정신 또는 영혼 같은) 비물리적non-physical 요소들 없이 전체적으로 체화된 자아이다. 프로스트에 따르면, 주된 두려움은 자율적인 행위주체성 개념을 잃게 된다는 것이다.Frost, 2010: 169 이 개념은 최근에야 비로소 UNCRC(국제아동권리협약)의 형태로 획득한 것으로 어린이들이 (최소한 정치적으로) 갖게 된 것을 잃게 된다는 것이다. 그러나 문제는 자율적인 행위주체로서 어린이(I로서 어린이), 즉 자기-통치self-governing의 관념idea이다. 이 관념은 어떤 행위를 일으키는 많은 "사건들의 사슬chain"에 있는 "인과 요소들의 엄청나게 많은 범위"를 정당화하지 못하는 형이상학의 착시이다.Frost, 2010: 161 이는 어린이를 포함하여 모든 인간들과 인간 아닌 동물들에게도 해당한다. 어린이를 정당화하는 것은 그들의 행동을 '읽을' 때, 훨씬 더 복잡한 '인과적인'[1] 요인들을 고려해야 한다는 의미이다.

---

1. 이 장에서 iii는 인과관계와 관련된 존재론으로 돌아간다.

그러나 이는 필연적으로 불안감과 불확실성을 동반할 것이다. 특히, 교육에서 지식과 진리에 대한 헤게모니 개념과 잘 맞지 않을 때는 더할 것이다.

교육적 변화를 위한 두 가지 전략

앞에서 아동기 개념들이 어떻게 역사적으로 우연하게 발생했는지, 어떻게 문화적으로 철학적으로도 문제가 있는지도 알아보았다. 아동기 철학자 개러스 매슈스Gareth Matthews는 사회적, 문화적, 종교적, 철학적인 요소 등이 개입된 렌즈를 통해서만 '어린이'를 볼 수 있다고 지적한다. 바꾸어 말하면, 몇몇 유형의 내러티브 도움을 받아야 한다는 것이다.Kennedy, 2006, p.i 아동기 철학자 데이비드 케네디David Kennedy에 따르면, 어린이는 서구 모더니스트의 담론을 통해서 구성되는데, 휴머니스트의 담론은 '자아(self)'에 사로잡혀 있다Kennedy, 2006: 1, 즉, "…형이상학적으로 소여된 내면적 주권자인 'I'…"도 언어를 통해 구성된 것이다.Kennedy, 2006: 3 케네디는 푸코의 방식을 빌려 학교를 강력하게 비판한다. 이런 억압적인 장소는 "바둑판 배열grid로 감시, 정상화, 자리location의 체계"를 통해 본래 야생적인 몸을 가진 어린이들을 유순하고 고분고분하게 길들이면서 어린이의 위치position를 정한다고 주장한다.Kennedy, 2006: 6 또한 이러한 어린이의 위치 짓기는 진정성이 없고, 조작적이며, 심리적으로 착취적인 어린이-성인 관계를 통해서도 시도된다.Kennedy, 2006: 7 이는 교육적 변화가 어떻게 가능한가라는 질문을 제기한다. 데이비드 케네디는 두 개의 가능한 전략을 제안한다. 첫 번째 전략은 '어린이'의 목소리 개념을 해체하는 것이고, 두 번째 전략은 어린이 및 아동기 개념작용conception을 해체하는 것이다. 비록 이런 전략들은 그 자체로 포스트휴머니스트적이지는 않지만, 어린이와 아동기에 대해 다르게 행하는doing 창조적인 관계적 물질주의 방식을 열어 주는 미궁을 만드는 전략들이다. 이제부터 순서대로 각 전략들을 살펴보고자 한다.

탈중심화된 목소리

2장에서, 어떻게 '주체화subjectification'가 비에스타의 세 가지 교사교육 목적 중 하나가 되었는지를 살펴보았다. 주체화는 어떤 사람이 '소유한' 대체할 수 없는 독특한 목소리로 말하는 것이며, 새로운 것을 세계에 포함시키는 것이다. 교사교육에서, 예비 교사들은 재현적인 목소리로 말하도록 사회화된다. 예비 교사들은 발달론적 또는 사회적 구성주의 학습 이론으로 사회화되며, 그렇게 실행할 때(예: 특정한 유형의 평가를 통해) 누가who 말하는지는 중요하지 않게 된다. 어떻게 비에스타의 주체화가 개인화individualised될 수 없는지 상기해 보자. 학습은 개인 '안에서in' 일어나는 것이 아니라 다른 인간 동물들과의 관계에서 일어난다. 개인의 존재론 그리고 사회적 구성주의, 구성주의, 후기구조주의의 존재론은 관계적이다. 즉 'I'에서 'ii'로 이동하는 것이 분명하다. 그러나 앞서 보았듯이, 관계적 물질주의는 이항분리 사고를 존재인식론적으로 '해방'시킴으로써, 한 발 '더further' 나아가 'ii'에서 'iii'로 이동한다. 이것은 단순하게 물질적 영역을 추가한adding 것이 아니다. 물론, 신체가 지식 구성과 습득의 일부분이라는 생각이 지배적이지 않더라도, 사실상 새로운 것은 아니다.^{예: Ellsworth, 2005; Shotwell, 2011} 가르침과 배움에서는 시각적, 물질적 또는 물리적 공간에 초점을 맞추지 않는다.^{예: Ceppi and Zini, 1998; Clark, 2010; Larson and Marsh, 2014} 그러나 새로운 것은 'ii'에서 'iii'로의 급진적인 이동이다. 즉 (4장의 [그림 4.1]과 같이) 앎의 주체와 세계 사이의 형이상학적 분할선을 '제거'하고, 시각화할 수 없는 실재reality의 '그림'을 버리는 것이다. 왜냐하면 우리가 그 그림의 일부이기 때문이다. 존재들은 시공간을 그 자체로 차지하고 있으며selfcontained, 원자적 단위atomic unit로서 가정되기 때문에 이는 단순히 '이해 당사자들'의 순환을 '넓히는' 문제가 아니다.Barad, 2012 만약 인간의 경계(예: 생물학적인 경계)가 사회적, 문화적, 자연적으로 얽힌 존재론으로 '흐릿해'진다면, 연구의 '대상'(객체)으로서 '그' 어린이를 위한 시사점은 무엇이며, 어떻게 '목소리'를 개념화할 수 있을까? '목소리'란 무엇일까? UNCRC에 의해 가정된 목소리와 포스트휴머니스트 관점에서의 목소리는 어떤 차이가 있을까?

데이비드 케네디는 발달심리학과 주류 교육학에서 귀 기울이기 listening의 개념을 어떻게 '복화술'의 형태와 관련시키는지 언급하고 있다.Kennedy, 2006: 7 즉 교사는 이미 무슨 말을 할지 미리 알고 있다.Bronwyn Davies, 2014 그는 이것을 "일상적-귀 기울이기listening-as-usual"[2]라고 불렀다. 그런 관계는 성인의 지배domination를 표현한 것으로, 교육자는 그/그녀가 어린이들이 스스로를 이해하는 것보다 더 잘 이해할 수 있다고 주장한다.Kennedy, 2006: 7 이런 일이 벌어지면, 어린이는 존재인식론적으로 불평등을 당할 수밖에 없다. 다음 장에서 iii를 더 깊게 탐구할 것이다. 이런 유형의 불평등에 도전하는 것은 자율적인 개체-이원화된indivi-dualised 주체의 목소리를 탈중심화하는 것과 관련된다. 들뢰즈의 '기관 없는 사유thinking without organs'에 영감을 받은 리사 마쩨이Mazzei, 2013: 733는 이전에-존재하던 개인 표현에서 나오는 목소리가 아닌 특이한singular 주체로부터 퍼져 나오는 목소리를 설명하고자 '기관 없는 목소리Voice without organs: VwO'를 전개하였다. 언어는 이미 '집단적이고, 사회적이며, 비인격적'이다.MacLure, 2013: 660 목소리, 행위주체성, 지향성 등은 항상 물질담론적인 인간 그리고 인간 아닌 타자와의 관계에서 생성된다.

---

2. 6장을 보라.

4장에서 보았듯이, 어린이는 하나의 '현상'으로, 다양한 물질담론적 장치들의 얽힘이며[Barad, 2007], 어린이의 행위주체성은 아동 권리 담론에서 가정한 것처럼 개별화된 유형이 아니다. 2장에서, iii는 사물들과 공간이 능동적인 행위주체성을 가진 것으로 간주하는지[Lenz Taguchi, 2010] 여부에 따라, 그리고 목소리가 개체-이원론indivi-dual에게 '붙어 있는지' 여부에 따라 어린이 관찰하기와 경청하기가 어떻게 정보를 제공하는지를 언급하고 있다. 탈-중심화된 목소리의 시사점은 행위성과 지향성 또한 사람 '안에' 위치해 있는 것이 아니라 물질담론적 타자와의 관계에서 항상 생산되는 것임을 보여 준다. 니키 로타스Nikki Rotas는 "행위주체성을 인간 신체, 행동 밖에 위치해 있는 것으로서 이론화하기" 그리고 배우기/배운 것 버리기un/learning가 실질적인 도전임을 상기시켜 준다.[Rotas, 2015: 94] 유아교육에 대한 시사점은 '목소리'가 개별 어린이의 '기관들'에 '붙어' 있지 않다는 것이다. 예를 들어, 다음 장에서 보게 될 어린이와 함께 철학 탐구하기 기록들에서 그 표현과 연결될 수 있는 목소리는 단 하나도 없다. 목소리는 '환경milieu'의 일부로 발현된다. 목소리는 현존하며, 의식적이고, 일관적인 경계를 가진 유기체로서 개별 어린이로부터 발산되는 것이 아니다. 그리고 목소리는 "그가 누구인지 알려 주고, 그가 의미하는 것이 무엇인지 말해 주며, 그가 무엇을 말하는지 의미하며"[Mazzei에서 인용한 MacLure, 2013], 그리고 입으로 말해지는 것이다.[Deleuze and Guattari, 1987/2013] 시각 연구자인 팟 톰슨Pat Thomson에 의하면, "목소리라는 개념은 특정한 관점이며, 보편적이지 않은 관점 둘 다이다". 그는 "어린이와 젊은이들은 성인처럼 말하지 않는다. … 이들은 표현에 대한 다른 경험들, 의견들, 양태mode들을 가지고 있다"라고 하였다. 게다가, 각 개인들은 한 개 이상의 목소리를 사용한다.[Thomson, 208: 4] 마쩨이[Mazzei, 2013: 734]는 다음과 같이 결론짓는다. 우리는 휴머니즘의 제한적이고, 의도적이며, 행위성 있는 주체로부터 목소리(말해진 단어와 쓰인 단어)를 분리해야 한다. 포스트휴먼 관점의 어린이는 인간 그리고 인간 아닌 것들의 힘[3]들이 이미(항상) 복잡하게 얽힌 네트워크 안에 존재한다.

어린이와 아동기 재형상화하기

데이비드 케네디가 제안한 두 번째 전략은 어린이와 아동기의 개념 작용을 해체하는 것인데, 은유적으로 말하자면, 교사와 연구자로서 벗을 수 없는 안경을 깨닫게 하기 위해서이다. 이 두 번째 전략은 본 장의 나머지 부분들의 초점이다.

케네디Kennedy, 2006: 8는 "눈과 뇌는 문화적 및 역사적으로 중재된 해석에 의해 작동한다. 간단한 등록과 같은 그런 것thing은 없다"[4]라고 말한다. 교육적 변화를 위한 핵심적인 요소는 우리의 집단적인 상상 속에 가지고 있는 어린이에 대한 다양한 이미지들을 (예비)교사들과 함께 지도map로 만드는 것이다. 브라이도티Braidotti, 2002는 메타포의 대안으로 형상화figuration라는 용어를 사용한다. 이런 형상화는 상상하기, 인지적 가설과 신념Jackson and Mazzei, 2012: 137으로 체현embodied되며, 이 경우에는 어린 사람(한정된 것은 아니다)에 대한 형상화이다. 브라이도티Braidotti, 2001: 2는 "형상화는 사유하기에 대한 비유적인 방식이 아니라, 상황적인situated 또는 환경에 속한 그리고 체현된 위치 짓기position에 대한 물질적인 지도화mapping"이다. 형상화는 메타포가 아니며, 사회적-물질적 위치이다. 즉 "생생한 지도이며, 자아의 변형에 대한 설명"이다.Braidotti, 2011: 12 iii가 그의 예시를 변화하게 하고, 어린이에게 적용하더라도, 그

---

3. 어린이의 행위주체성에 대한 시사점은 7장에서(내부-작용적 교육학을 위한 실천적인 제안점들) 그리고 10장에서(어린이들이 철학적으로 사유하기로 선택한 논쟁적인 주제들의 맥락)에서 좀 더 탐색한다.
4. 예를 들어, 마리아 크로미다스(Maria Kromidas, 2014)는 인종적 맥락에서 색맹이라는 아이디어에 반대하며, 어린이들은 검은 피부를 자연적으로(본성적으로) 본다는 아이디어에 동의하지 않는다.

개념은 동일하다. 주체성은 특이한singular 것도 아니며, 은유적인 것도 아니다. 일례로 한 어린이는 이주민, 켄싱턴 초등학교에서 다니는 학습자, 작은 도시에서 어머니와 함께 사는 아들, 랜스돈축구 클럽의 축구 선수, 뮤젠버그 해변의 서퍼, 말라위 출신의 난민, 외국인 혐오증의 피해자, 에이즈바이러스HIV 양성자, 영어를 유창하게 읽는 사람, 테보고Tebogo의 좋은 친구, 체스 게임자 등 이 모두이다. 어린이와 관련된 가르침과 연구는 항상(때론 반대로) 형상화를 실행enact한다. 즉 특정한 모습figure을 형상shaping하는데, 항상 특정한 장소와 권력관계로 표현한다(그래서 정치적이다). 메타포와 달리, 형상화는 개인적인 활동이 아니라 '자신의 위치에 대한 책무성accountability'과 '자아-반성성self-reflexivity'을 요구하는 '교환적인 사회적 네트워크에 의존하는 내부-작용적 과정'이다.Braidotti, 2002: 69 브라이도티는 다음과 같이 설명한다.

> 이런 과정에서 발현하는 형상화는 예전에 안 보였던 자신의 실천적 측면을 조명하는 스포트라이트 역할을 한다. 나아가, 주체에 대한 새로운 형상화는… 개념적인 페르소나personae와 같은 기능이다. 이와 같이 형상화는 메타포가 아니며, 비판적인 수준에서, 물질적으로 환경에 속해 있고, 자신의 권력-관계를 체화한embodying 설명account이다. 창의적인 수준에서, 형상화는 변화의 속도, 자신이 거주하는 권력에 대한 긍정적인 해체의 변형을 표현한다.Braidotti, 2002: 69

이런 주체의 위치는 혼종적이며, 다층적이고, 종종 내면적으로는 모순적이며, 상호 연결되어 있는 거미줄web과 비슷하다. 어린이와 아동기에 대한 현재의 담론들은 비선형적이며 모순적인 어린이와 아동기의 형상화를 형성하고 있다. 들뢰즈에 기대어 브라이도티Braidotti, 2002:

[78]는 변화적인 프로젝트는 대안적인 '포스트-형이상학적' 형상화(또는 '재형상화하기'[5]) 그리고 '기관 없는 신체', '에너지의 흐름', '힘들', '되기/생성', '리좀' 등과 같은 존재의 능동적인 상태를 창의적으로 표현하고 이론적인 재현을 깨부수는 주체성에 대한 새로운 이미지를 개발하기 위함이라고 주장한다. 어린이의 주체성 경우, '포스트-형이상학'은 자연/문화 이항분리를 거부하는 것을 의미한다. 일례로, (대학)교실에서의 목소리가 어떻게 인식되어야conceived 하는지, 격려되어야 하는지, 평가되어야 하는지를 다시 생각하고rethinking, 다시 실행하는 것redoing이다.

신체정신 지도

나의 아동 연구 코스에서 위에서 제시한 여러 생각들을 활용하는 iii의 방식은 (어린이) 주체성에 대해 역동적으로 재형상화하기 위해 나의 학생들과 '신체정신 지도'를 만드는 데 목적을 두었다. 이 사례에서 회절하기는 어린이와 아동기[표 5.1] 참조의 형상화가 어떻게 성인 '신체정신'에 표시를 '남기는지'에 대한 것이다. 이는 "정치적으로 알려 주는 지도"로, "지도제작 무기cartographic weapon"이다.St. Pierre를 인용한 Sellers, 2013: 9 지도-만들기 활동은 이론적으로 이런 얽혀 있는 형상화들의 일부를 '풀어내는 것'으로, 종이 '위에' 다중적 양태mode의 표시mark-만들기를 통해 개인적personal 수준에서 이루어진다(이 장의 회절적 일시정지에서 두 가지 예시를 볼 수 있다). 그 활동의 목적은 반성적reflective이라기보다 회절적diffractive이다.[6] 왜냐하면 활동들이 단지 '자신을 뒤돌아보는 자아-참조적self-referential 훑어보기'에만 초점을 두는 것이 아니기 때

---

5. Taylor, 2013를 보라.
6. 특히, 이 활동(exercise) 맥락에서 몇 가지 중요한 구별을 하도록 도와준 베로니카 미첼에게 특히 감사드린다.

[표 5.1] 어린이의 형상화에 대한 지도

어린이의 형상화	이론적 영향	자연(nature)적으로 어린이에게 부족한 것	어린이에게 제공해야 하는 문화적인 것
발달하는 어린이	아리스토텔레스, 다윈, 피아제, 비고츠키	성숙(maturity)	성숙(maturation), 안내
무지한 어린이	플라톤, 아리스토텔레스, 로크	합리성, 경험	교수, 훈련
악한 어린이	기독교 (프로테스탄티즘)	신뢰감, 본성적 선함	통제, 훈육 설득
순수한 어린이	낭만주의 루소	책임감	보호 촉진
유약한 어린이	심리-의학 과학적 모델	회복탄력성	보호, 치료, 진단, 교정
공동체 어린이	아프리카 철학 우분투(Ubuntu)	사회적 관계들, 규준들, 가치들	연장자에 의한 사회화, 설득

문이다.Barad, 2007: 88 그 대신, 학생들은 서로 간에(예: 대화 또는 드라마), 강사 및 다양한 물질과(예: 공간 안에 있는 직물, 물감, 반죽, 돌, 실, 양털, 사진, 읽기 자료, 가구, 신체정신 그리고 조명들)의 내부-작용을 통해 과거와 미래를 다중적인 양태로 비판적으로 그리고 창의적으로 몰입하도록 격려받는다.

브라이도티Braidotti, 2002: 21는 독자들에게 '신체'가 의미하는 것이 결코 '순수하며', 자연적이며, 생물학적인 것이 아니라, 사회적이고 감응적affective이며 물질상징적 힘들로 구성된 고도의 복잡한 상호작용interplay임을 상기시켜 준다. 신체정신 지도 활동은 치료를 위한 '과거로 돌아가기'와 관련이 없다. 포스트휴머니즘에서 '과거'는 우리가 '뒤'에 두거나 또는 떠날 수 있는 것, 또는 시간을 되돌리거나, '자신'의 과거가 아닌 과거조차 직접적으로 접근할 수 있다고 보지 않는다. 브라이도티Braidotti, 2002: 21는 신체를 "다른 시간대를 동시에 살고 있는 실체entity로서, 다른 속도에 의해 그리고 반드시 일치하지 않는 다양한 내부와 외부 세계에 의해 활성화되는 것"으로 생각해야 한다고 주장한다.

4장에서 보았듯이, 그리고 월터 코한이 말했듯이, 아동기에 대한 다른 재형상화는 시간에 대한 다른 관념-크로노스chronos와 아이온aion-을 전제로 한다.^Kohan, 2015: 57 시공간 '속in'에 있는 존재의 강도 있는 경험 그리고 어린이와 유사한 느낌으로 아동기를 어떻게 기억할 수 있을까? 아이온aion이 신체정신에 '남긴' 흔적mark은 무엇인가? 진정으로 과거에 접근할 수 있다는 생각은 개체-이원론적indivi-dualistic 행위주체성과 방법론적 도구로서 기억에 대한 지향성intentionality을 가정하는 것이다. 그러나 기억은 과거의 물질이 아니다. '그것'은 기억을 회상하는 시간마다 과거를 창조하는 것이다.^Dolphijn 및 Van der Tuin과의 인터뷰에서 Barad, 2012: 67

분리된 것을 모아서 절단하기

이런 지도 만들기의 과정에서, 교육자들은 목소리(그리고 행위주체성)에 관한 이론적인 깊은 숙고ponderings와 어린이 및 아동기의 형상화는 회절적으로 관계를 맺는다. 이런 두 가지 전략들은 (차이를 분리하는) 비판적인 것이 아니라 새로운 시작을 제안하는 창의적인 것이다. 이것을 바라드^Barad, 2014는 "분리된 것을 모아서 절단하기cutting-together-apart"라고 제안하였다. 방법론으로서 회절은 정체성identity 그리고 차이difference 등과 같은 개념들을 애매하게 하고trouble, ('정상적' 또는 '자연적'을 반대하면서) 이분법을 복잡하게 만들어 재구성하는 것이다queer.^Barad, 2014: 171 회절은 물질을 포함한 다른 지구 거주자들로부터 우리를 분리하여apart 절단하는 정체성에 관련된 사유하기 폭정(횡포)을 깨부순다. 이것은 차이를 둘 또는 그 이상 실체entities들 간의 차이로 보게 한다. 그러나 같은 방식으로 전자electrons는 파동도 아니고 미립자도 아닌, 둘 다both이며, iii 또한 남성 그리고 여성, 자연 그리고 문화, 흰색 그리고 검은색, 둘 다이다. 이 차이들은 이런 방식의 사유하기와 이기being를 통해 무시하거나 없애는 것이 아니라, 차이 내부의difference within 관계Barad, 201: 175로 '자아를 물질적 다양체'로서 보는 것이다. 차이는 (사람에 붙어서) '소여되는' 것이 아니라 얽힘으로 구성되는 현상 내에서 '이것' 또는 '저것'으로 만들어지는 내부-활동을 통해 형성된다(예: 신체정신 지도). 중요하게, 얽힘은 각각의 물질의 조각, 각각의 공간적 위치, 각각의 시간적 순간 등을 모두 합한 통합체unities가 아니며, '분리된 부분들을 혼합하거나 경계를 흐릿하게 하는 것'도 아니다. 얽힘은 물질들의 특이성으로 구성된 촘촘한 거미줄web로, 여기서의 이슈는 그것의 독특한 물질의 역사적 실재성historiality이며, 그것들이 어떻게 물질화되는가이다.Barad, 2014: 176 반대oppositions가 아닌 이런 중첩superposition들은 행위주체적 절단cut의 결과들이다.

신체정신 지도에 대한 독특한 포스트휴머니스트 특징을 이해하기 위한 열쇠는 차이에 대한 스피노자의 일원론(내재성의 철학) 개념에서 찾을 수 있다. 이는 동일성 없는 차이, 즉 차이는 실체와 주체가 없는 존재를 가정하며, "부정성보다는 긍정성에 의해 구조화된 긍정적인 관계성의 확립"이다.Dolphijn and Van der Tuin, 2012: 127 "이원론을 극단으로 밀어붙이는"Dolphijn and Van der Tuin, 2012: 127 능동적이고, 창의적인 과정 또한 차이를 극한으로 밀어붙이며 다른 것other에서 같은 것same을 찾는 대신에, 다른 것에서 차이를 찾는 평가적evaluative인 것이 아니라 수행적performative인 것이다.Dolphijn and Van der Tuin, 2012: 127 엘리자베스 그로츠Elizabeth Grosz에 따르면, '사유thought의 혁명'은 과거를 부정하는 것이 아니라, 현재present에서 과거와 미래가 펼쳐질 수 있도록 모더니티(근대성)의 급진적인 다시 쓰기rewriting을 통해 이루어진다.Dolphijn and Van der Tuin, 2012: 120-1 창조라는 철학적 행위는 현재 존재하는 언어와 개념들을 사용함으로써만 일어난다. 감명 깊게도 푸코는 이렇게 썼다. "자아는 우리에게 주어지는 것이 아니다. … 우리는 예술 작업으로서 우리 자신을 창조해야 한다."Foucault를 인용한 Dahlberg, Moss and Pence, 1999/2013: 165 따라서 신체정신 지도는 "자아-매혹fascination 그리고 자아-몰두absorption"가 아니라 "자아-해방self-disentanglement 그리고 자아-발명invention으로, 자의식self-consciousness보다는 자아의 구성construction"이다.Dahlberg, Moss and Pence, 1999/2013: 165 그 활동exercise은 한 사람의 본성과 고유한 본질로서 자아를 배우기 위해 자기성찰과 투명성의 방법을 사용하는 감상적인 낭만주의적 형태가 아니다.Dahlberg, Moss and Pence, 1999/2013: 48

포스트휴머니즘과 휴머니즘 간의 관계는 부정적인 것도 비판적인 것도 아니다. 이 장에서 (예비) 교사를 위한 활동의 핵심은 '시간을 되돌려서' 휴머니즘의 차별적인 자연/문화 이분법을 알게 하는 것이다. 만일 초월론적 철학들이 가정한 것처럼, 어린이가 본성(그 또는 그녀의 본질)에 따라 미성숙하고, 순진하고, 유약하다면-"오늘날 학자들의… 깊은 마음속에… 묻힌…" 이런 이원론을 사용하는 것은 차별적이다.Dolphijn and Van der Tuin, 2012: 94

학생들과 함께 신체정신 지도를 만드는 목적은 어떤 이분법(예: '착한 여자아이' 되기)이 어떻게 자신에 대한 이해를 형성했는가를 거부하는 예에서처럼 완전한 분리absolute separations를 위한 것이 아니다. 학생들은 아직까지 어린이다(그래서 iii이다). 4장에서 개념들 그리고 물질적 힘들에 의해 어린이가 어떻게 뭉개지는지mangle를 살펴보았다. 사회적·정치적·생물학적인 장소에서, 관찰하기, 측정하기, 통제하기 기계들이 서로 엮어지고 휘감겨져서 구성됨을 알 수 있다. 이런 모든 요소들은 내부-작용하며, 그리고 그 과정에서 그것들의 '경계'들은 '무너진다'. 과거는 항상 현재에 통해 실로 꿰어진 채 남아 있다. 신체정신 지도 만들기라는 회절적인 활동은 운동으로서 "분리된 것을 모아서 절단하기cutting-together-apart"이다. 지도 만들기는 행위주체적 절단cut이지만, 주체는 휘감겨진 상태로 남아 있다. 왜냐하면 '그 자체' 내부에 차이가 존재하기 때문이다. 바라드^{Barad, 2014: 168}가 설명한 것처럼 "회절을 양자_{量子}로 이해한다는 것은 이-분dicho-tomy, 즉 2개로 자른다는 개념을 이것에서 저것으로, 그때부터 현재 시점으로 분열시켜 완전한 차이화differentiation라는 하나의 특이한 행위a singular act로" 보는 것이다.

이제 어린이 및 아동기의 모든 형상화 그리고 차별적인 아동 이론 및 실제들을 떠받치는 핵심적인 이분법인 자연/문화 이항분리로 돌아가 보자. 이분법에 대한 회절적인 몰입은 대안적인 교육의 가능성을 보여 주며 참신한 상상하기를 물질화하게 한다. 이는 7장에 제시된 두 개의 내부작용적 교육학에 대해 숙고해 보고 관심을 갖게 하는 미궁의 길을 열어 준다. 7장에서는 어린이(그리고 부모들과 지역사회)를 갈등을 일으키거나 골칫거리 또는 무언가를 '써 주어야written on' 하는 백지 같은 정신을 가진, 또는 미성숙한 사람이 아닌 풍부한 잠재력이 있는 사람으로 간주한다.

미성숙한 어린이: '미개인' 또는 '작은 천사'

'미성숙'은 아동기와 동의어로 수용되어 왔다. 후기구조주의자에 따르면, 의미는 '사회적으로 그리고 정치적으로 권력을 가진 자'인 성인에 의해 그런 개념이 배정된 것이다. 과거와 현대 사회에서 이런 사람들의 대부분은 종종 "성인, 백인, 능력 있는-신체, 이성애적-정체성을 가진 남자"였다.^{Jones, 2009: 39} 바꾸어 말하면, 성숙은 성인남자다움^{Jones, 2009: 40}이다. 미성숙은 인간 생애의 특정한 시기를 덮는 그 용어가 바로 **결핍**lacking이다. 즉 인지적 능력, 도덕적 책임감, 정서적 독립성, 합리성 등의 결핍을 말한다. 이러한 꼬리표label들은 도덕적으로 모욕적이며, 꼬리표를 사용하는 불평등은 분노의 원인이 될 수 있다.^{Murris, 2011b} 어린이는 취약하고 유약하므로, 성인의 감시와 통제된 기회 그리고 경험의 요구가 있다고 여겨졌다. 교사들은 경험주의적 교사-지시 페다고지[7]를 '제공하기' 때문에, 어린이가 자신이 알고 있고 할 수 있는 것을 스스로 보여 줄 기회를 박탈하게 된다. 이런 존재인식론적인 불평등은 어린이에게 일상적으로 가해져 왔다.[6장 참조] 흥미롭게도, 같은 존재인식론이지만 거리두기를 통해 아동기를 관념화하여idealised '순수한' 자연과 결합시켜[Taylor, 2013] 성인들은 어린이를 '작은 천사'로 둔갑시켰다.[8] 루소의 영향으로, 어린이는 성인 사회의 타락한 영향으로부터 보호받아야 할 필요가 있다는 의미인 '순수한innocent' 존재로 위치 짓게 되었으며, 잔여의rest 휴머니티(인류)로 분리되었다.[Taylor, 2013: 62] 결정적으로, 가르침, 연구, 정책-생산, 교육과정 개발에서 사용되는 아동기 개념은 자연/문화 이분법을 전제로 하여, 어린이는 자연에 그리고 성인은 문화와 연관시킨다. 인류학자인 마리아 크로미다스[Kromidas, 2014: 429, 강조는 저자]에 의하면, 어린이들은 무시당해 왔으며, "성인 사회의 부속물로 당연히 여겨졌고, 세계로부터 격리되어cocooned 사회 밖으로 내던져졌다. 말하자면 어린이들은 **인간 외부**outside the human에 있는 **자연**nature이어야만 하는 것이다. …" 그는 유색인종과 여성들은 사회에서 그들의 합법적인 지위place를 획득했으나(비록 실제에서는 반드시 그런 것은 아니지만, 법적으로는 그렇다, iii는 급하게 추가하였다), 어린이는 외롭게 '마지막 미개인last savage' 위치에 있다고 지적하였다.

---

7. 4장, 7장, 8장을 참조하면 된다.
8. 여기서 나의 입장은 테일러의 견해와 약간 다르다. 그에게 이 차이는 언어와 담론의 수준에서 '최소한' 기호학적 차이이다. 나에게 이것은 존재인식론의 문제이다. 『아동기의 본성(자연) 재형상화하기(Reconfiguring the Natures of Childhood)』(2013)에서 아프리카 테일러는 루소의 자연(본성)에 대한 초점이 어떻게 순수와 순진이라는 측면으로 아동기를 보게 했는지, 그리고 그 이후 교사들이 자연(본성)을 어떻게 이용했는지를 언급하고 있다. 테일러의 흔들기(disruption) 방법은 해체와 재구성(재형상화하기)으로, 자연(본성)과 아동기를 구분하여 실행하였다(doing). 나의 흔들기 방법은 이 책에서 기술했듯이 관계적 물질주의의 회절적 방법론이다(그리고 레지오 에밀리아의 교육철학과 어린이에 대한 철학에 영감을 받았다).

휴머니즘이 진보와 완벽성이라는 담론으로 자연에서 나온 운동으로 이론화되면서 더 이상 그라운드 제로ground zero의 대표로 인종적 타자Other 또는 선사시대 인류는 남지 않게 되었다. 그 자리에는 이제 어린이만이 남아 있다.^{Kromidas, 2015: 429}

그래서 어린이는 본성적으로 선하게 또는 악한 상태로(예: 미성숙한) 그 자리를 지키고 있다, 따라서 성인은 어린이를 보호하고, 또는 성인은 어린이로부터 보호받아야 한다. 이런 두 경우 모두, 어린이가 다른 지구 거주자들과 함께 공유하는 세계의 일부로 이해하는 것을 방해하며, "현실적 공동 세계common world 관계" 형성도 방해하고 있다.^{Taylor, 2013} 테일러^{Taylor, 2013: 62}는 이를 "가장 큰 비용"이라고 지적한다. 생물학 그리고 사회적 구성주의 페미니즘의 사상idea을 회절한 도나 해러웨이는 현실real 세계가 없어지고 있다고 언급한다. (Bruno Latour의 용어로) '공동common 세계'는 "현실적이고 실제적이며down-to-earth…" "얽히고 고르지 못한 역사적, 지리적 관계, 정치적 긴장, 윤리적 딜레마 그리고 끝없는 가능성"들이 있는 세계로, 결정적으로 자연과 문화가 다시 함께 되돌아가는 곳이다.^{Taylor, 2013: 62} 존재인식론적으로 자연/문화로 분리한 결과, 복잡하고 "지저분한messy" 현실 세계는 살균된 교실과 거리를 두게 된다.^{10장 참조}

교육적 변화를 가능하게 하려면, 두 가지 가능한 전략을 사용하자고 제안했다. 첫 번째는 목소리를 다시 생각해 보기, 두 번째는 어린이와 아동기 재형상화하기였다. 핵심적인 이분법인 자연/문화 흔들기disruption는 이런 두 전략에 중요하다. 이제 이 책의 두 번째 부분인 어린이에 대한 형상화하기가 교육적 실제에 주는 시사점을 탐구하기 전에, 아동기의 형상화와 아동기의 가계도에 대해 더 자세히 살펴보고자 한다.

어린이와 아동기의 형상화 가계도

신체정신 지도 만들기의 진행 과정 일부로 이루어진 [표 5.1]에 제시된 어린이 및 아동기에 대한 핵심적인 형상화는 후속 연구를 위한 출발점이 될 수 있다. 이런 형상화는 교육자들의 신체정신에 물질적 담론의 표시mark를 만들어 왔고, (항상 유동적으로, 발현적으로, 결코 '끝나지 않고') 지속적으로 만들어지고 있다. 예를 들어 어린이를 '순진한', '악한', '무지한', '발달하는', '공동체의', '유약한' 존재라는 물질적 담론을 생산해 내고 있는 것이다. 이런 특정한 형상화를 선택한 나의 장치는 각각의 형상화가 가정하는 자연/문화 이분법이며, 이에 따라 어린이의 위치positioning는 **결핍된**deficit 어린이로 놓이게 된다. 리날디는 다음과 같이 말한다. "우리는 항상 심리분석학적 어린이와 어린이에 대한 특정한 이미지를 가지고 살아간다. 그리고 '심리학과 사회학에 뿌리를 두고 뻗어 나온 다양한 가지들'은 '약한 주체, 권리보다는 요구를 가지고 있는 사람'으로서 결정론적 존재로 어린이를 동일시하고 있다."Rinaldi, 2006: 123 따라서 교육자로서 심도 깊게 이런 이미지를 탐색할 필요가 있고, iii는 각각의 형상화에 대해 간략하게 설명하고자 한다.

매우 간략하게나마 가계도를 제시하는 목적은 역사적[9], 연대기적, 또는 선형적으로 이해하자는 것이 아니라, 어린이 및 아동기의 6개의 형상화와 관련된 철학들, 신념들, 또는 이론적인 전개들의 여러 핵심적인 가닥strands들을 지도화하고자 함이다.Davis, 2004: 3-4 명확성을 위해 딱딱한 표의 구조를 사용했지만, 이런 가닥들은 겹쳐지며, 항상 얽혀 있다.

또한 각각의 형상화들이 교사에 대한 특정한 개념들을 어떻게 상정

---

9. 비록 iii는 앤드류 스테이블스의 언급과 회절하여, 발달에 대한 아리스토텔레스의 주장이 서구 문명화에서 아동 및 아동기의 이해에 핵심적인 영향을 주고 있다고 보지만, 나의 지도화는 역사적이기보다는 자연/문화 이분법을 장치로서 활용하고 있어서 '중첩'과 새로운 것도 창조된다.

하는지도 간략하게 언급하고자 한다.

발달하는 어린이

교육철학자인 앤드류 스테이블스[Andrew Stables, 2008: 9]에 따르면, 어린이와 아동기에 대한 모든 가정들은 아리스토텔레스의 전통에 뿌리를 두기 때문에, 고대 그리스 철학자 아리스토텔레스 367~347 BC 사상[10]에서 시작하는 것이 좋다고 주장한다. 아리스토텔레스는 아동기에 중요하게 공헌한 철학자로, 어린이의 생물학적 발달은 그 사람의 발달에 결정적이어서 주의 깊은 관찰과 이론적 테스트가 필요하다고 주장했다. "자라나는emergent 성인"으로서 어린이는 "자라기 위한 적절한 환경적인 조건에 의존"한다.[Stables, 2008: 30-1] 어린이는 인간 성인으로 완전하게 성장하고 발달하는 존재론적으로 개체적인 실체individual substance이다. 어린이에 대한 이런 생각은 사람의 형성formation을 삶의 초기의 어린 사람 동물로 위치시킨다. 어린이가 성인으로 성장할 때까지, 그/그녀는 앎을 모르고, 비이성적이며, 미성숙하다. 성숙 과정은 동물의 성숙 과정과 비슷하다. 철학자 대릴 맥고완 트레스[Daryl McGowan Tress, 1998: 19-21]에 따르면, 아리스토텔레스에게 어린이는 미완성인 초기에는 자연적으로, 마치 인간 아닌nonhuman 종류의 동물과 유사하며 불완전한 상태이다. 인간 형태form는 처음부터 갖추어져 있으며, 이미 결정된 과정은 어린이가 적절하게 보살핌을 받고 해로운 것으로부터 보호(예: 도덕적으로 타락한 영향으로부터 보호)받는다면 자연적으로 그리고 성공적으로 실현될 수 있다.

스테이블스[Stables, 2008: 36]에 의하면, 아리스토텔레스는 별도로 어린이에 대해 이론화하지 않았지만, 각 세대generation가 성숙해 가면서 미래

---

10. 유아교육의 학술적 문헌들은 종종 현재의 헤게모니적 교육적 담론들 그리고 관련된 실제들의 얽힘을 풀기 위해 사상들(ideas)의 역사를 충분히 다루지 않는다.

세대의 형성formation에 대한 책임도 갖게 된다고 언급하였다. 도토리가 참나무로 자라는 것처럼, 어린이도 자연적으로 그리고 목적적으로 발달한다. 인간 본질은 항상 잠재적이며, 영원하고 변하지 않으며, 올바른 환경(문화)을 통해 실재화actualised될 수 있다. 이러한 위계적이고 발달론적인 과정은 단계적으로 일어난다. 각 단계는 고유의 목적telos을 가지고 있다. 어린이는 선택 또는 행위주체성을 갖고 있지 않으며, 성숙해질 때까지 행복eudaimonia할 수 없다.McGowan Tress, 1998: 19-20 올바른 훈련과 교육 없이 어린이는 행복할 수 없지만, 어린이의 자연적인 (본성적인) 성향을 적절하게 지원해 주고 흐르게 해 준다면, 어린이는 사회에서 매우 중요한 잠재적인 성인이 된다.Stables, 2008: 34, 39 문화의 역할은 어린이가 자연(본성)대로 성숙하도록 안내하고 도와주는 것이다.

아리스토텔레스의 잠재성-실재성actuality 논지가 매우 익숙하게 들리는 것은 놀랍지 않다. 아리스토텔레스를 읽어 본 적이 없음에도 불구하고, 이는 우리가 갖고 있는 물질적 담론이다. 예를 들어, 우리가 알고 있는 학교는 연계적으로 고정화된 교육과정, 동일연령 집단, 연령에 적절한 실제 등 아리스토텔레스 사상의 표현으로 조직된다.Stables, 2008: 48 그의 사후 2000년이 지나서도 현대 교육에 끼친 그의 영향은 경이적이며, 아직까지도 지속되고 있다. 그의 문헌들의 물질담론적 영향은 여전히 우리가 어린이와 형성하는 관계들 그리고 우리가 성인으로서 지녀야 하는 책임감을 형성한다. 이런 책임감은 어린이들이 성인으로 성장하기 위해 생물학적으로 그리고 심리학적으로 필요하다고 간주되는 지지적인 환경을 제공하는 것이다. 20세기 영향력 있는 심리학자인 비고츠키Lev Vygotsky와 피아제Jean Piaget 모두 아리스토텔레스 학파이며, 찰스 다윈Charles Darwin도 그렇다.4장의 발달주의 참조 흥미롭게도 다윈은 휴머니스트임에도 불구하고, 기본적으로 인간을 동물이라고 보았다. 즉 어린이는 인간의 기원origin이다. 우리는 어떻게 발달주의가 발달적 '이

정표'(중요한 단계) 그리고 연령, 그리고 발달에 적합한 실제DAP에 따라 어린이들을 규준화했는지 알고 있다. 거기에는 공동의 의미 창출을 위한 여지가 없다. 비록 사회적 구성주의Vygotsky는 어린이를 본질화essentialise하지 않았지만, 생물학적 심리학을 전제로 하고 있다.

세계 내의 생물학적 실체entity로서, 어린이는 자연적 법칙에 의해 통제받으므로, 과학의 대상object이 된다. 정신은 자연(본성)적으로 성숙되며(개체발생적으로 펼쳐지며), 그 과정은 지식이 더 많은(성숙한) 교사가 문화를 통해 '비계설정scaffolded' 또는 '중재mediated'할 수 있다. 따라서 성인은 너무 많은 것, 현재 성숙 수준 그 이상을 요구하지 않도록 조심해야 한다.Lenz Taguchi, 2010: 167 가르침과 배움을 위한 매체는 언어적linguistic이다. 피아제와 달리, 비고츠키는 대인 간의 과정에 관심을 두었다. 배움은 사회적 실제의 참여를 통해 그 실재의 습관화와 관련된다. 모든 인지적 과정은 외부적 과정의 내면화이다. 비록 어린이의 첫 상징적 조작은 "외부에서 내부로, 문화에서 개인으로" 천천히 내면화되기 전에 먼저 행동으로 옮겨져야 한다.Davis, 2004: 135 교사는 "전문가 또는 능숙한 사람master"이며, 가르침은 중재mediating(라틴어로 '중간에 있게')의 문제이다.Davis, 2004: 135

무지한 어린이

여기서 아리스토텔레스의 중요한 영향력이 다시 나타나는데, 아리스토텔레스의 이성에 대한 신념 그리고 다양한 형태의 삶과 사람들 사이의 분명한 위계가 있다는 점이다.Stables, 2008: 32 어린이는 이성과 지능이 부족하다. 게다가 이성은 보편적이고, 시대를 초월하며, 맥락에 독립적이어서, 젠더와 민족성에 대해서도 중립적이다. 아리스토텔레스에 따르면, 어린이는 무지하기 때문에 어린이가 잘 자랄 수 있는 방법은 이성적으로 살아가기 위한 지식과 경험이 필요하다.Stables, 2008: 37 아리스토텔레스에 영향을 받은 존 로크에 따르면 (4장에서 본 것처럼) 어린이는 선천적으로 (아직까지 발달하지는 않은) 이성을 위한 능력을 가진 '백지' 또는 '비어 있는 그릇'으로 태어난다. 성인들만 접근할 수 있는 '번성flourishing', 즉 행복eudaimonia처럼, 이성에는 위계가 있다. 경험주의에 따르면, 배움은 관찰할 수 있고 수량화할 수 있는 것(사고의 변화는 측정 불가능하다)에 초점을 두기 때문에, 환경 변화의 결과로서 행동 변화에 초점을 두게 된다.Davis, 2004: 88 경험주의자에 의하면, 가르침은 훈련training과 조건화conditioning의 변화들에 따라 어떤 결과가 나타나는가와 관련된다. 즉 가르침이란 "일련의 조건들에 따른 바람직한 반응의 가능성을 증대시키기 위해 실행하는 것"이다.Davis, 2004: 88 플라톤에 따르면, 어린이는 무지해서 선천적으로 갖고 있는 이데아 형상Ideas of Forms(개념들)의 기억을 통해 지식을 얻을 수 있지만, 이는 절대적 진리에 의해 안내되는 이성적 수단을 통해서만 접근할 수 있다. 플라톤과 같은 합리주의자에 의하면, 가르침은 그 자체가 지시적인 교수 방법direct instruction과 관련된다('곧다'는 라틴어 'straight'에서 유래한 것으로, 학습자의 이해를 곧게 설정하는 것이다.Davis, 2004: 78 아리스토텔레스주의자와 플라톤주의자들 모두, 추론하기reasoning는 어린이가 이성에 관한 더 많은 경험을 획득할수록 시간이 지나면서 점차적으로 발달하게 되며, 발달은 변화alteration가 아니라 잠재성potential의 실재화이다.

악한 어린이

가톨릭Catholicism은 중세시대에 어린이에게 중대한 영향력을 끼쳤지만, 기독교Protestantism는 16세기 중반과 17세기 이후 발생했다. 그 영향은 가톨릭에 지속적으로 저항하는 기독교에서 유래하며, 아동기에 대해서도 기독교 내부의 분쟁이 있었다.Cunningham, 2006: 62 특히, 청교도들Puritans(예: Quakers, 퀘이커교도)에게, 어린이는 본질적으로 죄를 갖고 태어나므로, 신뢰할 수 없다. 이것은 유럽에 강력한 영향을 주었을 뿐 아니라 미국 정착민에게도 널리 퍼졌다.[Stables, 2008: 51-2] 비록 작은 종파sect이지만, 몇몇 주요한 관념idea은 기독교 정신으로 확장되면서 구현되었다고 스테이블스는 설명한다. 그리하여 청교도인의 어린이에 대한 태도는 대중운동으로 정당화하게 되었다.[Stables, 2008: 53] 이와 유사한 영향이 식민주의를 통해 남아공에도 퍼졌다. 예를 들어, 최초의 네덜란드 정착민Afrikaners들을 통해 웨스턴 케이프Western Cape 지역에 소개된 칼비니즘Calvinist은 매우 보수적인 네덜란드 개혁 교회의 영향을 받았다. 이에 비해 훨씬 더 적은 규모이지만, 영국 정착민들에 의한 성공회Anglican의 영향도 있었다. 이런 종파들의 주된 관념들은 어린이는 죄를 가지고 태어나며, 영혼은 기도, 선행good work, 헌신, 세속에 대한 거부 등을 통해 정화되어야 한다는 것이다. 본질적으로 타락하거나 또는 쉽게 본성(자연)적으로 타락할 수 있기 때문에, 개입(문화)의 목적은 구원이다. 심지어 일부 어린이들은 악마의 꾐에 넘어갈 수도 있다.[Cunningham, 2006: 62] 엄격한 규제와 직접적인 교수가 필요하며, 어린이의 생애 초기에는 더욱 그렇다. 선호했던 가르침의 방법은 설득inculcation(라틴어로 '강요하다' 또는 '짓밟다')이다.[Davis, 2004: 85] 교육적인 맥락은 훈육discipline, 금욕austerity, 검소함simplicity 중 하나이어야 한다.[Stables, 2008: 55] 그러나 서구의 종교적 전통은 학습자에 대한 책임은 없고, 교사에게 요구되는 의무만 있다.[Davis, 2004: 58] 중요하게, 제자disciple에 대한 현재의 의미에서처럼, 목적은 자신의 권위를 다른 사람에게 넘겨주는 것이며, 진실은 자신의 외부에 있다. 따라서 가르침은 확립된 사유체계로 이끌어 주는 것drawing in이다.[Davis, 2004: 58]

순수한 어린이

스테이블스[Stables, 2008: 51]는 낭만주의 운동Romantic movement 또한 (원

죄설에 대한 질문으로) '어린이의 불완전성incompleteness'이라는 아리스토텔레스주의자 개념의 반응이라고 언급한다. 낭만주의에 따르면, 어린이는 선천적으로 순진하며, 성인도 놀이를 좋아하고playful 타락하지 않은 '내면의 어린이inner child'를 보유하고 있다.Stables, 2008: 48 여기서 주된 영향은 루소Jean-Jacques Rousseau의 『에밀Emile』1762로, 핵심 텍스트인 '자연 교육'을 제안한 것이다. 그 의미는 '학습자가 속도, 교과, 학습의 과정을 지시indicate'할 수 있다는 것이다.Simon, 1998: 105 4장에서 보았듯이, 루소와 같은 자연주의자nativist에 따르면, 아동기는 취약성이라는 특별한 시기(황금시대)로, 어린이는 가능한 한 적은 개입으로 자연적으로 발현unfold할 요구인 (자연에 의해) 상상력과 환상에 독특한 재능을 지니고 있다. 어린이는 책임감이 부족해서 위험한 성인과 외부 환경으로부터 보호받아야 한다(종종 이를 제거해야 한다는 의미이다). 핵심 개념들은 여러 유형의 위험들risk, danger, hazard이다. 시야 밖의 어린이는 시야 안에 있을 때보다 더 위험risk하다. 성인들은 어린이의 삶을 알아야 하고, 보호해야 하고, 통제해야 한다.Burke, 2008 순진한 아동이라는 형상화는 어린이가 성인과 인지적으로 다르며, 발달의 다양한 단계들을 거쳐 진보한다는 것을 말해 준다. 이런 순진함에 대한 초기 단계들은 부정적이지 않으며, 축복받아야 하고, 교사는 배움에 대한 열정을 주입시키고 촉진하면서 양육해야 한다.Davis, 2008: 134 교사의 역할은 어린이가 상상력과 환상을 활용하여 놀이할 수 있게 하는 것이며, 폭력적이고, 공격적이며, 상업화되고, 착취적인 타락한 주변 세계로부터 어린이를 비호하는 것이다. 성sex, 죽음, 폭력, 중독과 같은 성인의 은밀한 비밀로부터 어린이를 보호할 필요가 있다. 교사가 어린이에게 제공해야 하는 맥락은 '보호, 지속성, 안전성'이다.Dahlberg, Moss and Pence, 1999/2013: 49 아프리카 테일러Taylor, 2013는 아동기와 독특한 자연 사이의 낭만적인Romantic 관계를 붕괴시키고 재구성하여 아동기의 탈자연화

denaturalisation를 제안한다. 물론 이는 순진한 어린이뿐만 아니라 아동기에 대한 모든 형상화를 위한 시사점을 제공한다.

유약한 어린이

20세기 초, 가르침은 정상적인 어린이와 정상적인 발달의 개념에 점차적으로 관련되기 시작했다. 이런 규준norm에 따라, 교육적 연구는 '과잉-hypo-과 과잉 행동, 지체된 그리고 뛰어난 지능, 내향성과 외향성, 일탈의 여러 형태 등 새롭게 고안된 범주'에 초점을 두기 시작했다. 학교는 '특별한 요구들' 또는 최근에는 '학습의 장벽' 등과 같이 새롭게 개발한 범주들에 반응하였다.Davis, 2004: 87-8 진단diagnosing과 교정remediating과 같은 활동Davis, 2004: 87들이 가르침에서 중요해지기 시작했다. 권리에 기반을 둔 담론들, UNCRC, 복지에 초점을 둔 정책들도 어린이를 유약한 존재로 위치 지었다. 한편, UNCRC가 어린이를 능력이 있는 존재로, 그 또는 그녀는 의사결정을 하는 책임 있는 능동적인 행위자라고 가정하지만, 동시에 어린이는 우려의 대상으로 간주하는 모순적인 방식을 보여, 어린이는 우려스럽고 유약한 대상으로, 전문가의 보호가 필요하다고 간주되었다. 아동 관리는 점차적으로 전문화되었고, 치료화되었고, 심리화되었다.Cregan and Cuthbert, 2014: 15-16 그리고 이는 때때로 어린이를 돕거나 보호하기 위해 (때로는 심지어 아동 부모로부터의 보호) 정말로 필요하지만, 어린이의 삶에 광범위하게 개입하는 현재의 경향에 대한 비판도 커지고 있다.Jones, 2009: 32 서구에서의 건강과 안전에 대한 관심이 여기에 해당하는 좋은 예시이다. 예를 들어 학교에서, 일부 교사들은 정서적인 격변 그리고 논쟁적이거나 금기시되는 주제들의 토론을 회피한다.Haynes and Murris, 2012 어린이는 취약하기 때문에, 정상화를 위해 보호와 치료가 필요하다고 생각하는 것이다. 남아공 지역 학교들과 대학에서 주의력결핍(과잉행동)장애ADD/ADHD와 같은 병이나 과제에 더 나은 집중을 도와주기 위해 약물(Ritalin과 같은 약물치료) 사용이 급격히 증가하고 있는 일화들에 우려를 제기하고 있다. 교육철학자 크리스찬 크리스찬슨Kristjan Kristjansson은 이런 탈정치적이고 탈맥락적인 전 세계적 경향들은 고통과 괴로움이 없는 삶에 대한 비현실적인 기대를 갖게 하고, 학교보다는 개인에 대한 병리학을 증가시키며, 교사들에게 '질병-중개자sickness-broker, 질병 감시원 그리고 약물 운영자' 역할을 하게 한다고 주장한다.Kristjansson, 2010: 200-9 유약한 어린이의 형상화에 반대하는 중요한 목소리는 자유주의 교육자 캐슬린 에클레스톤과 데니스 헤이즈Kathryn Ecclestone and Dennis Hayes, 2009이다. 이들은 학교와 대학에서 행해지는 현재의 치료적 경향이 위험하다고 경고한다. 이들은 양질의 교육quality education 결과에서 해방되자고 말하면서 교육자들은 논쟁적인 이슈를 더 많이 회피하기보다는, 학업의 지적 고뇌으로 인해 희생되는 정서적 활동들에 초점을 두는 경향이 있다고 언급한다.Ecclestone and Hayes, 2009 '약해진 자아diminished self'는 자아뿐만 아니라 타인에 대한 자신의 기대가 낮아져서 상담자, 심리학자, 정신과 의사 등 전문가의 의존을 심각하게 발생시킨다. 모든 연령의 학생들은 '스트레스를 느끼고', '소속감이 부족하고disengaged', '걱정스럽게 아침을 맞이하고', '(뭔가에) 빠져 있는being got at' 등의 문제들, 불확실성, 불일치, 새로운 도전, 갈등 등의 문제들은 반드시 심리적인 것이 아닐 수 있으며, 실존적으로existential 인식하기 시작해야 한다.Ecclestone and Hayes, 2009: xi 특히 유약한 어린이의 형상화는 어린이를 개인, 서구, 실내 어린이/학생으로 위치 짓는다.

공동체의 어린이

아프리카에서 비판적 이론 관점에 기반한 어린이 출판물은 거의 없지만Wells, 2009, 아프리카 어린이의 형상화는 '유약한' 아동이 아니라 큰 지역사회의 일부분으로, (때로 복지까지) 책임을 가진 사람이라고 말할 수 있다.Twum-Danso, 2005를 보라 즉 아프리카 어린이는 공동체의 어린이 communal child이다. 이는 행위주체성에 대한 낭만적인 생각이 아니라 인종과 가난과 기본적인 생존과 복잡하게 관련된 생각이다. 예를 들어, 남아공에서 1994년에야 비로소 원칙대로 모든 아동들은 동일한 교육에 접근할 수 있었다.Wells, 2009: 9-10 그러나 냉혹한 국가의 사회-경제적 불평등성과 흑인 및 유색인종 어린이들은 과거 남아공의 인종차별 정책apartheid으로 인간보다 못한 존재로 여겨져서, 평등한 접근은 아직까지 꿈일 뿐이며, 현실은 아니다. 특히 후천성면역결핍증후군HIV/AIDS에 시달리는 대륙에서, 어린이들의 능력과 형제들 및 다른 가족 구성원들을 돌보는 데 기여하는 것을 모호하게 하는, 많은 어린이들이 경험하는 아동기가 어떤 것인지를 왜곡하는 사진들이 있다.Kesby, Gwanzura-Ottemoller and Chizororo, 2006: 186 아동에 관한 모든 문헌에서 설정한 주요한 가설들은 어린이는 부모가 돌봐 주는 온화한 환경에서 성장하고 있다는 것인데, 아프리카에서 어린이가 가장인 집child-headed household은 비상식적인 것이 아니다.

"어린이의 회복탄력성, 결속력, 나눔의 역량, 체력, 시간, 장소, 미래 등에 대해 개념화하거나 조사한 연구는 거의 없다."Penn, 2005: 111

아프리카 철학에 관해 종종 문자화되는 개념은 아프리카 사회는 공동체의 상호의존도…특히 확대가족(어린이, 부모, 조부모, 삼촌, 이모, 고모, 친척 형제, 조카딸, 다른 먼 친척들까지)의 존재와 번성…로 특징화되는데, 확대가족은 더 넓은 사회의 소우주이다.Letseka, 2013 위계는 우주의 본성으로, 그 위계에서 낮은 위치인 어린이는 성인과 조상에게 (복종과 존경심을 가지고) 복종해야 한다. 아직까지 살아 있고 번성하는 개념으로서 공동체의 상호의존도와 고대 아프리카 세계관인 우분투Ubuntu 사이에 연관성을 발견할 수 있다. 우분투는 'unumtu ngumumntu ngabantu'라는 뜻으로, 휴머니즘 사상과 유사하다. 즉 "우리가 있어서 내가 있다. 그리고 우리가 있기 때문에 내가 있다"Bonn, 2007는 뜻이다. 인간성은 공동체 맥락의 표현으로 발견된다.Le Grange, 2012 11 음비티Mbiti에 따르면Letseka에서 인용, 2013: 748 "개인에게 일어나는 것들은 무엇이든 간에 전체 집단에서도 일어나며, 전체 집단에서 일어나는 것은 무엇이든 개인에게도 일어난다". 가르침은 사회화socialisation로 간주되며, 연장자와 확대가족에 의한 올바른 사회적 및 문화적 가치(어린이에게 부족한 것)의 전수를 확고히 하는 설득inculcation으로도 이해된다.Ajayi, 2000 어린이라는 지위place는 이런 확대가족을 섬기는 것이며, 복종이 전제 조건으로서, 신체적 처벌을 통해 강화된다.Penn, 2005: 110 여자아이는 남자아이보다 더 낮은 지위와 권위를 갖게 되어, 더 많이 길들여지고domesticated, 더 유순하기를 기대받는다. 성적으로도 sexually 마찬가지다.Penn, 2005: 110 12

iii로서의 어린이: 유능하고, 유연하고, 잠재력 있는 어린이

공동체 어린이를 제외하고, 위에서 살펴본 아동기의 형상화에서 중요한 것은 서구의 '성인 같은' 지식이다. 반사회적이고, 반정치적이고, 합리적인(체현되지 않은 방식으로) 지식으로, 데카르트적 의미에서 심각한 이원론적이다. 그러나 개인적이지 않지만, 우분투Ubuntu 또한 휴머니즘 세계관으로서, 학습을 (위계적인) 자연과 문화 사이에서 중재하여 개인 안으로in 위치시킨다. 자연/문화 이분법은 어린이를 본질화할 뿐 아니라, 비슷한 방식으로 성인도 본질화시킨다. 모든 지식 생산

---

11. 르 그랑주(Le Grange, 2012)는 우분투가 휴머니스트 개념(notion)이라는 주장에 동의하지 않으며, 내재성 철학을 제외하여 아프리카 철학에 대한 포스트휴머니즘 이해를 주장한다. 따라서 성, 연장자와 조상들 사이의, 그리고 종들(species) 사이의 비위계적인 관계가 형성되는데, 이 주장이 어떻게 받아들여질지 분명하지는 않다.
12. 8장에서 우리는 남아공 교육과 초기 문해의 맥락 내에서의 아동 형상화로 되돌아갈 것이다.

의 중심hub으로서 언어, 그리고 그것과 함께 완전한-인간의 세련된 언어 화자의 시대age를 제거하자는 포스트휴머니즘은 강력한 새로운 존재론과 인식론, 지식을 구성하는 어린이의 능력에 가치를 두는 방식을 제안하고 있다. 그 여지는 물질-심지어 언어 그 자체의 물질적인 특성 the material nature of language itself에 관한 것으로, 담론들이 어떻게 물질화되어 작동하는지 보여 준다.Jackson and Mazzei, 2012: 113 포스트휴머니즘의 윤리존재적 인식론Barad, 2007은 어린이에 대한 재-평가를 가능하게 해 준다. 이를 처음for the very first time으로 해 보기 때문에(비록 포스트모더니즘은 이 승리를 잘못 주장했지만), 서구 형이상학의 이분법은 (새로운 존재인식론을 통해) 불필요하게 다루어진다. 어린이는 '유능하고rich'Dahlberg, Moss and Pence, 2013: 53-5, 잠재력 있고resourceful, 유연한[7]장을 보라 존재이다. 특히 남아공의 맥락에서, 어린이를 '빈곤하고poor', '혜택을 받지 못하는disadvantaged', '자원이 충분히 제공되지 않는' 학교에 가야 하는 존재로 보는 담론이 우세하기 때문에, 모든 어린이들은 유능하며 잠재력 있는 어린이에 대한 형상화를 강력하게 호소해야 한다. 잠재력을 가진 유능한rich in potential 어린이에 대한 로리스 말라구치Loris Malaguzzi의 신념에 따라, 구닐라 달버그Gunilla Dahlberg, 피터 모스Peter Moss 그리고 앨런 펜스Alan Pence는 교사는 어린이를 '유능한' 존재로 간주해야 할 선택권을 가질 수 있다고 설명한다.

유능한 어린이는 다른 유능함을 낳는다. [레지오 에밀리아에서] "만일 당신이 당신 앞에 유능한 어린이를 데리고 있다면, 당신은 유능한 교육자가 되고 유능한 부모를 만나게 되지만", 반대로 당신이 빈곤한 어린이를 데리고 있다면, "당신은 빈곤한 교육자가 되고 빈곤한 부모를 만나게 된다"라고 언급한다. '유능한' 어린이에 대한 이런 구성에서 보면, 학습이란 어린이의 두뇌 안에서만 거의 격리된 채 일어나는 개별적인 인지적 행위가 아니다. 학습은 어린이가 성인과 함께 그리고 이에 못지않게 중요한 다른 어린이와 함께 지식을 구성하고 세계에 대한 의미를 창조하는 협력적, 상호 교류적 행위이다. 이것이 우리가 학습자로서의 어린이가 능동적 공동 구성자임을 강조하는 이유이다.^{Dahlberg, Moss and Pence, 2013: 53}

이런 재형상화에서, 어린이(또는 그런 중요성을 가진 어떤 다른 인간 동물)는 '빈곤'하지 않고, 교사에 의해 쓰여야 하는 로크의 백지(자연)처럼 문화적인 인식론적 투입을 수동적으로 받아들이려고 기다리지 않는다. 그 대신, 교사는 교사 자신을 '아동처럼childlike' 되게 해야 한다.^{7장을 보라} 즉 교사는 행동으로부터 사고를, 지성으로부터 정서를, 내용으로부터 형태를, 구체적인 것에서 추상적인 것을 단절하지 않는 합리성을 당연하게 여기는 아동과의 마주침encounters을 추구해야 한다. 가르침과 배움을 위해, 이는 교실에서의 현존하는 신체the presence of the bodies, '내부'와 '외부'가 없는 신체, 그러나 살아내는 경험적lived experiential 마주침과 얽혀 있는 신체에 주의를 기울여야 함을 강조하는 관계적인 접근법을 시사한다.

자연/문화 이분법 그리고 세대 간의 정의

어린이에 대한 이분법적 사고는 중요한 지식을 놓치고 있다. 이분법은 모든 것thing을 두 개로 자른다. "완전한 차이화를 단일한 행위로, 그것과 이것으로, 그때와 지금으로 부러뜨린다."^{Barad, 2014: 168} 이분법적 사고는 어린이와 성인으로, 정신과 신체로, 자연과 문화로, 남자아이와 여자아이로 분리하여 갈라놓는다. 정신에 지능을 위치 지음으로써(또는 신체의 부분에서는 오로지 뇌라고 말하면서), 어린이를 유능하고 또는 무능력하다고 말하는 것을 가능하게 한다. 마치 어린이의 능력이 다양한 능력들로 분리할 수 있다는 것처럼 말이다. 인간 동물은 여전히 개체-이원화indivi-dualised되어 양-분된다dicho-tomy. 잭슨과 마쩨이Jackson and Maxxei, 2012: 114는 다음과 같이 설명한다. 생물학적 그리고 문화적, 물질적 그리고 기호적, 자연적 그리고 인간적, 유전자 그리고 환경 등의 그 사이between를 인공적으로 분할하는 것은 우리에게 "사물thing과 사람 사이의, 공학engineering과 사회적 구조의 위업 사이의, 경험과 신체들 사이의 상호 교차점에" 있는 지식을 보지 못하게 한다. 사실은as a matter of fact, 지식은 먼 곳에서 얻어질 수 없다. 어린이를 관찰하기, 어린이와 함께이기being는 항상 얽혀 있는 관계이다. 테일러는 어린이는 '공동 세계common world' 내에 이미 얽어져 있으며, 이 세계는 물려받은 세계로, 인간과 인간 아닌 타자가 전체 주인으로 함께 살고 있는 세계라고 하였다. 학습자와의 타자-되기의 관념은 인식론 또는 교육학의 문제일 뿐 아니라 정의의 문제로, "윤리와 정의에 관한 문제들은 항상 이미 세계라는 천 사이를 실로 꿰매고 있다".Dolphijn과 Van der Tuin과의 인터뷰에서 Barad, 2012: 69 이것은 세대 간 정의intergenerational justice의 문제이다.Dolphijn과 Van der Tuin과의 인터뷰에서 Braidotti. 2012: 24

옷 갈아입는 것과 같지 않은…

어떤 시기에도, 어린이와 성인에 대한 수많은 가설들은 가르침과 연구 실제에서 현시된다. 아동기에 대해 그렇게 행하는 것doing은 우리가 다음 장에서 보겠지만 매우 복잡하고 모순적이다. 그러나 이런 형상화들의 일부를 풀어내면서 그리고 어떻게 형상화들이 실제에 정보를 주는지에 대한 구조화된 노력들은 윤리적인 아동기의 실행에 대한 다른 가능한 방식들을 상상하게 한다. 이 장에서의 다양한 분석을 통해 우리는 어떻게 자연/문화 이분법이 성인/어린이 이항분리로 확언되고 있는지를 살펴보았다. 그러나 이는 포스트휴머니즘에서 길을 찾는 도구인 존재론적 내비게이션으로서는 불필요하다. 포스트휴머니즘은 (마치 아침에 일어나서 입을 옷을 선택하는 것처럼) 교육자들이 여러 가지 선택사항 중에서 선택할 수 있는 가르침과 연구에 대한 또 다른 '개념적 conceptual' 틀을 제공하는 것이 아니다. 이것은 휴머니스트 주체성을 가정한 지향성intentionality의 개념notion을 전제한다. 이론은 인간 동물이 자유롭게 선택하는 단순한 담론적 도구일 뿐이다. 인간 동물은 자연도, 문화도 책임지지 않는다. 사실, 인간 동물은 자연-문화의 일부part이므로 초월론적이거나 (특정한 '지금 여기'에서) 분리된 관점을 취할 수도 없다. 이는 단순히 선택사항이 아니다.[Haraway, 1988] 우리는 어린이에 대한 우리의 이야기를 단순하게 변화시킬 수 없다.

이 장에 제시된 어린이와 아동기의 형상화는 어린이와 우리의 (교육적인) 마주침을 생각하고 느끼고 집행enact하는 장치이다. 이런 공동의 이미지들은 우리의 가르침과 연구 실제를 형성하며, 역사적, 사회-문화적 담론들과 실제들은 신체에 물질적 감응/결과를 초래한다. 따라서 어린이에 대해 이런 얽혀 있는 형상화를 회절적으로 설명하고, 우리의 신체정신에 남긴 흔적들marks을 지도화하는 것은 생기적인vital 작업이다. 이 작업은 항상 발현적이며, 언어와 과거의 개념에 의해 속박된다. 새로운 것은 오직 현재의 배경background에 기대어 나타난다.[Elizabeth Grosz를 참조한 Dolphijn and Van der Tuin, 2012: 120] iii가 아동기 연구 수업을 가르치는 동안, 학생들은 그해에 그들에게 발현된 '타자화하기othering'에서 포함되고 배제되는 새로운 회절적 패턴들을 표현하면서 **협력적** 저널들을 지속적으로 수행하였다. 그들의 신체정신 지도들은 영원히 '구성 중under-construction'이며, 영원한 되기becoming이자 운동moving이다.[Dolphijn and Van der Tuin, 2012: 111] 삶, 앎, 행함에서 작은 사소한 차이들이 점차 드러나면서 그해가 끝날 무렵에 최종 전시를 하면서 정점에 도달했다.[2장을 보라] 이런 형성 평가formative assessment의 주요 목표는 각각의 이항 중 성인들이 속해 있는 하나의 항에 해당하는 다른 가치들을 통해 '타자(어린이)'를 배제하는 이분법적 사유의 직접적인 결과로서 생의 초기 실제들이 얼마나 차별적이고 부당한지를 학생들이 사고하고 그리고 느끼게 하기 위함이다. 모더니티를 지배한 이분법은 부정의 관계로 구조화된다(예: 미성숙한, 발달하지 않은, 무지한, 미개한, 악한). 관계적 물질주의자인 릭 돌핀과 아이리스 반 데 투인^{Rick Dolphijn and Iris van der Tuin, 2012: 126, 127}은 '이런 부정의 다시-긍정하기'를 통해 어떻게 윤리적이고 정치적인 존재인식론적 활동들로 새로운 개념들을 창출할 것인가를 설명한다. 마지막 장에서 소개된 'iii' 개념이 그런 '개념'이다. 이것은 (아동과 다른 지구 거주자들을 포함하여) 어떤 주체들이 존재하는is 개체화의 지속적인 과정continuous process of individuation에 대한 표현이다. 포스트휴먼 어린이는 'iii'이며is, 신체정신물질이며 동시에 언어적, 사회적, 정치적, 자연적, 물질적, 문화적이다. 4장에서 우리는 어린이 그리고 세계가 어떻게 얽힌 되기들인지, 그리고 어린이가 세계 안에in 있는 것이 아니라 어떻게 세계의 일부part인지를 보았다.^{Lenz Taguchi, 2010: 47} 렌스 타구치는 학교와 대학에서의 교육과 내용을 위해 이런 새로운 통찰력이 주는 심오한 시사점을 보여 준다. 3부에서 우리는 교육적 실제에 대한 시사점 탐구를 시작할 것이다. 그러나 첫 부분인 6장에서 iii는 다른 교육학적 실제를 정당화하기 위한 수단으로서 **'정체성 편견'**과 **'인식의 불평등'**에 대한 철학자 미란다 프릭커의 개념들을 회절적으로 읽고자 한다.

회절적 일시정지:
만들어지고-창조되는 어린이에 대한
신체정신 지도들

학생들은 [표 5.1]에 의해 촉발된 자신들의 후속 연구들을 수행하여 연구 결과들을 수업에 가지고 왔다. 학생들은 소집단으로 작업하였고 때때로 그들 자신만의 지도들을 만들었으며, 다른 때에도, '미개한/순종적으로 길들여진', '선한/악한', '위험한/안전한', '남성/여성', '자기 중심적인/이기적이지 않은', '성적인/순결한', '성숙한/미성숙한', '발달하는/발달된', '유약한/유연한' 등과 같은 서구의 이분법 체계 내에서 물질적으로, 사회-문화적으로, 역사적으로 위치 지어진 담론들을 토론하면서도 지도를 만들었다. iii는 조사하고 있는 질문들에 대해 묻고, 더 나은 아이디어와의 회절을 제안하면서 각 집단과 내부-작용하였다.

신체정신 지도들의 힘을 설명하는 훌륭한 예는 흘렌기위 므카이즈 Hlengiwe Mkhize의 지도이다. 그녀는 "내가 흑인(인종)인 걸 보여 주기 위해" 갈색 종이로 만들었다고 설명한다.[그림 5.1] 우연히 그녀는 이 차이를 표현할 수 있는 적당한 물질인-소포 포장지를 방에서 발견했다. 다중 양태적으로 새로운 아이디어를 구성하기 위해 다른 물질들-다양한 종류의 천, 양털, 반죽, 찰흙, 돌멩이들, 작은 나뭇가지들, 나뭇잎들과 같은 자연물들, 버려지고 재활용된 물질들(예: 병들, 계란 상자와 휴지심), 미술 재료들(예: 물감, 풀, 연필, 두꺼운 펠트펜, 오래된 신문들)을 항상 이용할 수 있다. 그해의 시간이 흐르면서 학생들은 작품들을 추가하였다.

흘렌기위는 협력적인 저널을 계속해서 썼다.

나무로 만든 십자가는 나의 종교의 표상이다. 그것은 나의 어린

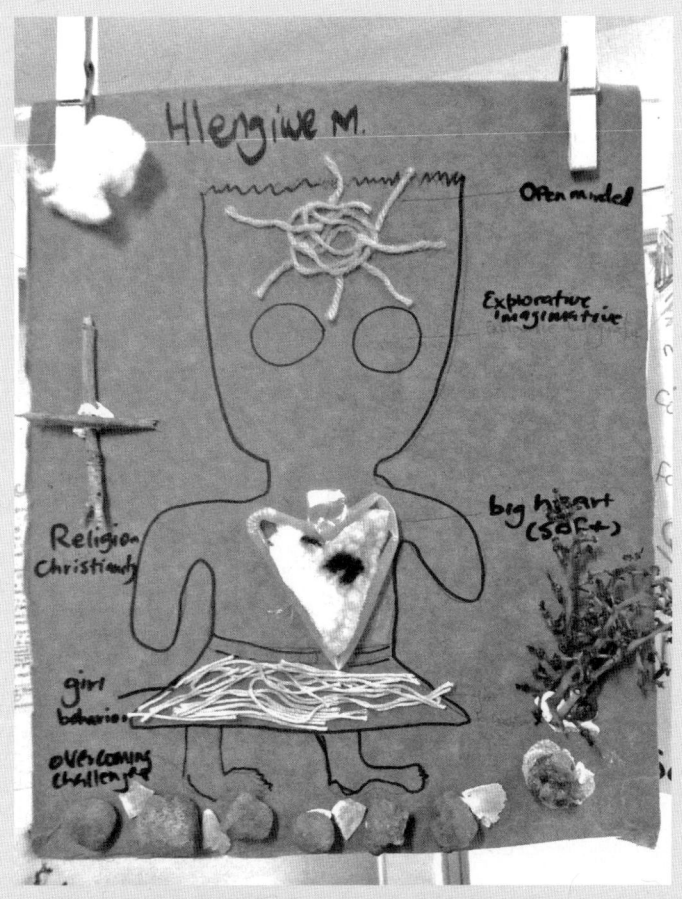

[그림 5.1] 흘렝기위 므카이즈의 신체정신 지도

시절에 큰 역할을 했는데, 주일학교는 나의 삶의 일부였다. 내가 좋아하는 이야기가 성경에 나오는 아담과 이브였기 때문이다. 분홍색 치마는 내가 소년과 소녀 간의 차이를 알게 해 주는 것으로, 소녀는 분홍색을 입고 소년은 파란색을 입는다. 그러나 나는 표현의 자유를 받아 주고 격려하는 통합적인inclusive 사회에서 성장하였다. 이는 내가 선택한 행동의 방식으로 행동할 수 있게 하였다. 부드러운 양털로 만든 큰 분홍색 심장 내부inside는 내가 용서하도록 그리고 무조건적으로 사랑하도록 키워졌음을 보여 준다. 대가족에서 자라면서 나의 어린 시절의 실천 일부가 된 나눔sharing 때문에 나는 주는 사람giving person이 되었다. 부드러운 양털은 나의 마음이 쉽게 부서질 수 있음을 보여 준다. 나의 신체 지도에서 나는 바위와 불안정한 조개껍데기 위에 서 있다. 이것은 내가 도전을 이겨 내고 싸우기 위해 충분히 강하게 키워졌고 아직도 큰 마음을 가지고 있다는 것을 보여 준다. 늦어도 오후 5시까지는 집에 들어가야 한다거나, 21세까지는 남자친구를 사귀면 안 된다 등과 같은 규칙들은 나를 매우 규율적인 젊은 여성에 맞게 성장시켰다. 나의 머리 안의 노란 태양과 같은 모양은 내가 열린 마음을 가진 사람임을 보여 준다.

여기까지, 흘렌기위의 내러티브는 좀더 친숙한 휴머니스트 방법론인 반성reflection과 상징적 표상을 사용한다. 교육적인 관점에서 보면, 이는 학생들이 그들의 연구에서 플라톤, 아리스토텔레스, 로크 루소, 다윈, 들뢰즈와 가타리, 바라드처럼 다양한 철학자들이 다룬 아동기의 이론들을 개인적 수준으로 연관시키도록 돕는다. 역사적 차원은 "새로운 것을 이끌어 내기 위해"Rotas, 2015: 98 "과거를 깨고 개방되게" 한다. "긍정적 접근법은 사고하기thinking와 행하기doing를 동시에 함으로써 이분법적 논리를 되돌린다."Rotas, 2015: 101 예외 없이 거의 모든 학생들이 이런 철학이 어떻게 개인적으로 그리고 제도적으로 어떻게 심오하게 얽혀 있는지 이해했으며, 그들이 가정에서, 지역사회에서, 학교에서 어떻게 다루어져 왔는지와 관련하여 흔적을 남겼고, 그들의 신체정신에 물질담론적인 흔적들이 어떻게 지속적으로 남겨져 있는지 보여 주었다. 회절은 어린이가-만들어지는-과정child-in-the-making을 보게 한다. 이는 과거, 현재, 미래에 타인과의 내부작용을 포함한 차이의 결과

[그림 5.2] 타린 웰시의 신체정신 지도

를 지도화한 것이다. 흘렌기위는 언어가 특별히 어떻게 물질담론적 힘을 갖게 되었는지 그리고 어떻게 지속적으로 그 힘을 갖고 있는지, 어떻게 언어가 그녀의 끝없는 되기와 차이화differentiating를 형성하는지를 지도화하였다. 그녀는 다음과 같이 썼다.

나는 매우 지지적인 가족에서 자랐는데, 아빠는 늘 나에게 "Mntanami uhlakaniphile and ayikho into efundwayo eyokuhlula"를 말씀하셨다. 이것은 "애야, 너는 별이고 영리해서, 네가 공부할 수 없는 것은 공부할 필요가 없다"라는 뜻이다. 이 말은 내가 인간의 경계를 넘어서서 생각하게 했고, 나를 항상 격려해 주었다. 나의 몸 지도에서 크게 뜨고 있는 눈은 내가 탐구적인 상상력을 가지고 있음을 나타낸다. 어린 시절에, 아버지는 나에게 내가 원하는 것을 소유할 때까지 잠들지 말고 눈을 크게 뜨고 지켜봐야 한다고 말씀하시곤 했다. 그 말은 나를 독창적으로 생각하게 했으며, 늘 새로운 기회를 위해 항상 눈을 크게 뜨고 지켜보게 하였다. 여러 해 동안 나는 리더로서 많이 참여하게 되었고, 나를 발전시키고 성장하게 한 일thing에 관여하고 있다. 새로운 기회를 위해 나의 눈과 마음을 열어 두고 있다.

[그림 5.1]에 보이는 것처럼 흘렌기위의 신체정신 지도는 그녀의 첫 번째 힘 있는 결과이다. 그녀의 물질 사용은 쓰기와 구어적verbal 언어의 한계에 대해 생각하게 했다. 그림 아래에 돌을 사용한 것은 어렸을 때 받았던 신체적 체벌을 물질적으로 표현했다. 그녀는 그해 남은 기간 동안 그것을 연구하거나 발현되는 새로운 아이디어를 표현하는 다른 다중 양태적 방식을 찾을 수 있는 선택권을 갖게 되었다.

예를 들어, 로리스 말라구치의 백 가지 언어들[7장 참조] 시를 소개받은 후 루니 툰스Looney Tunes라고 불리는 집단은 다음과 같은 회절적 저널을 썼다.

다음 학기를 위해, 우리는 우리의 양육/정체성에 대해 좀 더 깊이 반성하고, 회절하기를 하면서 좀 더 의미 있는 물질들을 만들기 위해 다른 창의적인 언어를 활용하고 우리의 신체 지도들을 연구하기 위해 어느 시점에 함께 모일지 토론했다(예: 조각품 만들기,

실물 신체 크기 지도들, 음악을 통해). 그러고 나서, 그 학기 동안 우리가 회절할 때, 우리는 이 물질들로 만들어 볼 것이다(여기에 기록할 거라고 나는 생각한다).

그들의 저널에 대한 나의 응답으로, iii는 이것이 훌륭한 아이디어라고 생각했고, 이런 다양한 창의적인 언어들의 사진을 찍고 녹음해서 그들의 저널에 추가할 것을 제안했다. 그들은 다른 사람들이 증강현실[13]을 통해 이런 정보를 접근할 수 있도록 하였다.

또 다른 학생, 타린 웰시는 흘렌기위와는 매우 다른 신체정신 지도를 연초에 만들었다.[그림 5.2] 그녀는 그녀 집단의 협력적 저널에 다음과 같이 썼다.

나는 이것이 흥미로운 활동이 될 것임을 알게 되었다. 나는 이런 방식으로 나의 어린 시절을 바라보는 것을 즐겼다. 그리고 이런 방식의 많은 부분들이 나의 부모님, 형제들, 선생님들, 일반적으로 고정관념으로 구성되고 이분법으로 제한된 세계가 나를 바라보는 방식으로 형성되었는지를 알아 가는 것도 즐겼다. 나는 항상 나의 젠더에 대한 억압을 느꼈다. 나는 항상 유약하고 순진한 작은 소녀였다. 그래서 나와는 모든 것이 반대였던 남동생보다 더 많은 보호와 돌봄을 받아야 했다. 나는 선하고, 남동생은 그렇지 않고, 나는 유약하고, 그는 그렇지 않게 다루어졌다. 이런 렌즈들을 통해 자신과 타인을 지각하도록 우리가 형성되었다고 느꼈다. 이런 것들이 항상 진실이었던 것은 아니었지만 그것들은 나의 진리였던 나의 경험과 나의 현실을 형성하였다. 이것들은 많은 방식

---

13. 2장의 각주 24를 보라.

으로 나를 형성해 왔으며, 내가 세상을 살아가면서 가장 선명했던 것은 불안감이었다. 내가 유약했기 때문에 세상은 내가 다룰 수 없거나 나에게 안전하지 않은 공간처럼 항상 느껴졌다. 나의 신체 지도에서, 나는 내 얼굴의 이목구비 위로 밝은 색상의 물질들을 사용하여 여성이라는 프레임을 씌웠다. 왜냐하면 나는 이 렌즈들, 이분법 말고, 다른 방법으로 세상에 대해 말하거나 볼 수 없다고 느꼈고, 이 때문에 나는 새장에 갇힌 느낌이었다. 이 느낌을 표현하기 위해 나의 신체 위에 그물을 붙였다. 이는 나의 젠더가 어떻게 나의 약점으로 보였는지 그리고 여자답지 않거나 안전하지 않다고 인식해서 내가 하고 싶은 것을 얼마나 많이 제한했는지 보여 준다. 이는 어린이 또는 아동기에 대한 이런 형상화에 의해 올가미나 새장에 가두어진 느낌을 상징적으로 보여 준다.

물질이라는 매체는 표현의 독특한 의미를 담게 해 준다. (분홍꽃들) 색상과 그물을 사용하는 것은 물질담론적인 방식, 이분법이 어떻게 그녀의 신체정신에 흔적을 남겼는지, 어린 시절을 어떻게 가두었는지, 어떻게 그녀의 구속들이 지속되고 있는지 등을 힘있게forcefully 표현해 준다. 이런 예비 교사들의 작업은 인종과 젠더의 이분법이 어떻게 그들의 삶에서 작동하고 있는지 보여 준다. 흘렌기위에게 "Mntanami uhlakaniphile and ayikho into efundwayo eyokuhlula"는 문구는 물질담론적인 힘을 가지고, 그녀의 어린이-만들어지는-과정을 어떻게 형성했는지 보여 준다. 이런 첫 촉발provocation[14]은 학생들이 이런 지도

---

14. 7장에서, 우리는 레지오 에밀리아(Reggio Emilia)에서의 프로젝트 활동(progettazione)이 어떻게 촉발되어 시작되는지 볼 것이다. 유사하게, 레지오에서 영감받은 나의 교사교육 실천에서 iii는 그런 촉발로 시작하였고, 학생들은 미리 정의 내려지지 않은 아동기 수업 과제에서 (그해 후반에 소개받은) 증강현실을 사용함으로써 그리고 그들의 회절적인 저널들에서 다양한 '언어들'을 통해 더 많은 주제들을 지속적으로 탐구하도록 초대받았다.

에서 우리가 발현한 철학적 연구들이 만들어 낸 차이들을 지도에 계속 표시하면서 자신의 삶을 들여다보면서 시작되었다.

다음에 우리가 만날 iii는 지식 습득에 대한 재현적인 모델에 도전하는 상호주관적인 물질담론적 '차이의 사건들', 수행적이고 체현된 행위를 실용적으로 응용함으로써 추가적인 촉발을 제안한다.^{Rotas, 2015: 93} 나는 그들의 신체정신 지도에 대해 질문하면서 시작하였다. 그리고 학생들이 더 많은 휴머니스트, 표상적, 상징적 방식으로 작업했다고 생각하는지도 물었다. 수행해야 하는 그 활동exercise의 본질이 퇴행적regressive이라고 말한 학생의 이의 제기 때문이다. 학생들의 회절하기는 필수적이었으며, 대부분 집단 시간 이외의 시간에 이루어졌다. 활동은 그녀의 깊은 수준까지 건드리게 되었고, 현재까지 이어지고 있는 그녀의 어린 시절 과거의 원하지 않는 수많은 기억들을 상기시켰다.

트랜스포머로서의 신체

신체정신 지도 활동에 대한 관계적 물질주의 방법은 주체의 내부와 외부 사이, 자아와 사회 사이의 복잡한 상호관계들을 고려하는 것으로, 권력과 휴머니즘 주체를 근본적으로 비판하기 위한 가능성을 열어 놓는다.^{Braidotti, 2002: 20} 브라이도티는 체현된 또는 욕망하는enfleshed 주체는 더 이상 데카르트의 cogito ergo sum(나는 생각한다. 고로 존재한다)이 아니라 desidero ergo sum(나는 욕망한다. 고로 존재한다)이다. 사유하는 주체는 "감응, 욕망, 상상력을 중요한 동인mover으로 삼아 많은 능력들을 포괄하면서 확장되어 간다". 학생들은 상징적인 방법으로 사유하기에 빠지지 않는 것 또는 친숙한 심리학적 담론을 많이 사용하지 않는 것이 얼마나 어려운지 그리고 어떻게 불가능한지를 관찰하였다. 특히 심리학과를 졸업한 몇몇 학생들에게는 더욱 그러했다. 한 학생은 [그림 4.1]을 다시 보자고 제안했고, 우리는 그렇게 했다. iii는 그들의 협력적인 저널에 회절하면서 그들을 위해 브라이도티의 변신metamorphosis에 대한 몇 구절을 보내기로 결정하였다.

나는 신체를 사회적 그리고 상징적 힘force들이 매우 복잡하게 구성된 상호작용이라고 본다. 신체는 본질이 아니며 생물학적 구조도 아니며, 그러나…. 사회적 그리고 감응적 힘force들의… 작용이다. 이것은 신체를 기호적 글귀와 문화적으로 강요된 코드들의 지도로 보는 정신분석적 생각에서 분명히 이동한 것이다. 대신 나는 신체를 트랜스포머transformer 그리고 에너지 흐름을 전달하는 지점으로 본다. 즉 강도들의 표면이다…. [신체가 참조하는 다양한 시간대에 거주하고…] … 신체를 구성하는 바로 이 변수들-계층, 성, 국적, 문화 등-을 동시에 통합하고 초월한다. 신체는 모순의 묶음으로 남아 있다. 그것은 동물학적 실체이며, 유전자 데이터-은행이며, 한편 생물-사회적 실체로 남아 있다. 즉 그것은 코드화된 조각, 개인화된 기억이라고 말할 수 있다.Braidotti, 2002: 20-1

'트랜스포머'는 전기회로의 전압을 바꾸는 기기, 또는 휴머노이드 형상을 취하거나 스스로를 자동차로(그 반대로도) 변형시킬 수 있는 할리우드가 창조한 로봇을 의미할 수도 있다. 어느 쪽이든, 트랜스포머 아이디어는 어린이와 아동기를 재형상화함으로써 발생하는 욕망, 생기력vitality, 고전압 에너지를 표현한다. 아주 작은 행위자적인agential 것이라도 그들의 회절적 저널에서 짧은 구절, 질문, 파워포인트PowerPoint 슬라이드slide 또는 유튜브YouTube 클립 등이 물질로 절단되었다. 강사로서 나의 책임감은 나의 응답 능력, 그리고 "타인의 반응에 귀 기울이는 능력, 그리고 우리가 자아라고 부르는 것과 완전히 분리되지 않은 타인에게 반응해야 하는 의무"이다.Dolphijn and Van der Tuin와의 인터뷰에서

Barad, 2012: 69

　iii는 불분명한 경계를 가진 이론과 실제의 복잡한 얽힘이어서, 학생들에 의해 구성된 새로운 지식들이 발현되는 것과 관련된다(iii는 발생하는 일들과 거리가 있다고 추정되기 때문에 '목격되지 않는' 것은 아니다). 텍스트를 선택하고, 조사하고 있는 문제를 질문하는 함으로써 iii는 그들의 학습을 '촉진facilitating'하고 있는가? iii는 '중재mediating'하고 있는가? 이런 질문들은 8장에서 다룰 것이다. 니키 로타스는 이런 방식의 가르침은 어떻게 이성의 반복을 혼란스럽게 하는지 그리고 호기심을 유발하고 발산된 것을 바탕으로 문제-해결을 위한 질문하기로의 전환을 어떻게 촉발하는지를 설명한다.[15] 이런 질문들은 과거의 영향은 받지만 결정되지 않는 다학문적 프락시스praxis를 촉진한다.Rotas, 2015: 93 그런 사건들은 "물질적 함의를 산출하는 발현적인 프락시스를 촉진하는 경험의 강도적인 질"Rotas, 2015: 97 그리고 카오스적이고 혼란스러운 공간에서 "학생들의⋯ 욕망의 위기가 감응적으로 생성되는" 경험이다.Rotas, 2015: 94 그러므로 감응되고/영향을 받는 것에 대한 학생들의 저항은 예상할 수 있다. 강사는 그들의 가르침의 일부로서 이런 혼란의 탐색을 수용해야 한다.[16] 학생들의 저항 중 가장 일반적인 형태는 이전에 습득한 아동 발달에 관한 지식을 아동에 대한 진리truth 또는 가장 최근의 언어word로서 저널에 활용하는 것이다(유아교육 또는 초등 교사가 될 학생들은 종종 발달심리학과 사회적 구성주의를 숙지하게 되거나 또는 같은 기관에서 다른 강사들로부터 동시에 그것을 배우게 된다). 마주치게 되는 또 다른 형태의 저항은 그 과제에 대한 참여 거부이다. 왜냐하면 그 수업은 고통스러운 기억들을 상기시키기 때문이다. 그런 맥락이 관례적인 치료도 아니며, 아마도 (위에서 언급한 것처럼) '안전하

---

15. 특히 7장과 8장을 보라.
16. 새끼 밴 가오리(pregnant stringray)로서의 교사에 대한 8장을 보라.

지 않고' 또는 너무 공적이기 때문에(학생들은 협력적으로 저널을 작성한다), 대안적인 활동 방법이 생성될 필요가 있다. 이것은 '피해를 복원하기' 위해 강사에게 '개입'을 요구하는 '뭔가 잘못되고 있는' 사례에 대한 것이 아니다. 그러나 로타스가 관찰했듯이, 교실은 고유의 살아 있고 숨 쉬는 '생태학적 역량'을 갖고 있으므로, 그 자체로 내부의-사건-과정(int-e(r)vent-ion)을 통해 학습할 수 있는/없는 공간이다.[Rotas, 2015: 95] 살아 있고, 숨 쉬는 생태계로서 교실은 우리가 7장에서 읽을 두 개의 내부-작용 교육과 공명한다.

6장
존재인식론적 불평등과 기관 없는 듣기

> 그들은 세 가지 차원에서 거부당하고 있다. 윤리적으로 그들은 부당하게 배제되고 있으며, 인식론적으로는 부당하게 불신받고 있고, 존재론적으로는 부당하게 낮은 위치에 놓인다.^{Blyth, 2015: 145}

카먼 블라이스Carmen Blyth의 박사논문에서 인용한 위의 글은 어린이들을 교육 상황에서 어떻게 대해 왔는지를 윤리적, 존재론적, 인식론적 관점의 세 가지 맥락으로 풀어낸 것으로, 이 책 1부의 핵심을 제대로 요약해 준다. 지금까지 우리는 어린이를 부족한 존재lesser being로 잘못 위치 지으면서 교육 실제와 의사결정 과정에서 어린이들을 제외시켜 온 것(부족하다는 이유로 예전에도 그렇게 했고 지금도 그렇다)에 대해 살펴보았다. 이러한 세대 간 불평등의 문제가 제기되면서 (비인간 되기의 존재inhuman becoming) 어린이를 포스트휴먼의 관점으로 재형상화하자는 주장이 이어져 왔다. 이 장에서는 인식론적 맥락에서 미란다 프릭커와 캐런 바라드의 철학과 또 다른 관점들[1]을 엮어 새로운 이야기를 만들어 보고자 한다. 신유물론자인 아이리스 반 데 투인^{Iris van der Tuin, 2011: 22}은 회절적 읽기가 "비판주의라는 학문적 관습을 극복하고 긍정의 선들affirmative lines을 작동시킨다"라고 주장한다. 이 장에는 최소 두 가지의 핵심적인 아이디어가 들어 있다. 이들은 서로 '간섭하기도 하고' 다른 힘이 더해지기도 하고 명확한 경계도 없는², 해변을 향해 가까이 다가가는 파도와도 같다.³ 바라드의 존재인식론은 프릭커가 제시한 인식론적 불평등이라는 개념과 내부작용함으로써, 존재인식론적 불평등ontoepistemic injustice이라는 새로운 아이디어를 만들어 낸다.⁴

존재인식론적 불평등의 아이디어는 미란다 프릭커Miranda Fricker가 제시한 상대적으로 영향력 있는 개념인 인식론적 불평등epistemic injustice과 내부작용한다. 인식론적 불평등은 불평등의 하나로 사회적 불평등이란 이야기 조각을 만들어 낸다. 진짜 지식이란 것이 있고 그것이 교육적으로 가치 있다고 주장하는 성인들에 의해서 수많은 불평등이 나타나며, 이러한 불평등은 어린이에게 해를 입힌다. 이 때문에 교

---

1. 나는 이전 논문(2013)에서 서구의 전통적 인식론의 개인주의적 존재론에 입각하여 어린이에게 귀 기울이는 것은 (교사로서의) 어린이와 (학습자로서의) 성인 '사이' 공간에서 일어나는 배움(learning)을 보여 주지 못한다고 주장했다. 이 장에서 iii는 맥루어(MacLure, 2013)가 언급했던 '회귀(being pulled back)'를 시도했다. iii는 회절적 분석을 이용하여 공공연하게 이루어진 어린이들 간의 철학적 대화에 대한 예전의 분석으로 되돌아가 보았다. 이렇게 하면서 앞서 내가 주장했던 것 중 일부를 다시 생각하게 되었다. 그리고 나아가 지식 생산에서의 어린이의 행위주체성뿐 아니라, 그 대화가 촬영되어 방송되었다는 사실을 포함한 물질에 이르기까지를 포괄해서 합리적인 존재인식론을 전개시킬 수 있었다.
2. 이때의 파도(waves)는 '여러 낱개들(things)'이 아니다. 파도는 공간 안에서 동시에 겹쳐진다. 물줄기가 합해져 두 개의 파도가 나타날 때에도, "연이은 파도는 파도 각각의 요소들이 만들어 내는 어긋남이 조합된 것이다. 영향력들이 조합되는 이러한 방식을 중첩(superposition)"이라고 한다(Barad, 2007: 76).
3. 들뢰즈의 철학에 기초하여 렌스 타구치(Lenz Taguchi, 2012)는 회절적인 텍스트 읽기가 '무슨 뜻이니?'라는 질문 대신 '작동하니(Does it work?)'와 '어떻게 작동하니?(How does it work?)'와 같은 질문을 가져오는지를 설명하였다. 이 장에서는 프릭커가 제안한 회절적 읽기의 예를 보여 줄 것이다. 이러한 읽기가 차별이나 주변화와 같은 범주로서 연령이 포함되는지와 같은 질문뿐 아니라 지식의 정치학에 관한 질문, 즉 지식은 무엇이고 누구를 위한 것이며 지식이 점유하고 있는 일련의 관계들에 대한 질문까지 어떻게 생성해 내는지를 보여 줄 것이다.
4. The South African National Research Foundation에서 지원받은 프로젝트 Posthumans and the Affective Turn을 진행하면서 웨비나(Webinar)에서 이 장의 초고를 발표했을 때 이 점을 지적해 준 비비언 보잘렉에게 감사를 표한다.

육적 변화가 중요하다. 특히 인식론적 불평등은 인식자knower로서 어린이가 지닌 역량을 부당하게 취급함으로써 드러난다. 지식을 성인들이 듣는 것이 아니라 어린이에게 제공하는 것이라고 여기는 것, 그것은 정체성 편견(차별)에서 기인한다. 이러한 편견은 어린이 및 아동기의 형상화와 관련 있는 것으로[5장], 어린이와 아동기의 보편적 형상화에 전제되어 있는 자연/문화의 이분법을 붕괴시켜 복잡하게 하여 재구성함으로써 재형상화할 필요가 있다.

프릭커의 철학의 주 관심은 어린이보다는 인종, 계급, 성에 있다. 연령을 차별의 범주에 포함시키는 것이 아직은 일반적이지는 않지만 놀랄 일은 아니다. 프릭커는 교육학자가 아니다. 과거[Murris, 2013b] iii는 배제되고 차별받는 사회적 유형에 어린이-특히 ('이중고'를 겪는) 흑인 어린이-를 포함하는 방식으로 '경계'를 넓힘으로써[5] 강력한 "개념 장치conceptual apparatus"[Code, 2008]를 사용해 왔다. 그러나 이 장에서 iii는 '연령'에 대한 나의 예전 입장과 회절한다. 과거 나는 (흑인) 어린이가 '진입in'하도록 '허락'하기 위해 지식의 의미what counts as knowledge에 대해 문제를 제기했다면, 이제 iii는 발현적 듣기emergent listening를 가능케 하는 보다 높은 인식론적 겸손함modesty, 인식론적 평등equality, 인식론적 균형symmetry을 주장한다.

'가치 있는' 교육 실제

자주 인용되는 분석적 교육철학자 피터스R. S. Peters는 교육 실제를 "실현 가능한 것일 뿐 아니라 **가치 있는 것을 사람들에게 전수하는 것**"이라고 보았다.[Peters, 1966: 26, 강조는 저자] 그런데 사람들이 (지속적으로) '무언가를 전수'하려고 노력할 때만이 교육적인 것으로 받아들이는 그러한 실

---

5. 나는 어딘가에서 또 다른 범주를 추가해야 한다고 주장했지만, iii는 이제 다르게 이해하고 있다. 무리스(Murris, 2013)의 논문을 참고하라.

제가 정말 필요할까? 그리고 '가치 있는' 지식이라는 것은 무슨 의미인가? 판에 박힌 듯이 학교에서는 성인들이 지식을 '전수하는' 자리에 그리고 '가치 있는' 학습을 결정하는 자리에 위치하고 있다. 아래 소개되는 간단한 사례는 이러한 질문들이 절실하며, 존재인식론적 불평등이란 개념을 탐색하는 것이 필요함을 보여 준다. TV에 방송된 어린이들의 철학적 탐구의 전사본은 실제에서의 인식론적 불평등을 비판적으로 탐색할 기회를 준다. 이 장에서는 가르침을 새롭게 정의하고자 한다. 가르침이란 어린이들과 함께하는 철학의 특징인 발현적 듣기의 부분으로서 존재인식론적 신뢰와 겸손, 평등의 관계를 위해 더욱 정의로운 것을 행하는 것이다.

5세아 학급 사례

나의 제자 한 명이 5세아 학급에서 교육실습을 하면서 재활용품으로 '식물' 만들기 활동에 참여했다. 아이들은 식물의 여러 부분(줄기, 뿌리, 잎, 씨, 꽃, 열매)에 대한 이해를 구성해 가면서 자신이 원하는 대로 자유롭게 다양한 재료를 사용하도록 고무되었다. (내가 지켜본 바에 따르면) 한 시간의 기본생활습관 교육을 마친 후에 아이들은 바깥놀이터로 나갔다. 교실로 돌아와 아이들은 이전의 기본생활습관 교육과는 전혀 관련이 없는 문해 수업을 시작해야 했다. 식물 만들기나 기본생활습관 교육, 문해 수업, 이 모든 것은 교육계획상이나 실행에서 서로 관련이 없었다.[6] 아이들은 이러한 교육의 '분절적 접근silo approach'에 익숙했지만, 몇몇 아이들은 휴식 이후에 자신의 프로젝트가 계속 진행되지 못하는 것에 실망스러워했다. 학급에는 아이들의 '식물'을 만드는 유목적적 활동이 많았고 대부분이 그 과제에 몰입하고 있었다.

---

6. 문해 수업이 별도로 계획되어 있었다 하더라도, 그 수업 이전의 것들과 연결 짓는 것이 당시에 가능했을 것이다.

이에 실습생은 지혜롭게 판단하여 아이들에게[7] 빠른 시일 내에 그 활동을 다시 할 수 있다고 약속했다. 며칠 후, 아이들은 식물 만들기 프로젝트를 계속할 기회를 갖게 되었는데, 이때 실습생은 아이들의 작품이 사라졌다는 것을 발견했다. 실습지도교사는 "부모들이 보면 작품을 버렸을 것"이라고 설명했다. 실습생은 아이들에게 작업을 계속할 수 있다고 약속을 했기 때문에 단단히 화가 났다. 실습지도교사는 지식에 관한 전통적 개념을 바탕으로 아이들의 작품을 버리기로 결정했던 것이다. 지도교사의 지식에는 분명 아이들의 수백 가지 언어들[8]이 배제되어 있었다. 교사는 교실에 그럴싸한 것을 전시해야 한다는 유아교육기관과 부모들의 압력을 느끼고 있었으며, 그래서 아이들 작품을 폐기했다고 설명했다. 교사는 "폐품 junk"Odegard, 2012을 이용하는 것 또는 미술이 지식 구성의 강력한 매체라는 아이디어에 익숙하지 않았던 것이다. 뿐만 아니라 아이들의 (항상) 진행 중인 작품이 전시될 수도 있고 또 전시되어야 한다는 것에 동의하지 않았던 것이다.Vecchi, 2010; Davies, 2014[9]

아이들이 만들어 놓은 것들은 다채롭고 매력적이었지만, '관습적인' 의미에서는 '멋진' 것이 아니란 점이 '문제'였다. 미술적 가치가 활동의 목표가 아니었지만, 관찰자인 나에게는 아이들의 창의적인 재료 사용이 돋보였다. 재활용품으로 다양하게 표현된 것 역시 그 주변에 전시되어 있던 깔끔한 작품과 극명하게 대조를 이루고 있었다. 어디에서나 그

---

7. 교육실습 중 실습생의 복합적인 역할은 언제나 관리하기가 쉽지 않았고, 교사의 '부모 같은' 역할과 결합되어 있는 '교육현장의 손님'으로서의 지위는 가장 복잡한 직무상 도덕적 딜레마를 불러일으킬 수 있다(Murris, 2012, 2014를 참고하라).
8. 7장을 참조하라.
9. 많은 교실들은 상당히 비슷해 보인다. 교실은 '가치 있는' 교육이라는 경험주의 아이디어로 구현되어 있다(materialize). 백지(tabula rasa) 또는 빈 그릇처럼, 문화와 지식을 수동적으로 받아들이는 어린이는 교실을 둘러싸고 있는 포스터와 있는 정보들로 '채워져야'(Bruce, 1987/2011: 3-4) 하는 것이다.

렇듯, 학교에서 만든 (조심스럽게 만들어진) 아이들의 미술 활동 (또는 다른 활동들)의 결과물들은 놀라울 정도로 비슷해 보인다.

어린이들과 함께 그리고 재료와 함께하는 배움은 교육의 변화다. 단, 그것은 권위 있는 성인이 새로 생성된 지식을 가치 있는 것으로 간주할 때에만 가능하다. 그리고 교육자들이 귀 기울이도록 하는 어린이와 아동기의 형상화에 달려 있다. 정체성 편견(어린이가 누구이며 어떤 존재인지)은 가치 있는 지식이 무엇인지를 규정하는 데 영향을 준다. 아래에서 정의를 행한다doing justice는 매우 중요한 개념에 대해 살펴볼 것이다.

고정관념과 정체성 편견

인식론적 편견[10]은 어린이에 대해 성인이 지니고 있는 암묵적, 명시적 가정 및 편견과 관련이 있다. 프릭커는 "**사회적 행태**로서 사람에 대한 편견을 지칭하는 것"으로 "정체성 편견identity prejudices"이라는 유용한 개념을 제시한 바 있다.Fricker, 2007: 4, 강조는 저자 정체성의 범주로서 어린이와 연령이 미치는 영향, 즉 성인이 '진짜real' 지식이라고 간주하는 것 그리고 어린이의 목소리(최근 사용되고 있는 일종의 메타포다)[11]를 듣는다는 것의 함의에 미치는 영향에 관해서는 학술 자료에 거의 나타나 있지 않다. 데카르트적 이분법을 해체하는 대다수 학술적 비판이 지식의 사회적·문화적 규범에 관한 것이라 할지라도, 그 초점은 거의 인종, 계급, 성에 국한되어 있다.[12] 프릭커도 예외는 아니다. 어린이는 여

---

10. 이러한 종류의 편견은 다음에 나오는 '진술의 불평등(testimonial injustice)'을 끌어낸다.
11. 물론 5장에서는 어린이의 재형상화와 목소리의 탈중심화('기관 없는 목소리')가 변형('변형자'로서 몸을 바라보는 것)에 필요한 두 가지 전략이라고 주장했다. 다음에 소개되는 철학적 탐구의 분석도 보라.
12. 그리고 우선권에서도 그러하다. 적어도 남아공에서는 그렇다.

전히 주류 철학[13]에 드러나지 않으며 다른 학술 분야에서도 마찬가지다. 프릭커는 자신의 저작물에서 연령에 대해 분명하게 언급하지는 않았지만, 자신의 주장이 우리가 어린이를 어떻게 여기고 대하고 있는지와 관련 있음을 대화를 통해[14] 알려 준다. 어린이는 인종, 계급 또는 성과 마찬가지로 인식적 불평등과 상당히 연관되어 있는 사회적 유형이다. 프릭커는 『인식론적 불평등: 지식의 권력과 윤리Epistemic Injustice: Power & the Ethics of Knowing』[2007]에서 획득되는 지식(인식론적 실제)과 그러한 지식의 사회적 상황성을 통해 드러나는 인간 실천에 초점을 맞추었다. 이때 지식은 필연적으로 윤리적·정치적 차원을 나타낸다는 것이다. 인종, 계급, 성의 차원에서 그는 다음을 주장한다.

> 정체성 편견은 그들의 신념이 아니라 화자의 신뢰도에 대한 청자의 판단에 의해 만들어진다. 나는 전형적으로 그러한 편견이 바람직하지 못한 고정관념의 형태인 사회적 상상, 즉 문제의 왜곡된 이미지를 만들어 내는 방식으로 화자의 신용도에 대한 청자의 판단에 영향을 준다고 본다.[Fricker, 2007: 4]

여기에서 말하는 윤리정치적ethicopolitical 이슈는 바람직하지 못한 고정관념이 어떻게 인식론적으로 사회적 지각을 왜곡하는가에 있다. 프릭커에게 고정관념은 "전반적으로 적절해" 보이거나 "잘못된" 것이다.[Fricker, 2007: 17] 고정관념은 "성급한 일반화"[Code, 2008] 그 이상의 것으로, 프릭커는 고정관념을 "특정의 집단과 하나 또는 그 이상의 속성 사이에 광범위하게 유지된 결합"[Fricker, 2007: 30]으로 정의한다. 비록 고정관념

---

13. 매슈 리프먼, 개러스 매슈스, 데이비드 케네디, 월터 코한, 카린 무리스, 조안나 헤인즈와 같은 철학자들은 철학적 탐구와 구분지어 '아동기 철학'을 주장한다.
14. 2014년 8월 케이프타운 대학교에서 개최되었던 사회평등 컨퍼런스(Social Equality conference)에서 나눈 비공식적인 대화를 말한다.

이 "믿을 만하고" "중립적"이어서 "청자가 가진 적절한 합리적 근거"가 된다 할지라도, 청자들은 "편견적인 고정관념에 끊임없이 영향을 받는다".Fricker, 2007: 30 그러한 편견이 "화자에 대해 작동할 때" 고정관념은 잘못된 것이다. 이어 프릭커는 "상호교환에서 일어나는 인식론적 역기능"에 대해 두 가지 측면에서 말한다. 즉 청자는 화자의 신용도를 지나치게 끌어내림으로써 그 결과 모르고 지나쳐 버리는 지식이 있다는 것 그리고 "인식자로서의 화자의 능력을 부당하게 가치 절하함으로써" 청자가 "윤리적으로 나쁜 짓을 하게 된다"는 것이다.Fricker, 2007: 17 그것이 고정관념을 긍정적인 것으로, 부정적인 것으로 또는 중립적인 것으로 만드는 속성attributes이라는 점이 중요하다. 그리고 그러한 속성에 주어진(항상 설정되어 있는) 의미(이를테면 어린이에게는 '미성숙'이란 속성이 부여되는 것)는 도덕적으로 중요하다.

이제, 고정관념은 어떤 사회적 집단(여기에서는 어린이들)에 대한 실증적 일반화로 이어지며, 때로는 '모든 어린이는 미성숙하다'와 같은 주장이 보편적인 것처럼 되어 버리기도 한다. 프릭커는 정체성 편견이 편견으로 자리 잡는 데 필요한 두 가지 조건을 지적한다. 첫째는 믿을 만한 일반화가 가능한 속성(미성숙)이 있어야 한다는 것이고, 둘째는 적절한 증거가 없이 만들어진 판단, 즉 '예단'이 아니어야 한다는 것이다.Fricker, 2007: 32-3 또한 역사적으로 볼 때 힘없는 집단들에게 부여되어 왔던 속성들은 "역량competence이나 성실함sincerity 또는 그 둘 다"의 결핍과 자주 연결되어 왔다.Fricker, 2007: 32 역사적으로 어린이에게 붙여져 왔던 속성으로 "감정 과잉, 비논리, 지적 능력의 열등함, 진화론적 열등, 배변 실수, '양육'의 결핍, 도덕적 결핍, 형성되고 있는 존재 등"을 들 수 있다.Fricker, 2007: 32 이러한 결핍에 관한 편견들은 종종 집단의 사회적 상상 속에서 "확인되지 않은 채" 상처를 남기게 된다. 어린이가 더 어릴 때, 그리고 여성이고, 흑인이고 가난할 경우 특히 더 그렇다고

iii는 생각한다. 편견은 "우리의 평범한 그리고 신념이나 대중의 의견에 근거한 자기 계시self-scrutiny의 전파를 타고" 깊숙이 움직이며 작용한다. 이러한 인식에도 불구하고, 프릭커는 개인적·사회적 수준에서 이를 바꾸려는 힘을 통해 사회적 변화가 가능하다고 기대한다.

그러나 어린young 화자에 대한 인식론적 신뢰를 부여할 때 이루어지는 정체성-편견의 부적절한 사용을 절단하기 위해서는 교육적 실천praxis과 그리고 프릭커의 철학적 분석이 갖는 함의라는 복잡성의 층위를 추가해야 한다. 인식론적으로 주변화된 사회적 유형의 목록에 어린이를 포함시킴으로써, 독자들은 지식이 의미하는 바what is meant by knowledge가 무엇인지, 그러한 지식이 가치 있는 것인지, 누가 그러한 지식을 가치 있다고 진실인 것처럼 주장하는지에 대해 생각할 수 있게 된다. 여기서 iii가 인식의 실제와 상황적 지식에 관한 프릭커의 페미니스트적 초점에도 불구하고Code, 2008 어린이를 포함시키자고 철학적으로 제안한다. 이와 동시에 그가 제시한 인식의 불평등이라는 개념이 여전히 개체주의적이고 인간중심적이라는 것을 드러내고자 한다. 3장에 등장했던 스티븐 호킹Stephen Hawking의 '누구who'에 관한 토론을 떠올려 보자.

사회 변화를 향한 인식의 도전

교육자들은 교육기관에 대한 여러 아이디어들을 이론과 실제로 구현해 낸다. 어린이와 아동기의 개념작용에 따라 교수법과 내용지식이 만들어지고, 그러한 교수법과 내용지식은 가치 있는 지식과 학습의 경계를 만들어 낸다. 학교에서 이루어지는 성인과 어린이의 대부분의 의사교환이 갖는 특징은 이러하다. 즉 어린이는 성인에게 자신들이 진정 믿고 있는 것을 보여 주는 것이 아니라 성인이 듣고자 하는 것을 보여 준다.Haynes and Murris, 2012 교사들의 폐쇄적이고 수학적 질문을 하는 일상이 어떻게 깊숙이 파고들어 있는 인식의 지향성(이것은 우리가 어린이와 함께라는 것에 대해 어떻게 말하고 또 생각하는지에 상당한 영향을 미친다)을 보여 주는 단순한 증상인지 8장에서 제시할 것이다. 진지하게 그리고 의도를 가지고 시도한 교사의 노력이 어린이들의 진정한 사색을 고무할 때조차 이때의 듣기는 교사들이 이미 알고 있는 것을 위한 또는 그것을 재연하기 위한 듣기, 즉 "일상적 듣기listening-as-usual"Davis, 2013가 되어 버릴 수 있다. 인식론적 권위를 가진 사람으로서 교사들이 지니고 있는 자기-정체성이 어린이에게 귀 기울이지 못하도록 하는 심각한 장애물인 것이다. 교실에서 어린이들의 철학적 아이디어를 듣기 위한 여지가 세심하게 마련되어 있을 때조차도 그렇다. 이 장에서는 어린이들과 함께하는 철학에 몸담고 있는 교사들조차도 얼마나 편견에 사로잡혀 있는지를 보여 주는 실제 사례를 소개한다. 우리는 앞서 여러 장에서 왜 이러한 편견이 너무도 깊이 자리 잡고 있는지 그리고 어린이에게 부여되어 있는 속성들이 왜 여전히 교육 정책이나 교육과정 설계에 구조적으로 뿌리박혀 있는지에 관해 이야기했었다.

누군가의 말투(Fricker의 예)뿐 아니라 대부분의 교육 시스템에서, 어린이의 지식 구성과 재현에 쓰이는 매개체는 구어나 문어 형태뿐이다.[15] 물론 어린 어린이들의 언어능력은 발달 과정에 있다. 그럼에도 불구하고 스스로를 언어적으로 표현할 수 있는 능력에 따라 어린이들의 사고가 판단되는 경향이 있다.Murris, 1997 교육철학자인 말라구치Malaguzzi, 1998는 학교는 한 가지 종류의 언어에만 가치를 두면서 '아흔아홉 개'의 다른 언어들을 잊고 있음을 상기시킨다. 레지오 에밀리아와 어린이에 대한 철학을 서로 회절적으로 읽었던 7장에서 보았듯이, 철학탐구공동체에서는 아이디어를 다양한 방식으로 표현할 수 있는 기회가 출현하

---

15. 정의라는 관점에서 본다면, 레지오 에밀리아 교육에서 영감을 얻어 실시하는 교사 교육 실제에서도 모국어가 영어가 아닌 학생들은 불리하도록 되어 있다.

며 그러한 기회는 어린이가 지니고 있는 의미 생성 능력에 대해 보다 더 정당한 것이다. 4~5세부터 시작하는(남아공의 다수 어린이가 여기에 해당된다) Language of Learning and Teaching(LoLT)에 익숙하지 않을 경우, 어린이들이 다양한 언어의 기회를 갖는 것은 매우 중요하다. 2부에서 보겠지만, 어린이들이 철학하면서 노는 상상놀이는 철학은 합리성rationality을 전제한다는 그러한 배타적인 조건에 도전한다.Haynes and Murris, 2013

프릭커는 해석의 불평등hermeneutical injustice과 진술의 불평등 testimonial injustice을 정교하게 구분하였다. 이러한 구별은 진짜 지식에 대한 성인의 주장을 통해 어린이를 존재인식론적으로 주변화시키는 다양한 불평등 방식을 명확히 드러내는 데 도움을 준다.

해석의 불평등과 진술의 불평등

프릭커(그리고 합리적 유물론자들)에게 윤리는 인식론과 분리될 수 없다. 그 둘은 서로 얽혀 있다.Code, 2008 프릭커는 사회적 정체성과 사회 권력은[16] "가장 기본적인 두 가지의 인식론적 실제"를 수반한다고 주장한다. 하나는 "말을 통해 다른 사람에게 지식을 전달하는 것이며, 다른 하나는 자신의 사회적 경험을 이해시키려는 것"Fricker, 2007: 1이다. 이러한 인식론적 불평등의 두 가지 형태는 지식자의 능력을 지니고 있는 사람에게 도덕적으로 부당한 행위를 하는 것이다.Fricker, 2007: 1 화자인 어린이에게 행해지는 '즉각적인 잘못'은 존재론적 불평등을 수용하는 것이 된다. 이때 어린이는 지식자로서 지닌 능력을(해석의 불평등)

---

16. 프릭커는 적극적인 사회 권력과 소극적인 사회 권력을 구분한다. 권력은 다른 사람들의 행위를 통제할 수 있도록 사회적으로 부여된 능력이다. 이러한 프릭커의 아이디어를 교육에 적용해보면, 학교에서 교사들은 학습자들에게 적극적 권력(예를 들면 벌주기)뿐 아니라 더 소극적 방식으로도 권력을 행사한다. 이를테면, 교사가 처벌할 수 있다는 사실만으로도 교사는 학습자의 행동에 영향을 미치고 행동을 규제한다(Fricker, 2007: 9, 10).

그리고/또는 지식 수여자giver로서의 능력을(진술의 불평등) 부당하게 취급당한다. "누군가가 사람의 가치로서 여겨지는 필수적인 능력을 평가절하당하거나 부당하게 취급당하면, 그 사람은 본질적 불평등을 겪게 되기"Fricker, 2007: 44 때문이다. 통상적으로, "인식론적 불평등은 사회적 불평등과 얽혀 있다."Fricker, 2007: 100

진술의 불평등은 어떠한 편견(예를 들어, 말투)이 청자로 하여금 화자가 말하는 단어를 믿지 못하도록 하며, "때로는 이러한 편견으로 인해 신뢰나 수용의 문턱을 넘어 지식의 일부를 놓치게 된다."Fricker, 2007: 17 신뢰의 부족은 연령과도 관련 있는 것으로, 특정한 연령이 되는 것은 청자가 화자를 얼마나 신뢰하는지에 그리고 청자가 언제 어떻게 체계적으로 침묵해야 하는지에 중요한 영향력을 행사한다. 프릭커는 다음과 같이 설명한다.

> 정보를 공동으로 출자하여 공동-운영하는 실천에서 이러한 **인식론적 진실**의 관계에서 누군가가 배제된다면, 그는 지식의 핵심 개념을 규정하는 실제에서도 참여를 부당하게 배제당하게 된다.Fricker, 2007: 145, 강조는 저자

인식론적 불평등의 두 형태 중 해석의 불평등은 방어하기가 더욱 어렵다. 프릭커는 해석의 불평등을 "집단의 해석 자원에 들어 있는 구조적인 정체성 편견에 따른 집단적 이해를 바탕으로 누군가의 사회적 경험의 의미를 모호하게 하는 것"이라고 정의한다.Fricker, 2007: 155 즉 권력관계와 구조적 편견은 세상을 이해하는 어린이의 능력에 대한 믿음을 약화시키고, 자신의 경험을 이해하는 어린이의 능력을 억압한다. 학습, 친구, 가족 또는 공동체에 대한 어린이의 살아 있는 경험lived experiences은 학급에서 다루어지는 '실재real'...지식에 관한 지배적인 담

론들…와는 무관하다. 그 결과, 어린이는 자신의 일반적인 지적 능력에 대한 자신감을 잃게 되어, 스스로의 교육적 성장에 방해가 될 지경에 이른다.

프릭커는 일상의 존재론적 실제에서 타인에게 행해지는 불평등을 충분히 이해하기 위해서는 "존재론적 불평등의 부정적 공간"을 관통하는 "우리의 철학적 시선"을 바꾸어야 한다고 제안한다.^{Fricker, 2007: 177} 이러한 프릭커의 제안은 강력하다. 특히 학교에서 일상적으로 어린이를 대하는 상황에서는 더욱 그렇다. 그러나 사회적 변화는 간단하지 않다. 지식자로서의 능력으로 잘못 부여된 것을 "뿌리 깊이 잘라 낼 수 있어야 하며", "합리성"이라는 특정의 범주를 부정할 수 있어야 한다.^{Fricker, 2007: 44} 어린이는 역사적으로 주변화되어 왔던 (앞서 제시한) 또 다른 집단과 공유하는 '속성'과는 별개로, 집단의 사회적 상상에 의해 널리 퍼져 있는 편견에 따라 어린이에 대한 형상화가 어떻게 어린이를 배제해 왔는지를 5장에서 살펴보았다.

언젠가 프릭커는 "울퉁불퉁한 담론 지형으로 인해 권력이 없는 사람들의 세상을 바라보는 관점이 권력자들보다 덜 합리적인 것처럼 보일 수 있다."^{Fricker, 2000: 160}라고 주장하였다.

이러한 울퉁불퉁한 '담론 지형'에서 이루어지는 어린이의 형상화는 성인이 어린이를 경청하는 방식을 규제한다. 이에 관해서는 5장의 [표 5.1]에 요약되어 있다. 그리고 어린이에 대한 형상화는 어떻게 자연/문화라는 이분법이 어린이에 대한 이미지들, 즉 지식과 그에 따른 교수의 특정 개념작용이 내포되어 있는 어린이의 이미지들을 구축하는지는 명확히 보여 준다. 어린이를 '순수한', '악한', '무지한', '유약한', '발달하는', 또는 '공동체의' 존재로 주로 그리고 전적으로 여길 때^{Taylor, 2013}, 교사들은 그들의 지식 주장에 차별적인 태도로 반응하게 될 것이다. 즉 그러한 문화적 반응의 예로는 방어, 통제, 훈육, 교수, 발달, 사회화, 치료, 권한 부여, 안내를 들 수 있다. 개인이 자신이 누구인지 그리고 어떤 존재인지 드러내 보이기 전에 그리고 민주적으로 개입을 협상하기 전에, 특정의 사회적 유형의 전형처럼 취급함으로써 인식론적 불평등이 나타나게 된다.

언젠가 나는 이렇게 주장한 적이 있다.Murris, 2000 어린이들이 철학적으로 사유하지 못한다고 주장하는 철학자들이 저지르는 전형적인 범주 실수Kitchener, 1990; White, 1992는 어린이 철학자(철학에 새로운 사람)와 성인 철학자(학문 철학에 훈련된 사람)의 능력을 비교하는 것이라고. 이것은 사과와 배를 비교하는 것과 마찬가지다. 연령만 다른 두 집단이나 철학에 새롭게 입문한 사람들의 다른 두both 집단을 비교해야 그것이 공평한fair 것이다. 그와 더불어, 철학을 할 때 문해력으로 인해 불이익을 받지 않도록 광범위한 물질적 다양한 형식의 의미 형성 기회가 포함되어야 하고, 상상력을 합리성의 일부로 포함시켜 연구를 행해야 한다.Murris, 1997; Haynes and Murris, 2013

어린이에 대한 성인의 "일상적 듣기"Davies, 2014를 차단하려면, 자연/문화라는 이분법과 우리에게 익숙해져 있는 가르침이라는 개념에 내재해 있는 어린이와 아동기와의 회절이 필요하다. 이러한 행위는 대안적인 존재론(인식론)과 윤리적이면서 반응적인 경청을 불러일으킨다. 반응적 경청은 예의 바른 경청[17]과는 다르다. 반응적 경청은 성인으로 하여금 어린이가 말하고 있는 것뿐 아니라 그러한 상황의 물질담론적 요소들Barad, 2007까지도 생각하게끔 하고, 어린이가 사용하는 단어들에

---

17. 티나 브루스(Tina Bruce, 1987/2011: 166)는 예를 들어 3세~4세 유아를 긴 시간 함께 앉혀 놓는 것과 같이 대집단 속에서 그들을 '무리 지음'으로써, 어린이들에게 해를 입힌다고 지적한다. 그러한 실제는 어린이에게 가만히 앉아서 예의 바르게 듣기를 강요한다. 만약 그렇게 하지 못하고 '문제행동'을 하게 되면, 어린이들은 '말썽꾸러기'로 불리게 된다. 브루스의 지적처럼 '말썽이라는 것은 단순히 성인이 원하는 것을 하지 않는 것' 또는 다른 말로 표현하자면, '시스템에 부적합한 것'이라는 사실을 배우게 된다.

국한하여 반응하지 않는 것을 말한다.7장을 참조하라 칼리나 리날디Carlina Rinaldi, 2006: 65는 발현적 경청emergent listening이란 개념을 사용했는데, 그것은 "우리의 편견"을 중단하고 "앎knowing의 새로운 방식과 존재의 새로운 방식"에 열려 있는 것을 말한다.Davies, 2014: 21 이러한 발현적 경청이 바로 기관 없는 듣기Listening without Organs이며, iii가 철학적 탐구의 분석에서 보여 주고자 하는 것이다.

어린이에 대한 편견과 개념작용은 어린이를 포함하여 모든 인간의 사고 습성의 일부다. 그리고 어느 정도 어린이가 보호, 안내, 사회화, 경험, 성숙, 규율 또한 필요로 하기 때문에 그러한 사고 습성에서 우리 스스로 완전히 자유로울 수 없을뿐더러 그렇게 하는 것이 항상 바람직한 것도 아니다. 교사들이 어린이에게 일상적 듣기를 전적으로 행하는 경우, 즉 교사들이 "기존 범주들에 사로잡혀 그러한 정체성을 지닌 개인 자아들"Davies, 2014: 34을 생산해 내는 것은 도덕적으로 잘못된 일이다. 기존 범주들은 교수와 학습에 관한 우리의 생각을 지배하고 있는 자연/문화라는 이분법에 의해 구축되어 왔다.Taylor, 2013, 5장을 참조하라

인식론적 불평등의 예

교사교육과정[18]에서 아동기 연구의 주요 목표는 교육 실제와 관찰을 통해 어린이와 아동기에 대한 형상화를 더욱 잘 알아차리는 데 있다. 이 장에서는 교사교육자로서 내가 경험한 주요 사건을 통해 프릭커의 "인식론적 불평등"이란 개념을 회절적으로 탐구하고, "정체성-편견으로 인한 신용 부족"Fricker, 2007의 정체를 밝히고자 한다. 말하는 사람이 어린이기 때문에(아동에 대한 편견 때문에), 어린이는 당연히 받아야 할 것보다 덜 진지하게 받아들여지면서 신용 부족을 겪게 된다. 이 장에서

---

18. 1장을 참조하라.

소개하는 예에는 어린이들 간에 이루어진 대화보다는 전·현직 교사교육에서 함께했던 교사들과 내가 나누었던 대화가 더 많다. 그러한 대화 속에는 정체성-편견으로 인한 신용 부족을 바라보는 나의 분명한 입장이 포함되어 있다. iii는 DVD를 먼저 보여 주면서 '하나의(a)'[19] 철학 탐구임을 환기시켰다. 그다음, 탐구의 출발점으로서 스크립트와 나의 의견을 함께 소리 내어 말하였다. [표 5.1](5장)을 회절적으로 사용할 것을 강력히 권하였다. 예를 들면, 인쇄물을 각자 나누어 갖거나 양방향 화이트보드에 비추어 주는 방식을 사용했는데, 이것은 교사들이 나의 의견에 동의하도록 만들기 위한 것이 아니라, 새로운 사유와 아이디어가 출현하도록 하기 위한 것이었다. 교사들로 하여금 탐구하면서 반응하도록 하였으며, 그해 지속 과제였던 회절적 저널 쓰기[20]의 한 부분으로서 자신들의 아이디어를 다양한 방식으로 기록하도록 하였다.

회절적 일시정지:
'할머니와 금붕어 Granny and the Goldfish' 읽기

우리는 샬럿Charlotte(6세)과 교사 간에 이루어진 대화의 공개 자료를 함께 읽었다. 그 자료는 제인 파스칼Jane Pascal[21]에 의해 출판되었다. 평소 iii는 참석자들에게 자신이 선택한 방식(이를테면, 그림이나 글쓰기, 점토, 기존의 이미지들)으로 자신만의 반응을 기

---

19. 하나의 철학 탐구는 정해진 시간 '안(in)'에 시작과 끝이 있지만, 서로 얽혀 있는 내부작용들은 통합체들이 아니며(Barad, 2014: 176), 항상 현재와 과거와 미래에 '있다(are)'.
20. 2장을 참조하라.
21. http://members.ozemail.com.au/~jpascal/intro.htm을 참조하라(검색일 2014년 12월 24일)

록한 후, 준비가 되면 그룹의 다른 사람에게 그것을 이야기하고 공유하게 하였다.

교사: 애완동물 키우고 있니?

샬럿: 네. 고양이 한 마리와 기니피그 한 마리요. 금붕어 한 마리도 키워요. 고양이 이름은 제피르Zephyr이고, 기니피그는 깁Gip이에요.

교사: 애완동물들을 좋아하니?

샬럿: 당연히요. 모두들 자기가 키우는 동물을 좋아하잖아요.

교사: 만약에 네가 키우는 동물 중에서 어느 하나에게 끔찍한 일이 생긴다면 기분이 어떨 것 같니?

샬럿: 정말 슬플 거예요. 예전에 토끼 한 마리가 있었는데 개가 물어 먹어 버렸어요.

교사: 아프리카에 대해 들어 본 적이 있니?

샬럿: 굉장히 먼 곳이에요. 그곳에는 정글도 있고 야생동물도 있어요.

교사: 사람들도 살고 있지. 수많은 사람들이.

샬럿: 알아요.

교사: 만약 아프리카에 사는 누군가가 버스에 치였다면 넌 어떨 것 같아?

샬럿: 그다지. 늘 일어나는 일이잖아요.

교사: 아프리카에 사는 네가 알지 못하는 사람이 버스에 치인 것과 네가 키우는 금붕어가 죽는 것, 어떤 쪽이 더 심각하니?

교사: 버스 사고로 열 명쯤 죽었다면 어때?

샬럿: 내 물고기가 안 죽었으면 좋겠어요.

교사: 만약에 너의 금붕어와 지진으로 사람 천 명이 죽는 것 중

에서는? 네가 마법을 쓸 수 있다면 무엇을 택하겠니?

샬럿: 아마도 사람이 더 중요하겠지요.

교사: 사람과 제피르 중에서는 어때?

샬럿: 안 돼요. 난 제피르가 좋아요.

교사: 호주에 사는 사람 열 명이 산불이 나서 죽는 것과 제피르가 차에 치이는 것, 그중에서는 어때?

샬럿: 내가 모르는 사람들이에요?

교사: 응. 네가 모르는 사람들이야.

샬럿: 그럼 난 제피르가 차에 치이지 않는 것을 택할래요.

교사: 제피르와 할머니 중 선택하라고 하면 어때?

샬럿: 음. 할머니는 많이 늙었어요. 할머니는 어쨌든 죽을 거예요.

교사: 할머니가 6개월만 살다 돌아가시는 것과 제피르가 차에 치이는 것 중에는?

샬럿: 내가 말하는 걸 할머니한테 이를 건가요?

교사: 글쎄. 아마도 이르진 않을 거야.

샬럿: 할머니가 더 중요하다고 생각해요.

다음으로 우리는 이 대화에 관한 어린이 사유의 철학적 탐구를 함께 살펴보았다. 5세반 교사인 제임스 노팅엄James Nottingham은 한동안 2주에 한 번씩 어린이와 함께 한 시간 철학하기1-hour philosophy(P4C)를 실시하였다. 그의 학급에서 이 특별한 수업이 얼마 동안 이루어졌는지는 정확하지 않다. 이에 관해서는 www.youtube.com/watch?v=CkeEjZVaEqk에서 볼 수 있다. 다시, iii는 참여자들에게 먼저 자신만의 반응을 기록한 다음, 방송된 대화 부분과 그렇지 않은 대화 부분을 필기하도록 하였다. iii는 참여자들이 왜 이것이 사례가 될 수 있는지 생각하도록 제안하고,

어떤 차이가 있는지를 질문한다. 그다음 참여자들은 동일한 집단과 함께 그것에 관해 토론한다.

이어서 전체 집단이 되어, 우리는 순서대로 돌아가면서 대화의 짧은 스크립트 부분…영국 TV 방영분의 편집본-을 소리 내어 읽는다. 참여자 각각은 몇 개의 문장을 읽으면서, '뛰어넘거나' 소리 내어 읽지 않아도 된다. iii가 선택한 대화의 부분은 다음과 같다.

소년 1: 다이애너비… 넌 이름만 알고 있지. 넌 그녀를 진짜로 만나지는 않았지만, 그녀가 죽었을 때 사람들이 꽃과 여러 가지를 보냈어. 그녀는 낯선 사람이었지만 난 그녀에게 마음이 쓰였어.

소년 2: 낯설다는 게 무슨 뜻이야?

소녀 1: 만나 보지 못한 것. 대화해 보지 않은 거지.

소녀 2: 난 가족이나 친구보다는 낯선 사람이 죽는 게 나은 것 같아. 왜냐하면 너도 다른 사람들을 잘 모르니까… 가족이나 친구가 그렇게 된다는 건 끔찍해.

소녀 3: 그래, 하지만 넌 네가 모르기 때문에 낯선 사람이 죽는 것이 더 낫다고 말하는 거야. 단지 네가 그 사람들을 모른다는 그 이유 때문에.

소녀 4: 만약에 신이 있다면, 세상 사람들에게 왜 끔찍한 일이 일어나게 하는 걸까? 코소보Kosovo에서 있었던 일처럼 말이야? 왜 사람들에게 고통을 주는 걸까?

소녀 3: 난 에이미Amy와 생각이 달라. 신은 이 세상의 나쁜 사람들을 좋아하는 건지도 모르고, 세상이 너무 평화롭다고 생각하는 건지도 몰라. 그래서 때로는 좀 괴롭혀야겠다고 그렇게 하는 것일 수도 있어.

소녀 5: 완벽한 세상이란 불가능한 것 같아. … 세상에는 나쁜 사람도 있어야 해. 그렇지 않고 완벽한 세상이 되면 온종일 '안녕hiya' 하며 커피나 마시게 될 거야. … 항상 좋은 것만이 옳은 것도 아니고 편안한 것도 절대 아니야.

우리는 계속해서 아래의 두 사건을 읽었다.

두 가지 중요한 사건

첫 번째 예: 교사와 샬럿의 대화

몇 해 전 어느 컨퍼런스에서 어린이와 함께하는 철학을 소개하면서 보여 준 유튜브 영상 클립을 접한 후, 심리분석을 전공한 한 교사는 수업 교재로 이 스크립트(실제 대화에 기초한)를 이용하는 것에 대해 깊은 유감을 표시했다. 그 교사는 그 스크립트를 이용해서 교사들이 공공연하게 아이들로 하여금 할머니를 인정하게끔 만들어 버린다고 지적한다. "이 경우, 샬럿은 할머니의 남은 생애 동안 죄책감을 가져야만 할 것"이라고 주장한다. 그 교사의 주장은 정체성 편견의 결과인 신용 부족을 보여 주는 명백한 예다. 그 교사는 샬럿을 알지도 못했고 그래서 그 아이에 대한 지식 없이, 편견을 가지고 여섯 살 아이에게 유약하고 무지하고 심지어 순수하다는 속성을 부여한 것이다. 이러한 고정관념 때문에 그는 반응적으로 경청할 수 없으며, 그로 인해 샬럿을 지식 전달자로 진지하게 여기지 못한다. 그 교사의 추론은 이러했을 것이다. 즉 샬럿이 할머니보다 고양이 제피르를 더 걱정한다는 사실을 실제로는 믿을 수가 없다. 그 아이가 자라서 좀 더 성숙해지면, 자신이 할머니를 더 염려한다는 것을 깨닫게 될 것이고(왜냐하면 어린이들은 고양이보다 할머니를 더 사랑하기 때문에), 그렇게 자랄 동안 그 아이를 보호할 의무가 성인에게 있다는 식으로 추론을 했을 것이다. 그러나 사실이라는 문제로, 샬럿은 제피르를 선택하겠다고 말했다. 그 교사는 이러한 가능성의 진실을 고려할 준비가 되어 있지 않았고, 이로 인해 샬럿에게 진술의 불평등이 행해진 것이다. 해석의 불평등은 방어하기가 더욱 어렵다. 아래 대화를 다시 살펴보자.

교사: 제피르와 할머니 중 선택하라고 하면 어때?
샬럿: 음. 할머니는 많이 늙었어요. 할머니는 어쨌든 죽을 거예요.
교사: 할머니가 6개월만 살다 돌아가시는 것과 제피르가 차에 치이는 것 중에는?
샬럿: 내가 말하는 걸 할머니한테 이를 건가요?
교사: 글쎄. 아마도 이르진 않을 거야.
샬럿: 할머니가 더 중요하다고 생각해요.

샬럿은 자신이 한 말을 교사가 할머니에게 이를 것인지 물어본 후에야, '할머니가 더 중요하다'라고 말한다. 교사의 개입 이전에는 샬럿이 제피르를 할머니보다 더 사랑한다는 것이 분명했다(아마도 샬럿은 할머니를 전혀 사랑하지 않을 수도 있다!). 그러나 샬럿은 죄책감(특히 할머니가 돌아가신 후에 느낄 수 있는 죄책감)의 위험을 무릅쓰지 않고서는 인간이 아닌 동물을 사랑할 수 있다는 것을 허락받지 못했다. 원래 대화에는 동물보다 인간을 우선시하도록 샬럿에게 압력이 더해진 사유에 관한 많은 실험들이 포함되어 있다. 그 아이는 금붕어 한 마리의 죽음과 아프리카에 사는 한 사람의 죽음 중 택해야 했고, 다음으로 열 명, 그다음에는 천 명의 사람 중 택해야 했다. 마지막에는 할머니(자신과 관계가 있는 인간)와 고양이 제피르를 비교하며 선택해야만 했다. 여기에서 교사와 아이라는 권력관계와 구조적 편견이 세상을 이해하는 능력에 대해 샬럿 자신이 지니고 있는 믿음을 약화시켜 버린다. 그리고 미래 경험에 대한 아이의 경험들도 제한하게 된다. 시간이 지나면, 샬럿의 반응은 점점 성인인 교사들의 기대에 맞추어 갈 것이다(인간은 항상 동물보다 더 사랑할 만한 가치를 지니는 또는 구조해야 할 가치가 있다는 기대). 스크립트 속 교사는 점점 더 샬럿이 이유를 말하도록 하지 않았다. 샬럿이 선택한 이유가 무엇인지 듣는다면 흥미로웠을 것이다.

두 번째 예: 다큐멘터리

이 다큐멘터리는 전·현직 교사교육 과정 중 어린이와 함께 철학하기에서 자주 보여 주는 것이다. 어린이와 함께 철학하기의 윤리ethos에 공감하고 평소 어린 어린이를 사유자thinkers로 깊이 존중하는 청중이라 할지라도, 이 다큐멘터리를 보는 성인들은 늘 웃게 된다.Haynes and Murris, 2012 P4C에 친숙한 교사들조차도 이 다큐멘터리를 보면서 미소 짓고 웃고 또 샬럿이 진실을 말할 수 없을 것이라고 그래서 조율이 필요하다고 주장한다. 나는 DVD를 보면서 '사랑스러워', '귀여워'와 같은 교사들이 말하는 소리를 들었다. 이런 애정 어린 말에는 어린이는 순수하다란 속성이 내포되어 있지만, 그 말 자체는 순수하지 않다. 어린이들이 세상을 이해하는 신기한 방식을 표현하는 것을 보고 교사들이 다 알고 있다는 듯이 미소 짓거나 웃으며 하는 이런 애정 어린 말들은 보통 그들이 지니고 있던 믿음이나 가정을 재검토하지 않게끔 한다. 감성적이고 애정 어린 말은 취약함과 불평등을 예고한다. 어린이의 가설은 이상한 것, 사랑스러운 것, 아마도 조금 부족한 것, 하지만 해롭지는 않은 것으로 여겨진다. 어린이의 철학하기는 성인이 생각하는 중요한 것을 변화시키지 못한다. 그렇다면 이러한 예에서 반응적 경청이 일어날 수 있을까?

함께 존재하며 생각하기를 통해 어린이들은 평화를 바람직한 목표로 여기는 아이디어(우리는 평화를 위해 '당연히' 노력해야 한다고 여긴다)에 대해 문제를 제기했다. 그것을 문제로 여기면서, 성인들이 설계하고 개념화한 시민교육의 '중요한 목표'인 평화로운 존재에 대해 어린이들은 흥미로운 도전을 시도했다.^{Joubert, 2009: 12} 그렇다면 여기에서 놓친 기회는 무엇인가? '완벽한 세상'에서 사는 것이 지루할 수도 있고 전혀 행복하지 않을 수 있다는 어린이들의 놀이와 같은 도전은 '완벽한 세상' 또는 심지어 '지루함'이라는 것의 의미를 함께 검토해 봄으로써 그러한 개념에 대해 새로운 이해를 가능하게 한다. 그러나 또한 '평화'(전쟁과 같은 무력 갈등이 없거나 또 다른 형태의 갈등이 없는 것)는 무엇을 뜻하는가? 늘 함께 커피 마시는 일이 그렇게 불편한 것인가?

그 이슈에 내포되어 있는 것을 심층적으로 이해하기 위한 철학적 탐구 가능성은 흥미진진하다. 어린이들 중 한 명이 말했던 것처럼 '평화'는 '항상 서로에게 상냥한 것'을 의미하는가? 또는 '군비 축소'나 '싸움의 포기'를 의미하는가? 싸움을 포기한다고 했을 때, 싸움놀이나 정의로운 대의를 위한 싸움을 포함하여 모든 싸움이 여기에 해당되는가? 그 차이는 무엇인가? 언어적 논쟁이나 또 다른 갈등의 형태는 어떠한가?

여기에서 중요한 것은 편견이다. 어린이가 성장하면, 즉 좀 더 성숙해져서 합리적인 성인으로 발달하게 되면, 그들은 완벽한 세상이란 평화로운 것(그것이 무엇을 뜻하든 간에)이며 할머니를 고

> 양이보다 더 사랑해야 한다는 사실을 이해하게 될 것이라고 보는 편견 말이다.

이후의 회절들…

다큐멘터리에 나오는 교사는 어린이의 관심을 따라가는 것처럼 보인다. 어린이들에게 반응적으로 귀 기울여 왔고 어린이들의 신체정신bodymind이 말하는 것을 편안하게 느끼는 것이 분명하다고 할지라도, 교사는 눈에 보이는 존재다.[22] 그렇다면 교사는 무엇을 하고do 있는가? 교사는 어린이들의 몸이 원으로 배치된 의자에 앉아 있으므로 서로의 얼굴을 모두 볼 수 있다고 확신했다. 중요한 것은 어린이들이 철학적 질문을 하면 교사가 그것을 기억하기 위해 질문을 말한 어린이의 이름과 함께 화이트보드에 보기 쉽도록 받아 적었다는 것이다. 어린이들의 질문들은 이후의 탐구를 위해 계속 이어지거나 벽에 전시되었다. 그것은 어린이들의 질문이 교사에게는 물질임을 보여 주는 중요한 신호였다. 질문을 받아 적음으로써 덜 잊어버리게 되고 (분명히) 말로만 하는 것보다 행위주체성을 더 많이 갖게 된다.

시청자인 우리는 어린이들이 투표를 해서 탐구하기 시작한 질문에 대해 접근할 수 없었다. 질문들을 녹음하는 과정에 교사가 얼마나 관여했는지는 명확하지 않다. 교사는 '동물들은 감정이 있을까?'라는 질문에 대해 소리 내어 공감을 표현했지만, 어린이들이 '생각하는 시간'을 가졌는지 그리고 짝을 지었는지 소집단으로 활동했는지에 대해서는 분명하지 않다. 단지 '왜 모르는 사람을 구하기를 원하세요?'라는

---

22. 이 대화에 대한 앞선 분석(Murris, 2013)과는 달리, 나는(iii) 이제 교사의 몸이 촉매제이자 물질의 일부로서 중요한 역할을 한다는 것을 알게 되었다. 안다는 것은 물질적 실제(practice), 즉 '개입이라는 물리적 실제(a physical practice of engagement)'(Barad, 2007: 342)다. 그것은 교사 또한 그 일부인 세계에 대한 특수한 개입을 말한다. 지식의 구성은 항상 얽혀 있으며 열려 있고 지속적으로 세계를 재구조화한다.

어린이의 질문에 관해 토론하는 그 결과로 생긴 탐구로 추측 가능할 뿐이다.

그러나 DVD의 꽤 많은 부분이 편집되어 있었고 교사는 대화의 일부에만 등장했기 때문에 많은 부분은 추측한 내용이다. 편집을 하지 않은 원본을 구할 수 없었기 때문에, 어떻게 DVD의 행위주체적 절단들agential cuts[23]이 특정의 내부작용[24]의 관점을 가져오는지에 대해서는 불분명하다. 발췌본과 중요한 사건들을 선택한 나의 행위주체적 절단들은 인식론적 불평등뿐만 아니라 존재인식론적 불평등에 초점이 맞추어져 있다. 발췌본과 그 사건들 속에 등장하는 어린이가 어떤 식으로 인식론적 취급을 당하는지, 즉 특정의 세계-내-존재being-in-the-world, (어린이)와 결부되어 있는지에 초점이 있다.

어린이들끼리 서로 개입함으로써(그리고 그들은 그것이 텔레비전으로 방송될 것을 알고 있었다) 학급을 다소 자기-보존적이고 민주적일 수 있도록 하며, 그러한 학급에서 어린이들은 위험을 감수하며 대화를 할 수 있으며 그것이 가치 있음을 배우게 된다. 인식론적 신뢰가 형성되면 성인은 어린이들의 아이디어와 과거 경험을 존중한다는 것을 보여야만 하거나 이런 식으로 소리 내어 생각하지 않을 것이다. (과도하게) 개입하지 않아야 대화가 펼쳐진다. 그래야 무언가가 일어난다. 여기에서 '교사'는 한 명이 아니다. 즉 어린이들(교사들?)은 서로에게 반응적으로 귀를 기울였으며 함께 새로운 사유를 만들어 갔다. 주고받기의 물리적 경계에는 지식을 구성해 가면서 일어나는 협력적 타협 과정이 숨어 있다. 또한 그 스크립트를 분석하는 데 쓰인 언어는 개별 주체성에 머물러 있도록 만든다. 한 어린이가 '낯선 사람이란 것이 무슨 뜻이

---

23. 행위주체적 절단들은 특수한 내부작용이며 항상 관계들 내부에서 일어난다 (Barad, 2012: 77).
24. '내부작용(intra-action)'은 바라드가 '상호작용(interaction)'에 내재해 있는 이원론을 거부하고자 만든 신조어다.

에요?'라고 물었고, '낯선 이'의 개념 정의가 이어졌다(그렇게 되지 않았을 수도 있다). 그러고는 낯선 이가 모르는 사람을 뜻하는 것이라는 사실은 '낯선 사람이 끔찍한 사람이라면 그 사람을 구해야 할까?'(이렇게 대단한 반대 예를!)라는 생각을 이끌어 내었다. 제일 먼저 구해야 할 사람 리스트 중에서 가족이 도덕적으로 가장 우선이어야 한다는 믿음은 도전받고 있다. 왜 '아는 사람'이 중요한 기준이 되어야 하는가? 세상에 있는 끔찍한 사람이 존재하는 것은 신의 책임이며, 신의 의도가 무엇인지 의문을 품게 되었다. 해답 또한 제시되었다. 우리에겐 선한 것만 아니라 나쁜 것도 필요하며, 항상 다른 사람에게 착하게만 행동해야 하는 세상에서 사는 것이 얼마나 지루한가! 이렇게 생각하는것, 왜 그런 생각을 하는지 나에게 궁금증이 남는다. 어린이들의 목소리에는 기관이 없다.... 입으로 나오는 것이 아니다. 들뢰즈와 가타리는 그러한 방식을 시적으로 표현하였다.

> 본 것을 먹는 것, 폐로 숨을 쉬는 것, 입으로 삼키는 것, 혀로 말하는 것, 뇌로 생각하는 것, 항문과 후두, 머리와 다리를 가지고 있는 것은 정말이지 너무도 슬프고 위험한 것이 아닐까? 머리로 걸어 다니면 안 되는가? 머리뼈에 있는 부비동으로 노래하면? 피부로 보면? 배로 숨 쉬면? … 심리분석학자들은 이렇게 말하겠지. "안 돼요, 당신의 자아를 찾으세요." 그럼, 우린 이렇게 말할 거다. "더 해 보시지. 우린 아직 기관 없는 신체BwO를 더 찾아내야 해. 우리는 자아를 충분히 떼어 내지 못했어"라고. 추억을 건망증으로, 해석을 실험으로 치환하라. 기관 없는 몸을 발견하라. 그것을 만드는 방법을 찾아내라. 그것은 삶과 죽음, 젊음과 나이 듦, 슬픔과 기쁨에 대한 질문이다. 그곳에서는 모든 것이 펼쳐진다.[Deleuze and Guattari, 1987/2013: 175]

포스트휴머니즘적 지향은 자아를 '떼어 내고' 몸을 일련의 실제 세트들로 받아들인다. 목소리는 (항상) 이미 인간과 인간 아닌 것들의 힘이 뒤엉켜 있는 복잡한 네트워크 속의 물질담론적 타자들과 연관되어 만들어진다. 그렇게 만들어지는 목소리는 행동의, 인간의, 인간 아닌 것들의 신체 '밖으로' 나와 자리를 잡는 것이다. 물론 이것은 어떻게 교사들이 목소리를 들어야만 하는지 그리고 그것의 의미, 즉 기관 없는 듣기에 대해 시사점을 준다.

기관 없는 듣기

LwO는 학교에서 통상적으로 이루어지는 "일상적 듣기"$^{Davies, 2014}$, 즉 평가하고evaluating, 해석하기interpreting 위해 듣는, 동일성same으로부터의 듣기로 우리가 이미 알고 있는 것을 확인하기 위해 듣는 것을 중단시킬 수 있다. LwO는 실험으로서의 듣기listening-as-experimentation를 포함하며 항상 발현되는 것으로, 차이를 발생시키는 듣기이다. LwO는 교육자인 나로 하여금 사유하도록 하며 차이를 느끼도록 해준다. 내(iii)가 기관 없이 들을 때 어린이들의 신체정신은 나me를 변화시킨다.

하이데거의 철학적 관점에서 볼 때 철학적 탐구에서 나타나는 어린이들의 질문들은 순수 사유를 촉발시킨다. 즉 "생각하는 대상이 존재하는 곳에 생각을 주는giving"$^{Heidegger, 1968: 4}$ 것을 통해서만이 생각하는 법을 배울 수 있다. 이러한 '주기giving'는 교사들이 '열린-신체정신'과 존재인식론적 겸손을 갖출 때 가능하다. 다시 말해, 교사들 자신이 가지고 있는 (그리고 모든) 지식이 한정적이며 지식은 어린이들, 성인들, 인간 아닌 타자들의 '사이'에서 구성되므로 자신들은 어린이들에게 (또한) 배울 수 있다는 사실을 받아들일 때만이 가능하다. 교사들은 예전에는 듣지 못했던 것에 대해 자신을 개방함으로써 일상적 듣기에 저항할 필요가 있다. 예를 들어, 종일 커피를 마시고 사람들이 서로에게 상냥하게 행동하는 것은 불편한 일이라 말하는 여자아이는 어떤 경험에서 그렇게 주장하게 되었을까? 메이빈은 아래와 같이 지적한다.

> 다양하고 상호 관련되어 있는 수준들, 즉 발화들 내에서 그리고 발화들 사이에서 나타나는 대화들, 발화의 경계를 가로지르는 음성들 사이에서 나타나는 대화들, 과거로부터 들려오는 다른 목소리들과의 대화와 같이 여러 수준에서 이루어지는 지속적인 대화의 과정에서 의미 만들기meaning-making가 출현한다.^{Maybin, 2006: 24}

이러한 이유로, '화자'(메시지 송신자)나 '청자'(메시지 수신자)와 같은 개념은 적절하지 않은 메타포이다. 왜냐하면 그런 개념들은 마주침이라는 물질담론적인 복잡한 관계에 들어맞지 않기 때문이다. 귀나 뇌로만 듣는 것이 아니다. 경계 없는 몸 전체로 듣는다. 이와 관련하여 7장에서는 백 개의 언어라는 메타포에 대해 살펴볼 것이며, 8장에서는 새끼 밴 가오리인 교사의 듣기에 관해 다루고자 한다. 유아교육자인 칼리나 리날디는 물리적 공간의 "코드가 항상 분명하고 인식 가능한 것은 아님을 알려 준다."^{Rinaldi, 2006: 82} 또한 공간이 사유를 구성하는 또 다른 강력한 언어임을 상기시켜 준다. 그는 "공간 언어를 다감각적이며, 원격 수용체(눈, 귀, 코)와 주변 환경을 받아들이는 즉각적인 수용체(피부, 세포막, 근육)를 모두 포함하는 언어"^{Rinaldi, 2006: 82}로 읽는 방법을 알려 준다. '완벽한 세상'을 다시 개념화하는 어린이들의 경험은 결국 함께 사유하는 물질담론적인 감각 활동이다. 그러한 활동은 물질적 개체-이원적인 신체indivi-dual body 그 이상이다. 리날디는 또한 어린 어린이들이 가지고 있는 "고도의 지각적 감수성과 유능함"을 강조한다.^{Rinaldi, 2006: 82} 이런 이유로 교수 행위에서 최대한 조심스럽게 빛과

색을 사용한다.

철학적 탐구에서 윤리적 개념의 의미(여기에서는 '완벽한 세상')는 규범적인 믿음과 신체적 실제에 따라 만들어진다. 위의 예에서 청자들은 선입견으로 인해 어린이들이 보여 주는 지식(이를테면, 샬럿이 고양이 제피르를 사랑하는 깊이)을 놓치거나 '완벽한 세상'은 바람직해야만 한다는 아이들의 도전을 놓칠 수 있다. 분명히 어린이들이 여기에서 진실에 접근할 수 있다고 믿지 않으며, 그 까닭에 어린이들의 인식론적 권위를 인정하지 않는다. 이러한 고정관념은 교사들이 지식을 보는 관점과도 관련되어 있으며, 게다가 어린이가 여아이고 유색인이며, 빈곤층일 경우에는 그러한 고정관념이 더욱더 심각하게 작용한다(하지만 이 예에는 그러한 중요한 상황의 구체적인 장면이 포함되어 있지는 않았다).

푸코가 말한 규율 권력의 형태 중 '정상화 normalisation'란 것이 있다. 학교는 정상이고 바람직한 것인지를 규정하고, 이러한 규정은 실재에 대한 어린이들의 해석에 대해 교사들이 해석하는 방식에 적용된다. 그러한 지배적인 담론들은 다른 방식으로 세상을 사유하고 이해하는 것을 배제시킨다.Dahlberg and Moss, 2005: 17 어린이와 동등한 위치에서 생각할 수 있다면Haynes and Murris, 2013, 모든 사람은 생각하는 것이 존재하는 곳에 자신들의 신체정신을 '주어야give' 한다. 또한 그것은 성인들이 '열린-신체정신'일 때 그리고 존재인식론적 겸손과 존재인식론적 신뢰를 가지고 있을 때에만 가능하다. 만약 어린이가 말하는 것(내용)을 (웃어 주기만 하고) 들으려 하지 않는다면, 존재인식론적 평등ontoepistemic equality은 존재하지 못한다.

존재인식론적 평등은 정치적 평등이나 균형과는 다르다. 성인들은 분명 어린이들보다 적극적 권력과 소극적 권력[25]을 더 많이 가지고 있

---

25. 1장의 각주 10을 참고하라.

다. 교사들은 어린이들의 행위를 적극적으로 통제할 힘(예를 들어, 시험 치기)을 지니는 한편, 어린이의 행위를 규제할 힘을 교사가 사용할 가능성이 항상 존재한다는 점에서 소극적 권력 또한 지닌다. 이와 마찬가지로, 교사들은 교실에서 존재인식론적 평등을 위해 존재인식론적 신뢰와 겸손을 적극적, 소극적으로 사용할 수 있는 힘을 가진다. 어린이의 말은 지식에 기여할 수 있다는 가능성(그러한 가능성을 선입견으로 판단해서는 안 된다)에 열려 있는 것이 지적인 미덕이다. 뿐만 아니라 지식에의 기여는 규정될 수 없는 것이므로 양화될 수도 없다.

지식이 무엇인지 재고하여 어린이를 '내부로' 들이기

이 장의 처음으로 되돌아가 보자. 존재인식론적 평등은 가르침을 "사람들이 가치 있는 무언가를 전수하기 위해 노력하고 이어 가는 것"Peters, 1966: 26으로 간주하지 않을 때에만 가능하다. 보다 광범위하게 그리고 보다 덜 휴머니즘적인 용어로 말하자면, 가르침은 차이를 만드는 어떠한 대상object 또는 사건event일 수 있다. "가르치다"라는 말의 어원은 "tacn"으로 "기호sign"Davis, 2004: 51라는 뜻이며, 단어words의 사용 그 이상을 의미한다. 또한 4장에서 보았듯이 철학적 지식의 경우, 어린이에게는 추상적 개념을 일상적으로 사용하는 것이 당연한 것은 아니므로 어린이는 분명 유리한advantageous 위치에 있다. "가치 있는 지식"의 준거가 어린이들의 내러티브나 상상적인 물질담론의 실제를 배제하지 않는 한 그렇다.Haynes and Murris, 2013

휴머니즘의 관점에서 지식은 곧 재현이다. 지식은 지식은 세계의of 것으로 위above로부터 오거나 밖outside으로부터 오는 것이 가능하며, 앎의 주체는 그 주체가 알고자 하는 물리적 세계의 외부에 위치하고 있다고 본다.Barad, 2007: 341-342 이와 달리, 포스트휴머니즘의 관점에서 지식은 "관념적인 것"이 아니라 생성의 한 부분이다. 앎이란 물질적 실제, 즉 "개입이라는 물리적 실제" 세계의 한 부분으로 참여하며 특수하게 얽히고 열리는 지속적인 세계의 재형상화이다.Barad, 2007: 342

철학자 미란다 프릭커Miranda Fricker의 학문적으로 정교한 "개념 장치"Code, 2008가 어린이가 지식 구성에 포함되어야 한다는 아이디어에 힘을 실어 준다는 것을 그럴듯하다고 볼 수 있다. 그러나 단지 배제와 차별의 일반적 범주인 '인종', '계층', '젠더'에 '나이'를 더하는 것만으로는 충분하지 않다. 이 장에서 iii는 어린이를 존재인식론적으로 포함하기 위해서 '가치 있는' 지식으로 간주되는 것들에 저항해야 한다고 이야기했다. 아이러니하게도 어린이를 존재인식론적으로 내부로in 받아들이는 윤리적 운동은 또한 어린이들이 성인들의 정치적 어젠다, 즉 인종, 젠더, 계층과 같은 배제와 차별의 이분법으로부터 어린이들을 보호해야 한다는 어젠다에 대한 도전을 의미하기도 한다. 교육의 목적[2장 참조] 중 하나는 어린이와 학습자들이 하나의 사건('관계물질적 주체화relational material subjectification')으로서 세계에 대한 새로운 무언가를 가져오는 데 있다. 이것은 주제topics나 개념들을 개방적으로 탐구하는 형태를 취하는데, 일부 사람들은 "정치적으로 옳은" 것을 발견하지 못할 수도 있다.Browne, 2006 지식이 무엇인지 그리고 누구의 지식이 중시되고 있는지의 문제는 여전히 남아 있기 때문에, 차별의 범주인 '인종', '계층', '젠더'에 '나이'를 더하는 것은 교수와 학습의 위계를 재설정하는 움직임을 드러내 보여 준다.

바라드의 포스트휴머니즘과 프릭커의 인식론적 불평등의 개념을 연결 지어 읽음으로써, 새로운 지식이 만들어졌다. 단순히 인식론이 아닌 존재인식론적 불평등이 어린이에게 행해지고 있기 때문에, 내부작용들은 어린이가 세계의 일부가 되는 방식[26]을 변화시킬 수 있다. 프릭커가 개념이 언어적일 필요가 없다는 것[27]과 생각이나 아이디어를 말로 표현하지 않아도 누군가의 경험을 이해하는 것이 가능함(해석학적 불평등)을 인정한다 할지라도, 어린이를 '내부in'로 받아들이는 것을 '허용'할 수 있으려면 지식 구성의 다양한 방식과 교수와 학습의 공간과 물질에 대한 다양한 방식이 고려되어야 한다. 나의 강의에 참여했던 예비 교사가 알아차린 것처럼(이 장의 초반부 예에 등장한 실습지도 교사는 이해하지 못했었다) 폐품은 "경계를 해체하고, 사고의 영역을 개방하고, 새로운 연결을 창조해 내는"Odegard, 2012: 398 힘을 발휘할 수 있다. 이를 알아차리지 못한다면, 교사들은 "재인recognition과 반복의 끊임없는 순환 속에서 그들이 이미 알고 있거나 생각한 것을 재생산하는 위험에 처하게 된다."Odegard, 2012: 396 그리고 발현적 듣기의 윤리정치적 책무성은 교사로 하여금 지금까지 듣지 않았던 것에 열려 있도록, 그리고 들은 것을 익숙한 것으로 번역하려는 충동에 저항해야 함을 시사한다.Haynes and Murris, 2012 비단 어린이나 빈곤층, 모국어로서 영어를 쓰지 않는 사람뿐 아니라 모든 사람들의 더욱 정의로운 교육적 만남을 위해 이러한 변화는 절실하다. 다음 장에서, iii는 레지오 에밀리아 접근과 어린이들과 함께하는 철학을 회절적으로 읽어 볼 것이다. 독자는 기존의 연령에 대한 선입견을 교란시키고 교실의 존재인식론적 위계를 '평평하게' 하는 또 다른 내부작용적 페다고지를 만나게 될 것이다.

---

26. 게다가 회절적 방법(diffractive methodology)은 그 자체가 '긍정적 차이'와 연결되어 있으므로, 어린이들이 자신의 경험을 이해하고 있다는 자신감을 가지도록 어린이를 도와준다. 회절은 긍정의 방법이며, 내부작용적 페다고지의 핵심이다. 이에 관해서는 7장에서 다룰 것이다.
27. 2014년 8월 케이프타운 대학교에서 열린 '사회 평등(Social Equality)' 컨퍼런스에서 사적으로 나눈 대화의 내용이다.

2부
포스트휴먼 내부작용 페다고지

7장
레지오 에밀리아와 어린이와 함께하는 철학을 회절적으로 읽기

… 어린이에게는
백 가지의 언어(그보다 더 많은 수백 가지의 언어들)가 있지.
하지만 그중 아흔아홉을 앗아가네.
학교가 문화가 머리와 몸을 갈라놓아 버리지…레지오 에밀리아 접근[1]의
창시자인 Loris Malaguzzi(Lella Gandini 번역)의 시, 'The Hundred Languages'에서 발췌함

7장에서 iii는 회절적 방법론을 통해 미란다 프릭커와 캐런 바라드의 매우 다양한 철학적 텍스트와 아이디어를 다루어 보고자 한다. 존재인식론적 불평등의 새로운 개념('중첩'[2])이 등장할 것이다. 즉 어린이에게 귀 기울이지 않는 것은 어린이를 고정적인 존재being로 보기 때문이며, 어린이가 (아직은) 순수하고, (아직은) 유약하며, (아직은) 미성숙하고, (아직은) 비합리적이라는 등의 이유로 지식에 대해 아무런 주장을 할 수 없다고 보기 때문이다. 어린이는 윤리적으로, 인식론적으로 그리고 존재론적으로 거부당한다.

---

1. http://www.innovativeteacherproject.org/reggio/poem.php(검색일 2015년 2월 26일)
2. '중첩(superposition)'이란 둘 또는 그 이상의 파동이 합쳐질 때 일어나는 회절에 의한 파동들의 교란 또는 그 영향력의 합을 의미한다.

어린이가(성인도 마찬가지다) 얼마나 관계적으로 얽혀 있는 비인간 물질담론적 되기의 존재(iii)인지를 떠올려 보라.4장 참고 경계들의 중간에 있는 독특한 존재인 '그the' 주체는 사건event이라는 세계 속으로into 들어간다. 주체의 '독특성uniqueness'은 그 자체로 타자들과의 물질담론적 관계 그 자체로 현시된다.3장 참고 그것은 하나의 개별자an individual('i' 또는 'I'로서의 어린이)로서의 속성이나 본질 또는 특질이 아니라, 독특성을 만들어 내는 인간과 인간 아닌 타자들nonhuman others 간의 관계로, 주체는 윤리적인 의미에서 특이성을 갖게 된다.2장 참조 따라서 2부의 매우 중요한 윤리정치적ethicopolitical 이슈는 어린이의 물질담론을 누가, 어디에서, 어떻게 시작하는지 그리고 (인간 동물들 간에, 인간 아닌 타자들 간에 일어나는) 학교에서의 내부작용을 누가, 어디에서, 어떻게 물질화하는지에 관한 것이다. 이러한 복잡한 상황 속에서 유아교사들의 반응하는 능력들response-abilities은 어떠한가? iii는 이 질문에 대한 해답을 어린이 존재론에 대해 정의를 실천하는 두 가지 내부작용적 페다고지를 통해 얻기를 제안한다. 즉 어린이 존재론으로써 어린이를 비인간 되기들inhuman becomings로, 그리고 어린이를 관계 속에서 유능하고rich, 유연하며resilient, 잠재력 있는resourceful 존재로서 재형상화하는 것이다.5장 참고

이 장에서 나는 관계적 물질주의 지향을 이용하여[3] 어린이와 함께하는 철학과 레지오 에밀리아를 회절적으로 읽고자 한다. 이들 내부작용 페다고지의 하나가 또 다른 새로운 것을 포함하는(줄이는 것이 아니다) 새로운 회절 패턴이 출현할 것이다. 회절이 만드는 "중첩"Barad, 2007: 76이 결정적이지는 않지만, 두 페다고지 모두에 힘을 더해 준다. iii는

---

3. iii는 유사점이나 차이점을 보려는 것이 아니다. iii는 비교하거나 주제를 밝히려는 것이 아니라, 캐런 바라드가 제시한 관계적 물질주의(relational materialism)에 상응하는 두 페다고지의 어떤 특징들과 차원들을 더하고 강화시킴으로써 그리고 그 두 페다고지를 회절시킴으로써 새로운 페다고지의 실제를 만들어 내려는 것이다.

그것을 간단하게 "어린이들과 함께하는 레지오로부터 영감을 받은 철학Reggio-inspired philosophy with children"이라고 부른다. 이후의 장에서 달리 명시하지 않는 한, iii가 언급하는 '어린이와 함께하는 철학'이 바로 중첩이다.

레지오 에밀리아 접근법

레지오 에밀리아는 이탈리아 북부 에밀리아 로마냐 지역에 있는 도시다. 유아교육으로 유명하며, 종종 '레지오'라고 줄여 부르기도 한다. 레지오 에밀리아는 따라야만 하는 하나의 방법이나 처방적 교육과정이 아니며, 사회와 문화에 기반을 둔 교육적 접근이자 철학이다.Stremmel, 2012: 134 창시자인 말라구치에 따르면, 레지오 에밀리아의 역사는 2차 세계대전 종전 6일째(1945년 봄)에 시작되었다.Malaguzzi, 1998: 49 교사였던 말라구치는 빌라 셀라 인근에 사는 한 집단의 어머니들로부터 어린아이들을 위한 유아교육기관을 지어 운영하기를 원한다는 말을 듣게 되었다. 그리하여, 말 그대로 그는 그들과 합류하게 되었다. 어느 인터뷰에서 말라구치Malaguzzi, 1998: 57는 유아교육기관을 시작하는 과정에서 작용한 물질의 힘을 아름답게 묘사하였다. "… 한 대의 군용 탱크, 여섯 마리 말, 세 대의 트럭이 어린아이들을 위한 학교를 만들어 내는 것을 보는 일은 특별한 경험임이 분명하다." 최초의 레지오 에밀리아 유아교육기관은 독일군이 남겨 놓은 것들을 팔아 마련한 자금과 맨손으로 지은 것이다.Malaguzzi, 1998: 49-51 그 일은 마을의 가장 가난한 부모들에 의해 이루어졌다. 처음에 부모들은 종종 허기지고 건강상태가 나쁘며 사투리를 쓰는 아이들과 소통하는 데 어려움을 겪었다. 하지만 이러한 사회경제적, 문화적 요인들이 긍정적인 기회로 작용하였다. 말라구치의 표현에 따르면, "단순하고 자유롭게 생각하는 것이 도움이 된다. 즉 어린이에 관한 것과 어린이를 위한 것은 오로지 어린이들로부터 배운다."Malaguzzi, 1998: 51 그것이 오늘날 널리 인정받고 있는(대중적인)[4] 유아교육 접근을 탄생시킨 "첫 번째 불꽃"Malaguzzi, 1998: 50이었다. 1963년 최초의 시립 유아교육기관이 세워졌다.

살아 있는 유기체와 같은 페다고지

학교를 민주적 대화의 공간, 비판적이고 창의적인 사유와 돌봄의 관계를 맺는 공간으로 여기는 철학적 실제의 발달(여전히 발달 중인)은 2차 세계대전 당시의 이탈리아의 정치적 역할 및 파시즘과 관련된다.Stremmel, 2012: 134 레지오 접근 그리고 '어린이와 함께하는 철학'은 살아 있는 유기체들living organisms이다. 이 둘은 이론과 실제를 연결 짓는 다양한 심리학적, 사회학적, 철학적 이론에 기반을 두고 있다. 그러한 이론들이 촉구하는 교육의 모습은 단순히 복제하거나 모방하는 것이 아니다. 사실상 어린이와 아동기에 대한 지배적 이론에 저항하기 위해 레지오의 교육 실천가들은 중요한 사람들, 즉 부모나 동료 교사들과 협력적으로 대화하면서 지속적으로 교육 이론들에 대해 비판적으로, 명백하게 관여해 왔다.

문헌을 통해서도 알 수 있듯이, 두 접근은 모두 발달심리학자, 사회구성론자social constructionist, 사회적 구성주의자social constructivists, 실용주의자, 현상학자, 후기구조주의 철학자, 포스트모던 철학자를 배제하지는 않지만, 다른 것들보다 관계의 교육학relational pedagogies과 좀 더 공명한다. 어린이들과 함께하는 레지오로부터 영감을 받은 철학의 실천가들이 교육 실제를 편안하게 느껴야 한다고 제안하는 것은 옳지 않다. 대조적으로, 교육자들은 '유목적'이며 그리고 지속적으로 다른 교사들, 실천가들, 저자들, 학부모들, 물질들, 아이디어들, 전통들과 함

---

4. 당시에는 수녀들이 운영하는 가톨릭계 유아교육기관이 지배적이었던 상황에서 '대중적'이라고 한 것이다.

께 교육 이론들에 질문을 제기해야 한다.^Kennedy, 1996a

이론과 실제는 항상 움직이며 진화하고 방향을 바꾸며 변화한다. 사실상, 학교교육과정의 '리좀적' 성격은 학교 운영과 관리 방식에 반영되어 나타난다. 어린이와 함께하는 철학도 마찬가지로, 신념은 잠정적이며, 어린이, 학교교육, 성인/아동의 관계에 관한 지식이 항상 불완전한 것으로 간주된다. 또한 여기에는 종료하려는 유혹에 저항하는 것 그리고 정상화와 갈등 및 의견 불일치를 환영하는 것이 포함된다.^Haynes and Murris, 2012 그런 의미로, 두 페다고지에서 어린이의 형상에 대한 질문은 성인의 형상 그리고 성인과 어린이의 관계에 대한 것만큼이나 어린이에 대한 것이다.^Kennedy, 1996a

달리 표현하자면, 사회문화적 맥락 속에서 페다고지를 이해하고 자신의 정체성과 철학적 믿음이 실제에 스며들어 있기 때문에, 유목적 주체로서 유아교육자들은 자신의 교육적 관념과 이상$_{ideal}$에 관해 스스로 생각한다(여기에서 중요한 것은 타자들과 함께하는 사유를 통해서란 점이다). 비트겐슈타인의 관점에서 보면, 가족 구성원들이 유사점들(코나 못생긴 발가락 같은 것들)을 공유하는 식으로 교사들을 묶을 수는 있지만, 하나의 특성을 모두가 가지고 있지는 않기 때문에 일반화하는 것은 각자의 특이성에 비추어 볼 때 정의롭지 않다. 나의 교육 실제는 두 가지(그리고 또 다른) 철학과 페다고지가 끊임없이 바뀌고 변화하는 중첩이며, 아직 흔하지는 않지만 최근에는 포스트휴머니즘의 지향에 끌리고 있다.

'이$_{this}$' 가족을 특징짓는 몇 가지 핵심적인 아이디어가 있으며, 7장의 주요 목적은 이런 아이디어들 중 교실 실천을 변화시키는 데 가장 중요한 일부 아이디어를 표현하는 것이다. 7장 전반에 걸쳐 내가 주장하는 것은 나의 욕망에서 비롯된 것이다. 존재론과 인식론의 문제가 교육기관의 윤리적 관계에 어떠한 함의를 갖는지 그리고 효율성과 표준화에 대한 비정치적 정부의 관심사로 감소할 수 없으며, 감소되어서도 안 된다는 것을 보여 주고 싶다.

나는 교육 실제가 윤리적이고 포스트휴먼인 성인이나 어린이(그리고 다른 인간 아닌 타자들) 모두에게 존재인식론적으로 정의로워야 한다고 제안한다. 어린이들과 함께하는 레지오로부터 영감을 받은 철학은 가정과 교육기관에서 살고 있는 지구 거주자들earth dwellers에게 상투적으로 부과되는 현재의 연령차별적 실제에 대한 정지 경고가 되어야 한다.

아래에 소개하는 '백 가지 언어', 민주적 탐구공동체 구축하기, 관계로서의 교육, 어린이의 형상화, 바보광대 같은 어린이Child as Fool, 리좀 교육과정rhizomatic curriculum, '엉켜 있는 스파게티'와 같은 지식 등은 미궁의 이 부분에서 핵심 아이디어를 발견할 수 있을 것이다.

백 가지 언어

말라구치가 사용한 '백 가지 언어'라는 메타포는 1970년대 이탈리아에서 등장한 정치적 토론, 즉 읽기와 쓰기라는 두 개의 언어가 우위를 차지하는 이유나 그 결과에 대한 토론으로부터 비롯되었다.Dahlberg and Moss, 2010: xviii-xix 이 메타포는 기관에서 의미 만들기를 할 때 시각 미술, 신체 운동, 비디오, 디지털카메라, 증강현실, 컴퓨터 등 물질담론적 도구들을 소개하는 하나의 수준에서 (실제적 수준에서) 언급한 것이다. 칼리나 리날디Carlina Rinaldi가 지적한 바에 따르면, 상징적 수준에서 백 가지 언어는 "어린이들과 성인들이 백 가지, 천 가지의 창의적이고 의사소통의 잠재력을 가지고 있음을 보장한다는 의미에서 메타포"다. 창의성은 수학이나 과학 등 언어의 모든 형식에서 존재하며Rinaldi, 2006: 176, 레지오에서 영감을 받은 기관들은 예술가/아틀리에스타를 채용하여 오케스트라처럼 광범위한 인지적, 시적 언어들을 총괄하도록 한다.특히, 시각예술에 관해서는 Vecchi, 2010을 참조하라 레지오 에밀리아시의 유아교육 실제('레지오에서 영감을 받은' 세계 곳곳의 수많은 센터들도 마찬가지다)는 (인간) 언어의 우위를 점하고 있는 문자언어를 강조하는, 여전히 교육에서 지배적인 휴머니즘으로 인해 어려움을 겪고 있다. 이 단 하나의 문자언어를 강조하면서 우리는 수많은 세계의 어린이들을 실패자로 만들고 있다.

'어린이와 함께하는 철학'과 구어

어린이를 위한 철학P4C[5]은 철학자 매슈 리프먼$^{Lipman, 1988, 1991}$에 의해 1960년대 말 주창되었다.[6] 유럽의 타국에서 병사로 복무했던 리프먼은 세계의 진정한 변화에 대한 열정을 지녔으며, 그 열정은 2차 세계대전과 종전으로 점화되었다. 거기에 더하여, (그가 가르치던 철학과의 학부생들을 포함하여) 그의 미국인 동료들이[7] 베트남 전쟁에 대해 비판적으로 사유하지 않는 것을 보면서 아동기부터 철학을 가르쳐야 한다는 고무적인 아이디어를 갖게 되었다. 진정한 민주사회가 제대로 기능하기 위해 필수적인 것으로, 그는 특수하게 쓰인 교육과정[8]을 통해 이루어지는 조기 개입이 어린이의 지적 탐구에 필요한 원래의 호기심, 경이

---

5. '어린이를 위한 철학' 또는 'P4C'는 매슈 리프먼(Matthew Lipman)이 주창하고 발전시킨 교육과정을 말한다. 이론과 실제를 배경으로 그리고 이론과 실제에 영감을 받아 이제는 더욱더 광범위하게 '어린이와 함께하는 철학'이라고 불리고 있으며, 여기에는 모든 연령에서 이루어지는 철학적 탐구와 다양한 형식적, 비형식적 상황이 포함된다. 다소 긴 토론은 3장에 나와 있는 헤인즈와 무리스(Haynes and Murris, 2012)의 자료를 보라.
6. 어느 정도는 실제 개별 주체자들이 개척하거나 운동을 시작하지 않았을까? 리프먼과 말라구치의 행위주체성(agency)은 힘(force), 생명력, 에너지와 관련 있다. 2차 세계대전으로 인해 그들은 모든 이상한 것에 대항하고자 결정하였으며, 2차 세계대전 이후 그들의 행위주체성이 드러난 것이다.
7. 더글러스 마틴(Douglas Martin)이 2011년 1월 14일 〈뉴욕 타임스〉에 쓴 기사를 참고하라(www.nytimes.com/2011/01/15/education/15lipman.html?_r=0, 검색일 2015년 5월 15일)
8. 이러한 교육과정의 이론에 관해서는 리프먼, 샤프, 오스캐년(Lipman, Sharp and Oscanyan, 1977)의 글을 참고하라. P4C 교육과정에서의 어린이의 위치에 관한 토론은 무리스(Murris, 2015)의 글을 보라.

로움, 열정을 불러일으키고 어린이들의 철학적 사유를 강화시킬 것이라고 보았다. 리프먼[Lipman, 2018: 53]은 자서전에서 러시아 심리학자인 레프 비고츠키Lev Vygotsky의 교육철학과 사적으로 관계가 있던 존 듀이John Dewey의 철학에 중요한 영향을 받았다고 기술했다. 특히, 리프먼은 사고에 대한 사고thinking about thinking에 대한 관심에 따라 학문적 훈련으로서 철학을 공부하는 데 매력을 느꼈다.[Lipman, 2008: 58] 또한 그는 철학적 대화, 즉 '언어들에 대한 언어'에 필요한 교양에 대해 기술하면서, 판단의 준거로서 '판단 이상의 무언가'를 강조했다.[Lipman 2008: 59] 결국 이들 준거는 다른 준거와 맞물리고, 다른 준거는 또 다른 준거와 맞물리는 등 지금껏 해답은 없지만, 그 과정은 "매우 흥미롭고, 흥분되며, 분명하다."[Lipman, 2008: 59] 이러한 준거들은 학습보다는 의미에, 진실보다는 이해에 초점을 맞추는 탐구를 발생시킨다. 그는 이러한 언어가 우리를 좀 더 합리적이게 하며, 더욱더 질문하게 만들고, 개념적으로 능숙하게 해 준다고 기술하였다.[Lipman, 2008: 60]

1974년 몽클레어 대학교Montclair University에서 창립된 어린이철학진흥협회The Institute for the Advancement of Philosophy for Children, IAPC는 각자의 국가에서 어린이와 함께 철학하기를 실행하고 있는 전 세계 교사와 철학자들의 훈련을 지원하는 지적 구심점 역할을 하고 있다. 데이비드 케네디[Kennedy, 2011: 96]는 "대화를 통한 철학의 급진적 재구성과 어린이들 간의 대화"에 관해 리프먼이 일으킨 혁명을 기술했다. 이러한 혁명적인 아동기 철학의 탄생은 철학자인 개러스 매슈스에게도 지지를 받았다. 매슈스는 피아제의 발달론에 의문을 제기하면서 어린이가 '선천적 철학자natural philosopher'라고 주장하였다. 많은 사람들이 읽은 그의 책들[1980, 1984, 1994]에는 그의 주장과 더불어 어린이의 사고가 성인 철학자의 사고와 유사함을 증명하는 어린이들과의 대화가 여기저기에 들어가 있다.

어린이와 함께하는 철학을 옹호하는 사람들 간에는 어린이에 대한 관점[9]에 차이가 있다.Murris, 1997, 2000, 2008, 2015; Haynes and Murris, 2012, 2013 예를 들어, 월터 코한Walter Kohan, 1998은 성인의 합리적 세계에 어린이를 포함시키기 위한 노력에 반대하는 강력한 목소리를 내고 있다. 철학과 아동기의 만남은 성인에게 논리와 지식의 다른 형태에 도전할 기회를 주며, 그 결과 어린이가 학술 철학 그 자체를 할 수 있는 다양한 철학을 낳게 한다.

이러한 차이에도 불구하고, 아동기는 학술 철학의 급진적 민주화를 위한 장site이 되었고, 교육적 차원에서 리프먼은 파올로 프레이리의 아이디어(민주적 대화)와 존 듀이의 아이디어(탐구로서의 교육)를 합하여 탐구공동체 페다고지community of enquiry pedagogy를 제안하였다. 그것은 모호한 개념으로 정의 내리기 어렵다. 왜냐하면 "교사들과 학생들은 탐구공동체를 자신들의 목적에 적용시켜 조절하기 때문에 새로운 양상과 차원들이 나타나기 때문이다. 탐구공동체는 내재적이기도 하고 초월적이기도 하다. 탐구공동체는 참여자의 일상생활에 스며드는 하나의 틀을 주며, 그것은 노력하기 위한 이상ideal으로서 작용한다."Splitter and Sharp, 1995: 17-8

그러한 페다고지는 소크라테스가 등장하는 플라톤의 대화에서 영감을 받은 것으로, '내적 언어'로서 사고를 비유한다.Matthews, 1980: 42 비고츠키는 어린이들이 사회에서 함께 생각함으로써 스스로 생각하는 법을 배운다고 가정하였다.Cam, 1995: 17 같은 식으로 말하자면, 교사들은 지적이고 상상적인 대화의 절차를 '내면화'하려고 한다.Bleazby, 2012 사회구성론자와 사회적 구성주의자의 아이디어는 이렇다. 탐구공동체 안에서 각자의 아이디어에 의해 만들어지는 '외부의 목소리'를 '내면화'하는

---

9. 나는 박사학위 논문(1997)에 철학자로서 어린이를 보는 나의 관점에서 나타났던 세 가지 중요한 변화에 대해 보고하였다.

것이 더욱 풍부하고 다양한 '내적' 대화를 이끌며, 그 결과 '자기-교정'을 통해 더욱더 합리적인 사유를 하게 해 준다.Splitter and Sharp, 1995: 32-33

관계적 접근을 통해 사고를 가르치고자 하는 사람들은 종종 탐구공동체의 철학적 활동을 '진보'라는 개인주의적인 용어로 평가하고 측정하려는 정부의 압력에 저항하느라 고군분투한다. 이를테면, 연구 지원을 받으려고 할 때나 유아교육기관에서 접근법을 확립하려 할 때 압력을 받는다.Haynes and Murris, 2011 레지오는 어린이와 함께하는 철학의 관계적 차원을 강력하게 해 준다. 따라서 레지오에 영감을 받은 어린이와 함께하는 철학은 철학을 독립 교과로 가르치는 것을 제한하지 않는다. 예를 들어, 레지오에 영감을 받은 어린이와 함께하는 철학에서는 일주일에 30분씩 '철학' 수업을 하거나 특별 수업으로 또는 특정 시기에 할 수 있다. 대신, 그러한 철학적 실제가 전체 교육과정, 즉 유아교육기관 전체 접근법에 스며들어야 하며, 또한 학부모나 지역사회의 다른 구성원들도 함께 참여해야 한다. 그러한 방식으로 유아교육기관은 탐구적이 되고, 왕성하며 역동적인 '살아 있는 유기체'가 되어 가는 것이다.Malaguzzi, 1998: 62-3 레지오에 영감을 받은 어린이와 함께하는 철학이 어린 시기 좋은 삶의 일부가 되어야 할 것이다.Sara Stanley(2004, 2012)의 철학적 놀이에 관한 기발한 연구를 참고하라

인간 동물들과 인간 아닌 타자들의 물질담론적 관계

어린이와 교사 간의 좋은 관계 형성은 탐구공동체 개념의 일부다. '관계의 교육'이라는 레지오의 메타포는 학부모들과 다른 구성원들이 참여할 수 있는 보다 민주적이고 덜 위계적인 관계, 즉 어린이, 교사, 부모 3자 간의 관계Malaguzzi, 1998: 65가 확장되는 것을 의미한다. 캐럴린 에드워즈Carolyn Edwards, 1995는 관계에 대한 레지오의 메타포는 사람들 간의 관계뿐만 아니라 다른 것과의 관계, 즉 사물들과의 관계, 사고들과의

관계, 개념들과의 관계, 환경과의 관계도 해당된다는 것을 상기시킨다.

1장에서 보았듯이, 관계적 물질주의 존재인식론에서는 관계를 독립적으로 존재하는 인식론적 단위들 간에 만들어지는 연결('상호작용 inter-action'의 관계 같은 것), 즉 시간과 공간을 관통하여 움직이는 세계 '안in'에 주체들과 객체들objects이 구분되어 있다are고 이해하지 않는다.^{Barad, 2007, 2013: 815} 그 대신, 각각의 어린이, 교사, 부모, 벽에 붙어 있는 도마뱀붙이, 가구, 그림 등등 경계들이 있다are고 말하는 것은 불가능하다고 주장한다(존재인식론적 관점뿐 아니라 존재론적 관점에서도 그러하다). 관계적 물질주의자materialists들에게 있어 이론화를 위한 존재론적 출발점과 인식론적 출발점은 내부작용에 있다. 내부작용은 개체들individuals과 인간 아닌 타자들 '사이between'의 관계들relations 이지 관계항들relata¹⁰이 아니다.^{4장을 참조하라} 내부작용은 상호적 관계성 mutual relationality이다. 즉 사물들은 관계 속에 '있고are' 서로 영향을 주고받는다. 교사가 미리 정해 둔 기준과 기대의 틀에 따라 어린이의 사고와 행동을 거리를 두고 보고, 기록하고, 평가하는 객관적인 관찰자가 될 수 있다는 그런 아이디어는 포기해야 한다.^{Dahlberg, Moss, and Pence, 2013: 154}

레지오의 교육적 기록작업에서는 진실을 기술하는 척하지 않는다. 거기에는 항상 가치-의존적인 선택이 포함된다. 즉 기록은 선택적이고, 부분적이며, 맥락적이다. 그리고 관찰, 기술, 해석, 설명 등 교사가 '반응-하도록response-able' 요구하며^{Barad, 2007}, 애매모호함들도 감히 보려고 한다.^{Dahlberg, Moss and Pence, 2013: 155} 이러한 기록은 어린이와의 관계 '안in'에서 내용이자 과정으로 나타나며(회절적인 저널 쓰기의 과정과 동일하다), 프로젝트 작업에 '힘과 에너지'를 불러일으킨다.^{Dahlberg, 2003,}

---

10. 바라드가 말하는 관계적 존재론은 관계항(relata) 또는 '단어들'과 '사물들'의 형이상학을 거부한다(Barad, 2003: 812).

Olsson, 2009에서 재인용 기록의 내용은 수기 노트, 사진, 비디오 등의 구체적, 시각적 또는 청각적 물질의 형태 그 자체이며, 페다고지의 살아 있는 기록record인 것이다.Dahlberg, Moss, and Pence, 2013: 156, 162

이것은 하나의 과정이다. 즉 (물질, 부모와 어린이 그리고 다른 교사들과의 대화를 포함하는) 일련의 관계들이 기록을 만들어 내며, 프로젝트는 그다음 탐구를 향해 열려 있으면서 항상 나아간다.Dahlberg, Moss, and Pence, 2013: 156 흥미롭게도, 과거 '안'에서 발생했던 것과 회절함으로써 새로운 것이 만들어진다. 중요한 점은 기록은 어린이들에 관한 것뿐 아니라, 그 기록(iii가 대학에서 사용하는 회절적 저널)을 포함하여, 물질담론적 실천을 통해 존재existence하게 된 어린이의 형상화configuration와 회절할 기회이다.

함께 사고하는 상호관계들

철학탐구공동체에서 (교사를 포함하여) 모든 사람들은 개개인이 가지는 관점보다 더욱더 큰 의미의 지평이 있음을 알아차리게 된다.Kennedy, 1996a 이것은 일종의 분산적 사고distributive thinking로 "집단정신a mind of the whole group"Kennedy, 2006: 9 또는 아틀리에스타인 베아 베키Vea Vecchi 2010: 28-9가 말한 "집단 지성collective intelligence"[11]에 해당한다. 협력적이며 진정한 사유는 문화적 연대감, 책임감, 통합inclusion의 느낌을 만들어 내고 기르며, 비판적 사고나 행위뿐 아니라 창의적이고 배려하는 사고와 행위를 발달시키는 데 도움을 준다.

'언어들의 언어'(철학적 언어)와 또 다른 '아흔아홉 가지 언어들'을 번갈아 사용하는 것이 개념화 작업에는 큰 도움이 된다. 다양한 매체의 물리적 속성들은 개념의 표현 방식에 영향을 미치는데, 선이나 블록,

---

11. 이와 관련하여 6장에서 기술한 철학적 탐구 분석을 위한 회절적 일시정지를 참조하라.

찰흙으로 '사랑'을 표현하는 것을 예로 들 수 있다.^Forman, 1994: 37-8 전형적으로, 확장된 프로젝트[12]는 기억과 "생각의 자유 통치free reign to thought"^Edwards, 1995: 42에 쉽게 접근할 수 있도록 해 주는 '언어 분출'에서 출발한다. 또한 읽기 또는 쓰기가 지닌 장벽들을 제거함으로써 확장된 프로젝트의 출발을 도울 수 있다. 일상의 철학적 탐구는 구어적 소통이나 실물 또는 상상을 통해 새로운 이론과 가설을 형성하는 것-어린이들이 아는 것을 그려 봄으로써 '시험'하는 것-을 가능하게 한다.^10장에 소개된 예를 참고하라 그림을 그리면서 어린이들이 자신의 지식에서 '간격'을 발견하게 되고 자신의 이론을 조정해야만 할 때, 그에 따라 계속 지식을 구축해 나가고 초기의 생각을 정련시켜 가게 될 것이다. 각각의 변화는 더욱 복잡한 상황과 더욱 적합한 이해를 만들어 내는 새로운 무언가를 생성해 낸다. 예를 들어, 학습자들은 그리기를 통해 과도하거나 불필요한 또는 잘못된 아이디어를 제거할 수 있다. "마치 여러 단계를 거쳐 우주선이 우주 깊은 곳으로 들어가는 것처럼, 각 단계마다 어린이는 좀 더 멀리, 좀 더 높이 나아간다."^Malaguzzi, 1998: 92 그리기는 소통에 필요하다. 학습자들은 자신들의 아이디어를 더욱 간단하고 직접적인 방식으로 다른 사람에게 보여 줄 필요가 있다. 따라서 다양한 언어들은 서로 회절하며 그 과정에서 새로운 이해를 창조해 낸다. 상상은 인지적 과정의 한 부분이다. 상상은 지금 여기에 없는 것을 종종 2D로 또는 가끔은 3D로 표현하는 것이며, 동시에 일종의 생태계를 창조하며, 그 과정에서 깊숙이 감정을 이입하며 또 다른 지구 거주자들을 이해하게 된다.

---

12. progettione를 영어로 번역하기는 쉽지 않다. 그것은 일종의 '프로젝트의 진행(project ahead)'을 의미하는 것으로(Stremmel, 2012: 139), 더 상세한 설명은 Rinaldi의 웹사이트(www.thinkers.sa.gov.au/thinkers/carlarinaldi/p513.aspx#P8)를 참고하라.

아낌없이 주는 나무

쉘 실버스타인Shel Silverstein[13]의 그림책 『아낌없이 주는 나무The Giving Tree』1964/1992를 탐구한 어느 교사 집단의 철학적 작업의 예를 살펴보자. 오래도록 사랑받아 왔던 이 책은 어린 소년에게 모든 것을 주는 한 그루의 사과나무에 관한 내용을 담고 있으며, 흑백의 연필 그림으로 밀접한 물질담론적 관계를 그려 낸 작품이다. 책에 등장하는 나무는 분명 행위주체성을 지닌다. 소년은 그 나무의 가지에 매달려 그네를 타고, 소년과 나무는 함께 숨바꼭질을 하며, 나무 그늘 아래 소년은 잠이 들었다. 소년은 나무를 사랑했고 나무는 행복했다. 소년이 나이를 먹을수록 나무를 찾아오는 횟수가 점점 줄어들었다. 하지만 그는 여전히 나무가 필요했다. 나무는 그가 집을 지을 수 있도록 자신의 나뭇가지를 주었고, 이후 그가 배를 만들어 타고 항해를 떠날 수 있도록 자신의 몸을 내어 주었다. 이제 나무는 그루터기만 남게 되었다. 몇 해가 지나 나이 든 소년이 나무에게로 되돌아왔다. 나무는 말한다. "미안해, 소년아. 네게 줄 것이 없구나. … 무엇이라도 주고 싶은데 … 이제 남은 게 없어. 늙은 그루터기뿐이야. 미안해. …" 그가 답한다. "이제 더 이상 아무것도 필요치 않아. … 그저 조용히 앉아 쉴 곳이 있으면 돼." 나무가 답하기를 "음, 이 늙은 그루터기는 앉아 쉬기에 좋지. 이리 온, 소년아. 여기 앉아. 앉아서 쉬어." 그 소년은 그렇게 하였다.

이 이야기를 읽은 후, 그 그룹은 큰 종이에 '탐욕', '선택', '매혹', '결과', '불안', '뻔뻔함', '잠재적인', '감정이입', '후견인', '채워지지 않는', '생각이 모자란'과 같은 추상적인 개념들을 적어 내려갔다. 그룹을 둘로 나눈 후, 점토와 작은 돌멩이를 이용하여 자신들의 질문들을 [그림 7.1]

---
13. 이 그림책으로 매우 흥미로운 철학적 읽기를 시도한 밀러(Miller, 2011)와 라데바(Radeva, 2011)의 연구를 참고하라. 자크(Jaques, 2015a: 126-131)는 후기-형이상학적이지는 않지만, 개체주의적 존재인식론과는 다른 포스트휴머니즘적 읽기를 시도하였다.

과 같이 표현했다.

한 집단에게 그 그림책은 미지로 향해 가는 여행으로 와닿았고, 그것을 강river으로 물질적으로 표현하였다. 강 위에 작은 배가 떠 있고 거기에 소년이 타고 있다. 소년을 태운 배는 바로 그 나무였고, 배는 강물의 색(붉은색)과 같았고, 그 배가 움직이기 위해서는 강이 필요하다는 것을 보여 준다. 최종 목적지가 어디인지 정해져 있지 않기 때문에, 질문들은 그림 바깥에 표시하였다. 그 나무는 '흡족했지만 슬펐다'. 왜냐하면 이제 소년은 자랐지만 '지금도 아이 같아서' 얼마간은 만족스러웠다. 한 참여자는 "이야기를 읽으면서 많은 것을 배우게 됩니다. 한 편의 이야기 그 이상이에요. 이야기를 읽는 이의 이야기가 거기에 들어 있거든요"라고 말했다.

또 다른 집단은 [그림 7.1]의 두 번째 사진처럼 나무와 소년의 양극성과 얽혀 있는 관계를 퍼즐로 표현했다. 한 참여자는 '주기giving'와 '받기taking'라는 개념은 '변화transformation'처럼 함께 만들어지는 것이라고 말했다. 주는 것은 항상 받는 것이다. 나무가 주기만 한 것이 아니라, 동시에 받았다는 것이다. 한 참여자는 나무가 항상 주기만 했다는 아이디어에 문제를 제기했다. 줄 수 있으려면 실제 무언가를 하고 있는 행위주체성이 필요하다. 그런 점에서 제목이 잘못 지어졌다는 것이다. 즉 나무는 결코 주는 나무가 아니라는 것이다. 나무의 행위주체성은 유도하는 것에 더 가깝다. 예를 들면 나무는 소년이 나뭇가지에서 그네를 타고, 자신을 올라타고 또 잘라 갈 수 있도록 해 주었다. 한 참여자는 이 이야기가 '소극적인' 캐릭터로 젠더를 선택한 것은 부수적인 것과는 거리가 먼, '전형적'인 것이라고 결론지었다.

각각 다른 아이디어를 모은 후, 첫 번째 그룹의 질문('이기적이 된다는 것은 무슨 뜻인가?')과 두 번째 그룹의 질문('준다는 것이 항상 좋은 아이디어일까?')을 (발현)병합하여, '당신은 이기적인 수여자giver가 될

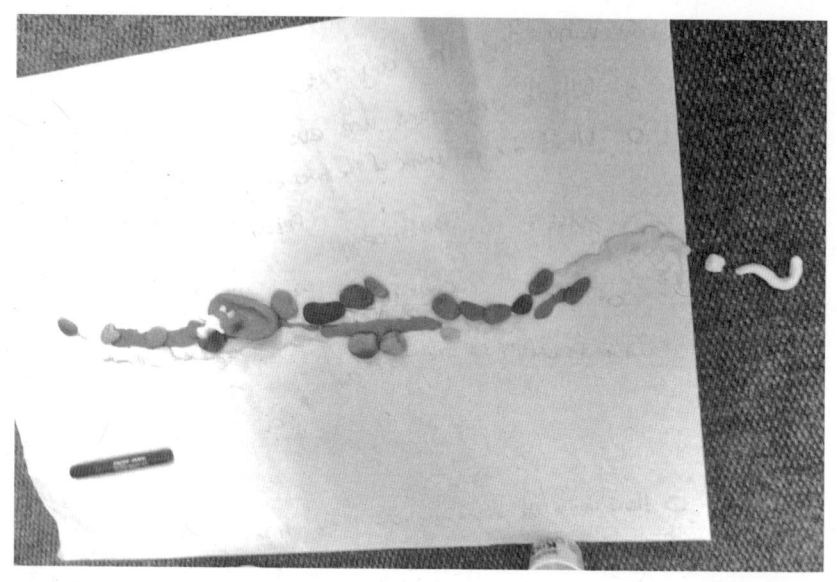

[그림 7.1] 주고받기: 쉘 실버스타인의 아낌없이 주는 나무

수 있는가?'라는 질문에 초점을 맞추어 탐구가 시작되었다. 이 질문에 답하기 위해 우리는 '필요한 것needs'과 '원하는 것wants' 간의 관계를 탐색해야 했다. 어쨌든 전자는 후자로 이어지고, 필요한 어떤 것들은 다른 것들보다 더 진정성 있다. 예를 들어, 당신의 몸이 당신이 필요로 하는 것을 나타낸다는 것을 믿을 수 있는가?[14] 그들은 '그것이 너무 많다'라고 말하면서 하나의 물리적 선으로 그릴 수 없다는 데 동의했다. 그들은 수량화하는 것의 어려움에 대해 계속해서 토론했다. 이를테면 정말 필요한 것을 얼마나 좋아하는지 그리고 원하는 것을 얼마나 좋아하는지?(누군가는 '왜 사랑은 어린이들의 권리가 아닌가?'라고 물었다)와 같은 질문을 수량화하는 어려움에 관해서였다. 그다음, 인터넷이 예로 등장하였다. 즉 당신은 인터넷이 필요한가, 원하는가, 아니면 둘 다인가? 개념적 방황이 탐구를 촉발하는 질문에(이기적인 수여자가 되는 것이 가능한가의 여부) 대한 답변을 점점 복잡하게 만들었지만, 그들은 (두 번째) 질문('준다'는 것의 의미)에 대해 먼저 답을 해 보자고 결정하였다. 그들은 무엇이 선물인지를 정하는 것이 어렵다는 것을 발견했다. 그것은 반드시 당신이 무언가를 하는 것도 아니며, 물건thing일 필요도 없다(예를 들어, 시간을 줄 수도 있다). 그렇다면 선물은 무엇인가?

　레지오 접근법에 영감을 받은 어린이와 함께하는 철학에서는 구어적 언어, 물질담론적인 신체와의 반복적인 내부작용, 물리적 환경(이를테면, 원형으로 둘러앉기), 텍스트, 감정, 질문들, 아이디어들, 서로 간 교사, 심지어 침묵까지도 중요하게 여긴다. 교육 실제는 의미 있는 개념들이지만 논쟁거리가 되는 질문하기가 포함되며, 이런 질문들에 대

---

14. 수업에서 철학적 개념들을 탐구하는 방법에 대해 아이디어를 얻고 싶다면 헤인즈와 무리스(Haynes and Murris, 2002)의 'The Web of Intriguing Ideas: Growing and Wanting'을 참고하라.

한 답을 구하기 위해 '기관 없는 듣기LwO'도 포함된다. LwO는 새롭고 낯선 것을 듣기 위한 것이고, 탈중심화된 목소리decentred voice가 없는 분산적 사고distributive thinking다.[6장] 이것은 교육에서 성인/아동 관계의 재구성, 즉 권력 실제의 혼란을 가능하게 한다.[Kennedy, 2006: 9] LwO는 신체의 특정 부분(예를 들면 귀)으로 듣는 것이 아니라, 행위action(이를테면, 학습자가 말하거나 행하는 것에 대한 반응으로서 질문하기)를 통해서 그리고 기록작업, 마인드맵, 종이에 기록한 질문 등과 함께 지속적으로 내부작용하고 회절하면서 학습을 가시화하는 것을 통해서 관계 속에서 기관 없는 신체를 문자 그대로 기관들 없이 세계에 놓여 있는 신체라고 이미지화하는 것은 들뢰즈와 가타리가 말하고자 한 핵심을 완전히 놓치는 것이 된다.[Jackson and Mazzei, 2012: 85] 다시 말해, 이 신조어는 개념이 무엇인지is를(마치 게시판에 붙여 놓은 죽은 나비처럼 필요한 그것에 본질을 할당하는 것) 해석하고 표상하고 정의하는 하나의 유일한 One 언어로부터 벗어날 수 있도록 해 준다. 앞의 탐구 사례에서도 보았듯이, 준다는 것의 의미가 무엇인지를 정의하는 일은 철학적 탐구의 종착점이 아니라, 출발점일 뿐이다.

레지오 접근법에 영감을 받은 어린이와 함께하는 철학에서 참여자들은 교사들과 함께 장기간 동안 개방적으로 탐구한다. 다른 교사들과 함께 일하는 교사들은 내부작용하면서 바람직한 물질담론적 환경을 협력하여 창조한다. 새로운 개념적 지식은 아틀리에(교실)에서 만들어진다. 이때 교실은 "뇌, 손, 감성, 이성, 감정, 상상. 이 모든 것이 함께 작동하는"[Vecchi, 2010: 2] 곳을 은유적으로 표현한 것이다.

백 가지의 언어와 상호관계성이란 아이디어를 교육에 포함시키는 것은 분명 도전이다. 객관적인 진실의 이상과 유아교육기관에서 지식과 사회적 관계의 파편과 분절에 익숙한 우리에게는 특히 그러하다. iii는 철학적 탐구의 출발점으로 말라구치의 시[15]가 도움이 된다는 것을 발견하였다. 그 시는 나타난 아이디어와 그것의 함의들에 관해 함께 생각할 수 있는 공간을 열어 주며, 교사들이 자신들만의 물질담론적 연결들을 만들 수 있도록 해 준다. 게다가 그들의 질문은 그들이 아는 것과 알지 못하는 것에 관한 가치 있는 정보를 제공해 준다. 어느 소그룹(이 그룹은 이름을 'One'으로 지었다)이 제기한 [그림 7.2]의 질문 2를 보라. '그들이 어린이에게서 빼앗지 못한 바로 그 언어는 무엇인가?' 교사들은 이 질문에 대해 답변하기 시작했다. 교사들은 차례로 돌아가며 언어에 관한 탐구, 즉 언어가 무엇인지 그리고 인간만이 언어를 가지는지 등에 관한 탐구를 이끌었다. 그들의 사고를 촉발하는 질문으로 오랫동안 탐구가 이루어졌고, 이러한 탐구에는 (질문 5에 의해) 객관적 지식의 존재에 관한 것까지 포함되었다.

어린이의 형상화: 긴장과 모순

어린이와 함께하는 철학과 레지오 에밀리아는 둘 다 어린이를 유능하고 풍부하며 행위주체적이며 권리를 지닌 존재로 여긴다. 하지만 마그 셀러스Marg Sellers가 직시했듯이, 이러한 형상화는 "어린이를 본질적으로 유약하고, 부족하며, 작은 성인으로 보는 서구의 가정assumption과 얽혀 있다."Sellers, 2013: 76 앞 장에서 보았듯이 어린이와 함께하는 철학과 레지오 에밀리아 모두는 이분법적으로 자연/문화를 가정하기 때문이다. 피터 모스는 로리스 말라구치의 '유능한 어린이child as rich'라는 형상화는 "물질적 빈곤 속에서 가난하게 살아가는 많은 어린이가 있다는 것, 불평등으로 인해 삶과 희망이 황폐해진 많은 어린이들이 있다는 것, 풍요로운 삶에 대한 어떠한 희망도 없는 조건과 싸워야만

---

15. 인터넷에서 말라구치의 시를 다운로드할 수 있으며, 어린이들과 함께 그 시를 소리 내어 읽으면서 볼 수 있는 영상도 있다(www.youtube.com/watch?v=174pYUcwn7w를 참고하라).

하는 많은 어린이들이 있다는 것을 부정하는 것이 아님을" 상기시켜 준다".Moss, 2014: 88 말라구치는 "한 명도 빠짐없이 모든 어린이가 유아교육에 가져다준 것과 유아교육이 그러한 어린이의 잠재력을 실현하는 데 어떤 기여를 할 수 있는지를 숙고하면서, 끊임없이 잠재력potentiality을 상기하면서 어린이를 부족하고 결핍된 존재에서 유능하고 잠재력 있는 존재로 재구상한 것이다"라고 했다.Moss, 2014: 88 잠재력을 강조하면서 "유능하고, 유연하며, 잠재력 있는 존재로서의 유아"를 재구성한 것은 관계적 물질론자가 지향하는 맥락 내에서 그러한 것이지, 추상적으로 개념화한 것은 아니다. 이와 관련하여 에리카 버먼Erika Burman, 2013: 230은 "교사로서의 어린이child as educator"로 형상하는 것에 대해 경고

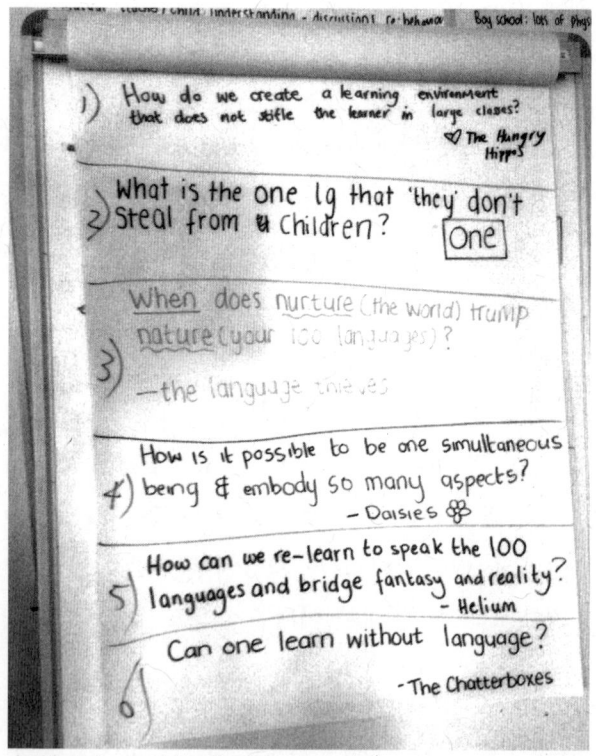

[그림 7.2] 로리스 말라구치의 시 '백 가지 언어들'에 대한 질문들

한다. 이러한 형상화가 어린이와 성인 간의 권력관계를 뒤바꾸는 것처럼 보이지만, 사실상 '진보주의 교육'의 아동 중심 교육child-centred pedagogy에서 말하는 '그' 아동이 좌파의 자유주의와 우파의 신자유주의 모두에 양립 가능함을 되풀이하고 있는 것이라고 주장한다. 펜들러Fendler와 데 보스De Vos에 관해 인용하면서, 버먼Burman, 2013: 231은 '아동'에 대한 형상 또는 모티프는 '개인화 및 심리화의 체계로 정교화되고 있는' 개인주의의 철학적, 문화적 유산이라고 주장한다. 이와 비슷하게, 피터 모스는 "유능한 어린이competent child"에 들어 있는 모순들을 지적한다. 유능함competence은 "훈련을 통해 특정의 기술이나 정보를 얻는 것을 말하는 협소하고 기술적 의미"Moss, 2014: 88이거나 5장에서 iii가 주장했던 개체-이원론적indivi-dualistic 존재인식론을 가정하는 것일 수 있다.

    모스는 "유능한 어린이"는 또한 다른 무언가를 의미한다고, 특히 칼리나 리날디와 같은 레지오 에밀리아 전문가가 그 개념을 언급할 때 그러함을 상기시킨다. 리날디는 "태어나는 바로 그 순간부터 … 천억 개의 뉴런이 가지는 엄청난 에너지에서 분출하는 잠재력과 자원들을 지닌" 유능하고, 강하고, 힘 있는 존재로 어린이를 묘사한다.Rinaldi, 2006: 123 그녀는 어린이가 알기를 원하고 성장하기를 원하며, 호기심이 많고, 모든 것에 대한 이유를 원한다고 단언한다. 개인적으로든 그룹 내 관계 속에서든 각각의 어린이는 "다른 사람들과 환경에 대한 생태적 민감성"[16]을 지니고 있다는 것이다. 그녀는 어린이가 인내심이 강하고, 자신들이 할 수 있는 것을 보여 주기를 원하며, 지식과 높은 기대를 지니고 있다고 본다. 한마디로, 어린이가 유능하다는 것이다. 리날디가 '유능하

---

16. 출처는 레지오 에밀리아의 핵심 원칙을 간결하게 정리한 리날디의 웹사이트(www.thinkers.sa.gov.au/thinkers/carlarinaldi/p513.aspz#P8, 검색일 2015년 1월 2일)로, 이 사이트는 방문할 만한 가치가 충분히 있다.

다'라는 개념을 해석하는 방식에 iii는 전적으로 동의하면서 긴 문장을 인용하려고 한다. 그렇게 어린이를 형상화하는 것이 iii가 실행하고 활성화하고자 하는 페다고지의 가정이기도 하다.

관계 맺기와 상호작용하기에서 유능함은 다른 사람에 대해 깊이 존중하고 갈등과 실수를 수용하는 것이다. 구성하기에 유능한 어린이는 자신의 세계를 구성하는 동안 스스로를 **구성하며**, **세계에 의해 구성된다**. 실제를 해석하기 위해 이론을 구성하는 데 유능하며 이해를 가능하게 하는 가설과 메타포를 만드는 데 유능하다. 어린이는 스스로 가치를 가지고 있으며, 연대 관계를 구축하는 데 능숙하다. 어린이는 항상 새로움과 다양함에 열려 있다. 어린이는 미래 그 자체일 뿐 아니라 실재를 항상 재해석하고 끊임없이 새로운 의미를 부여한다는 점에서, 미래를 소유하고 있는 존재이자 만들어 가는 존재다. **권리의 소유자이자 구성자인** 어린이는 자신의 정체성, 독특성, 차이가 존중받기를 그리고 가치 있게 여겨지기를 바란다. 권리를 지닌 존재로서 어린이를 생각한다는 것은 사회가 어린이에게 부여하는 권리를 인정하는 것뿐 아니라 온전한 '경청'의 맥락을 만들어 내는 것을 의미한다. ^{Rinaldi, 2006: 123, 강조는 저자}

여기에서의 핵심은 모든 ('인간 존재'나 '어린이' 대신) '비인간들 inhumans 되기'가 어떻게 물질담론적 관계를 통해 능동적으로 지식을 구성할 수 있는가 하는 점이다. 말라구치^{Malaguzzi, 1998: 73}는 교사들이 어린이를 지식의 소비자가 아닌 생산자로 이해할 것을 촉구한다. 그리고 어린이들이 스스로 배울 수 없는 것을 가르치면 안 된다고 덧붙인다. 어린이들은 세상들worlds을, 이론들을, 권리를, 지식을 구성할 수 있으며, 하나의 사건event으로 각각을 그들 자신으로 받아들인다.

추상적인 개념의 의미가 얼마나 다양한지를 탐색하는 것, 그리고 새로운 개념의 의미를 구성하는 것은 철학적 탐구 활동의 핵심이다. 다행스럽게도 어린이들은 자신의 아이디어에 특권을 덜 부여하며, 계속해서 재구성하고 다시 발명해 낸다.^{Malaguzzi, 1998: 75}

인간의 탐구에는 추상적인 개념들이 내재되어 있다. 지금까지 이 책에서는 '어린이'라는 개념이 물질담론적 실제에서 작동하는 방식을 미궁을 여행하는 것으로 묘사했다. 결국, 어린이의 형상화에 대한 우리의 탐구는 '지식'과 같은 핵심적인 개념과 리좀적으로 연결되었다. 어린이들은 실제로 지식의 생산자인가? '지식은 정말 구성되는 것인가?' '어린이가 배워야 하는 기존의 지식체body of knowledge란 없는가? 그리고 그것을 가르쳐야 하는 것이 교사의 일이 아닌가? 교사들이 가르쳐야 하는 교육과정이 필요하지 않을까? 그렇게 하지 않는다면, 어린이가 주도하는 학습이 '기본'을 다루지 못하는 위험에 처하게 되지는 않을까? 이 모든 질문에 대한 해답은 지식의 의미가 무엇인지, 누가 어떻게 그것에 대한 접근 권한을 가지고 있는지에 달려 있다.

바보광대Fool 같은 어린이

근대 교육이 '잊어버리지' 않는 유일한 언어는 읽고 쓰기다. 이와 함께 인쇄물의 발명은 아동기를 '구축'하는 데에서 중요한 사건이었다. 읽고 쓰기라는 좁은 의미의 문해literacy는 성인기를 지지해 왔고^{Stables, 2008: 45}, 동시에 어린이를 주변부로 위치시켜 놓았다.^{Kennedy, 1989} 다른 아흔아홉 개의 언어를 의사소통과 지식 구성의 진정한 매개로 인정하지 않으려 하고 의심을 품는 것은 그리 놀랍지 않다. 8장에서 iii는 '디지털 혁명'에도 불구하고 문해를 제한적으로 바라보는 것이 여전히 어떻게 지배적인지 이러한 문해의 실제가 어떻게 불평등한 것인지를 주장할 것이다. 특히 유아교육기관에서 이루어지는 수업 언어에 친숙하지 않은 가난한 어린이들에게 그러하다.

다른 언어들을 끌어들이는 것에 대한 저항은 단순히 권력의 문제만은 아니다. 그것은 형이상학적이다(물론 권력과 형이상학적인 것은 서로 뒤엉켜 있다). 마치 언어의 주어-술어 구조가 존재론(능력 또는 속성을 지니며 독립적으로 존재하는 어린이)을 반영하는 것처럼, 언어는 과도하게 실체화substantialising 되면서 어린이를 본질을 지닌with 실체로 형상화하는 현상을 낳았다. 이것은 인간중심주의적인 인간 동물의 교만이라 할 수 있다. 프리드리히 니체Friedrich Nietzsche는 문법을 너무 진지하게 배우지 말라고 경고했다.Barad, 2007: 133 들뢰즈와 가타리는 다음과 같이 기술하였다.

> 칼이 살을 벨 때, 음식이나 독이 신체에서 퍼져 나갈 때, 포도주 방울이 물에 떨어질 때, 그때 몸체들은 뒤섞인다. 하지만 '칼로 살을 베고 있어', '내가 먹고 있어', '물이 **붉게 변하고 있어**'라고 말하는 것은 전적으로 다른 성질(사건들)의 비신체적 변화를 표현한다.Deleuze and Guattari, 1987/2013: 86

진짜real를 결정하는 것으로서 언어가 갖는 힘을 지나치게 인정받아 왔다. 또한 이러한 언어가 물질을 말이 없고, 수동적이고, 불변하는 것으로 형상화하면서 깊이 불신하는 데 연루되어 왔다.Barad, 2007: 133 언어와 담론이 우리 인간 동물들을 (물질) 세계 위에 또는 그 바깥에 있는 사유자thinkers로 위치시켜 온 것이다.[그림 4.1] 참조 또한 언어와 담론은 우리 '완전한-인간fully-human' 성인들을 물질과 어린이(그리고 다른 '문맹들') 둘 다와 멀리 떼어 놓았다.

아동기에 관한 철학자 데이비드 케네디Kennedy, 1989는 어린이를 역사 속의 **바보광대**Fool에 비유한다. 이 둘은 모두 언어와 **문해**에 우호적이고,

특정한 유형의 합리성과 주체/세계의 관계(**문해**를 통해 매개되는 것)에 우호적인 데카르트식 과학 세계에서 헤게모니를 쥐고 있는 성인의 주변부에 위치하고 있다는 것이다. 구어적인 것, 청각적인 것, 시각적인 것은 어린이 또는 예술가의 영역으로, 거기에는 진짜 지식이란 것은 없다. 한때 보편적이었던 인지적 양식style은 어린이들에게 특유한 것이 된다고 주장한다.Kennedy, 1989: 374

읽기와 쓰기라는 좁은 의미의 **문해**는 어린 나이 때부터 고립적이고 형식적이며 **개별적인** 교수instruction를 필요로 하며, 성인들은 이러한 교수를 가치가 높은 활동으로 본다.Stables, 2008: 45 이렇게 **구어성**orality에서 문해literacy로 전이하면서 어린이는 뒤처지게 된다. 케네디가 쓴 **바보광대와도 같은 어린이**Child as Fool라는 표현은 위기를 드러내는 것이며 존재인식론적 상태를 유지하기 위해 억압당하고 있음을 지적하는 말이다. 말하자면, "왕은 자신이 신이 아니라는 사실을 상기시키기 위해 바보광대를 옆에 둔다". 바보광대는 보통 사람들이 조심스럽게 피하고 있는 내면을 보여 주면서, 물건들을 옆쪽으로 돌리거나 머리 위쪽으로 돌리면서, 수수께끼처럼 말을 한다.Kennedy, 1989: 374 케네디는 다음과 같이 시적으로 기술한다.

이런 이유로, 바보광대는 초자연적인 신비스러운 **힘**mana을 지닌다. 그는 다른 방법으로는 세상의 비밀 언어를 드러내 보일 수가 없기 때문에 그 비밀 언어를 재잘거리고 놀면서 초자연적 힘을 보여 준다. 그리고 그 놀이에서 신성한 것이 나타나며, 지배적인 상황에서 배제했던 **비자발적 전체**involuntary whole가 초대받지 않은 손님으로 등장한다. 바보광대의 지식은 금지된 것이기도 하고 필요한 것이기도 하다.Kennedy, 1989: 374, 강조는 저자

아프리카 테일러Taylor, 2013의 책에서 우리는 어린이가 '공동 세계common worlds', 즉 자연과 문화가 함께 되살아나는 세계에서 얼마나 배제되어 왔는지를 보았다. 그러한 세상에서 '비자발적인 전체'는 너무 주관적이고 비합리적이라는 이유로 발달론자들이 말하는 과학적 실재에 의해 배제당하고 거부되어 왔다.

완전하지 않은 인간에 대한 차별에 책임이 있는 형이상학은 휴머니즘, 개체주의, 재현주의representationalism에 의해 유지되며Barad, 2007: 134, 이러한 형이상학이 학교 정책과 실제를 지탱해 주고 있다. 포스트휴머니즘은 재현주의에 그리고 '이성logos', '철학-왕좌philosopher-king', '이데아의 초월성', '개념의 내부성'Deleuze and Guattari, 1987/2013: 24에 균열을, 간단히 말해서 포스트휴머니즘은 단어들이 세상에서 존재하고 있는 것을 표상한다는 생각에 균열을 일으킨다.

구어성에서 문해로의 결정적인 전이에 대해 교사들의 관심을 끌어내기 위해서 종종 iii는 그림책『아낌없이 주는 나무』Silverstein, 2006의 라틴어 버전을 활용한다. 라틴어(아무도 모르는 언어)로 된 책에서 이미지를 만들어 냄과 동시에 그 이미지를 영어로 소리를 내어 말함으로써 교사들은 단어 읽기 없이 이미지에 접근하는 진짜 경험을 하게 된다. 이게 뭐지? 의미와 함께 단어들을 읽지 않고 단어들을 본다는 것이 얼마나 불안하고 혼란스러운 것인가? 종이 위의 잉크(또는 스크린 위의 피사체)라는 물질성과 함께하는 그러한 사건의 경험이 읽기와 쓰기의 초보자인 어린이들의 경험과 비슷할까?

수년 전 웨일스에서 이 활동을 했던 어느 그룹은 물질담론적 관점에서 흥미로운 반응을 보였다. 나는 그 대학 소속이고 iii는 **라틴어를 읽을 수 있는** 학자였기 때문에, 그룹의 구성원들이 자신들을 부족하다고 여길 수 있었고, iii는 그렇게 되지 않기를 바랐다. 그 세션의 교육자로서 iii는 처음부터 여러 개 중에 하나의 텍스트를 선택한 이유를 노출시키지 않았다. 참여자들이 대화 중에 중요한 것을 발견해 내는 데 영향을 주지 않기 위해서였다. 나의 기대(그리고 이러한 탐구에 iii가 참여하는 방식)는 참여자들이 '읽고 쓸 줄 아는(또는 문맹의)' 상태가 무엇을 의미하는 것인지, 모국어나 외국어를 또는 종종 남아공의 경우처럼 동시에 여러 언어들을 유창하게 읽을 수 있도록 배워야만 하는 것인지에 관해 탐구하게 되는 것이었다. 예를 들면, 어떤 언어로 생각하는가? 읽기를 어떻게 배웠는지 기억나는가? 어린이와 함께하는 철학 세션에는 항상 예상치 못한 일들이 일어나는데, 그 주요 요인은 텍스트의 수행성performativity에 있다.9장을 참조하라 바라드는 실증적인 증거로 양자물리학을 이용한다. 즉 사고하고 관찰하고 이론을 만드는 데 있어 수행적 행위주체성performative agency을 지니는 담론적 실제는 우리가 가지고 있는 세계의 일부로서 참여의 실제이다.Barad, 2007: 133 레지오에 영감을 받은 어린이들과 함께하는 철학은 바라드가 말하는 행위적 실재론agential realism[17]을 집행하며, 현재의 문해력 중심 수업을 와해시킨다. 지식 생산과 표현은 결합하며 어린이의 모든 물질담론적 언어들을 이끌어 낸다. 그렇게 함으로써 어린이에게 일상적으로 행해졌던 존재인식론적 불평등에 저항한다. 그러나 실행에서 한 가지 '문제'는 '다른' 언어들은 해석하고 접근하고 말로 표현하기가 더 어렵다는 데 있다. 예를 들어, [그림 7.3]에서 앤서니 브라운Browne, 1998의 그림책 『공원에서 일어난 이야기Voices in the Park』에 있는 이미지들을 보라.

시각예술은 사고와 대화를 불러일으킨다는 것을 보여 준다(그러나 말로 표현하기가 쉬운 것은 아니다). 또한 컵에 그려진 이미지...데이비드

---

17. 행위적 실재론은 내재성에 대한 바라드의 관계적 물질주의 철학이다. 사물 또는 객체는 실재이지만 특정의 내부작용들(관계들)을 통해 나타나며, 포함 또는 배제의 경계를 짓는 실제들이다. 행위적 실재론에서 인식론, 존재론, 윤리는 서로 어우러진다. 바라드(Barad, 2007)의 저서 4장을 참고하라. 행위적 실재론은 수행성이라는 후기구조주의적 개념을 다시 규명한다.

루이스David Lewis는 단어의 '살/살점'이라고 불렀다-는 그 자체가 "잠재적으로는 내러티브의 의미를 배태하고 있으며 확정되지 않은, 완성되지 않은 것이다."Lewis, 2001: 74 그림책과 친숙한 사람에게는 특히 그렇다. 양귀비꽃과 컵의 접속은 불분명하며(다중적으로 연결되어 있다), 인지적 종결의 욕구로 인해Haynes and Murris, 2011, 2012, 불분명한 지식이라는 생각은 성인을 '불안하게' 한다.Kennedy, 1996a 말라구치Malaguzzi, 1998: 58는 "교육을 위해서 명확한 것에 너무 과도하게 얽매이지 않는 것이 중요하다"라고 제안한다. 그는 유아교육기관을 세우면서 두려움이 많았지만 그러한 '합리적인' 두려움 덕분에 조심스럽게 그리고 관계-특히 어린이와의 관계-를 소중히 여기면서 일할 수 있었음을 인정한다. 또한 심미적 차원에서의 어린이 참여와 실험(예를 들어 선, 색)은 보다 '간단한' 지식 구성의 과제를 산만하게 만들 수 있다.Thomson, 2008: 14 마찬가지로, 레지오에서 공간이라는 언어는 "사고를 형성하는 성분 요소"로서 매우 강력하다. 하지만 공간의 코드는 "항상 명확하거나 인식 가능하지는 않다."Rinaldi, 2006: 82 게다가 어린이들이 상상하는 내러티브적 가설은 성인의 지식에 대한 선형적이고 수직적인(수목형의) 이해에 도전한다.

리좀 교육과정

질 들뢰즈와 펠릭스 가타리Gilles Deleuze and Felix Guattari는 사고의 '수목형' 시스템과 이분법적 논리가 지식을 '뿌리', '기초', '기반'으로 이미지화하는 서구의 실제를 지배해 왔다고 기술한다. 그들은 뇌는 '나무보다는 풀에 더 가까움'에도 불구하고, 많은 사람들이 '머릿속에서 자라는 나무', 즉 계속해서 이분법적으로 나누고 묶어서 분류하려는 수직적이고 위계적인 사고를 가지고 있다고 주장한다.Deleuze and Guattari, 1987/2013: 15 그들은 뇌는 나무처럼 하나이며 뿌리가 있는 것이 아니라, 다양체multiplicities들의 배치라고 주장한다. 또한 "사고와 개념은 차이

[그림 7.3] 앤서니 브라운, 공원에서 일어난 이야기

와 마주치면서 생긴 결과라 할 수 있다."Dahlberg and Moss, 2006: 8

레지오에서 영감을 받은 어린이와 함께하는 철학에서 탐구공동체 구성원들은 리좀[18]처럼 하나의 물질담론적 언어에서 다른 언어로 수직적이 아니라 수평적으로 연결을 만들어 간다. 들뢰즈와 가타리Deleuze and Guattari, 1987/2013: 25는 "리좀은 시작도 끝도 없으며, 항상 무언가의 중간, 사이에 있는 중간자interbeing나 간주곡intermezzo이다. … 수목형은 '(이)다to be'라는 동사를 강요하지만, 리좀의 조직은 '그리고 … 그리고 … 그리고…'로 연결되어 있다. '출발점'에서 시작하는 것이 아니라, '중간에서 그리고 중간을 통해' 이어 나가며 시작하기와 마치기를 오간다."Deleuze and Guattari, 1987/2013: 25

---

18. 존 데이비드 이버트(John David Ebert)의 '리좀'에 관한 해석(www.youtube.com/watch?v=0pH-FtP0J4, 검색일 2015년 4월 5일)이 도움이 될 것이다.

레지오 접근법 실제-백 가지 언어를 사용한다는 것은 끝과 시작을 포기하고, 기초를 버리는 것이다. 그것은 "이곳에서 다른 곳으로 가고 되돌아가는 것을 의미하는 것이 아니다. 그것은 수직 방향[19]이며 이곳 그리고and 다른 곳을 휩쓸며 횡단하는 운동이며, 둑의 토대에 시작과 끝이 없이 흐르는, 그 중간에서 속도를 올리는 해류이다."Deleuze and Guattari, 1987/2013 지식을 리좀으로 보는 아이디어의 원리는 연결성connection, 이질성heterogeneity, 다수성multiplicity Deleuze and Guattari, 1987/2013: 7-8에 있으며 생강뿌리처럼 "특정 지점에서 리좀은 끊어지고 해체될 수 있지만 이전의 선들이나 새로운 선들에서 다시 출발하는" 이른바 반기표적 파열성asignifying rupture이 그 원리에 포함된다. 리좀에는 하나의 구조나 나무 또는 뿌리에서 발견할 수 있는 것과 같은 개별 지점이나 위치가 있는 것이 아니라, 선들lines만이 있으며, "리좀의 어떤 지점이든 다른 지점과 연결될 수 있다."Deleuze and Guattari, 1987/2013: 7-9 모든 리좀은 계층화stratification, 영토화territorialisation, 의미작용signification의 선들을 담고 있는 것과 동시에 "끊임없이 탈주하는" 탈영토화의 선들도 지니고 있다.Deleuze and Guattari, 1987/2013: 9 사유는 그렇게 실험과 문제화의 물질matter이 되어 가며Dahlberg and Moss, 2005: 117, 이들 '탈주선들'이 바로 리좀의 일부다(이렇게 이원론을 벗어날 수 있다).

들뢰즈와 가타리Deleuze and Guattari, 1994: 25는 기초, 시작과 끝을 피하기 위해 그리고AND의 논리를 만들라고 제안한다. 그들은 '단기 아이디어'와 지도 그리기를 제안한다.5장의 신체정신 지도를 참고하라 지도에는 유닛이 아닌 다수의 진입로와 차원이 있다. 지도 그리기는 무의식적인 차단까지 만들어 내지는 못하지만, 영역들 간의 연결을 도와준다. 지도들은 열려

---

19. 줄을 묶어 개를 위로 끌고 오른쪽으로 끌 때, 당신의 분리된 두 방향(위와 오른쪽)으로 개에게 영향을 미친다. 그것이 바로 수직적 방향이다. www.physicsclassroom.com/class/vectors/Lesson-1/Independence-of-perpendicular-Components-of Motion을 참고하라(검색일 2015년 5월 14일).

있으며 연결 가능하다. 지도는 찢을 수도 있고 뒤집을 수도 있으며 어디에 붙여 놓을 수도 있다. 또한 개인이나 집단에 의해 다시 그려질 수도 있고, 벽에 그릴 수도 있고, 예술작품의 하나가 되기도 하고, 치료방법으로 쓰이거나 정치적 행위가 될 수도 있다.Deleuze and Guattari, 1994: 12

'뒤얽힌 스파게티' 같은 지식

리좀의 형상[20]은 로리스 말라구치가 지식을 '엉킨 스파게티tangle of spaghetti'라고 요리에 비유한 것과 같다.Dahlberg and Moss: 117 그는 한때 '뒤얽혀 있는 스파게티entanglement of spaghetti'라고도 표현했다.Dahlberg, 2003: 279에서 재인용

각자의 '현존재가 드러나는coming to presence' 방식은 타자에 의해 선택되는 방식에 달려 있다고 했던 2장의 내용을 떠올려 보라. 타자의 바람처럼 주체의 시작을 선택할 자유를 타자가 가지고 있기 때문에, 주체가 세계로 나타나는 것coming into world은 항상 타자들의 행위에 의한 것Biesta, 1994: 143이란 점이 중요하다. 지식은 시작과 끝을 갖고 있지 않기 때문에, 이와 같은 시작들은 결코 '시작점들'에서 출발하지 않는다. 관계적 물질주의의 관점에서 시각화한 이미지를 담고 있는 [그림 7.4]에서 보듯이 말이다.

바라드에게 '스파게티'는 물질이며 그것은 '행위주체성'을 '가지는데', 스파게티에 포크를 갖다 대는 인간 동물만 행위주체성을 갖는 것은 아니다. 행위주체성이 인간 동물의 '내부inside'에 있다는 생각은 휴머니즘 형이상학적 환상이다. 그것은 개인들이(물질도 마찬가지로) 언어적으로 표현되는 관계에서 이미 항상 한 부분으로 자리하고 있으며, 그

---

20. 리좀은 은유적 표현이 아니라, '상상력의 개념적 사용'인 상상이다(Braidotti, Sellers, 2013: 9에서 인용). 메타포는 재현(re-present)이나 상징적인 것 또는 그 외의 것으로, 원자론적 형이상학을 인정한다.

러한 관계에 존재하고 있다는 것이다. 휴머니즘 형이상학적 환상은 물질을 포함하여 행위를 일으키는 '무수한 원인들', 즉 수많은 '사건 고리들'에 정당하지 않다.Frost, 2010: 161 영감을 주고 생각을 불러일으키는 [그림 7.4]의 이미지는 교수와 학습에서 물질의 수행적 행위주체성을 상기시키기 위해(iii처럼 신조어로) 특별히 디자인된 것이다. "물질이 중요하다matter matters"고 말한 바라드Barad, 2003의 핵심은 최근 주목받고 있는 체현적 페다고지embodied pedagogies와 다르며, 교수학습에서 물리적 환경이나 건축을 진지하게 도입하는 것과도 다르다. 특히 페미니스트적 글쓰기에서는 지식 구성의 물질성을 중요시해 왔다. 그러나 "감응적 신체성affective physicality, 인간-인간 아닌 것들과의 마주침, 물질과의 상호적 참여engagement로 출현하는 것에 대한 열렬한 관심"Alaimo and Hekman, Hultman and Lez Taguchi, 2010: 526에서 재인용에 참여해야 한다고 주장하는 유물론적 페미니스트의 경우도 충분하지는 않다.[21] 바라드에게 "공간은 변화의 행위주체agent다. 즉 공간은 사건을 펼치는in the unfolding of events 능동적인 역할을 한다."Barad, 2007: 224, 강조는 저자

포크의 운동은 행위주체적 절단agential cut이다. 행위주체적 절단은 특수한 내부작용이며 의미론적일 뿐 아니라 존재적이다. 따라서 그 절단은 분리나 차이화가 없는 경우가 아니라 항상 관계들 속에 있다.Barad, 2012: 77 교사로서 우리가 교육적으로 선택하는 것들은 행위주체적 절단들이다. 가르치기 위해 우리가 사용하는 책이나 묻는 질문도 행위주체적 절단들이다. '선형의linear' 고도로 구조화된 미궁(이 책)은 행위주체적 절단의 예이다.

'뒤얽혀 있는 스파게티'와 같은 지식은 우리가 교육을 다르게 하도록

---

21. 바라드는 후기구조주의가 비인간의 행위주체성을 다루지는 못했다고 보았다 (Barad, 2003: 807). 푸코조차도 "물질성 자체가 권력 작동에 역할을 담당한다는 점에서는 몸의 역사성을 설명"하지 못했다고 본다(Barad, 2003: 809).

[그림 7.4] 행위주체성을 지닌 '뒤엉켜 있는 스파게티' 같은 지식(나빌라 키디 작품)

도와준다. 그 이미지는 기표나 메타포와 같은 언어적인 구조성이 아니다. 우리는 "어떤 의미인가?What does it mean?"라고 묻지 말고 "어떻게 작동하고 있는가?How does it work?"라고 질문해야 한다.Deleuze and Guattari, 1987/2013 그 이미지가 우리의 교육 실제를 어떻게 변화시키는가? 뒤얽혀 있는 것으로 지식을 보는 생각은 발달, 진보, 수업 조직 및 계획에 대한 습관적 사고에 근본적인 변화를 가져온다. 요리된 스파게티는 가까이에서 만지고 찔러 봐도 어디가 시작이고 끝인지가 종종 분명하지 않다. 이 경우, 스파게티 가닥들은 그릇에 가두어져 있는 것이 아니다. 거기에는 경계도 없고 영역을 표시하는 지도도 없다. 가닥들의 뒤얽힘은 무한하다.

타자the Other에 대한 우리의 지식이 항상 한정적이고 믿을 수 없다는 점에서 볼 때, 레비나스의 무한성infinity이란 관념은 "인간의 주체성을 와해시키고 혼란스럽게 한다."Dahlberg, 2003: 272 기관 없는 신체(6장)처럼, 주체 없는 사유to think without a subject를 시도한 것이다. 기관 없는 신체는 학습자들의 선행 지식을 개인의 사적인 지식으로서 잘 정돈되고 미리 결정된 길로 학생들을 이끌어 갈 수 있는 시작점으로 보는 것이 아니라, 교육자인 우리들의 지식과 이해를 확장시켜 주는 선물로 여기게끔 해 준다. 교육자로서 우리는 철학적 선택(행위주체적 절단)을 해야 한다. 즉 기존 질서에 따른 사회화를 교육의 주목적으로 삼을 것인지, 존재에게 독특한 무언가를 하나의 사건으로 하게 할 것인지^{'관계의 물질적 주체화'를 말하는 것으로, 2장을 참고하라}를 택해야 한다.

스파게티 형상은 교육적 만남의 가능성을 열어 주는 한편, 교수를 중재('중간에 있기')나 멘토링, 모델링으로 여기는 익숙한 구성주의적 접근에 저항하며^{Davis, 2004: 135}, 교사를 지식 전문가로 보면서 지식이 부족한 초보자(학습자)가 '알고 있는 것'(일상의 지식)에서 '모르는 것'(학교의 지식)으로 한 번에 한 단계씩 움직여 갈 수 있도록(마치 '계몽'을 향해 계단을 오르는 것과 같이) 도와주는 사람처럼 여기는 것에도 도전한다. 이러한 경우 지식의 이미지는 원점에서 모든 것이 직선적으로 발달하는 뿌리가 있는 나무다.^{Dahlberg and Moss, 2009: xix}. 사회적 구성주의자들은 '비계scaffold'를 설정함으로써^{Wood, Bruner and Ross, 1976} 학습자에게 확립된 지식을 너무 많이 부과하지 않도록 하는 생각을 말하지만, 이 또한 학습자에게 언어의 내면화나 또 다른 문화적 도구를 통해 특정한 실제로 문화화enculturation하는 것이다.^{Davis, 2004: 136}

이 장에서 iii는 교사들이 백 가지 언어 '모두_{all}'[22]를 위한 여지_{room}를 마련하는 그러한 대안적 내부작용 페다고지를 강조했다. 내부작용 페다고지는 지식이 무엇인지 그리고 누가 새로운 지식을 소유하고 구성하는지에 대해 다양하게 생각할 수 있는 가능성을 열어 준다. 이러한 종류의 스캐폴딩에 쓰이는 물질은 철이나 쇠가 아니라 내러티브,

---

22. 당연히 이것은 메타포이며, 문자 그대로 100가지의 언어를 말하는 것이 아니다.

몸의 사용, 상상, 환상이다.[23] 구성의 모습은 정사각형이거나 직사각형일 필요가 없는 미정의 것이다. 교실의 모든 사람과 모든 것들이 스캐폴딩을 구성하는 데 도움이 되며 각각이 역할을 한다. 안전모를 착용하지 않으면 위기에 처하고 위험에 빠질 수 있으며 경고 표시를 무시하는 것처럼. 대안적 존재인식론적 관계들은 이런 질문을 던진다. 리좀 교육과정에서 배움이란 무엇인가?

리좀 교육과정의 배움: 우리들 안에서 타자 되기

회절하기는 "다양한 방향으로 갈라지는 것"Barad, 2014: 168을 수반한다. 이전의 것을 뛰어넘거나 뒤에 남겨 두지 않는다. 이러한 전진 운동은 항상 새로운 무언가를 창조해 낸다. 이것은 동일성보다 차이에 중점을 두는 확산적divergent 교육과정을 초래한다. 확산적 교육과정에서는 알아야 한다고 우리가 주장한 것에 대해 책임져야 하기 때문에 비평과 '이유 강요하기'를 제외시키지는 않지만, 긍정적이고 확실한 방법으로 회절하도록 차이들을 이용한다. 내재성의 철학에는 윤리와 앎이 서로 뒤엉켜 있다. 따라서 가르침은 단순히 인식론적인 것이 아니라 항상 윤리적인 것과 동시에 나타난다.Simon, 2015 들뢰즈와 가타리가 지적한 것처럼, 학습은 "우리들 안에서 타자가 되어 가는 것becoming other in ourselves, 즉 변화되는 것이다."Lenz Taguchi, 2010: 173 렌스 타구치는 성인-아이-되기adult-becoming-child인 iii는 여전히 성인이지만 스스로 변화하고 다르게 되어 가고 있다고 설명한다. 즉 iii는 변하고, 타자가 되어 간다고 설명한다. 이것은 나의 외부에 있는 무언가와 관련 있는 일이 아니다. 따라서 성인이 아이처럼 행동하는 것을 말하는 것이 아니며(일시적으로 iii가 또 다른 역할을 하듯 이후에는 다시 성인이 된다), iii가 이분법

---

23. 이러한 생각을 한층 더 발전하도록 도움을 준 조안나 헤인즈에게 감사를 전한다.

적 의미에서 말하는 성인의 '반대쪽' 존재인 아이가 되는 것도 아니다. 나는 나의 상상력을 작동시키고 있으며 물질담론적 사건들과 내부작용하며, 그 결과 변화하고 있다.^{Lenz Taguchi, 2010: 173}

8장에서는 리좀적인 레지오에 영감을 받은 어린이들과 함께하는 철학에서의 교사 역할에 관해 살펴볼 것이다.

8장
교사는 새끼 밴 가오리

7장에서 우리는 레지오에 영감을 받은 철학을 통해 포스트휴먼 어린이에게 적합한 리좀적 교육과정을 제공하는 사례를 살펴보았다. 들뢰즈와 가타리의 저서 『천 개의 고원』$^{1987/2013}$의 도움을 받아 지식이 리좀으로서 어떻게 작동하며, '배움learning'을 동일성sameness이 아니라 차이difference에 맞추어 생각해야 함을 보여 주었고 iii가 교육과정이란 기초로부터 시작하여 시작과 끝으로 이루어진다는 생각을 포기하고 집행되어야 한다는 결론을 갖게 되었다. 이는 현재 학교에서 비윤리적으로 구분되어 행해지고 있는 수업으로부터 깨어 나오는 교육과정을 말한다.

이와 같은 생각들이 널리 적용될 수 있겠지만, 본 장에서 iii는 현재 남아공의 문해교육 위기분석을 통해 관련성을 설명하고, 변화를 이끌어 내는 데에서 나의 제안의 절박함을 설명하고자 한다. 현 위기에 대해 내가 내린 다섯 가지 결론은 첫째, 교사 역할에 대한 재고, 둘째, 역량을 측정하는 장치에 대한 비판적 성찰, 셋째, 언어 자체에 부여된 권력관계에 대한 관심, 넷째, 남아공에서 통용되고 있는 99개의 언어들 상위에 부여된 읽기와 쓰기의 특권, 마지막으로, 이해력comprehension의 의미에 대해 심문해야 할 필요성이다.

교사의 역할에 대해 더 탐구하기에 앞서(특히 이해력을 가르치는 것과 관련하여) iii는 지금 시행하고 있는 '교육과정 지평확대' 발달주의에 근거하기 때문에 문해력 증진에 필요한 텍스트를 선정할 때 고려되어야 할 지식 구성에서 상상력의 핵심적인 역할을 간과하고 있다고 본다.

아동의 신체마음의 논리수학적 '측면'과 상상적 '측면' 사이에 틈을 낼 리좀적 교육과정은 교사를 재형상화할 것을 요구한다. 이와 관련하여 iii는 산파, 가오리 그리고 새끼 밴 신체라는 세 가지의 다른 이미지의 회절적 읽기를 제공한다. 본 장은 새끼 밴 가오리인 교사가 제기하는 질문들을 따라 지도를 그려 봄으로써 존재인식론적 전환이 필수적임을 주장하며 마무리한다.

남아공의 초기 문해력

지난 십 년 동안 남아공에서는 국내외 평가 결과에 따라 교육 '위기설'Soudien, 2007; Fleisch, 2008, 2012; Bloch, 2009이 주목을 받아 왔다. 그러나 문제와 해결책이 여전히 명확하지 않으며 해석과 논쟁의 여지가 많이 남아 있다.[1] 지난 20년에 걸쳐 남아공 정부가 교육에 대한 상당한 투자를 했음에도 불구하고, 사립이나 공립학교에 다니는 많은 아이들의 초기 문해력과 수리력이 여전히 기초 단계에조차 도달하지 못하고 있다고 주장한다.National Education Evaluation and Development Unit[NEEDU], 2013 국제 문해력 평가[2]에서 남아공은 참여국 중에 가장 최저의 점수를 받았다. 모로코와 같은 다른 아프리카 국가들과 비교하였을 때도 마찬가지다.

지필고사는 독해력에 기반을 두고 있다. 학습자는 "지문에 내포되

---

1. iii는 어딘가에서 남아공 기초 단계 교육의 초기 문해력 표준이 갖는 문제점에 대해 자세하게 다루며 iii는 어린이와 철학하기가 해결책의 한 부분이라고 주장하였다 (Murris, 2014c).
2. 수학 점수가 낮음에도 불구하고 초점이 수학교육이 아닌 문해력에만 맞추어져 있다.

어 있는 구체적인 내용에 집중하여 생각해 내고, 단순하거나 복잡한 추론을 하고, 텍스트의 특징을 검토하고 평가하는 등 자신이 갖고 있는 독해전략을 모두 사용하도록" 요구받는다.[Howie et al., 2007: 13] 국제평가를 벤치마킹한 시험을 표준으로 사용했을 때, 아프리카어를 사용하는 4~5학년 학습자 중 그 어느 누구도 '최고 단계'에 도달한 학생은 없었다. 아프리카어와 영어를 모두 사용하는 남아공 학습자 17~18%만이 독해력 점수가 높은 것으로 나타났다.[Howie et al., 2007: 28] 차후에 실시된 대부분의 평가에서도 유사한 결과가 나왔다.[Murris, 2014c] 복잡한 원인들이 얽혀 있어 이 결과가 곧 바뀔 것 같지는 않다. 다수의 문서에서 이 상황을 부정적으로[3] 묘사하고 있는데, 낮은 수준의-혹은 무자격의 교사들[4], 대다수가 가난한, 후천성면역결핍증후군이 학교와 가정에 미친 악영향, 학습자와 교사들의 거대한 언어장벽[5], 학교 자원 부족[6], 부모 참여 부족, 가정과 마을의 제한적 문해 환경[Alexander and Bloch, 2010], 교사 양성기관에서의 문해 수업에 대한 불충분한 관심 등이 관련되어 논의되고 있다.[Taylor, 2014]

교육에 대한 위기의식은 교육과정을 더 규범적으로 개정하게 만들었다. 교육과정평가정책 고시문Curriculum Assessment Policy Statement, 또는 CAPS[교육부, 2011]의 도입과 초등학교 3학년 대상 문해력과 수리력 연례 평가 도입이 그 예이다. 고시문은 "학교에서 무엇을 가르쳐야 하고, 어떻게 가르쳐야 하는지에 대해 아주 구체적이고 순차적이며 단계적인

---

3. NEEDU(2013)에서 출판된 보고서 참조.
4. 교사들 자체가 반투지역 교육의 '결과물'이며 인종격리정책이 시행될 때 유색인종과 흑인들에게 제공한 교육을 받은 사람들이다.
5. 기초 단계에서 교수학습에 사용되는 언어는 가정에서 사용하는 언어가 아니라 많은 아이들이 학교에 가기 전까지 익숙하지 않은 영어이며 교사의 영어 구사력은 유창하지 않았다. 남아공에는 11개의 공식어가 있다.
6. 예를 들어, 아프리카어로 된 인쇄물이나 교재의 개발 부족으로 학교를 다니는 모든 아이들이 교재를 가질 수 있는 것은 아니다.

내용"Murris and Verbeek, 2014: 2을 제시하고 있는 안내서이다. 게다가 교과서와 교육부에서 발간된 교사용 안내서와 자료집을 통해 교사로부터 행위주체성을 빼앗고 대신에 교사들에게 "부족한 (교과) 내용과 교수법적 내용-지식을 보충하도록 짜인 수업계획"을 제공하고 있다.Murris and Verbeek, 2014: 2 세계적으로 대다수의 국가 정책이 유사하듯, 남아공의 정책과 실행을 지배하는 가설은 사람들의 경험이나 사회, 문화, 경제, 정치적 맥락과 관계없이 독립적으로 가르칠 수 있는 어떤 가치중립적인 일련의 지식들을 배우는 것을 문해력이라고 보고 있다.Larson and Marsh, 2014 다른 논문에서Murris, 2014c; Murris and Verbeek, 2014 iii는 현장에서 교사가 초기 문해 수업을 통해 소위 'Big 5'를 가르치는 데 너무 많은 시간을 할애하고 있고, 이를 문제가 되고 있는 선형적인 방식으로 가르치고 있다고 주장한다. 음운인식을 먼저 가르치고, 음성어, 어휘, 유창성과 이해력 순으로 가르치는 것이다. 이와 같은 방식은 '배우기 위해 읽기' 전에 '읽는 것을 배우는' 것이 선행되어야 한다는 가설에 따른 것이다.Fleisch, 2012; Taylor, 2013; Pretorius, 2014 이로 인해 이해력은 늘 마지막에 위치하게 되었고Howie et al., 2012: 114 실제로는 거의 가르치지 않은 채 시험만 치르게 되었다.Verbeek, 2010

변화를 위한 창조적 기회로의 '위기'에 대한 다섯 가지 대응책

저조한 문해력 평가 결과에 대한 첫 번째 가능한 대응책은 'Big 5'Murris, 2014c에서 제시하고 있는 순서sequence를 문제 삼거나 혹은 더 추가함adding으로써 순서의 내용을 더 확대시키는 것이다(예를 들어 학습자들의 반응과 같은 장을 추가하는 것). iii는 페다고지의, 정치적인, 따라서 윤리적 차원을 강조함으로써 문해력에 관한 기존의 지배적 접근에 대하여 다음의 간략한 의견을 추가한다.

페다고지와 관계로부터 기술을 분리시키는 것의 불가능성

첫 번째 대응책은 소위 말하는 "기초 독해 기술"이 "민감하고 포착하기 힘든 교사의 교육적인 의사결정과정"으로부터 경험적으로 분리된다는 가설에 도전하는 것이다.Davis, 2013: 17; Murris, 2014c 참조 영어와 같이 쓰기 쉬운 철자로 구성된 언어를 포함하여 10가지 공식 언어의 음성학을 가르칠 때조차도, 교사들에게는 맥락에 따른 판단이 요구된다. 따라서 기계적인 기술을 가르치는 수업이라 하더라도 "교사의 영향이 없는teacher-proof" 경우는 있을 수 없다.Alexander, 2012; Alexander and Bloch, 2010: 198 교육철학자 앤드류 데이비스Andrew Davis는 학습자는 이미 선험적 지식을 갖고 있고, 특정 단어를 말하려면 그 단어를 이해를 하고 있어야 하기 때문에 음성학이 독해를 가르친다는 생각은 이제 버려야 한다고 한다.Davis, 2013: 26 더 깊게 살펴보면, 음성학은 학습자에게 의미 전달자인 실제 단어는 전혀 가르치지 않는다. 데이비스는 아주 적절한 비유를 통해, 맥락을 벗어나서 음성학을 가르치는 것은 배우에게 슬픈 감정을 가르치면서 입술 양쪽을 어떻게 내리는지를 보여 주는 행위와 같다고 하였다.Davis, 2013: 31

언어에 내재된 권력관계

iii는 이 책 전반에 걸쳐 언어 그 자체가 실체로 나타나고 이분화시키기 때문에 분열되어야 한다고 주장한다.9장 참고 권력은 영어나 아프리카어처럼 식민지 언어에만 귀속되어 있는 것은 아니다. 언어에 숨어 있는 권력은 특정한 형이상학적 신념7장 참고에 따른 문법을 통해 물질에 대한 깊은 불신을 주입시켜 왔으며 개인화된individualised 인간 동물에 특권을 제공해 왔다.[7]

---

7. 다음 장에서 이 주제에 대해 집중적으로 다룰 것이다.

모든 다른 99개의 언어들보다 읽기와 쓰기에 부여된 특권

모든 다른 '100개의 언어'로 말하고, 보고, 듣는 것을 중요하게 여기지 않고 오로지 읽고 쓰기에만 집중함으로써 사실상 **아동(아동기)**을 **바보광대**Fool로 보는 개념을 낳았다.[7장] 디지털 혁명은 아동을 바보광대라는 지위로부터 해방시키고 다른 100개의 언어의 문해 수업을 학교에서 함께 제공할 수 있도록 생각을 바꾸게 하는 데 유용한 지렛대 역할을 한다.Larson and Marsh, 2014 다시 말하자면, 지금의 교육 위기는 가르치는 방법의 변화와 아동과 아동기의 이미지에 대한 재구성을 통해 학교를 정치적 행동의 장으로Dahlberg and Moss, 2005 변화시킬 수 있는 창조의 기회이다. 아동을 유능하고, 유연하며, 잠재력 있는 'iii 되기'의 존재로, 즉 올바른 물질담론적 기회만 제공된다면(예를 들어 학교 수업이 가정에서 사용되는 언어로, 아이들의 말하는 능력으로부터 출발한다면) 아이들은 인지적 자극이 포함된 질문들에 대해 묻고 답할 수 있는 충분한 역량을 갖고 있는 복잡한 사유자가 될 수 있다. 그러나 안타깝게도 영유아기의 디지털 문해력에 대한 연구는 아직 미진한 편이고, 대다수의 연구가 인지심리학 틀이나 사회문화적 개념 틀에 의존하고 있다.Olsson and Theorell, 2014: 216-33

측정 장치의 주체성 문제

국내와 국제시험으로 성취도를 측정할 때 우리는 지구 거주자들 '간'의 관계relations에 대해서는 어떠한 고려도 하지 않는다. 아이들은 학교에서 배운 후 개인individual 성취와 수행에 대한 평가를 받는다. 그러나 측정을 담당하는 장치들은 고유의 경계 없이 실천 관행대로 움직인다. 장치들은 중립성이 없고, 아동의 능력을 객관적으로 측정할 때 관찰을 소극적 도구로 사용한다. 그보다 이 측정 장치들은 '물질화mattering의 가능성과 불가능성을 동시에 품고 있는 물질적 조건이다.

무엇이 물질로 관계할지 어떤 부분이 물질작용에서 배제되어야 하는지를 집행한다.Barad, 2007: 148 보편적이고 표준화된 시험을 통해 아동의 능력을 측정하는 것은 도구적 합리성instrumental rationality의 원리에 따른 것이다. 이는 정해진 목표를 달성하기 위해 가장 경제적인 수단으로 계산하는 방식이며 성공은 효율성에 의해 측정된다. 측정 장치를 신뢰하지 않는 것은 측정과정에서 전제되어 있는 존재인식론적 관계를 무시하기 때문이다. 개개인을 목적 그 자체로, 권리와 존엄성을 가진 사람으로 대우하는 것을 포기하고 주어진 결과를 내기 얻기 위해 그리고 그 결과에 의해 정당화된다. 그러나 도덕적 접근은 선택적인 것이 아니다. 여러 접근들 중에서 교사가 무엇이 적절한지 결정 내리는 것 중 하나가 아니다. 우리들과의 관계가(따라서 다른 사람들의 권리와 관심은) 우리가 누구이고 어떤 존재이며 무엇을 어떻게 측정할 것인지의 문제 앞에 선행하기 때문에 도덕적 접근은 이미 그 자체로 확고하다. 윤리란 현실에 적용하는 것이 아니라 우리가 교육적으로 실천하고 있는 현실로부터 나온다.Campbell, 2003: 10 교육의 '위기'를 교육과정과 공공서비스의 문제로만 지나치게 해석할 때Moss, 2014, 데이터를 중요한 실존물로 만드는 측정 장치는-관계가 현상을 어떻게 생산produce하는지를 볼 때-드러나지 않은 채 남아 있기 마련이다. 측정을 수행하는 이들 장치의 일부는 문해력과 지식에 대한 특정 관점에 근거하여 아동을 결핍으로 이미지화시킨다.

지금까지 우리가 인정하지 못한 것은 수업에서의 관계의 중요성으로-그것은 교수 실천의 윤리ethics이다.Dahlberg, 2003 '가난한 아이들'은 유능하게 내부작용하고 잠재력을 발현(병합)(e)merge시킨다는 점에서[8] 결코 가난하지 않다. 그럼에도 불구하고 레지오 에밀리아 지역의 어떤

---

8. iii는 회절을 아름답게 표현하고자 할 때 '발현(emerge)'을 이렇게 쓰는 것을 선호한다. 나는 이 표현을 셀러스(Sellers, 2013)의 책에서 처음 보았다.

특별한 사회-경제적 환경이 모든all 인간과 인간이 아닌 타자 '사이의' 윤리적 관계를 전면에 내세운 교육철학을 발전시켰을 가능성은 있다.

이해력의 의미를 심문하기

시험 결과에 대한 마지막 대응책은 무엇이 '이해인가'에 대해 심문해 보는 것이다. 지금 남아공에서 읽기를 가르치는 교사들은 "유창성이나 독립적이고 효율적인 사고기술 등을 증진시키는 데 도움이 되지 않는 암기된 정보를 즉각적으로 떠올리는 능력만을 평가"하는 이해중심 문제에 지나치게 의존하고 있다.Verbeek, 2010: 38 교사는 '시험'과 유사한[9] 질문들을 한다.Brodie, 2007 IRE[10](Initiation Response Evaluation, 교사발문-학생대답-교사평가) 틀이 여전히 사용되고 있으며, 텍스트를 자신만의 언어로 생각해 볼 수 있는 기회를 차단하고 '선생님의 머릿속에 뭐가 있는지 맞혀 보세요'를 요구하며 대답을 하도록 만들고 있다. 매년 실시되는 문해력 고사 지문을 보면 내용 상기 질문[11]과 함께 짧고 단순한 이야기가 연습문제로 제공된다. 이는 국제시험에서 요구되는 이해도 수준이나 추론능력에 학습자들을 적절하게 준비시킬 수 없다.Taylor, 2014: 6

이 장의 마지막에서 이와 같은 질문을 하는 교사의 존재인식론적 가설과 그런 실천에서의 교사의 역할에 대해 더 자세하게 살펴볼 것이다. 먼저 발달주의가 둥지를 틀고 있는 현행 교육과정과 문해력에 대한

---

9. 카린 브로디(Karin Brodie, 2007)는 '시험' 질문과 '진짜' 질문을 구분한다. 전자는 학습자가 무엇을 알고 있는지를 파악하고자 하는 반면 후자는 미리-명시된 정답이 없는 질문들이다.
10. IRE 형식은 30년 전에 밝혀졌다(Brodie, 2007). 수업대화의 기본 구조는 다음의 순서를 따른다. 교사가 질문을 통해 주도(initiate)하고 학습자는 주어진 질문에 답(respond)하고 교사는 답을 평가(evaluate)한다(예를 들어, '잘했어'와 같이).
11. 다음 웹사이트 참고. www.education.gov.za/Curriculum/AnnualNationalAssessment/2013ANAExemplarsGrade3/tabid/893/Default.aspx

개념을 더 넓은 맥락에서 검토하고자 한다. 인지심리학은 질 높은 내러티브와 상상력[12]의 중요성이 강조되어야 할 교육과정에 흔적을 남겼다.

'지평확대 교육과정'에 대한 문제제기

다른 연구에서도 볼 수 있듯이[File, Basler Wisneski and Mueller, 2012], 남아공 교육과정은 아동을 발달하고 있는developing, 순수하고innocent 무지한ignorant 이미지로 묘사하고 있으며, 5장에서 언급했듯이, 자연/문화의 구분과 이분법적 사고를 전제한다. 성인을 더 많은 지식을 갖춘 성숙하고 이성적인 사람으로 구분하여, 아동과 성인 사이의 거리를 만들어 놓았을 뿐 아니라 새로운 지식 구성을 하는 아이들의 몸은 무시되고, 마음을 '논리-수학적인' 것과 '상상적'인 것으로 분리시켜 놓았다.[Egan, 1993] 아리스토텔레스학파 철학, 인지심리학과 특정 사회학적 주류는 수업을 '단순한 내용'에서 '복잡한 내용'으로, '구체적인 내용'에서 '추상적인 내용'으로 그리고 '익숙한 내용'에서 '익숙하지 않은 내용'으로 전개하도록 하는 교육과정의 형태를 완성시켰다.[Egan, 2002; Stables, 2008] 여기엔 아이들의 마음이 이와 같은 방식으로 인지적으로 발달한다는 가설이 교육과정에 숨어 있다.

캐나다의 교육학자 키렌 이건은 상상력은 이와 정반대로 발달하고 자극을 받는다고 주장한다. 상상력은 복잡한 것complex, 추상적인 것abstract, 익숙하지 않은 것unfamiliar으로부터(예를 들어 외계인, 괴물들, 신비로운 이야기들과 일상에서 벗어난 사건들) 나온다. 현행 교육과정 개발의 초점은 오로지 '마음'의 논리수학적 '측면'에만 집중되어 있어[Egan, 1993], 상상력은 산소가 없어 숨을 쉬지 못하도록 내버려 두었다. 그러나 이해력을 높이려면 상상력은 필수이다. 상상력은 이미지를 형성하는

---

12. 현행 교육과정의 초점은 읽기 기술, 교과서와 활동지에 있으며 아동문학이 들어갈 공간은 거의 없다.

능력일 뿐 아니라 "실세계보다는 가상계를 생각할 수 있는 능력과 밀접하게 관련되어 있다".Egan, 1992: 4

이성과 상상력의 이분법적 구분을 도입하지 않으면서 이건은 이야기가 현실의 극단과 경험의 한계를 그려 줌으로써 친숙한 것과 일상생활 사이의 변증법적 활동을 구성해 준다고 주장한다.Egan, 1992: 73 이건은 아이들/학습자의 경험, 관심과 환경(환상을 통해 바뀐)으로부터 출발해야 한다는 듀이의 생각에 동의하면서 지금의 주류인 '지평확대 교육과정'Egan, 1995: 119을 이끌고 있는 교육과정은 특히 초기 단계에서 아이들에게 제공하는 경험에도 추상적인 개념에 대한 아이들의 지식 역시 포함되어야 한다include는 점을 강조한다.

철학적 탐구공동체에서 관계적 사고

레지오에 영감을 받은 어린이와 철학하기는 아이들의 마음(논리수학적이고and 상상력 풍부한)의 '양쪽' '측면' 모두를 사용한다. 회절적 방법을 사용하고, 논쟁이 필요한 개념들에 대해 발산적 질문을 하고, 이렇게 체화된 사유는 운동을 하고 백 개의 언어와 함께 실험을 지속시켜 나간다. 이와 같은 리좀적 교육과정에는 뿌리, 줄기, 가지로 연결되어 있는 나무처럼 질서원리가 없다.Rinaldi, 2006 그러나 바람을 안고 지그재그로 나가는 항해선처럼Lipman, 1991: 15-16 여기저기로 움직이며 "앞으로 나간다". 일상대화와 달리 탐구공동체는 결코 완벽하게 안정되지 않지만 "일시적 안식처"Lipman, 1991: 17, 65의 역할을 할 수는 있는 변증법적 "합리적 판단"을 통해 불균형 상태를 만들어 내는 것을 목표로 하기 때문에 계속해서 앞으로 나가지만 진보에 대한 일반적인 개념에 저항한다. 이와 같은 페다고지는 사고를 촉진시키는 과정에서 상당한 불확실성과 그에 따른 불안정성을 이끌어 낸다.Haynes, 2005, 2007b[13]

리프먼은 탐구할 때와 걸을 때의 운동성을 비교하였다. 우리는 걸을 때 몸의 무게를 왼쪽에서 오른쪽으로, 혹은 반대로 실어 가면서 그 과정에서 스스로 균형을 맞춘다.Lipman, 1991: 229 탐구공동체의 운동성은 선형적이거나 순환적이지 않으며, 리좀적이어서 철학적 질문[14]을 던지는 누군가 혹은 무엇에 의해 유발된다. 탐구의 '생산물'은 '합리적 판단'(정서와 도덕적 판단을 포함하는)으로 결코 답이 정해지지 않는 "일시적 안식처"Lipman, 1991: 17, 65가 될 뿐이다. 휴머니즘 관점에서 기술된 다양한 은유적 표현을 살펴보면, 목표와 시작점이 있어야 하며, 선형적인 방식으로 진행되어야 한다는 성인들의 신념을 구조화시켜 놓았음을 알 수 있다.1장 참고, Murris, 1997

합리성rationality 추구라는 모더니스트의 목표와 달리, 철학공동체의 탐구자들이 내리는 판단의 타당성reasonableness은 철학적 탐구공동체 안에서 공동으로 사유의 복잡성을 공평하게 대우하는 것을 의미한다. 교실 안의 감정들Davies, 2013, 콧물을 흘리는 신체의 살점, 기침, 희미하게 말하는 학생들, 증가하는 심장박동, 침묵MacLure, 2013, 말할 때 학생들이 사용하는 단어들, 학생들이 쓴 글이나 그림, 건축과 가구Lenz Taguchi, 2010, 우리가 스스로를 통제하기 위해 몸에 규제하는 방식Dixon, 2010, 더 넓은 '맥락': 아동에 대한 형상화, 잠재적인 교육과정과 공식적인 교육과정, 학교의 정책과 실천, 부모나 다른 인간 혹은 **인간 아닌 타자**와의 관계 등이 포함된다. 이 모든 '것'들이 함께 갈 때, '공동체'란 무

---

13. 교사교육에서 불균형 유발은 아주 건설적이다(Murris, 2008; Haynes and Murris, 2011). 철학적 질문을 할 수 있는 공간을 열었다면, 따라오는 불균형은 교사가 교수학습에 대한 가치와 신념에 대해 반성할 수 있는 공간을 열어 주는 긍정적인 힘으로 작용한다. 궁극적으로 교사로 하여금 자신의 역할에 대해 재고할 기회를 줄 것이다.
14. 예를 들어, 아이들 뒤편 벽에 투사된 다큐멘터리(Everyday Utopia 2011, 참고)에 레지오 학교 어린이들이 움직이는 호랑이를 잡기 위해 구성물을 만드는 프로젝트인 '유치원에서의 하루'(레지오 어린이에서 제공되는 비디오 www.reggiochilren.it 참고)는 철학적 탐구공동체 유발제로 완벽하다. 특히, 어린이들이 나누고 있는 대화를 받아 적고(Malaguzi, 1998: 92), 그 기록을 아이들에게 읽어 주고 철학적 대화의 출발점으로 사용할 때 유용하다(Stanley, 2012 참조).

엇이며 '탐구'란 무엇이며, 그리고 무엇이 탐구를 '철학적'으로 만드는 것인가? 모든 복잡계 속에서 가능한 것과 불가능한 것을 만들어 내는 교사인 우리는 다른 지구 거주자들과 사람들 사이에서 어떠한 관계를 형성하고 있는가? 우리의 장치와 한계를 규정하는 실천들은 어떠한가? 누구를 왜 배제시키는가? 무엇이 우리의 반응 능력/책임response-abilities인가?

호주의 교육철학자 로런스 스플리터Laurance Splitter는 '공동체'와 '탐구' 사이의 관계가 서로 비대칭적이고 상호의존적이라고 말한다. 공동체는 반드시 탐구공동체일 필요가 없지만, 탐구는 반드시 공동체의 요소를 전제하기 때문이다.Splitter, 2000: 12 공동체는 신뢰, 협력, 위험 감수와 공통된 목표를 가진 강력한 유대를 형성하고 있을 수 있지만 반성적 사고, 대화와 대안적 관점에 대한 인정과 같은 탐구에 필요한 요소들이 부족할 수도 있다. 스플리터는 공동체는 탐구를 가르치기 위한 필수조건이라고 보았다. 그 이유로 사고의 한 양식인 탐구는 대화적 구조를 가지고 있기 때문에 "문제-중심, 자기-정정, 공감과 다각적 시각에서의 사유"Splitter, 2000: 13 등을 가능하게 한다.

실천에서의 차이는 교육철학에 크게 의존한다(예를 들어 휴머니즘이냐 포스트휴머니즘이냐에 따라 주체성에 대한 시사점을 다르게 끌어낼 수 있다). 또한 '공동체'와 '탐구'에 대한 교사의 해석과 둘의 균형에 의해 달라질 수 있다. 어린이와 함께하는 철학에서 "다른 사람들과 함께 생각하면서 자신에 대해 생각하는 것을" 속기로 배우게 되면 어린이를 아래 두 가지 교육 목표에 도달하기 위한 유용한 도구로만 쉽게 전락시켜 이해할 수 있다. 유용한 지식과 기술을 가르치는 것과 사회화(말하기와 듣기 기술의 증진, 질문하고 사고하는 기술의 증진, 혹은 세계시민의식 교육 등 교육과정이 제시하고 있는 목표에 도달하기). 이와 같은 실천의 윤리정치적 차원을 '잊어버리지' 않기 위해 주의해야 한다. 교육의 세 번째 목표(2장)인 변혁과 관계적이고 물질적인 주체화에서 공동체적 측면이 주 열쇠이다. 어린이와 함께하는 철학에서는 지속적인 실험을 통해 권력의 실천을 뒤흔들 필요가 있다. 2장에서 언급했듯이, 공동체란 "장소 혹은 한정된 집단의 사람들이 아니라", "물질작용의 방식, 세계에 참여하는 방식, 자아와 타자가 관계하는 장으로 세계를 다시-형상화하는 방식"으로 서로에게 그리고 함께 차이를 만들어 낸다.Davies, 2013: 12 따라서 '공동체'와 '탐구'는 결코 분리될 수 없다. 그것은 '두 개'가 아니다. 왜냐하면 공동체적 관계는 탐구를 실존시키기 때문이며-공동체는 탐구가 가능하기 위한 조건이기 때문이다.

추상적 핵심 개념에 초점 맞추기

케네디는 탐구공동체를 정기적으로 만나서 소통하는 집단으로, 공통된 프로젝트의 목적을 가지고 중요하다고 생각되는 것을 비판적이고 창의적으로 탐구하고, 어떻게 작동하는지 찾아내는, 요컨대 지식을 함께 창조하는 집단이라고 하였다.Kennedy, 1996: 2 포스트휴머니즘에서는 발현되는 지식의 구성 요소로 인간 동물, 인간 아닌 동물과 물질 사이의 관계와 내부작용을 포함시킨다. 구성원 중 어느 한 개인도 진리에 접근했다고 주장할 수 없으며, 지식을 전수하는 입장을 취하지 않으며, 교사라 할지라도, 인식론적 겸손과 평등성을 신념에 두고 늘 신중하고 어떤 논쟁에도 열린 자세로 "신념체제를 구성하는 개념들에 대한 지속적인 재건"에 헌신할 수 있어야 한다.Kennedy, 2012: 231

철학 탐구에서 목표로 하는 이와 같은 핵심 개념들은 공통적common(우리가 모두 사용하므로)일 뿐 아니라 중심적central이며(세계와 자신에 대해 어떻게 생각하는지에 대해) 어떤 개념들이 우리에게 의미가 있는지를 파악하기 위해 살아 있는 경험(듀이가 말하는)과 연결시키므로connect 늘 논쟁적contestable이다. 교과서에 수록된 정의는 이것을 하

지 못한다."Splitter, 2000

케네디Kennedy, 2012: 233는 "철학적 교육과정을 강도의 교점을 형성하는 개념들이 끊임없이 번식하고 재건하기 때문에, 철학적 교육과정을 지속적인 재건 속에서 발생하는 전체로, 살아 있는 것"으로 정의하였다. 탈영토화는 어린이와 함께하는 철학에서 중요한 존재인식론의 한 부분으로 리좀처럼 학문을 가로지르고, 전체를 부분으로 가져와 그 전체를 문제 삼으며 인식론적 지평을 넘어 이동한다. 개념이란 세계로부터 제공된 추상성이 아니라 우리가 살고 있는 이 세상의 능동적임 힘이다.Thiele, 2014: 203 탐구공동체는 정기적으로 만나 어떻게 복수의 의미를 가지는 동일 개념들이 여러 학문과 맥락을 가로지르며 작동하는가에 대해 탐구한다. 물론 사람들이 스스로 생각한 것이 전제가 된다. 그것은 '아동', '지식', '사랑', '동물', '인간', '진리', '주다'와 '받다'[15] 같은 이미 정립되어 있는 이해를 탈영토화시켜 물질화하는matter 그들의 접속이다. 이와 같은 개념들은 인간 동물들, 학생들의 질문들, 학생들의 신체마음의 움직임, 물리적 공간과 사용하고 있는 텍스트 '간의' 지속적인 회절과 함께, "각각의 교과 영역 내에서 발생하는 철학적 반성에 대한 다양한 등장을 가능하게 한다."Kennedy, 2012: 233

교사는 새끼 밴 가오리

탐구가 철학적이게 되려면, 참여자들은 특정 질문이나 문제에 대해서 생각해야 할 뿐 아니라 주제에 대해 사고하는 절차에 대해서도 탐구해야 한다. 교사 자신을 포함하여 모든 구성원들이 탐구를 할 때 가지고 오는 편견과 선입견, 가설, 관점들이 생산되고 타인과 회절하는 '회절적 방법'을 사용하기 위해서는 교사는 스스로 공동체를 넘어서는

---

15. 개념 '주다'와 '받다'에 대한 탐구는 7장을 참조.

"메타-사고"[16] 혹은 리프먼이 말한 "복잡한 사고"[Lipman, 1991: 23-4]를 할 수 있어야 한다. 어떤 철학적 주제가 특히 유용하고 필요한지를 나누는 철학자들과의 대화에 익숙해질 필요가 있다.[Murris, 2015b] 철학적 배경이 없는 교사들에게는 불안감이 조성될 수도 있다.[Murris, 2008]

교사는 사건의 강도에 "몸을 맡기고", "다른 미지의 어딘가에 도달하기 위해서"[Maclure, 2013, 662] "재현에 저항해야 하고, 합리성이 행하는 환원적 설명의 한계를 드러내야 한다."[MacLure, 2013: 663] 물질세계가 아이들과 어떻게 내부-작용하는지를 생각해야 한다. 이를 위해서는 일상적으로 학교에서 아이들을 만날 때의 교사의 위치가 아니라 "다른 종류의 성인"으로, 아이들을 따라가며 고민하는 사람으로 위치시킬 필요가 있다-교사는 다른 종류의 지식을 물질화시키고 더 평등한 관계를 생산해 내는 사람이다.[Petersen, 2014]

탐구공동체에서 기관 없는 듣기Listening without Organs, LwO[17]가 동반하는 엄격성과 불확실성은 새로운 것과 익숙하지 않은 것을 들을 수 있게 한다. 교육에서 성인과 아동의 관계를 재구성하는 데 도움이 되는 탈중심화된 목소리 없는(6장) 분산적 사고가 그것이다. 이와 같은 관계는 민주적이고, 자유와 기회의 평등과 같은 도덕적 원리를 포함하며, 학교는 그들에게 유의미한 환경이 되어 시민으로 능동적으로 참여할 수 있도록 하는 공간이 된다. 이를 위해서는 학교의 권위가 배치되는 방식에 도전을 해야 할 것이다.[Haynes, 2008] 예를 들어, "가장 많은 표를 얻은 탐구질문이 선정되는 것이 늘 공정할까요?" 혹은 "우리가 원하는 어떤 것이든anything 말해도 되나요?"와 같은 아이들이 질문을 할 수 있는 공간도 열어 둘 수 있다.

---

16. 여기서 '메타'란 위계적이고 수평적인 개념이 아니라, 어떤 다른 것이 이루어지는 것을 의미한다. 즉, 다른 부분에 초점을 맞춘, 우리가 무엇을 탐구하는지가 아니라 우리가 어떻게 함께 탐구하는지에 초점을 둔 탐구를 말한다.
17. 2, 3, 7장 참조.

아이들을 민주시민으로 대우하려면 지식이란 늘 오류가 있을 수 있고, 문제를 갖고 있기 때문에 언제든 수정이 가능하다고 있는 그대로 솔직하게 제시해야 한다.^{Lipman, 1988, 1991} 어린이와 함께하는 철학에서 교사의 지식에 대한 진정성 있는 태도는 추상적 개념의 의미를 문제 삼을 때 확연히 드러난다.

교사의 역할은 공동탐구자로, 이미 답이 정해진 질문이나 교사가 답을 알고 있는 질문을 하는 것이 아니라 철학적 탐구를 촉발하는 질문을 하는 '잘 모르는' 참여자이다. 이는 공동체가 새로운 생각들을 구성해 나갈 때 어느 부분에서 도움을 주는 것이 적절할지를 고민함으로써 가능하다. 교사는 탐구 과정을 조작하거나 방향을 쥐고 있지 않으면서 대화의 영토를 그려 나가는 사람이다.[Haynes and Mums, 2012] 교사의 이와 같은 이미지가 가오리의 형상이며, 이는 고대 그리스 철학자 소크라테스와 메논의 플라톤학파의 대화에 등장한다.

> 메논: 소크라테스 선생님, 제가 당신을 만나기 전부터 사람들은 솔직하게 당신 자체가 복잡한 사람이고 다른 사람들을 난해하게 만든다고 하였습니다. 다소 경솔하다고 생각하실 수 있겠지만, 선생님은 외모뿐 아니라 여러 가지 다른 면에서 바다에서 만날 수 있는 납작한 가오리와 정말 닮았다고 생각합니다. 누구라도 가오리를 만지게 되면 만질 때마다 사람을 마비시키는데, 선생님께서 지금 저에게 하고 계신 것이 그것이 아닌가 합니다….
>
> 소크라테스: 가오리가 자신도 마비되어서야만 다른 생물을 마비시킨다면, 지금 자네가 하는 비유가 적절하겠지만 그렇지 않다면 다시 생각해 봐야 할 것이야. 내가 답을 알고 있어서 다른 이들을 난처하게 만드는 것은 아니니 말일세. 나 스스로도 당혹감을 느끼면서 다른 사람을 감염시킨다는 것이 맞을 것일세.^{Meno.}

[그림 8.1] 가오리로서의 소크라테스 © Sharon Girard and proustmatters.com.[18]

80a-c; in Guthrie, 1956

소크라테스에게 교사란 단순히 '가오리'가 아니라[그림 8.1] 참조 자신을 찌르는 가오리를 말한다.

가오리는 바다에서 위험한 동물이다. 희생자들의 감각을 둔하게 만든다. 가오리인 소크라테스는 스스로의 감각을 둔하게 만든다. 소크라테스식 교수법에서 교사는 '바보'로 탐구공동체의 다른 구성원들과 마찬가지로 당혹감을 느낀다.Matthews, 1999: 87-91 소크라테스라는 인물은 "이미 정해진 지식을 알고 있는 위치로부터의 질문이 아니라 자기-자백을 통한 무지를 드러내는 위치에서 다른 사람들에게 질문을 하

---

18. http://proustmatters.com/tag/socrates 2015년 5월 19일 인출. 샤론 지라드(Sharon Girard)와 proustmatters.com에서 제공하는 자료를 무료로 이용할 수 있음. 이미지 자료는 사용 허가가 필요함.

는 사람"으로 잘 알려져 있다.^Matthews, 1999: 89 전형적으로 소크라테스의 질문들은 어려운 문제가 아니지만 정확하게 "대부분의 사람들이 성인들이 답하기에는 너무 단순하고 기본적이라고 생각하는" 문제들이다.^Matthews, 1999: 89 가오리가 갖고 있는 위험성은 사람들이 습관적으로 받아들이고 있는 '존중' 혹은 '아동' 혹은 '지식'과 같이 일상에서 자주 쓰는 추상적 개념들의 의미에 대한 확실성을 뒤흔들기 시작하여 자기 확신을 손상시키는 것이다.[19] 성인들은 추상적 개념들을 다시 탐구할 때 자신들이 의미에 대해 이미 확신을 갖고 익숙하게 사용하는 흔한 단어들의 의미에 금이 가기 때문에 창피해지거나, 어리석게 보일 수 있다. 그러나 일상적으로 사용하는 추상적 개념들은 언제나 논쟁성을 지니고 있으며, 모든 사람들은 각자의 살아 있는 경험에 따라 그 단어들이 무엇을 의미하는지에 대한 생각들을 갖고 있다. 그리고 더 긍정적인 특징들이 발현될수록-소크라테스의 또 다른 유명한 성격의 한 부분인 산파(소크라테스의 어머니가 산파였다)로서의 교사가 될 수도 있다.

흥미롭게도, 가오리는 다수의[20] 살아 있는[21] 어린[22] 새끼를 낳는다. 산파의 이미지는 테아에테투스Theaetetus의 대화에서 소개된다. 소크라테스는 아이를 가질 수 없어서(그의 주장에 따르면 아이도 지혜도 생산할 수가 없다고 한다) 다른 제자들이 갖고 있는 철학적 개념에 대한 이론, 통찰력과 생각들을 전달할 수 있도록 도왔다고 한다.^Matthews, 1999: 88

---

19. 소크라테스가 위쪽을 가리키는 이유는 이와 같은 추상적인 개념들의 진짜 의미가 형태와 아이디어의 세계(World of Forms or Ideas) 속에 있기 때문이다(3장의 Raphael의 그림 아테네 학파 참조).
20. www.youtube.com/watch?v=0cBfTbvlYxk 2015년 5월 19일 인출.
21. www.youtube.com/watch?v=BGWir0Ui7Xw 2015년 5월 19일 인출.
22. 사람들은 가오리가 생물학적으로 '물고기'류에 속해 있기 때문에 알을 낳는 것으로 알고 있다. 이는 사는 데 필요한 기술, 수학과 문해를 포함하는 프로젝트로 확장할 때 재미있는 질문들을 야기시킨다.

교사는 출산의('고통') 과정에서 도움을 제공해야 하며, 그보다 훨씬 더 생산적인 역할을 해야 한다. 그 과정이 낙태나 가짜 임신, 즉 "허위의 이론, 교리, 분석"이라 할지라도 마찬가지다.^{Matthews, 1999: 91} 그 힘은 교사가 자신을 지식의 근원source으로 보지 않을 때 나온다-이해는 추론을(감정과 정서를 포함한) 통한 '내부로'부터 나와야 한다. 교사는 지식을 알려 주거나 전달해 줄 지혜가 없지만, 아이들은 "스스로를 드러내며 자신 내부에서 다채로운 아름다운 것들을 발견한다."^{재인용, Matthews, 1999: 88} 가오리의 출산처럼 하나의 이론(아기)이라는 것은 없다. 이와 같은 새끼 밴 가오리의 "중첩"^{Barad, 2007: 76}은 아동을 "풍요롭고, 자원이 풍부하며, 잠재성이 넘치는" 이미지로 다시 형상화하도록 하며, 아동을 무지하고 무능한 존재로 보는 결핍 관점을 분열시킨다. 지식은 '내부'로부터 오며 외부에서 오지 않는다.

　교사가 갖고 있는 권력에 대한 이와 같은 개념에도 불구하고 가오리와 산파는 개인 주체성을 가정하고 있는 듯하다. 세계 '안에서' 교사와 학습자라는 두 실체 사이의 관계는 어떠한가? 가오리 외에 다른 어떤 비유가 필요하다. 바라드^{Barad, 2011: 131}가 강조했듯이, 가오리의 뉴런 수용체 세포는 이 생명체에 아직 도달하지 않은 메시지를 예상하는anticipate 것을 가능하게 한다. 그것은 일종의 투시력으로, 포스트휴먼 교사의 체화되고 몰입된 경청에 의해 가능하다. 인과성의 논리를 뒤죽박죽으로 만들면서 가오리는 이것이 (명백하게) 필요해지기 전에 스스로 열린다.^{Barad, 2011: 131}

　새끼 밴 가오리와 이 세상의 일부인 다른 신체(여성 인간 동물)와의 중첩이라는 회절을 통해 더 강력한 형상을 만들어 낼 수 있다. 임신한 여성의 신체(은유적 표현이 아닌)는 주체성에 대한 서구의 형이상학적 가설에 문제를 일으킨다.

　어머니와 태어나지 않은 아이와의 관계는 단순히 아이를 품고 있는 것containment 이상이다. 1장에서 레이코프Lakoff와 존슨Johnson의 연구를 토대로 우리의 삶에 내재된 은유가 모든 이원론적 정신/신체의 관계와 자아에 대한 심리학적 구성을 어떻게 만들어 내는지를 살펴보았다.

포함containment이란 선개념적 단계에서 작동하는 체현과 영토성의 (가장 보편적인) 경험을 형성하는 기본 구조이다.Lakoff and Johnson, 198: 29 철학자 크리스틴 배터스비Christine Battersby는 모든 것이 용기 내부에 inside 있거나 혹은 외부outside에 있다는 생각에 대해 매우 비판적이었다. 레이코프와 존슨의 체현에 대한 설명에 대한 글을 읽었을 때 다음과 같이 말했다.

> 나는 이상함에 충격을 받았다. 그와 같이 한 몸에 사는 것이 어떤 것인지 궁금했다. 그것은 내 몸을 '음식, 물, 공기'와 같은 다양한 것들을 넣고 '음식과 물 찌꺼기, 공기와 피 등' 또 다른 것들을 만들어 내는 3차원의 용기로 경험하지 않았기 때문이다.Battersby, 1998: 41-2

그는 신체적 경계와 자아에 대한 포함 모델이 서구의 형이상학적인 자아와 자아정체성의 개념을 형성하고 있는 남성의 경험에 더 전형적이라고 주장한다. 자율성을 가진 자아와 그것을 포함하고 있는 용기로서의 신체가 그것이다.Battersby, 1998: 54 신체는 하나이지 타자가 아니다not. 자아의 형이상학적 구성을 통해 철학자들은 여성의 몸을 "지저분하고, 살찌워져 있으며, 타자에게 열려 있는 것으로 타자성 '내에서' 혹은 '없이'로 보며 무시하였다".Battersby, 1998: 59 예를 들어 '선천적innate'이라는 개념의 의미를 생각해 보자. 이론가들이 이 개념을 사용할 때 '임신 전'이 아니라 '출생 전'이라고 가정한다. 태어나지 않은 아기와 엄마와의 관계는 고려되지 않는다. 개인 내의 관계는 아기가 태어나기 전에 존재하지 않는다.

여성의 몸은 남성의 몸과 다르다. 그것은 그 고유의 육체에서 하나 이상의 몸이 될 잠재력을 갖고 있다. 배터스비는 거기서 '자기'와 '타자' 사이에 명확한 구분은 없다고 결론을 짓는다. 대신, '타자'가 체화된 자아에서 나오지만 두 개의 자아의 출현함을 말하며, 하나의 자아는 단순히 타자로 용해되지 않음을 의미한다.Battersby, 1998: 8 다시 말하면, 여성은 과거 서구의 형이상학에서 축소되어 이해된 것처럼 항상 'i'나 'I'가 아닌 늘 이미 'ii'(여성이 투표권을 행사한 이후로)였다. 남성의 몸은 "개체, 자아 또는 인격으로 간주되어 규준이자 관념적 이상으로 행사해 왔다."Battersby, 1998: 50

프랑스의 페미니스트 철학자 뤼스 이리가레Luce Irigaray에 의해 영감을 받은 배터스비는 정체성에 대한 다른 설명을 제안한다. 경계에 대한 다른 이해는 (자기) 정체성에 다른 개념화로 이어진다. 그는 정체성이 잠재성potentialities과 흐름flow의 패턴으로부터 출현한다고 이해한다.Battersby, 1998: 53 '자아'와 '자아가 아닌' 것 사이에 명확한 경계가 없을 때, 늘 유동적인 상태에 있는 자아를 생각할 때, '이기being'를 넘어서 '되기becoming'에 특권을 주는 것이 가능해진다.Battersby, 1998: 55 렌스 타구치Lenz Taguchi, 2010: 95에게 임신의 이미지는 그 자체 내에 '새로운 발명의 잠재성과 이미 존재하는 것으로부터의 새로운 되기'의 가능성을 갖는다.

소크라테스에 따르면 산파/교사의 전문성은 '중매하기matchmaking'로 생각들을 연결시키고, 탐구 질문을 하고, 학습자가 새로운 아이디어를 낳도록 하는 데 있다. 스파게티 같은 지식이라는 언어에서 보면 [그림 7.4], 파스타 면들이 연결되면서 새로운 얽힘들이 만들어진다. 모든 참여자는 그릇에 포크를 넣고 돌릴 수 있다. 탐구공동체는 살아 있는 유기체이며, 교사와 학습자 '사이'의 유동적 공간과 함께 있으며, 고정된 경계 없이 끊임없이 흐르고 있다. 질문을 통해, 교사는 학생들이 스파게티 면들을 연결하고 끝없는 새로운 패턴을 만드는 것을 도우며 예상치 못한 방향으로 탐구를 가져간다.

그렇다면 이 세 가지 이미지들을 읽음으로써 만들어지는 중첩들이 주는 시사점은 무엇일까? 방법론을 통해 새로이 만들어진 것은 무엇인가? 새끼 밴 가오리의 형상화는 주체성을 다르게 생각하게 하여 사유하기와 행동하기를 북돋는다. 학습자와 교사 '사이'의 관계는 닫힌, 자율적인, 침투 불가능한 신체 경계에 의해 특징이 규정되는 것이 아니라 '그 내부와 그것과 함께 존재하는 타자성에 대한 잠재성'을 허용한다. 교사와 학습자 모두의 행위주체성은 '잠재성과 흐름'에 의해 규정된다. 우리들의 몸-경계들은 자아를 포함하고contain 있지 않다. 그들은 체화된 자아이다are.^Battersby, 1998: 57 교사와 학습자 모두는 선-존재적 정체성을 갖고 있지 않으며, 예를 들어 새로운 정보에 응답하거나 반응하는 것이 아니며, 끊임없는 흐름과 유동성 속에 관계하고 있다. 새로운 정체성들은 차이에서 탄생하며, 자아는 자아가 아닌 것에서 출현하며, 정체성은 관계성의 패턴들을 거쳐서 이질성을 통해 나온다.^Battersby, 1998: 58 새끼 밴 가오리는 다양체이며 **무한한 비인간 되기**inhuman becomings 이다.

스파게티에 포크를 돌려서 탐구를 이끌기

탐구공동체에서 교사와 학습자 '사이'의 공간은 고정된 경계가 없이 유동적이고 끊임없이 흐른다. 철학적 질문을 통해 개념의 의미를 문제 삼음으로써, 교사와 학생들은 스파게티 가닥을 연결해 새롭고 끝없는 패턴을 만든다. 이렇게 생성된 시스템은 스스로-유지하며, 비선형적이고, 예측 불가능하며 관찰자/피관찰자의 이분화를 파괴한다. 교사는 관찰자일 뿐만 아니라 창조자이다.[Kennedy, 2004: 756] 학습자는 교사가 되고 교사는 학습자가 된다. 누구든 알고 있는 주체가 임신할 수 있고, 출산할 수 있다. 주체는 한 번에 하나, 둘 또는 그 이상의 몸이 될 수 있다. 이와 같이 존재being보다는 되기becoming의 새로운 형이상학은 페다고지에 대한 많은 시사점을 제공한다. 경험주의의 관점에 근거한 교사 통제형 학습[23]에서 학습자의 텅 빈 마음에 정보를 쏟아붓고, 휘발유 펌프질을 하는 보조자를 교사의 역할로 여기는 것으로부터 교실에서 협력적 지식 구성 과정(스파게티에 포크를 넣은 모든 사람들이 함께 식사를 나눠 먹는 것)을 돕는 역할로 변한다.

그러나 통제 문제는 복잡하다. 데이비드 케네디[Kennedy, 2004: 756]는 교사가 하는 많은 선택이 "의식적이고 전략적인 계산에 의한 결과가 아니며" 그것은 마치 화가가 특정 위치에 칠할 색을 느끼듯, 연주자가 리듬이나 화성이나 멜로디의 변화가 적절하다고 느끼듯 느끼는feel 것이라고 설명한다. 그는 "시스템을 느끼기 위해서는 촉진자는 시스템을 허용해야 한다"라고 조건을 단다.[Kennedy, 2004: 756] 물론 시스템 아래에서 누구든 어떤 중재든 하려고 시도하겠지만 후자는 시스템을 통제하지 않으려고 노력할 때만 가능하다. 교사는 이와 같은 긴장을 지각하고 있으며, 케네디[Kennedy, 2004: 757]는 어린이와 함께하는 철학을 통해 교사가 '소우주 또는 시스템의 프랙탈'이라는 실존적 사실을 충분히 인지하고 있음을 강조했다. 비록 모든 각각의 내부개입intra-vention이 시스템을 변역시키더라도, 그리고 비록 어떤 선택들은 항상 의식적인 수준에서 일어나지는 않더라도, 교사는 자신의 모든 행동에 응답-가능해야 한다. 이 무한한 시스템 또는 창발적인 교육과정은 시스템에 있는 모든 사람의 질문과 관심사에 의해 형성되지만 그 어젠다는 아동이-주도

---

23. 4장 참조.

initiated[24]한다. 탐구는 그들의 질문과 함께 시작된다. [표 8.1]은 문해력 수업[25]의 일환으로 어린이와 함께하는 철학에서 자주 사용되는 장치의 개요이다. 이러한 세션들이 어린이와 함께하는 철학이라는 장기 프로젝트 접근의 한 부분이 되면 이상적일 것이다.Stanley, 2012, Lyle and Bolt, 2013 모든 교육학적인 선택과 마찬가지로, 이 장치를 안내 역할로 사용하는 것은 의미상의semantic, 존재의ontic 행위주체적 절단agential cut이며, 페다고지와 더불어 교사가 자신감을 얻었을 때, 새로운 영감으로 사용하기에 특히 유용하다. 그러나 그것은 규범적이라는 의미는 아니다. 그것은 '스파게티' 안에서 '포크를 빙빙 돌리는 것'과 같다.[그림 7.4] 초점은 교사의 역할에 있다.

남아공의 어린 학습자들의 저조한 시험 결과에 대한 응답으로, 그것은 다른 종류의 문맹 퇴치 수업에 대한 상상력을 제공한다. 수업의 과정은 평등주의에 입각하여 협력적으로 결정하고, 민주적인 의사결정을 내리는 절차에 의해 집행된다.

[표 8.1] 철학적 탐구 페다고지 공동체를 통한 문해력 수업에서 가오리로서의 교사의 역할

어린이와 함께 철학하기-가오리로서의 교육자의 역할		
교육적 내부개입	문해력 기술과 그 가치	교사의 핵심 역할
내러티브 제안하기	• 어린이들의 개별 구두 응답을 포함하여 여러 형태의 '텍스트' 사용하기 • 단어, 이미지, 사건 등의 해석의 다양성(diversity)에 초점을 맞추기 • 아직 생각하지 못한 새로운 것에 대한 찬사 • 인간과 인간 아닌 것 사이의 관계들이 내러티브 읽기에 영향을 줌	• 어디서든 텍스트 (어린이들 고유의 대화, 사건, 이미지 포함)에 접근이 가능하도록 하기. 예를 들어 문서 판독기, 카펫에 앉아 앞에서 책을 읽기, 이미지나 영화를 벽에 투사하기 등
가구를 옮겨 원형 좌석 만들기	• 반응적이고 응답할 수 있는(response-able) 경청은 적절하고 보고 들을 수 있는 능력을 요구함 (평등의 표현)	• 어린이들과 같은 크기의 의자에 원모양으로 함께 앉거나 모두 바닥에 앉음

---

24. 아동-중심과 동일한 개념이 아니다.
25. 무리스와 헤인즈(Murris and Haynes, 2002) 참조. 포스트휴머니즘 관점은 아니다.

학습자가 스스로 생각하도록 하기	• 단독 과제: 발현적 문해의 한 부분으로 그림이나 핵심어를 사용. 철자를 정확하고 깔끔하게 쓰는 것은 중요하게 다루어지지 않지만, 적절하게 쓴 경우 지지를 보냄. 글을 이해하고 의미를 형성하는 것이 중요함. 개별 반응들이 장려되고 환영받음(공부하는 자유와 평등의 표현)	• 의자 원형 밖으로 걸어가면서 교사는 정답을 제공하지 않고 도움을 주면서 개별 아동이 지식을 구성하고 재현할 수 있도록(예, 그리기를 통해) 지원함. 아이들은 책에 있는 이미지를 그대로 그리는 것이 아니라 떠오르는 생각을 그려야 함. 다른 표현 방법들도 모두 허용됨(몸으로 이야기하기 등)
어린이들의 질문 수집하기	• 소집단에서 탐구할 질문을 고안하고, 발전시키고, 공유함. 그 과정에서의 협상과 민주적 협력을 함 • 탐구에 필요한 좋은 질문에 대해 논의함 • 투표에 앞서 질문을 적고(점토와 같은 다른 표현 방식도 가능), 다른 아이들의 질문을 읽음(그리고 경청함)	• 소집단 형성하기 • 어린이들의 질문을 그대로 기록하기(플립차트나 화이트보드에). 소집단에게 질문을 선택한 이유를 설명하도록 하고 2차 질문[26]을 할 수 있도록 학습공동체를 지원하기. 교사는 질문 선택 체계를 담당하나(다수결, 추첨 등) 학생들이 이 과정에 익숙해지면 책임을 어린이들과 공유함
탐구에서의 경청	• 기관 없는 듣기: 신중하게 말하고 응답함, 답변이 필요한 질문에서 시작하기, 추론과 상상을 통해 나온 응답을 통해 수평적으로 연결하여 아이디어를 '구성해'나가며, 질문에 '내포된' 핵심 추상적인 개념들에 초점을 맞춤, 방 안에 있는 언어 사용과 신체들과 함께 회절함. 개념들 간의 구별, 연결 및 비교를 소개함, 개념의 새로운 의미를 명료화시키고 만듦(개념들의[27] 물질적 표현을 포함하여) • 예시와 유추를 제공함. 의견을 제시함. 동의/동의하지 않거나 새로운 아이디어를 제공함. 이유를 제시함. 논의와 반대 논의들을 구성함	• 기관 없는 듣기: 텍스트 안에서 아이들의 실제 경험과 사회문화적 실천들과 연결하여 핵심 개념들을 문제로 설정하고 그 질문에 답하기. '벌에 쏘임,' '마비,' '마비됨' • 교사는 공동 탐구하고 어린이들의 추론을 따라가기 답을 제공하지 않기
일시적 중지 제공하기	• 이전에 나온 단어들을 사용하며 이야기와 관련된 의견을 자유롭게 표현함 • 경청하기와 번갈아 가며 말하기가 요구됨	• 먼저 짝을 지어 토론을 한 후에 아직 말하지 않은 어린이들에게 기회를 제공하는 '말하기 막대기'를 전달하기

---

26. 2차 질문이란 질문 그 자체에 내포되어 있는 가설에 대한 타당성을 심문하는 질문들이다. 다음 페이지의 텍스트를 살펴보자.
27. 7장의 '주다'와 '받다'의 사례가 좋은 예이다.

굴뚝을 청소하는 철학적 질문들

철학적인 질문과 다른 종류의 질문을 구별하는 데 유용하게 연습할 수 있는 활동을 소개한다. 아주 어린 아이들과도 할 수 있다.[Stanley, 2004: 41-4] 교사나 다른 탐구자(특히 페다고지에 더 익숙한 사람)에 의해 텍스트가 선정되면 소집단에 질문거리를 제공한다. 그 어떤 것도 가능하다. 열쇠 꾸러미, 여권, 도살장[28] 현장학습, 영화, 그림, 교육과정 문서, 악보, 놀이터에서의 이벤트, 그림책 등이[29] 가능할 것이다.

참여자들은 A1 용지 위에 최대 10개까지 질문을 만들어 '굴뚝을 청소하면서chimney-sweep' 적어 나간다(또는 어른이 적어 준다). 각 집단은 서로 다른 색의 커다란 펠트펜을 나눠 갖는다. '브레인스토밍brainstorm'보다는 '굴뚝 청소'라는 개념을 선호하는데 브레인스토밍은 생각을 뇌만을 가지고 하는 것처럼 제시하고 있기 때문이다. 반면, 굴뚝은 건물의 중심부에 위치하고 그을음을 갖고 있다. 이 그을음은 '잠재의식으로부터' 나오는 질문들로 합리적으로 생각하려고 노력하지 않아도 발생한다. 중요한 것은 학습자들이 질문에 대해서 열심히 생각하지 않으며 신체정신bodymind에 오는 무엇이든 질문이 된다.

우리가 사용한 텍스트는 유튜브www.youtube.com/watch?v=sJNntUXyWvw에서 발췌하였다. 우리는 처음에 DVD 클립을 함께 보았다. 3살짜리 브라질 아동과 엄마가 대화 중이다.

루이즈: 괜찮아요?
엄마: 응. 이제 문어 뇨키를 먹어 봐.
루이즈: 좋아요, 엄마. 자 이 문어는 진짜가 아니죠, 그죠?
엄마: 아니야.

---

28. 3장 첫 번째 회절적 일시정지 참조.
29. 9장에 질문을 유발할 때 유용한 규준이 제시되어 있다.

루이즈: 그렇네요. 말을 못 하고 머리가 없어요. 그죠?

엄마: 머리가 없단다. 이건 작게 잘린 문어 다리들이야.

루이즈: 네? … 그런데 문어 머리는 바다 안에 있잖아요?

엄마: 그것은 생선 가게에 있어.

루이즈: 생선가게 아저씨가 머리를 잘랐어요. 이렇게요?

엄마: 응, 그렇게 잘랐어.

루이즈: 왜요?

엄마: 그래야 우리가 먹을 수 있지. 그렇지 않았다면 우리는 문어를 통째로 삼켜야 해.

루이즈: 그렇지만 왜요?

엄마: 그래야 우리가 먹을 수 있지, 루이즈야. 소를 썰어서 먹는 것처럼, 닭을 썰어서 먹는 것처럼.

루이즈: 아… 그 닭, 아니에요. 아무도 닭을 먹지 않아요.

엄마: 아무도 닭을 먹지 않는다고?

루이즈: 안 돼요. 그것들은 동물이에요.

엄마: 정말?

루이즈: 네.

엄마: 그러면 뇨키를 먹자. 그런 다음 감자를 먹자.

루이즈: 그냥 감자와 그냥 밥을 먹을래요.

엄마: 응.

루이즈: 문어는 동물이에요.

엄마: 맞아.

루이즈: 그것들은 모두 동물이에요. 생선들도 동물이에요. 문어도 동물, 닭도 동물. 소도 동물, 돼지도 동물.

엄마: 응.

루이즈: 그래서… 우리가 동물들을 먹을 때 그것들은 죽어요!

엄마: 아… 그래.

루이즈: 왜요?

엄마: 그래서 우리는 먹을 수 있어, 루이즈야.

루이즈: 왜 동물들이 죽어요? 나는 동물들이 죽는 것을 좋아하지 않아요. 나는 그들이 서 있는 채로 있는 것을 좋아해요.

엄마: 알았어. 좋아. 그래서 우리는 더 이상 그것들을 먹지 않을 거야. 되었지?

루이즈: 좋아요… 이 동물들은… 우리가 돌봐줘야 해요. 그리고 먹지 않아야 해요!

엄마: 아들아, 네 말이 옳아. 그러니까 감자와 쌀을 먹자.

루이즈: 알았어요… 엄마, 왜 울어요?

엄마: 울지 않아… 나는 단지 너에게 감동을 받았어.

루이즈: 내가 아름다운 뭔가를 하고 있다는 거죠?

엄마: 먹어… 더 이상 문어를 먹을 필요는 없어.

루이즈: 네.

[그림 8.2]를 보면 한 소집단에서 엄마와 아들 사이에서 움직이는 대화를 적고 있는 과정에서 생성해 내는 질문을 볼 수 있다. 각 집단은 질문을 분류하고 각 분류 방식과 그에 따른 해석을 생성하도록 요청받았다. 이 작업에 도움이 될 만한 상징기호 세트가 스탠리[Stanely, 2004: 42-3; 그림 8.3]에 의해 개발되었다. 개별 질문 뒤에 그 질문을 가장 잘 묘사하는 상징기호를 그린다. 닫힌 질문(V), 사실질문(책 이미지), 개방질문(웃는 얼굴) 또는 철학적 질문(?를 가진 웃는 얼굴) 모두 가능하다. 물론 모든 질문에 하나 이상의 범주가 적용될 수 있다.

여기서 가장 중요한 것은 이 네 가지 범주를 구별하는 데 어려움이 있는지에 대한 토론이다. 상징기호를 부여하고 토론을 마치면, 질문과

[그림 8.2] 굴뚝을 청소하는 철학적 질문들

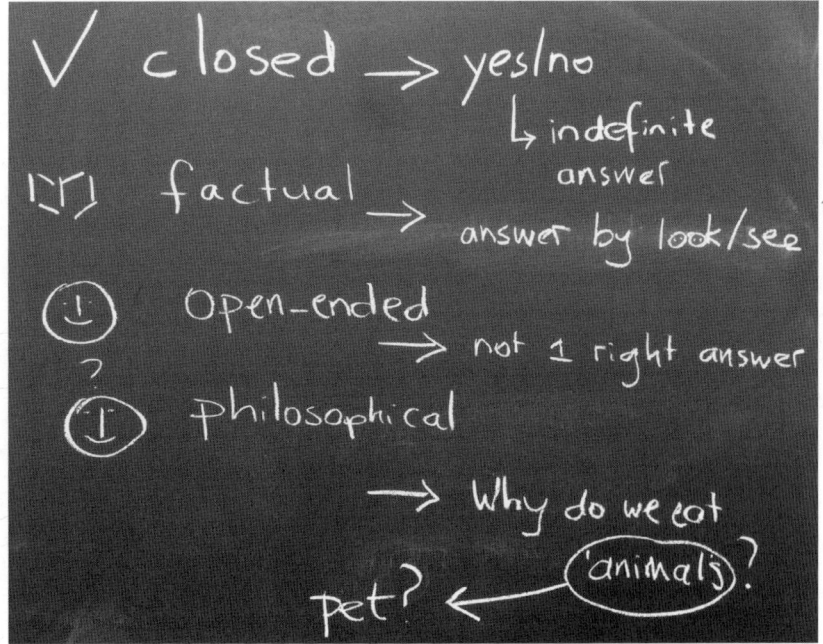

[그림 8.3] 텍스트에 관한 질문의 분류를 위해 사용하는 상징기호

기호가 그려진 플립차트를 교환하고 다른 테이블로 전달한다(시계 방향). 그런 다음 다른 집단은 부여된 상징기호에 동의하는지 확인하고, 다른 집단에게 물어보고 싶은 질문을 확인한다. 이와 같은 방식으로 학습자는 다른 사람들과 조사에 필요한 대화를 나눔으로써 스스로[30] 질문 자체 속에 '내포되어 있는' 추측되는 핵심 개념의 의미를 탐구하는 데 필요한 철학적 질문을 찾아낸다. 이름들이 중요한 이유는 무엇일까? 채식주의자는 무엇이며, 인간 아닌 nonhuman 동물을 먹는 것은 도덕적으로 올바른가? 그렇다면 애완동물도? 이 질문들은 발산적 질문들이다. 이 질문들은 더 많은 이차 질문들을 무한정 개방한다. 철학적 탐구는 이와 같이 광범위한 질문들이 내부작용한다. 한 가지의 유형만 허용되는 것은 아니다. 질문들이 장치로서 apparatus 어떻게 작동하는지를 아는 것이 중요하다. 질문들은 교실에서 무엇을 하는가? 어떤 종류의 관계와 지식을 가능하게 하는가? 우리는 어떻게 이렇게 중요한 질문 만들기 과정에 학부모들을 참여시킬 수 있을까? 질문으로부터, 질문과 더불어, 우리 자신, 어린이들, 그리고 물질담론적 환경[31]으로부터 우리는 무엇을 배울 수 있을까?

텍스트 읽기를 네 가지 유형으로 구분하는 것이 가능하며, 각 유형은 특정 종류의 질문을 가정할 뿐 아니라 교사와 학습자 사이의 특정한 존재인식론적 관계를 위치시킨다. 이와 관련하여 [표 8.2]에 요약되어 있다.

---

30. 중요한 것은, 이 활동은 학생들에게 이미 정해진 정답이 있는 질문을 가르치기 위한 목적으로 '사고도구'나 '도구'로 활용해서는 안 된다는 점이다. 인간과 그리고 '인간을 넘어' 타자와의 관계 속에서 질문들을 사용하는 방식이기 때문에 질문들은 철학적으로 작동한다.
31. 말라구치(Malaguzzi, 1989: 69)는 교사는 학부모와 대화하고 듣고 배울 수 있어야 한다고 하였다. 이는 교사에게 "자신의 교육에 대한 끊임없는 질문하기"를 요구하며, "어떤 흔적도 남기지 않고 고립된 침묵의 모드에서 일하지 않아야 한다"는 것이다. 어린이와 철학하기에 관한 학부모 참여는 스탠리(Stanely, 2004) 참고.

[표 8.2] 네 가지 테스트 읽기 질문유형과 존재인식론적 가설

읽기 유형	지식습득	적절한 질문	아동/성인의 존재인식론적 관계 위치시키기
전략적 읽기	• 문학적 지식: 이야기, 줄거리, 주제, 언어 • 문해적 지식: 독해 기술, 줄거리 기반 이해, 어휘	• 닫힌, 사실적 질문들	• 성인은 문제제기자로 폐쇄형 질문과 사실적 질문을 함
개인적인 목적에 따른 읽기	• 재미와 즐거움을 위해 텍스트에 대한 자신의 의견을 다른 친구들과 나눔	• 개방형, 옳고 그름의 답이 없는 질문들	• 아동은 문제제기자 • 성인은 개방형 질문을 함
깊이 읽기	• 아동 자신의 삶과 더 넓은 사회에서 일어나는 이슈와 텍스트 간에 연결	• 개방형, 옳고 그름의 답이 있는, 평가적 요소를 갖고 있는 비판적 질문들	• 아동은 문제제기자이면서 문제해결자 • 성인은 개방형, 탐구형 질문을 함
탐구공동체 내에서의 읽기	• 텍스트 '내' 추상적인 개념들이 탐구의 내용임. 이러한 개념은 공통적이고, 중심적이며, 논쟁의 여지가 있고, 아동 고유의 경험과 연결되어 있음	• 개방형, 본질적, 2차적 질문으로, 옳고 그름의 답이 있음 • 탐구 과정에서 모든 종류의 질문들이 얽히나, 철학적 질문이 중심이 됨	• 아동은 철학적 문제제기자이자 철학적 문제해결자

캐시 쇼트Kathy Short는 '전략적 읽기', '개인적인 목적에 따른 읽기', '깊이 읽기'의 세 가지로 텍스트 읽기를 구분한다. 전략적 읽기는 문학적literary 지식(내러티브 형태로 문학에 대한 지식[32])과 문해적literacy 지식(독해력, 줄거리와 어휘 기반 이해와 같은 읽고 쓰는 과정에 관한 지식)을 모두 포함한다.Short, 2011: 58 개인적인 목적에 따른 읽기는 재미와 즐거움을 위해 다양한 텍스트를 사용하고 또래와 이야기를 나누는 것을 말한다.Short, 2011, 58 깊이 읽기에서는 학습자가 자신의 삶뿐 아니라 더 넓은 사회에서 발생하는 문제들과 텍스트를 연결할 수 있도록 한다.Short, 2011: 59 후자의 경우, 문해적 사건은 내러티브에 깊게 몰입하기와 또래와의 토론을 통해 텍스트에 비판적으로 참여하기가 해당된다.

---

32. 내러티브로서의 문학에 대한 지식은 이야기, 줄거리, 주제와 언어에 대한 개념을 포함한다.

교사교육에서는 문학 읽기에 대한 이와 같은 다양한 접근 방법이 가능하려면 다양한 지식에 대한 이론(인식론)과 다양한 페다고지(아동/성인 간의 특정 관계)가 필요함을 받아들이는 것이 가장 핵심이 된다. 전략적 읽기를 할 때, 성인은 문제를 제기하는 사람이 된다. 교사는 읽기 전략과 텍스트 구조를 명시적으로 가르치고 수업시간에 중요한 '질문'을 한다. 교사들은 그들이 묻는 '닫힌' 수사적 질문에 대한 답을 이미 알고 있다. '해결되어야 할' 문제가 명확해야 하며, 제기된 문제에 대한 해결책을 교사는 알고 있다. 반대로, 개인적 목적에 따른 읽기에서는 아이들이 문제를 제기하고, "책에 대해서 궁금해하고 책에 반응한다."Short, 2011: 59 여기서는 어린이들이 문제-제기자가 된다. 어린이들이 직접 자신의 삶과 정체성, 그리고 탐구하고 있는 텍스트를 연결하는 것이 핵심이다. 개인적이고 주관적인 반응과 일화는 장려되고 환영받지만 비판적으로 비교하거나 평가하지는 않는다. '옳은' 또는 '잘못된' 답이 없다. 깊게 읽기를 할 때 "강도 높은 읽기를 위해" 선택된 텍스트는 "다층적 의미를 갖고 있다."Short, 2011: 59

쇼트는 깊이 읽기를 할 때, 성인과 어린이는 모두 문제-제기자이자 문제-해결자라고 제안하고 있지만 교사가 수업에서 텍스트를 어떻게 사용해야 할지와 누가 의미와 진실을 통제할 것인지에 대한 의미 있는 교육적 함의에 대해서는 다루지 않았다.Short, 2011: 59 더군다나 '깊이 읽기'를 하는 경우, 아이들은 중요한 질문을 하거나 그에 대답할 뿐만 아니라, '질문에 대한 질문하기'를 배운다.Short, 2011: 50 즉, 어린이들은 2차 질문[33]을 한다. 쇼트는 1차 질문과 2차 질문의 차이를 명백하게 구분하지 않았으며 교사의 실제 문해 수업에서 제기되는 인식론과 페다고지

---

33. 2차 질문은 사람들로 하여금 1차 질문 속에 내포된 가설들이 타당한지를 심문하게 하나, 1차 질문에서 2차 질문으로 옮겨 갈 때 요구되는 것은 이후 논문을 통해 다룰 것이다.

구분의 어려움에 대해서도 다루지 않았다.

언뜻 보기에 '탐구공동체' 페다고지는 다른 토론형 강의실 활동$^{\text{Arizpe and Styles, 2003: 161 참조}}$과 피상적 유사성을 갖기 때문에 문해에 관심이 있는 교사에게 매력적일 것이다. 그러나 페다고지는 인식론적으로 방향을 다시 설정하는 것으로 학교와 대학에서 하고 있는 대부분의 교수법에 도전한다. 그 이론과 실천은 '깊이 읽기'가 비문자적non-literal이고, 종종 덜 '성숙한 독서'로 간주되는$^{\text{Haynes and Murris, 2011}}$ 텍스트 속 상징 혹은 비유 읽기를 반드시 수반한다는 일반적인 신념에 대한 도전을 담고 있다. 앞서 보았듯, 철학적 탐구공동체에서 생성물을 미리 알 수 없지만, 참여자들에 의해 상호의존적으로 구성된다. 모든 백 개 언어의 사용을 통해, 개념은 어린이와 성인 모두의 철학적 질문을 통해 물질적이고 담론적으로 탐구된다. 일상적 경험으로부터 나오며, 예를 들어 구체적인 사례들과 반대 사례들을 사용해서 개념들을 검증하고, 조절하고, 형성하고 재형성하여 새로운 지식을 실재화시킨다. 이것이 참여자들 '사이'의 내부작용이다. 개념적인 것, 물질적인 것과 경험적인 것 사이, 구체적인 것과 추상적인 것 사이의 접속은 텍스트를 깊이 철학적으로 읽을 수 있도록 돕는다. 이와 같이 공통적이고 일상적인 개념들로 온 지식과 경험은 판단들과 행동을 특징짓는다.

나아갈 길

남아공에서는 전략적 텍스트 읽기가 지배적이다. iii가 이 장을 시작했을 때 언급했던 위기로 되돌아가, 새끼 밴 가오리로서의 교사와 함께 리좀적 교육과정을 실행할 때에는 적지 않은 어려움을 겪을 것이며 복잡할 것이다. 과밀 학급, 다른 언어로 구어적 추론하기, 백 가지 언어의 사용 등이 주요 걸림돌로 보인다. 이와 같은 문제를 해결하는 실제적 해결책들이 있지만, 더 뿌리 깊이 박혀 있는 도전은, 익숙하지 않은 페다고지와 함께하며 아이들의 질문과 생각들을 민주적으로 수용하는 수업을 계획할 때 발생하는 불확실성과 불안정성에 대한 교사의 준비이다. 그 준비에는 사전에 구체적인 목적과 목표를 세우는 것을 포함시키지 않는, 총체적인 노력을 통해 수업을 계획하는 것이 익숙하지 않음에서 오는 부족도 포함된다. 이와 더불어 과거 경험, 물질뿐 아니라 아동과 부모의 관심과 욕구와 내부작용하면서 생성되는 유연하고, 지속적으로 가설들의 집행하려는 노력이 포함된다.Hocevar, Sebart and Stefanc, 2013: 478

내부작용적 페다고지에 의해 야기된 인식론적 변화와 권력 이동은 직접 교수실천 습관을 버리고unlearning Haynes and Murris, 2011, 대화를 통해 탐구하고, 창조적 예술을 풍부한 상상을 통해 사용하고, 모든all 아동이(가난한 아이들이라도) 물질담론적 관계를 통해 발현(병합)되는(e)merge 유능하고, 잠재력 있고, 유연하다는 관점으로부터 배울learning 것을 요구한다.

어린이와 함께 철학하기의 효과에 대한 상당한 연구의 결론이 긍정적이고 설득력이 있음에도 불구하고Green, 2012; Green and Murris, 2014; Murris, 2014c 정부, 연구자와 교육정책가를 반드시 설득하지는 못한다. 왜냐하면 교사가 해 온 아이들의 일상 경청 방식에 도전하고, 지식으로 간주되는 것에 도전하고, 중요하다고 판단되는 질문을 하는 사람으로서의 교사의 권위를 훼방 놓는 페다고지 방식 때문이다.

아래의 회절적 일시정지에서는 어린이와 함께하는 철학을 해 온 경험 많은 교사와 교사교육자 사라 스탠리Sara Stanley가 남아공의 3세에서 5세 아이들과 했던 철학적 질문하기를 소개하고 있다.

회절적 일시정지:
남아공의 새끼 밴 가오리

2013년에 시작된 초기-사고력 예비 프로젝트[34]는 가난하게 살고 있는, 기부자들이 말하기를, 상상력과 사고력이 부족한 다국어를 사용하는 아이들과 특별히 함께했으며 이들의 언어와 문해력 부족에 대한 관심이 반영되었다고 한다. 어린이와 함께 철학하기 중재 프로그램은 놀이 맥락과 질 좋은 그림책[35]과 함께 체계화되었다. 철학적 놀이의 개척자인 사라 스탠리는 프로젝트를 위해 20명의 유아교육 실천가, 훈련가, 코치와 함께 어린이와 함께 철학하기가 실제로 아이들의 언어능력, 사고력과 추론능력을 개발하는 데 도움이 되는지, 그리고 남아공의 교사와 아이들에게 사용될 수 있는지, 어떻게 사용할 수 있는지 등을 평가하기 위한 목적으로 영국으로부터 고용되었다. 맥락-특정의 문제들을 찾아내고 지원하기 위해 교사 대상 코칭과 멘토링 체계가 도입되었다.

이 소규모 단기 프로젝트의 결과는 호평을 받았고[Burtt, 2014], 어린이와 함께 철학하기가 유아교사자격 프로그램에 흡수되어야 한다고 결론지었다.

학교 환경에 도전하려는 의도와 목적에 의해 선정된 이 사례는 지금의 학교가 제공하고 있는 철학 수업과 회절할 수 있는 기회를 제공한다. 이를 통해 교사가 철학의 공간 만들기를 어떻게 시작할 수 있는지를 보여 주고자 한다. 연구의 초점은 3세~5세 연령의 어린이와 철학질문을 어떻게 시작할 수 있는가이다. 프로젝

---

34. 케이프타운 대학교의 사범대와 남아공 대안교육연구 프로젝트, DG Murray 신탁의 협업으로, 모두 케이프타운에 위치하고 있다.
35. 남아공에서 '어린이와 함께 철학하기'의 실행은 www.mindbloggles.org.za. 비영리 네트워크에 의해 지원된다.

트에 관한 DVD는 유튜브 www.youtube.com/watch?v=QeveNmuEQcU를 통해 볼 수 있다.

질문에 나오는 유치원은 케이프타운 근처의 케이프 아파트 내에 있다. 이 지역은 흑인 거주구로 주로 최극빈층의 사람들이 비공식적으로 정착하는 곳이다. 유치원이 위치하고 있는 이 지역에 대해서 더 알고자 한다면 위키피디아를 방문해서 '인종격리 덤핑 apartheid dumping' 지구를 어떻게 정의하고 있는지를 살펴보면 도움이 될 것이다. 위키가 늘 신뢰할 만한 정보를 제공하는 것은 아니지만, 이 경우는 보도 내용이 종합적이고, 정확하며 이 목적에 특히 유용하다. http://en.wikipedia.org/wiki/Cape-Flats[36]

DVD는 이 사례에서 교사의 역할이 무엇이며, 수업으로 갖고 오는 이미지들에 대해 창의적으로 탐구하고자 할 때 유용하다. 사라 스탠리는 어떤 질문들을 하며, 이 질문들은 어떻게 작동할까? 사라는 새끼 밴 가오리인가? 그렇다면 어떤 방식으로? 특히 iii가 교사와 함께 사용할 수 있는 세 순간이 있다. DVD 클립을 틀고 12분이 되었을 때 사라가 모리스 샌닥의 『괴물들이 사는 나라』[1963]를 탐구를 이끌어 낼 도발용으로 제안한다. 우리는 아이들이 공동으로 그림 그리기를 할 때 그가 어떤 중재를 하는지에 초점을 맞춘다. 그는 그들에게 '책 속의 어떤 이상한 것'이든 그려 보라고 한다. 그가 아이들 각자의 삶의 경험과 이야기와 연결하는 방식과 (예를 들어, 맥스의 엄마와 아이들 자신의 엄마를 연결) 아이들의 환상과 상상의 사용을 허용하는 것이 특히 흥미로웠다. 정확하지 않은 내용지식(예를 들어, 그들은 괴물wild things을 사자나 공룡이라고 불렀다)을 수정하지 않고 사라는 마비시키는numbing 질문들(예

---

36. 위키피디아는 늘 되어 가고 있지만, iii가 2015년 2월 21일에 접속했을 때 그 정보는 정확했다.

를 들어, 공룡이 무서운지 어떻게 알았어? 한 번도 본 적이 없다면서)을 했다. 아이들이 하는 예상치 못한 것들을 말할 때 수용했다. 그는 소집단에게 괴물을 그려 보라고draw 제안했다. '동물animal'과 '야생의wild'라는 철학적 개념은 어떠할까? 그는 깊이 생각했다. '야생 동물이 무엇을 하는지 궁금해.' …

그의 수업을 아주 특별하게 만드는 것은 바로 그가 하는 개념하기doing of concepts이다. '친구', 혹은 '좋은' 또는 '나쁜' 혹은 '야생 동물'이라는be 것은 무엇을 의미할까? 예를 들어, '야생 동물들은 슈퍼마켓을 갈까?' … '아마도 너희들이 자는 밤에 가겠지?' 등의 질문을 했다. 그의 수업은 철학적 놀이에 관련되어 있었고 이야기 세계를 창조했고, 그 첫 단계는 유명한 연극 기술인 '핫시팅hot seating'이었다. 처음으로 공식적인 철학 수업을 한 후에 다음 수업을 위해 사용할 질문들을 생성하여 적어 둘 때 특히 도움이 될 것 같다. 교사교육에서 이 DVD 클립은 수업을 할 때 사라가 내린 교육적인 결정의 순간들을 설명하는 인터뷰와 함께 보완하여 사용할 수 있다. 11분 정도의 길이로 아래의 유튜브에서 볼 수 있다. www.youtube.com/watch?v=CV4ANiQkh3Q

그는 아이들이 상상놀이를 하거나 대화를 나누고 있을 때 늘 철학적 개념들을 사용하는 아이들의 이야기를 어떻게 듣고 관찰해야 하는지에 대해 설명하고 있다. 어린이와 함께 철학하기를 할 때 그림 그리기, 예술 작업, 놀이와 단어들로 의사소통하기를 지원하기 위한 행동들도 포함시켰다. 사라 스탠리는 교실에서 아이들이 자신을 마비시킨다는 것을 인정했다. "나는 여전히 아이들이 지닌 생각들과 그 관점에서 한 번도 생각해 보지 못한 것을 생각하게 하며 나를 벗어나게 하는 방식에 진정으로 놀라고 기쁩니다."

# 9장
그림책과 함께 철학하기를 통해
이분법적 사고 뒤흔들기

앞서 리좀적 내부-작용 페다고지로서의 어린이와 함께 철학하기가 어떻게 인식론적 변화, 즉 힘의 이동을 가능하게 하며 직접 교수 방식의 습관을 버릴 것unlearning을 요구하는지를 살펴보았다. 그것은 일상적으로 아이들의 이야기를 들어왔던 방식에 금을 내고, 지금까지 무엇이 지식으로 여겨졌는지에 대해 다시 생각하게 하며, 중요한 질문을 발문하는 사람으로의 교사의 권위에 도전한다. 끝으로, 그림책과 함께 철학하기는 어린이를 유능하고rich, 유연하며resilient, 잠재력 있는resourceful, 무한한 물질담론의 관계 속에서 (발현)병합하고 있는(e)merging 것으로 여긴다.

우리가 고심해서 선정한 그림책들은 여기저기서 거론되었듯이 중요한 인식론적, 정치적, 윤리적인 측면들을 모두 보완해 주고 있다.Haynes and Murris, 2012; Haynes and Murris, 출판 예정 본 장에서는 다소 다른 측면을 다루고자 한다. iii는 그림책이 탐구공동체의 촉발제provocation로 차별적인 이분법을 뒤흔들 수 있는 창조적 기회로 사용될 수 있으며 따라서 성인/아동의 분리를 와해시킬 수 있음을 보여 준다.

국가와 국제적 차원의 교육정책의 헤게모니로 인해, 지금까지 그림책은 학교에서 교과서의 그늘 속에, 개별 문해력 지도 목적으로 사용된 위계적이고 순차적인 읽기지도 프로그램의 그늘 속에 파묻혀 있어 왔다.^{Short, 2011: 49} 최근 미국 연구는 정확하고 유창한 어휘 인식에 초점을 맞추는 방식이 교사에게 텍스트의 내용과 질을 덜 중요시하게 했음을 보여 주었다. 결과적으로 좋은 아동문학은 "립서비스에 지나지 않게 되었다."^{Teale, Hoffman과 Paciga, 2013} 남아공의 상황도 유사하다. 단기 독해력 증진에 목표를 두는 국가 차원의 교육과정 '시계'에 따라 교실은 지금 맥락이 없는 일련의 기술들을 습득하게 하는 전경을 보여 주고 있다. 이 시계는 실재 시간real time의 개념을 적용하는 것^{Genishi and Dyson, 2009} 혹은 "경청의 시간time for listening"^{Rinaldi, 2001: 80}과 반대이다.

후자는 '연대기적 시간' 밖의 시간으로, 침묵들, 긴 휴지pause, 내면의 시간들로 가득 차 있다. 경청의 페다고지는 타자뿐 아니라 우리 자신들과 관계하며 그 속에는 호기심, 의구심, 흥미와 같은 감정들이 늘 함께한다.^{Rinaldi, 2001: 80} 8장에서 사라 스탠리의 수업이 이를 명백하게 보여 주고 있다. 실재-시간 경청하기real-time listening란 다른 지구 거주자들을 "수용하면서 비판적이고, 신뢰하면서 머뭇거리며, 억누르지 않으면서 깊은 위안을 주는", "사려 깊은 주의"를 기울이는 것을 말한다.^{Corradi-Fiumara, 1990: 90} 타자를 교묘히 다루거나, 도구적으로 대하거나, 통치하지 않으면 말이다.^{Haynes and Murris, 2012: 216}

앞 장에서 우리는 공식적 교육과정 프레임워크에서 현재 요구하는 바에 맞추어 아동문학을 제한적으로 사용하는 것을 벗어나 철학적 경청하기를 통해 교사가 아동문학을 다르게 읽을 수 있는 가능성을 어떻게 열 수 있지를 함께 살펴보았다.^{Short, 2011: 49} 9장의 주장을 미리 말하자면, 그림책은 그 자체가 종잡을 수 없는 애매성과 복잡성을 갖고 있기 때문에 철학적 경청을 강제한다는 점이다. 그림책이 독자와 관계를 맺어 가는in relationship with 힘과 에너지는 모든 연령의 사람들을 유능한 물질담론적 의미-구성자와 문제-제기자로 위치시키기 때문에 내부작용 페다고지를 요구한다.

그림책을 사용하여 추상적 개념을 철학적으로 탐구하는 것과 관련하여 잘 정리된 주장들을 간략하게 살펴본 후 Murris, 1992; 1997; Murris and Haynes, 2002; Haynes, 2008; Haynes and Murris, 2012, iii는 앤서니 브라운이『우리는 친구Little Beauty』2008의 내용과 삽화를 그릴 때, 검열과 아동보호에 관해 어떤 복잡한 결정들을 했었는지를 자세하게 다룰 것이다. 나는 자연/문화, 과학/예술, 동물/인간, 환상/실재, 기계/생명과 아동/성인을 구분하는 이분법적 사고와 함께 작가가 도발적 놀이를 하고 있다고 분석하였다. 앤서니 브라운의 개념놀이는 등장인물의 선택, 이야기의 결말, 그림책『우리는 친구』전체에 거쳐서 나타나는 예술 스타일의 의도적 다양성을 포함하고 있다. 그의 자서전적 삶, 아동에 대한 신념, 그리고 심미적인 취향이 뒤얽혀 교육기관에서 사용하기에 충분히 교육적으로 풍부한 물질들을 만들어 냈다. 왜냐하면 그 물질들은 핵심인 성인/아동의 구분을 뒤흔들어they destabilize the core adult/child binary 놓았기 때문이다.

모든 연령의 학생들과 함께하며 그림책에서 나타나는 이분법들은 그들이 갖는 한계로 내몰릴 수 있다. 한 교사가 6살과 8살인 두 딸아이와 함께한 사례를 통해 인간 아닌nonhuman 것과 텍스트의 물질성(이 책의 경우 빨간색)이 어떻게 그림책『우리는 친구』가 철학적 탐구에서 텍스트로 작동할 수 있도록 감응/영향a/effect를 줄 수 있는지를 보여 줄 것이다. 끝으로, 앤서니 브라운의 다양한 그림책을 사용하여 '이분법 뒤흔들기 프로젝트'를 시작할 수 있는 방법에 대한 아이디어들을 회절적 일시정지diffractive pause에서 다루며 마무리할 것이다.

이분법의 문제와 '저항의 윤리'

'이분법 뒤흔들기 프로젝트'를 기획한 이유는 이러한 사고방식이 다른 방식으로 보고, 만나고, 관계할 수 있는 가능성을 차단하고 변형이 불가능한 닫히고 '정지되어 있는' 공간들을 만들어 내며 그 안에서 위계성을 만들어 내기 때문이다.^{Kocher and Pacini-Ketchabaw, 2011: 47} 이분법은 3장과 4장에서 언급한 바와 같이 '자연스러운 것' 것이 아니지만 '타자와 타자성의 구성'과 복잡하게 연결되어 있다.^{Mander와 공동연구자, 2012: 3-4} 경험주의자, 생득주의자, 그리고 상호작용주의자들이 주장하는 교육 실천을 보면 자연/문화를 양분시켜 놓은 것을 당연하게 여기게 한다. 아동은 자연과 연관되어 있으며, 루소의 말처럼 성장을 펼쳐 내거나, 로크의 말처럼 발달되어야 하거나, 혹은 칸트의 말처럼 '완전한 인간fully-human'이 되기 위해서는 세상과의 상호작용이 필요하다. 이와 같이 이항 분할은 아동(자연)을 성인(문화)으로부터 분리시키며, 따라서 어린 '타자Other'를 본질화하고 분리시켜 구별한다. 게다가 여기서 '성인' 혹은 휴머니즘에서의 인간Man이란 백인, 남성, 중산층, 신체를 다 쓸 수 있는 서구인을 말하며^{Braidotti, 2013}, 이와 같은 특성들은 또 다른 이항 분할된 사고들과 관련되어 있다. 남아공의 초기 문해 수업 사례 또한 마찬가지다. 가난함/부유함, 유리함/불리함, 자원풍부/자원결손과 같은 이분법적 사고가 교육과정과 다른 장치들을 움직이게 하며, 성인은 중요한 지식을 가진 자로, 아이들에게는 권한을 주지 않는 학습 공간들을 만들어 내도록 조정한다.^{Kocher and Pacini-Ketchabaw, 2011: 49} 이와 같은 이분법적 논리를 중단시킬 방법을 들뢰즈와 가타리는 이것/아니면 저것either/or의 이분법적 사고의 대안으로 "그리고의 논리logic of AND"라고 불렀다.^{1장 참조}

7장에서 보여 주고 있는 교육적 기록작업pedagogical documentation과 대학에서 iii가 소개하고 있는 회절적 저널 쓰기 과정은 경청의 페다고지^{Rinaldi, 2001}에서 가장 중요한 도구들이다. 이 기록들은 배움을 보여 주고 그 과정을 입체감 있게 드러내 준다. 이와 같은 기록은 다른 사람들의 아이디어와 함께 회절하고 새로운 것을 만들어 낼 수 있는 독특한 기회를 제공한다. 더 중요한 것은, 모든 참여자들이 우리의 (휴머니즘) 언어, 궁극적으로 우리의 사유와 행동을 구조화시켜 놓은 이분법을 깨닫게 한다는 점이다.Kocher and Pacini-Ketchabaw, 2011: 51

예비 유아교사를 준비시키는 과정에서 회절적 저널을 이용했을 때, 주기적으로 (발현)병합한 이분법적 사고의 핵심은 성인/아동, 일/놀이, 학습/교수, 교수/연구, 남아/여아, 인간/인간 아님, 이론/실제 등이었다. 매주 우리는 이 개념들에 대한 우리의 이해와 회절하였고 다음으로 저널을 쓰게 하였다. 이를 통해 개념들에 대한 우리의 이해가 (대부분 내재된) 우리의 이론화된 실천을 어떻게 지속적으로 형성시키는지를 물질화시켰다. 이후 철학 탐구 세션의 공동체를 통해 지속적으로 탐구하였다. iii는 분리된 관찰자가 아니라 회절적 실천의 한 부분으로 훨씬 더 많이 있었다.

이분법이 만들어 내는 문제는 너무 익숙하여 '유혹적'이라는 점에 있다. 따라서 그 속에 숨어 있는 불평등한 권력관계를 와해시키는 데 '저항의 윤리'가 요구된다.Kocher and Pacini-Ketchabaw, 2011: 54 그와 동시에 이분법은 감정을 포함하여 상상적 지성을 참여시키는 훌륭한 내러티브 도구가 되기 때문에 이분법에 대한 저항은 그것을 포기하는abandoning 것이 아니다.

'저항의 윤리'라는 개념을 처음 소개한 후 렌스 타구치Lenz Taguchi, 2010: 96는 이 개념에 대한 초기 생각과 회절하여 최근에는 더 급진적인 중첩을 통해 성인 중심의 수업을 변화시키고 새로운 가능성들을 만들어 내고 있다. 저항의 윤리는 발생한 사건을 재집행하고re-enact, 되살아나도록re-live 기록을 늦춘다. 즉, '그 과거' 속에 '일어났던' 일을 기술description하는 것이 아니라 "물질, 사물 그리고 인간 주체들 '사이'의 물질담론적 내부작용을 밝혀내고, 그것들이 어떻게 스스로 서로에게 명료해지는지를 본다". 5장의 신체정신bodymind 지도에서 이 예를 살펴보았다. 신체정신 지도는 이분법 장치를 통해 '그' '자아'를 정치적으로 읽어 내는 것이다. 본 장의 사례에서는 이분법 장치를 이용하여 그림책으로 정치적political 읽기를 명시적으로 유발시켜 차별적 이분법을 뒤흔드는 수업을 시도하였다. 각자가 갖고 있는 이분법적 사유 습관에 집중하고, 휴머니즘 실천으로부터 스스로를 분리시키고 해방시키는 것을 배웠던 이 교육적 움직임pedagogical move은 얼핏 보기에는 모순적인 것처럼 보였다. 그러나 우리는 "우리 자신을 창조성으로 확장시키고" "우리 자신을 사유하는 체화된 존재들로 변형시켰다". 긍정적으로 가속화된 에너지의 힘을 통해, 파열과 탈영토화를 거쳐, 즉 들뢰즈와 가타리[1994: 2]가 말하는 '탈주선'을 통해서 말이다.

철학적 질문들을 탈영토화하기

8장에서 새끼 밴 가오리인 교사가 철학적 질문들을 던지고 더 평등한 지식 구성의 공간을 열어서 어떻게 자신을 포함하여 타자의 감각을 무디게 하고 마비시키는지를 보았다. 들뢰즈와 가타리Deleuze and Guattari, 1994: 79는 질문들은 '명령-어들order-words'이라고 말한다. 질문들은 언어 자체가 권력관계를 표현하고 있다는 측면에서 언어 전에before 존재하면서 지휘한다command. 수업시간에 누가 질문을 하느냐는 심오한 정치적 질문이며, 이는 특정 연령의 특정 개체들이individuals 질문을 하기 때문이 아니라, 질문들이 발화행위들speech acts이기 때문이다. 질문들은 특정 행동들을 수반하는데, 답을 요구하기 때문에 개별 영역을 가로지른다.Deleuze and Guattari, 1994: 77-8

들뢰즈와 가타리Deleuze and Guattari, 1994: 107가 볼 때 명령-어는 '죽은 문장'이다. 아빠가 아들에게 명령하듯, 이것 해, 저것 해를 항상 포함하고 있기 때문이다. 그러나 명령어와 뒤얽힘 또한 탈주flight이다. 질문들은 답을 요한다. 그리고 질문들은 다음 질문들을 요한다. 철학적 탐구에서 질문들은 추상적 개념에 '이미 주어진' 고정된 의미들을 탈영토화 시켜 파괴시킨다. 이와 같은 흐름, 욕망과 강도의 운동이 "언어를 자기 스스로의 한계로 몰아넣는다."Deleuze and Guattari, 1994: 108 교사로서 우리는 단어를 정확한 지점(하나의 정의a definition)으로 제한시키려는 유혹을 저항해야 한다.Deleuze and Guattari, 1994: 109 어린이와 함께하는 철학에서 우리는 명령-어에 저항하는 명령-어를 사용할 수 있고, 그 표면을 깨고 나와 즐겁게 탈주선을 만들어 내면서 권력구조를 통과해 이동할 수 있었다. 질문들은 다른 질문들을 만나면서 늘 논쟁할 여지를 갖고 있는 개념들에게 새로운 의미를 가능하게 했다. 스파게티의 얽힘들[그림 7.2]은 틀에서 벗어나 예측 불가능한 방향으로 이동하면서 실제로는 각자 고유의 삶을 갖게 했다.

리좀적 사유는 서로 다른 것들과 유사한 것들의 접속성의 흐름, 멈추지 않는 결합, 수평적으로 나아가는 무한한 내부작용의 운동으로 구성되며, 생강뿌리처럼 가지가 분기되는 지맥과 뿌리가 혼돈스럽게 탈-중심화되어 있으며 내부로 (확대되고) 외부로 (연장되며) 퍼져 나가는 모습을 갖고 있다. 인터넷이 리좀의 무한한 접속성의 좋은 예가 된다.Sellers, 2013: 11

교육자로서 우리는 아이들이 현존하는 사건들(예를 들어, 상상놀이)로부터 함께 리좀적으로 창조해 내는, 새로운 사건들로 흘러가는, 새롭고, 주목할 만하고, 흥미로운 것들에 주의를 기울여야 한다.Lenz Taguchi, 2010: 100 "적절한, 사실의 혹은 올바른 방식이 아닌 그들이 원하는 방식으로" 생각하는 것이 허락됨을 아이들이 정확히 알고 있는 것이 매우 중요하다. 모든 프로젝트는 "아이들의 질문과 문제들이 배어들어야 하고 스며들어야 한다."Lenz Taguchi, 2010: 100-1 유아교육에 뿌리 깊게 침투되어 있는 자연/문화에 대한 이분법과 5장에서 제시하고 있는 정상적 아동의 형상을 포기하고 극복하는 것은 매우 어려운 숙제이며, 그것은 교육자의 학문적 지향이 발달주의이든, 사회구성주의이든, 사회구성론이든, 후기구조주의 혹은 포스트모더니스트이든 상관이 없다. 이에 대해서는 10장에서 자세히 다룰 것이다. 올슨Olsson, 2009: 62은 어떤 프로젝트이든 그것은 "부족한 것에서 더 나은 것으로의 단순한 발전"이 아니라, 더 나은 방식의 사유를 향해 지그재그로 나아가는 것을 넘어, "습관적으로 사유하고, 말하고, 또 사유하는 방식과 새로운 사유 방식 사이 내부를 왔다 갔다 하는 경이로움과 항상 함께 있음"을 상기시켜 준다.

8장에서 보았듯이, 철학적 탐구공동체의 참여자들은 세상으로부터 온 추상성으로의 개념이 아니라, 세상의 능동적 힘인 철학적 개념에 집중하면서 회절하고 리좀적으로 내부작용을 한다. 어린이와 함께 철학하기를 통해, 참여자들은 하나의 개념의 내부-행위적 특성들intra-actional properties에 대해 흥미 있어 했는데, 이는 사람들이 다양한 맥락에서 스스로 접속해 나가면서 어떻게 개념을 사용하는지에 대한 관심이었다. 중심 개념들의 의미가 조명되었을 때, 각자의 경험에 있는 어떤 것과 접속된 틀 속에 하나의 개념, 하나의 활동과 하나의 이야기를 위치시킴으로써 새로운 의미들이 협력적으로 구성되었을 때, 탐구의 진전이 있었다.Splitter and Sharp, 1995: 71 탐구공동체는 공동체가 갖고 있는 가설들과 절차들을 포함하여 다양한 가설, 진술, 주장 등 질문을 할 수 있는 것으로부터 나아간다. 이를 위해서는 시험적 태도, 열린 마음, 비독단주의와 함께 지식을 향한 겸손, 무엇이 지식이고 누가 지식을 소유하는가에 대한 겸손 등이 요구된다. 그림책은 일반적으로 이와 같은 철학적 탐구를 하는 데 훌륭한 촉발제가 되는데Haynes and Murris, 2012; Murris and Haynes, 2002, 이분법적 사고 뒤흔들기와 같이 프로젝트에 구체적인 목적이 있을 때 더 그렇다.

그림책이 왜 촉발제가 되는가?

신중하게 선택된 그림책들은 추상적 개념들을 가지고 철학적 탐구를 할 때 특히 좋은 촉발제가 된다.Murris, 1992; 1997; Murris and Haynes, 2002; Haynes, 2008; Haynes and Murris, 2012 다른 문학과 마찬가지로 그림책은 좋은/나쁜, 못생긴/아름다운, 강한/약한, 더러운/깨끗한, 용감한/겁쟁이와 같이 아이들이 "쉽고 흔쾌히 전개할 수 있는"Egan, 1995: 118 추상적인 개념들의 이분법적 구조로 된 이야기를 갖고 있다. 물론 발달론자는 다른 주장을 할지도 모른다. 키렌 이건Egan, 1988, 1992, 1995, 1997은 아동들의 사고가 실제로 아주 구체적이라 할지라도, 교육과정이 상상력에 공정성을 추구하도록 구체적인 용어로 제시되어야presented 할 필요는 없다고 주장하였다.8장 참고 이야기가 더 현실과 떨어져 있고 낯설수록, 학습자/학생들은 더 정서적으로 몰입하고, 인지적으로 영감을 받으며, 일상과 익숙한 것을 새롭게 이해할 수 있는 내재적 동기가 더 생긴다.

이 장은 철학하기에 필요한 텍스트로 그림책을 사용한 사례를 다루고 있지만, 교사-촉진자가 아이들 스스로 철학적으로 탐구할 가치가 있다고 제안한 개념들을 따라가며 참여하고 그것에 놀랄 준비가 되어 있을 때만 "작동하였다". 물론 "교사의 영향이 없는teacher-proof" 텍스트는 존재하지 않는다.Murris, 2005 교사들은 늘 교육적인 내부-중재intra-vention를 고민한다.발음 수업에서도, 8장 참고 탐구 페다고지 공동체의 기본 철학에 근거하여 정의를 실현한다는 것은 반응적으로responsively 경청하고자 하는 의지와 더불어 아이들의 능력을 과대평가하거나 감상적으로 다루지 않으면서 아이들이 사용하는 용어를 통해 그들의 살아 있는 경험들과 텍스트 사이를 아이들의 용어로 응답-가능하도록response-ably 연결해 주는 노력을 포함한다.Haynes and Murris, 2012

iii가 선호하는 그림책들은 존재인식론적 불공평에 대한 대항에 내재적으로 관여하는 책이다. 아이들이 윤리적 교육 실천에 참여하는 일에 관심을 갖고 선별한 책들이다. 그것은 어린이와 함께 철학하기에서 합리적이라는 것이 무엇인지를 탐구할 때 마법적인 것, 시각적인 것, 상상적 구성, 감정, 그리고 신체의 여지를 갖는 것을 말한다. 그것은 또한 성인 담론의 특정 형태와 관련된 협소한 의미의 합리성을 척도로 사용하여 아이들의 성장을 측정하는 것에 도전한다.[Haynes and Murris, 2012, 2013] 주류로부터 분기되어 나온 어린이와 함께 철학하기는 친구이자 동료인 조안나 헤인즈와의 20년이 넘는 내부-작용을 통해 (발현)병합 (e)merge하였다. 학문적인 철학의 학파에 근거를 둔 주장과 논리를 도구적으로 단기에 습득하여 교육 실천으로 연결하는 것으로부터 깨어나고자 하는 욕망이 아주 중요하였다.[Haynes and Murris, 2012] 국제 분과에 기반을 두고 어린이와 함께 철학하기를 한 우리의 작업은 이와 같은 협소하고 도구적인 관점들에 의문을 던졌다.

물론 수업에서 그림책을 사용하는 데는 여러 가지 실용적인 이유들이 있다. 그림책은 이야기가 짧고, 상대적으로 저렴하며, 묘사된 예술 작업들이 매력적인 경우가 많다. 물질담론적 사물은 행위주체성을 갖는다. 그것은 당신으로 하여금 그 책을 선택하게 하고 특정 방식으로 읽게 한다. 많은 교육자들은[1] 어휘-기반 물질이 우세한 환경에서 심미성에 초점이 맞춰 있는 회화적 자원을 선호하기도 하지만 장애 통합과 참여와 같은 정치적이고 교육적인 이유로 그림책을 선호하기도 한다.

페다고지와 텍스트는 늘 뒤얽혀 있기 때문에 어린이와 함께 철학하기에서 가장 중요한 결정 중 하나는 텍스트 선정이다. 그림책들은 특정한 페다고지를 요구할 뿐 아니라 페다고지 또한 관찰이나 다른 실험 도구로는 불가능한 아이디어와 질문들을 생성해 낼 수 있는 텍스트를 요구한다. 그림책과 페다고지는 개념 탐구를 요구하고 새끼를 밴 가오

---

1. 불행히도, 아동이 '교육 사다리' 위로 올라가서 '진짜' 읽기가 어휘 읽기와 연관될 때 이와 같은 선호는 감소한다.

리를 요한다. 즉, 이러한 개념에 대한 그들의 지식에 논쟁을 붙일 수 있도록 준비된, 철학적 질문들이 생산해 내는 당혹스러움 그 안에 기꺼이 거주할 수 있는 교사를 요한다. 질문자의 연령이나 사회적 계층과 무관하게 말이다.

조안나 헤인즈와 함께한 협력적이고 회절적인 작업은 특정 범위의 준거를 만들어 냈다.^{Haynes and Murris, 2012, 2013} 준거의 핵심은^{Haynes and Murris, 2012: 119-21} 교사는 파악하기 어렵고, 당혹스러우며, 문제를 일으킬 수 있고, 불투명한 속성을 갖고 있는 자원들을 수용하고 환영하는 데 집중해야 한다는 점이다. 그림책은 학습자와 교사가 공동으로 의미와 지식을 구성해 나갈 수 있도록 방향감각의 상실과 불확실성에 대한 감각을 최대치로 올릴 수 있어야 한다. 그림책은 의미의 불일치와 부조화를 유발하는 서로 다른 방식의 이기being와 알아 가기knowing가 초대받을 수 있도록 열려 있어야 한다. 그림책은 듣기를 원하는 답을 찾아내려는 불안으로부터 아이들을 해방시켜야 하며, 새로운 생각들에 대해서, 우리와 다르게 생각하는 사람들의 사유 방식에 대해서 호기심을 느끼도록 유혹할 수 있어야 한다. 그림책은 통찰력이 있고, 상상력이 풍부하며, 도전적이고 놀라워야 한다.

기호학을 넘어

좋은 그림책이란 좋은 삽화를 가진 책 그 이상이다. 아동문학 연구에서 고전적으로 자주 인용되는 주장을 살펴보면, 그림책은 두 개two의 아주 다른 상호의존적인[2] 기호체계(이미지image와 단어word)를 갖고 있다.^{Sipe. 1998, 2012, Nikolajeva and Scott, 2000, 2006} 주장에 따르면 독자는 두 개의 다른 기호체계를 사용함으로써 다른 방향으로 의미를 만들도

---

2. 따라서 '그림 책들'이 아닌 '그림책들'로 쓴다.

록 유도된다. 텍스트가 하는 선형적 유도는 독자들에게 글을 읽게 하고 그림은 생각에 잠기게 한다. 중요한 것은, 아이들이 점점 성장하면서 텍스트와 이미지 사이의 '간격'을 다르게 경험하기 때문에 교사는 아이들로부터 다른 이야기를 듣고 다르게 반응해야 한다는 점에서 도전적이다.Haynes and Morris, 2012 영향력 있는 그림책에 관한 논문에서, 니콜라예바와 스콧Nikolajeva and Scott, 2000: 238은 "아동문학은 성인과 아동 모두에게 말을 걸고 있으며," "두 관중들은 텍스트와 시각적 간격을 다르게 접근할 수도 있고, 다른 방식으로 채우고 있을지도 모른다"라고 주장하였다.

요지는 교사는 연령차를 포함한 급진적 다양성이 성인의 텍스트 결정에 놓여 있으며, 이와 관련하여 제기될 문제에 대해서 과소평가해서는 안 된다는 점이다. 루이스는 그림책을 아래와 같이 은유적으로 표현하고 있다.Haynes and Morris, 2012: 55-6 참고

> 단어는 결코 '그냥 단어'인 적이 없다. 그들은 항상 그림에 의해 영향을-받는-단어들이다. 마찬가지로 그림은 결코 그냥 그림인 적이 없다. 그림들 또한 단어들에 영향을-받는-그림들이다. 따라서 단어들은 그 자체로 늘 부분적이고, 불완전하며, 끝나지 않고, 그림이라는 육체를 기다린다. 마찬가지로 그림들은 단어들이 제공하는 결말을 기다리며, 결정된 것 없이, 끝나지 않은 채 이야기가 지닐 의미의 잠재성을 지속적으로 품고 있다. 그러나 단어들과 그림들은 그림책 밖으로부터 나온다.Lewis, 2001: 74

루이스의 메타포에서 특히 놀라운 점은 단어와 그림이 그림책 밖으로outside부터 나온다는 주장이다. 이미지와 단어를 읽을 때 그림책이 작동하는 방식은 '이전의' 상황적 지식/들과 경험들로부터 도출된다는

점이다. 읽기란 전략적인 것이 아니다.[8장 참고] "단어들과 그림들과의 관계는 한쪽에서 펼쳐진 다른 한쪽으로 넘어갈 때의 변화처럼 마치 관계가 지속적으로 변화하는 것처럼 변할 수 있다."[Sipe, 2012: 8] 이미지와 텍스트 사이의 내부작용은 안정적이지도 예측 가능하지도 않다. 루이스[Lewis, 2001]의 말처럼 "그 경계는 분해되었고" "형태들의 문란한 혼잡 속으로 우리를 유인할 뿐이다."[Lewis, 2001: 90]

기호학의 관점에서 관계적 물질주의 존재인식론으로 옮기면서, iii는 철학적 탐구 분석과 함께 나의 최근 연구인 책의 물질성materiality에 더 주의를 기울이기 시작했다. 그래픽 디자인의 감응/영향a/effects, 예술적 스타일의 선택[3], 시각적 기법[4], 종이와 시각자료를 포함한 색채와 매체 등의 사용 등이다. 사실, 그림책을 읽을 때 고려될 수 있고, **고려되어야** 하는 무한한 물질담론적 요소들이 있다. 이와 같은 언어들이 어떻게 서로서로 내부작용하고 접속하고 영향을 주는가는 독자들이 자발적으로 이야기에 '가지고 오는' 것들과 물질환경의 제공성에 달려 있다. 예를 들어 일반적으로 예술 활동이라고 불리는, 인지적이고 정서적인 과정의 이 복잡한 부분인an intricate part of this 아이들의 그림들은 여전히 과소평가되어 있거나 탐구되지 못했다.[Narey, 2009] 다음 장에서 데이비드 매키의 그림책 『코끼리 전쟁』에서 아이들이 미로를 그리는 사례를 통해 보여 줄 것이다.

포스트휴머니즘은 2004년에 처음 소개되었고 아동문학연구에서 상대적으로 최근에 들어왔다.[Stephens, 2014: viii] 그러나 연구자들의 관심은 기계가-중재하는 텍스트, 예를 들어 텔레비전이나 태블릿에 더 있거나 이분법을 희미하게 만드는 이야기들 속의 등장인물들, 또한 애완동물

---

3. 특히, 그림책 『우리는 친구』에서 브라운이 선택한 예술 스타일에 대한 브라운의 매력적인 자서전적 글을 참조할 것.
4. 세라피니(Serafini, 2009) 참조.

들이나 로봇들[5]에 있는 듯하다.[Jaques, 2015a, b] 스티븐슨[Stephens, 2014: viii]은 포스트휴머니스트의 도전의 '일반적 합의'가 '자유 인본주의'의 주장을 반복하고 있는 것 같다고 신랄하게 비판했다. 조 자크[Zoe Jaques]는 '포스트휴머니즘'에서의 '포스트'란 '이후와 너머의 공간' 모두를 의미하며 포스트휴먼은 "인간 한계의… 비-생물학적이고, 기술적인 증강"으로 "정체성의 확대"로 이해된다고 주장하고 있다.[Jaques, 2015b: 4, 6]

포스트휴머니즘은[Braidotti, 2013 참고] 이와 같은 '트랜스휴머니즘'[6]에 도전하고 인간 행위주체성과 후기질적연구 방법론을 포함하여 서구 형이상학에 대해서 급진적인 재고를 촉구한다는 점에서 비판적critical이다. 바라드의 양자물리학에 대한 해석에 기반을 두는 연구자들이 그 예가 될 수 있다. 한 예로, 렌스 타구치[Lenz Taguchi, 2010: 98]는 자료 분석에서 인간중심적 사고로부터 벗어나 시간-공간-장소('사전', '현재', '사후'의 선형적 개념에서 벗어나)의 관계로 나아가야 함을 주장하고 있다. 인간중심주의적 사고를 중단시키기 위해서는 "시간에 대한 와해된 개념"이 필요하고, "사건 속의 물질성과 육체성의 두께"를 공평하게 연구에 참여시키려면 자료를 평등주의의 시각에서 "평평하게" 읽을 수 있어야 한다고 주장한다.[Lenz Taguchi, 2010: 98-9]

예를 들어, 이와 같이 특정 맥락에서 인간 예외주의로부터 벗어나려는 노력은 철학적 탐구를 가능하게 하는 물질담론적 조건의 지도를 다른 관점에서 그려 보는 것이다. 즉, 손, 혹은 독자, 스크린에 투사된 그림책의 이미지들, 둘러앉은 의자들, 신체적 사유운동을 위해 만들어진 원모양, 혹은 둘레들과의 개념적 작업 등과 내부작용하는 책의 관점 등이 포함될 수 있다. 이와 같이 사건을 기록하는 것은 천장에

---

5. 예를 들어 도나 해러웨이의 글, 특히 사이보그 개념과 회절하기. 1985년 소개된 (Haraway, 2003: 5) 사이보그는 "사이버네틱 유기체로, 기계와 유기체의 혼종, 허구의 창조물이자 사회적 실재의 창조물"이다(Haraway, 1990: 191).
6. 3장의 각주 7을 참조.

서 사진을 찍거나 인간의 목소리에 초점을 두지 않고without 소리를 녹음하는 것을 포함한다. 이것은 "배움의 사건을 구성하는 두꺼운 혼합물의 겹겹의 주름 속의 다양체의 한one 측면을 실재화할 뿐이다".Lenz Taguchi, 2010: 98

예술 물체들은 교사와 아이들에게 다르게 생각하고 다르게 느낄 수 있도록 하는 인과적 내부작용을 일으키는 복잡한 혼합 중 일부이다. 그것은 예측 불가능하고, 역동적인 물질담론 과정으로, 예술 물체들, 동화책, 의자, 바닥, 그들 주변의 공간 '사이-내부에서' 그들의 존재being에 대한 사유와 감각이 병합(발현)e(merge)한다. 아이들은 그림책 이야기에 의해 감동을 느낄 수도 있고 교육과정이나 학교에서 텍스트를 어떻게 읽어야 하는지를 배운 방식들 때문에 특정한 방식으로 이야기를 읽고 질문하도록 되어 있을지도 모른다. 포스트휴먼 프레임워크는 텍스트가 어떻게 읽혀질 수 있는지에 대한 새로운 방식들을 가능하게 하고, 아동/성인 분할과 같은 일상 언어에 깊이 박혀 있는 이분법적으로 분류하려는 사고 행위를 변화시킨다.

이분법적 사고, 그것을 한계로 밀어 넣기

다음 프로젝트 progettione[7]에서는 그림책을 촉발제provocation로 사용하여 발달주의 가설에 근거한 현 교육과정의 '지평을 넘어서고자' 하였다. 앞서 본 바와 같이 상상력을 지성의 복잡한 하나의 부분으로as an intricate part 중요하게 여기는 교육과정은 친숙하지 않은 것not, 이를테면 인어공주, 몸에 털이 보송보송한 사람들, 외계인, 사이보그[8] 등 생소한 등장인물들 그리고 불멸, 우주의 크기 등 다소 과한 개념들처럼 알기 어려운 사고 실험 등에서 출발해야 한다. 그림책은 이분법적

---

7. 7장 참조.
8. 9장의 각주 7 참조.

반대 개념 사이를 중재시키는 창조물들을 담고 있다. 예를 들어 고양이가 애완동물인 고릴라(앤서니 브라운의 『우리는 친구』), 인간의 발을 갖고 있는 괴물(모리스 샌닥의 『괴물들이 사는 나라』), 말을 할 수 있는 나무(쉘 실버스타인의 『아낌없이 주는 나무』), 코를 총으로 사용하는 코끼리(데이비드 매키의 『코끼리 전쟁』)를 참고하자. 아이들은 사고 과정에서 끊임없이 추상 개념을 사용한다. "구체적 요소들은 감응적인 추상성"Egan and Ling, 2002: 97과 신체에 묶여 있다. 이건은 아이들이 이야기를 이해하려면 어느 정도 안전/위험, 용기/겁, 희망/절망 등의 이분법적 구분에 익숙해야 한다고 하였다. 물론, 아이들이 이와 같은 추상적 개념들을 이해하거나 조율하지 못한다고 해서 그것들을 사용할 능력을 저해시키지는 못한다.Egan, 1995: 117

동화책을 읽을 때 독자는 등장인물을 파악하고 있어야 한다는 생각이 일반적이다. 예로, 당신이 남아공 사람이라면 남아공 흑인을 등장인물로 하는 이야기가 필요하다고 생각할 것이다. 이와 같은 가설은 동화책의 이야기란 아이들의 일상 경험과 같지 않을 때unlike 가장 재미있다는 역설적 주장과 만나면 난처해진다.Murris, 1997 '교육과정 확대' 설계에 더 익숙해지는 것에 반대하기 때문에 대학 강의를 포함하여 나의 수업 시작은 종종 이분법적 사고와 놀이하며, 애매하고, 설명할 수 없으며, 때로는 섬뜩하고, 소름이 돋기도 하고 환상적이기도 하다.

앞서 논의한 바와 같이, 그림책은 철학적 질문을 유발하는 완벽한 촉발제이며 예비 유아교사와 실천가들을 양성하는 대학이나 학교에서 리좀적 교육과정이 만들어지게 한다. 모든 배움이 그러하듯 그림책과 함께 철학하기는 상상력, 감정, 열망과 욕망을 동반한다.Lenz Taguchi, 2010: 59 물질적인 것과 담론적인 것은 서로 연결되어 있으며 분리 불가능하다.Lenz Taguchi, 2010: 30

예술가 앤서니 브라운의 그림책은 포스트휴먼 관점에서 어린이와 철학하기에 특히 적합하다. 책에서 작가는 이분법을 도발적으로 가지고 놀며 어린이와 함께 철학하기의 내부작용 페다고지와 서로 맞닿아 있다. 인간 동물만 탐구공동체에 참여하는 것이 아니라 그림책 또한 행위주체성, 힘과 권력을 가지고 우리의 사유와 존재를 변형시키는 데 참여하고 있다.

앤서니 브라운

아들 조 브라운과 함께 쓴 자서전적 그림책인 『나의 상상 미술관 Playing the Shape Game』2011에서 앤서니 브라운은 작품에 영감을 준 삶의 사건들을 감동적으로 다루고 있다. 그의 작품은 노동계층/중산계층, 동물/인간, 아동/성인, 현실/환상 등의 이분법적 분할을 익살스럽게 심문하고 있으며 다양한 연령층에서 읽힌다. 그의 동화책은 문해력을 위해 많이 읽히기도 하지만 어린이와 함께 철학하기에서도 꽤 대중적으로 쓰인다.

그러나 포스트휴먼 페다고지는 그림책 텍스트에 숨어 있는 물질담론적 요소들이 예를 들어, "아동이-아닌, 약하지-않은, 가난하지-않은, 못생기지-않은"과 같이 특정의 이상적 인간을 위치시키는 것을 와해시키는 방법을 아이들과 함께 심문하게 하기 때문에 독자들에게 더 많은 도발을 가능하게 한다.

앤서니 브라운은 그의 자서전에서 환상과 현실 사이의 복잡한 관계에 대해 심미적 판단과 다른 결정을 내리는 것에 대하여 설명하고 있다. 그의 어린 시절 경험과 기억들은 삽화에on 분명한 힘과 권력을 갖게 하였다. 『우리는 친구』라는 그림책을 완성하는 과정에 대한 그의 설명을 들어 보면 특히 놀랍다. 등장인물의 선택, 이야기의 결말, 그리고 예술 스타일의 의도적 다양성 등이 그에 해당한다. 그것들은 독자인 아동이 어떻게 위치되는지에 대한 심오한 반박을 이끌어 내고 있으며, 교실에서 아동-성인의 이분법적 구분을 뒤흔드는 데 사용될 수도 있다.

우리는 친구

『우리는 친구Little Beauty』는 친구를 제외하고는 모든 것을 가진 한 고릴라에 대한 감동적인 이야기를 담고 있는 그림책이다. 고릴라는 슬프고 외롭다. 사육사에게 수화로 친구가 필요하다고 말했고 사육사는 '예쁜이'라고 불리는 작은 새끼고양이를 고릴라에게 데려가 주기로 한다. 사육사들은 고릴라에게 절대로 예쁜이를 먹으면 안 된다고 주의를 주지만 고릴라는 예쁜이를 사랑한다.^{[그림 9.1] 참고}

고릴라가 영화 〈킹콩〉을 본 후 극도로 화가 나기 전까지 둘은 떨어질 수 없는 친구 사이였다. 영화를 본 후 고릴라는 너무 화가 나서 텔레비전을 부수었다. 사육사들이 달려왔고 위협을 느껴 예쁜이를 고릴라로부터 떼어 놓지만 새끼고양이는 수화로 자기가 텔레비전을 부쉈다고 주장해 모두가 웃으며 끝난다. 고전에서처럼 그들은 이후 행복하게 살았다. 이야기를 이해하도록 돕는 정보들이 텍스트에 많이 생략되어 있고 삽화에만 함축되어 있다. 텔레비전 화면에 보이는 영화 〈킹콩〉[9]이라는 시각적 참조 체계가 이야기를 분석하고 파악하는 데 중요한 역할을 한다. 물질의 행위주체성이 여기서 현저히 나타난다. 고릴라에 초점을 맞추고 따라가던 것에서 벗어나(고릴라를 인간으로 읽었을 것이다), 텔레비전이 이 이야기의 전개에 결정적인 역할을 한다. 고릴라가 왜 그

---

9. 영화 〈킹콩〉은 외딴 섬에서 살고 있는 거대한 고릴라인 콩을 자신이 제작하고 있는 다음 영화에 출연시키려고 데려오기로 하는 과하게 야망이 큰 뉴욕 영화 제작자가 주인공이다. 콩은 주연배우 앤 대로우(Ann Darrow)에 홀딱 반한다. 미국 영화제작사 스태프가 콩을 포획해서 '세계 8번째의 기적'으로 전시될 뉴욕으로 데리고 온다. 콩은 도망치고 엠파이어스테이트 빌딩에 올라가지만 총을 맞고 비행기에 의해 죽는다. 『우리는 친구』의 텔레비전 화면에서 보이는 이 특정 장면은 고릴라를 격노하게 만들었고 텔레비전을 부수도록 유도했다. 이야기의 전환점에 대한 의미 구성을 위해서는 이와 같은 내부 텍스트 참고가 필수적이다.

[그림 9.1] 고릴라와 예쁜이는 서로 떨어질 수 없는 친구가 되었다.

렇게 화가 났는지에 대해 설명하는 글은 어디에도 없다.^{[그림 9.2] 참고} 독자들은 스스로 파악해야 한다.⁹

고릴라는 브라운의 책에서 자주 나오는 등장인물로 작가의 아버지를 떠올리게 한다. 아버지에 대한 작가의 사랑은 고릴라라는 물질을 통해 표현되고 있다.^{Browne, 2011: 78} 17세가 되었을 때 브라운은 아버지의 죽음을 목격했고 그 끔찍했던 사건을 '아버지의 마지막 무언극'으로 간주한다.^{Browne, 2011: 38} 아버지가 의자에서 떨어지는 모습이 영화 〈킹콩〉에서 엠파이어스테이트 빌딩으로부터 킹콩이 '마치 슬로모션으로' 천천히 떨어지는 모습과 닮았다고 설명한다.^{Browne, 2011: 38, 96}

빨간색

iii가 남아공 날이발리 방과후 독서 모임¹⁰에서 여섯 살과 일곱 살

[그림 9.2] 킹콩이 죽는 장면에 화가 나서 고릴라는 텔레비전을 부수었다
(이 페이지는 전부 빨간색으로 칠해져 있다).

어린이들에게 『우리는 친구』를 읽어 주었을 때 아이들은 이야기에 몰입하였다. 텍스트에서는 〈킹콩〉이라는 영화에 대해 설명하고 있지 않음에도 불구하고 몇몇 아이들은 왜 화가 났는지를 정확히 아는 듯하였다. 텔레비전 화면에서 보이는 킹콩의 죽음이 고릴라를 격노하게 했음이 틀림없다고 생각하는 듯하였다. 일부 교사들도 내 경험에 공감했다. 랜초드Vursha Ranchod[Murris and Ranchod, 2015][11]의 사례는 집에서 이 동화책을 딸들에게 읽어 주었을 때 어떻게 반응하였는지를 잘 보여 준다. 6살인 와피카Wafeeqah[12]가 엄마에게 물었다. "왜 킹콩이 텔레비전을 부쉈

---

10. www.//nalibali.org
11. 이 사례는 다른 곳에서 사용되었지만(Murris and Ranchod, 2015) 관계적 물질주의 관점을 사용하여 분석하지 않았다.
12. 아동의 이름은 익명이다.

어요? 보통 화가 나가면 방으로 뛰어가잖아요? 무슨 영화를 본 거예요?" 영화 이름을 동생에게 말해 준 후 8살인 언니 포샤Portia는 생각에 잠겼다. "내 생각에 고릴라가 텔레비전을 부순 이유는 영화에서 모든 인간들이 고릴라를 죽이려고 해서 그런 것 같아." 엄마와 두 딸은 서로 회절하면서 다음과 같은 대화를 나누었다. 텍스트의 물질성은 의미가 구성되는 방식에 강력한 영향을 미친다. 아래의 대화는 교육자는 'VR'로, 두 딸은 연령에 따라 기술하였다.

와피카: 자기도 고릴라니까 아주 슬펐을 거예요. 모든 사람들이 고릴라를 죽이려고 하잖아요. 그래서 바로 일어나서 주먹을 쥐고 텔레비전을 부쉈을 것 같아요.
VR: 아, 그러니까 고릴라가 사람한테 화가 났다는 말이지?
포샤: 네. 고릴라는 영화가 아니고 진짜라고 생각했을 테니까요. 그게 전체… 다음 페이지로 넘어가면 답을 주고 있는데, 전체 페이지가 빨간색이니까… 왜냐하면 화를 보여 주고 있으니까요.
VR: 화를 보여 준다고? 빨간색이 화를 보여 준다고 생각하니?
와피카: 글쎄… 나는 그렇게 생각하지 않는데, 왜냐하면 너는 화가 났을 때 부수고 싶지 않잖아. 그냥 다른 채널로 돌리면 되잖아.
포샤: 모르겠어. 나는 언니랑 생각이 다른 것 같고, 또 같은 것 같아.
VR: 왜?
와피카: 그렇지만 가끔 너무 화가 나면, 진짜 화가 많이 나면, 부수고 싶을지도 몰라. 그리고 다시는 보고 싶지 않을지도 몰라.

아이들은 소파에 앉아서 이야기를 들었다. 텍스트의 의미는 아이들에게 친숙한 환경인 거실에서 성인이 개방적인 탐구 질문을 던지기 때문에 구성되기도 하지만, 영화 〈킹콩〉에 대한 어떠한 사전지식도 없는 와피카를 강력하게 움직이는 행위주체성을 가진 물질담론적 예술작품 또한 역할을 하고 있다. 발달론자들은 자기 연령에 맞지 않게 아이는 고릴라의 폭력적인 행동을 비난하기보다는 고릴라에 공감하고 그 행동들에 귀를 기울이고 있었다고 말을 할지도 모르겠다.Rinaldi, 2001 텔레비전을 꺼 버리면 화가 사라질 거야! 동생은 언니의 말을 주의 깊게 듣고 곧바로 언니에게 말했다. 아이는 고릴라가 분노한 이유가 〈킹콩〉에서 부당하게 대우받았기 때문이라는 것을 안다.Ranchod, 201: 51 여기서 아이는 화를 재현하는representing 단어들에만 주의를 기울인 것이 아니라 고릴라의 화anger에 귀를 기울였다listening 는 것Davies, 2014: 52을 알아차리는 것이 중요하다. 화는 고릴라에게 가해진 불공평함을 향해 있다. 와피카는 감정feeling을 포함하여 판단judgement을 하지만 판단에만 제한된 것은 아니다.Murris, 2011b, 2014c 따라서 감정/인지의 이분법적 구분을 넘어선다.

위의 사례에서 엄마는 답을 제공하지 않지만, 더 깊게 생각해 보고 왜 다음 페이지가 빨간색이 되었는지를 물어보았다. 이 질문은 지식 구성에서 특정 색깔의 물질성의 영향력에 주의를 기울이게 하기 때문에 포스트휴먼 관점으로부터 나오는 아주 훌륭한 질문이다.

빨강과 관련된 모든 문화적이고 역사적인 의미meaning를 담고 있는 빨간색의 의미significance에 대한 아래의 통찰력 있는 대화가 발현하였다.Murris and Ranchod, 2015

포샤: 다른 색깔들은 화를 보여 주지 못하잖아요.
엄마: 그래?
와피카: 왜냐하면 화가 나면 내 얼굴이 좀 붉게 변해요.
엄마: 얼굴이 빨갛게 변하는구나.
포샤: 가끔은요.
와피카: 그렇지만 실제로는 네가 화가… 진짜 화가 나더라도, 방 전

체가 빨간색으로 변하는 것은 아니잖아.

엄마: 너는 언니의 생각과 같아? 아니면 달라?

와피카: 달라요. 왜냐하면, 왜냐하면 화가 났을 때, 방 전체가, 이렇게 방으로 들어가면 방 전체가 빨간색으로 변하지는 않아요.

엄마: 전부 빨간색으로 변하는 것은 아니라고? 그럼 어디가 빨간색으로 변하는 거야?

포샤: 그건 엄마한테 달렸죠.

책의 한 쪽 전체를 빨갛게 만든 앤서니 브라운의 선택은 철학적 대화를 이끌어 내는 하나의 요인이 되었다. 여러 시간의 녹음이 담긴 탐구기록 전사본 중에서 연구자들이 이 사례를 선택했듯이 색깔은 "수행적 행위주체자"이다.Lenz Taguchi, 2012: 29 생각하고, 관찰하고, 이론을 만드는 것은 우리가 각자의 생명을 가진 세계의 한 부분으로서as part of, 세계와 함께 참여하는 실천들이다.Barad, 2007: 133 다시 말하자면, 배움이란 예를 들어 정신 상태처럼, 개체-이원자들indivi-duals '내부'에 있는 것이 아니라 그 어떤 것도 독립적으로 존재하는 '것들things'이 없는 이원론적이 않은 전체들을 형성하고 있는 거실 안과 주변에 있는 지구 거주자들 '간의between' 관계 속에서 (발현)병합(e)merge한다. 방에 있는 사람들은 생각들을 갖고have 있는 분리된 마음들이나 정신들을 갖고have 있는 것이 아니라 "세포들, 유동체들, 그리고 사고의 시냅스들 간의 정보의 흐름들"이다are.Lenz Taguchi, 2010: 47 안락한 소파를 포함하여 방에 있는 다른 물건들처럼, 아이들과 엄마는 방금 나누었던 대화가 새겨진 몸들을 가진 유기체들로 앉아 있었다. 방 안의 많은 것들 중에서 유일하게 사람들이 그러한 물질적 유기체인 그곳에 말이다.Lenz Taguchi, 2010: 36

빨간색은 지식 생산에서 행위주체성을 갖고 있으며 능동적인 담론-

물질성 중 하나이다. 빨간색은 스스로 빨간색임을 알 수 있게 만든다 makes. 킹콩의 이야기를 담고 있는 텔레비전 화면의 이미지 사이에서 하나의 연결이 만들어진다. 고릴라와 공감적인 관계가 만들어지지만 이것은 포샤가 이미 빨간색의 문화적 의미를 알고 있었기 때문이다. 게다가 담론-물질적, 교육적인 환경 또한 의미를 만들어 makes 내고 있다. 예를 들어 아이들은 엄마가 연구를 하고 있음을 알고 있으며, 엄마가 묻는 철학적 질문들이나 의사소통에 대한 사회-문화적 관례에 영향을 받아 나오는 자신들의 대답들, 교수학습에 대한 생각들, 엄마를 돕고자 하는 마음, 그리고 특정 형태의 목소리와 신체의 사용 등이 모두 의미를 만들어 내고 있다. 관계적 물질주의의 관점에서 보면, 작가의 자서전 또한 행위주체성을 갖고 있는데, 앤서니 브라운이 그린 고릴라-아빠가 '현실적'이게 되는 데 중요한 역할을 했다. 왜냐하면 고릴라는 작가의 관찰 observation이 아니라 상상력 imagination의 사용으로 탄생했다.

사진보다 더 '실재 같은 real' 그림들

아버지의 죽음을 목격한 후 앤서니 브라운은 인간 신체에 매료되었으며, 죽음, 질병, 병환인 상태 등에 사로잡혔고, 영국의 맨체스터에 있는 로열 병원에서 3년간 의료 삽화가로 일하게 되었다. 의학 교육을 목적으로, 그는 해부된 시체와 기괴한 수술들을 아주 상세하게 그려야 했다. Browne, 2011: 32-45 아래의 인터뷰 내용을 보면 자세히 알 수 있다.

카메라를 사용한다 해도, 당신이 볼 수 있는 것은 신체 덩어리이지요. 무엇이 정맥이고 동맥인지, 어디가 간인지 알 수가 없어요. 전부 피로 덮여 있고, 살집을 뜯어낼 손과 도구들만 보이지요. 내 역할은 (수술에서 발생하는) 사건들의 순서를 보여 주도록 그림

을 정확하게 그려 주는 것이었습니다.^{Rabinovitch와의 인터뷰에서, 2013}

다시 말해, 앤서니 브라운이 그린 '사실적이고' 과학적인 의학 그림들은 정확한 재현accurate representation이 아니라 피와 섞여 있는 '신체 덩어리'를 그의 상상력 속에서 '제거한' 후 그가 '보이는' 것을 그려야 한다는 의미에서의 '실재적'이었다. 이것은 내부작용 내에서 이용되는 도구들이 특정 현상을 창조하는 데 어떻게 도움을 주는지를 보여 주는 아주 명확한 사례이다. 그것이 카메라이든, 연필이든 (또한) 물질화하며matter 차이를 만들어 낸다.

과학-예술의 이분법을 흐트러뜨리고, 고릴라-아버지 인간(아버지)-인간 아님(고릴라)을 믿을 수 없을 만큼 상세하게 묘사한 그림들은 이야기가 읽혀지는 방식에 감응(영향)a(e)ffect를 준다. '인간'의 감정들은 그가 유인원을 그리는 방식에 의해 명료하게 드러난다. 자세와 특히 눈이 그렇다. 영화 〈킹콩〉을 볼 때 같은 고릴라의 다른 모습들이 점차 발현된다. 그림책 『우리는 친구』에 등장하는 고릴라도 마찬가지다. 분명한 정치적 메시지를 담고 있다. 브라운은 진짜 괴물은 인간 아닌 동물을 우리에 가두어 두는 인간 동물들이라고 주장하는 것이다.^{Browne, 2011: 92} 위의 아이들과의 대화는 브라운의 정치적 메시지에 정서-인지적으로 관계하고 있음을 명료하게 보여 주며, 두 고릴라가 처한 곤경에 대한 아이들의 염려가 보인다. 그것은 '고릴라 아버지'에 대한 현실주의적-상상적 그림으로 철학적 내부작용의 페다고지가 펼쳐지는 환경에서 가능하며, 교육자가 깊이 있게 탐구하고, 열린 질문을 할 때 더 촉진되는 것이다.

'진짜' 이야기

다른 이야기들 또한 현상 속에 뒤엉켜 있다. 텔레비전 안의 고릴라와 그림책 안의 고릴라는 애완동물로 새끼고양이를 만나게 된 고릴라에 대한 '진짜real' 이야기와 함께 발현(병합)한다. 철학적 탐구를 할 때 '애완동물'이라는 개념 또한 행위주체성을 갖는데, 자연/문화의 이분법적 사고를 철저하게 뒤흔든다.[Haraway, 2003]

브라운은 그림책 『우리는 친구』가 예전에 들었던 이야기가 마음속에서 잘못 기억되어 섞인 두 가지의 이야기에 기반을 두고 있다고 설명한다.[Browne, 2011: 219] 두 이야기 모두에서 코코라고 불리는 고릴라가 주인공이었다. 코코는[13] 1994년 캘리포니아의 한 동물원에 살고 있었고, 올 볼(All Ball, 꼬리가 없어서)이라고 불리는 새끼고양이를 갖게 되었다. 지루함을 없애려고 사육자에게 수화를 배웠고 이 언어를 통해 감정을 전달할 뿐 아니라 질문에[14] 답하기도 하였다. 이후 새로운 개념을 발명했는데, 예를 들어, '고릴라'를 위한 '동물인간'이 그것이다.[Browne, 2011: 218] 어느 날 우리 안에 있는 세면대를 부쉈고 사육자가 무슨 일이 일어난 거냐고 물었을 때 코코는 "사육자가 그랬어요"라고 답했다. 브라운은 코코가 이때 거짓말을 한 것인지 고민이 되었는데, 사육자가 했을 리가 없기 때문에 농담처럼 말했을 가능성도 있기 때문이었다.[Browne, 2011: 219] 두 스토리가 모두 동물/인간의 이항 분할을 없애는 훌륭한 시나리오들이었다.

코코에 대한 두 번째 이야기에서 고릴라는 새끼고양이를 애완동물로 만나게 되었고 사육사들은 고릴라가 고양이를 잘 돌보는지 아니면 다른 동물을 돌보고 싶어 하는지를 살펴보고 있었다. 전반적으로 코코는 고양이를 잘 돌보았다. 그러던 어느 날 새끼고양이가 우리에서 탈출했고 길 근처에서 죽었다.[Browne, 2011: 219] 당연히 코코는 며칠을 슬퍼했

---

13. 흥미롭게도, 코코는 암컷이지 수컷이 아니다. 이분법 프로젝트에서(9장의 마지막 부분을 참조) 고릴라 돌보는 사람으로 위치되었다는 것은 훌륭한 자극제가 된다.
14. www.koto.org 2015년 5월 27일 인출.

다. 수화로 올 볼이 죽었다고 전했을 때, 코코는 "나빠요, 슬퍼요, 나빠요"라고 말했고 "우는 얼굴, 울어요, 우는 얼굴, 슬퍼요"라고 말했다. 사육자는 이후 코코가 인간의 흐느끼는 소리와 유사한 소리를 내는 것을 들었다고 기록했다.www.koko.org

앤서니 브라운은 케이트 에반스와의 인터뷰에서 『우리는 친구』가 이 두 이야기가 섞인 것이라고 했지만Evans, 2009: 181, 같은 이야기에 다른 결말로 기억했다. 어느 날 밤 코코는 자다가 의도치 않게 고양이가 누워 있는 쪽으로 굴렀고 새끼고양이를 압사시켰다. 이 두 이야기가 모두 불행한unhappy 결말로 끝났음을 고려해 볼 때, 브라운이 새끼고양이가 거짓말을 하게 해서 행복한happy 결말을 맺도록 하는 이야기를 선택한 것은 흥미로운 일이다.

거짓말을 하는 고양이와 같이 인간의 성격을 동물도 갖고 있다고 설정한 것뿐 아니라 행복한 결말을 선호한다는 점, 그리고 성인/아동의 이분법적 사고를 함축하고 있다는 점에서 그의 동화는 매력적이다. 동화에서의 행복한 결말은 아동을 순수한 독자로, 차 사고로 죽거나 몸집이 더 큰 친구에게 깔려 죽는 새끼고양이의 가혹한 현실로부터 보호받아야 하는 독자로 위치시킨다.

정직하지 않은 등장인물들은-잘못된 도덕적 '메시지'?

앤서니 브라운은 『우리는 친구』에서 문제를 해결하는 방법을 고안해 내는 데 고민이 많았음을 인정했다. 거짓말을 하고 그 결과에 대한 비난을 감수한다는 점에서 그러하다.Browne, 2011: 219 일부 어른들은 『우리는 친구』가 '잘못된 메시지'를 아이들에게 던져 준다고 실망감을 표현했다고 말했다. 그들은 심지어 거짓말을 하는 것을 무관심하게 다룬다고 비난했다고 한다. 비평가들은 고릴라는 자신이 지닌 파괴적인 공격성에 대해 책임을 져야 한다고 말한다. 이에 대한 브라운의 생각은 다음과 같다.

고릴라가 이 상황에서 농담을 했거나 혹은 거짓말을 했다고 해서 어떤 상황에서든 거짓말을 하는 것이 허용된다는 말은 아닙니다. 대부분의 아이들은 이 사실을 충분히 알 정도로 영리하다고 생각합니다. 오히려 다수의 사람들이 '메시지'가 명확하지 않은 것에 대해 불안해하는 것이 문제이지요. 이 문제에 대해 나는 오랫동안 씨름해 왔고 마음이 좀 아팠어요. 결국 새끼고양이가 고릴라의 반응에 자신의 근육을 보여 주는 것으로 마무리하기로 결정했지요. 새끼고양이 예쁜이는 이야기 속에서 수동적인 캐릭터였고 텔레비전을 부순 것을 받아들이는 척하면서 모든 사건을 웃음거리로 날려 버리지요. 내가 이야기를 통해 전달하고 싶었던 것은 거짓말이라기보다는 우정이었어요. Browne, 2011: 219

실제 나의 수업의 일화 기록을 살펴보면, 아이들은 새끼고양이의 자백이 농담이었고, 그것이 이 책을 '거짓말보다는 우정'에 관한 이야기로 만든다는 브라운의 메시지를 이해하지 못하는 것에 별로 관심이 없었다. iii는 아이들이 고양이가 거짓말을 하고 있음을 바로 알아차린 그 사실에 주목했다. 어린이와 함께 철학하기를 할 때, 아이들이 실제로 믿고 있는 것이 무엇인지에 대해서 들어 보는 것이 더 쉬운 이유는 아이들의 질문이 수업을 전개하는 데에서 결정적인 참조점이 되기 때문이다. 솔직히 말해서, 나는 고양이에게 '근육을 자랑하게' 만든 이유와 작가가 이야기 속에서 그것을 얼마나 사실적으로 다루고 있는지에 더 이끌렸다. 특정한 철학적 개념들이 무엇을 하는가do? 그리고 그림을 통해 작가는 그것을 어떻게 드러내는가? 어린이와 함께 철학하기를 해 나가면서 개념에 대해서만, 예를 들어 우정에 대하여, 이야기

를 나눈 것은 아니다. 우리는 그 개념들이 어떻게 작동하는지를 탐구하였다.[7장 참고]

촉발제인 그림책 『우리는 친구』는, 특히 코코의 '실제' 이야기와 다른 작가의 인용 글들을 연결시켰을 때, 실제를 각색한 이야기들, 거짓-진실-말하기, 특히 인간-동물과 같은 개념적으로 대비되는 것들에 대한 질문을 유발시키는 데 일부 역할을 하였다. 개념놀이는 대비되는 개념들을 고의로 모호하게 만드는 그림책의 이미지들에 의해 가능했다. 예를 들어, 고릴라는 윌리엄모리스 벽지와 보통 우리가 사용하는 전등을 뒤로하고 차와 햄버거가 양쪽에 놓여 있고 안락의자에 앉아서 편안하게 텔레비전을 보고 있다. 고릴라를 돌보는 사육사들은 과할 정도로 몸에 털이 많게 묘사되어 있다. 6살배기 와피카와 8살인 포샤는 이 장면을 놓치지 않고 있었다.[Ranchod, 2012]

포샤: 고릴라들은 고기를 먹어요?
엄마: 음… 흥미로운데….
포샤: 고릴라가… 인터넷이나 백과사전을 찾아보면 어때요?
와피카: 그렇지만… 사육사가 고릴라에게 하지 말라고… 여기 친구 예쁜이가 왔고, 먹지 말라고 했어요.
엄마: 아, 그랬구나.
포샤: 가끔은 고릴라가 채식주의자들이 먹는 음식을 먹는다고 들었어요.
엄마: 고릴라는 잡식성 동물이란다.
포샤: 누구를 믿어야 할지 모르겠어요.

포샤는 왜 고릴라가 고기를 먹는 것처럼 묘사되어 있는지를 궁금해했다. 고릴라에 대해 우리가 가진 일반적인 지식의 원천에 관한 신뢰성을 의심하기 시작했다. 누구를 진짜 믿어야 하지요? 이 질문이 바로 앤서니 브라운이 의도적으로 인간처럼 행동하거나 인간을 닮은 동물들로 의인화시킨 이유이며, 곧장 종으로 구분하거나 분류하려는 우리들의 사고에 질문을 던지도록 하는 철학적 탐구를 이끌어 내는 요소이다. 이분법적 사고의 한계로 밀어붙이면, 이 책들을 정치적이거나 특정 형태의 교육 목적으로, 예를 들어 비판적 문해 수업이나 사회적 구성주의[15]에서와 같이, 사용하는 것이 어려워진다. 10장에서 다루겠지만, 이와 같은 접근들은 다른 이분법적 사고는 흔들어 놓지만 여전히 성인/아동의 구분을 전제하고 있기에 그 이분법적 사고를 흔들어 놓지 못한다.

몇 가지 유용한 모순들

그림책 『우리는 친구』에서 작가는 자신이 일반적으로 해 오던 예술 스타일을 다양하게 선택하며 몇 가지 규칙들을 의도적으로 깨뜨렸다.[Browne, 2011: 220] 아주 세밀하게 연필로 묘사를 하는가 하면 대충 밑그림만 그리기도 하고, 수채화물감으로 얼룩얼룩하게 칠하기도 하고, 목탄으로 진하게 칠하기도 했다. 작가는 분위기를 표현하기 위해 필요에 따라 물질을 바꾸었다고 설명하고 있다. 한 예로, '아이-같이' 대충 그리는 그림은 등장인물들의 감정이나 움직임을 표현할 때 가장 효과적일 수 있다. 특히 벽지가 훨씬 더 세밀하게 그려졌을 때 더 효과적이다.[Browne, 2011: 221]

앤서니 브라운의 아동을 향한 모순적 입장은 두 쪽에 걸쳐서 그려진 삽화에서 가장 분명히 드러난다. 고릴라와 예쁜이가 전등에 매달려

---

15. 예를 들어, 사회적 구성주의는 인식론(학교 지식을 중재하기)과 윤리(전문가인 성인이 중재를 하는 사람)에 대한 중요한 시사점을 담고 있는 자연과 문화(ZPD) 사이의 존재론적 구분을 가정한다.

흔들고 있다.[그림 9.3] 아이들은 천장의 전등에 매달리면 안 된다고 주의를 받기 때문에 '실제로는 이렇게 하면 안 돼!'라고 말하는 듯이 비현실적인 예술 스타일을 사용해서 (재미있게?) 삽화 속에 '숨겨진 주의'를 주는 방식으로$^{Browne, 2011: 224}$ 표현하기로 했다고 설명했다. 새끼고양이의 꼬리 끝이 벽에 있는 그림 쪽으로 향해 있다. 이 그림은 플랑드르 화가 피터 브뤼헐Pieter Breughel의 작품 〈이카루스의 몰락〉이다. 이카루스는 아버지 다이달로스가 경고했음에도 태양을 향해 높이 날다가 추락해 바다에 빠지고 날개가 녹는다(전등은 뜨겁다!).

작가는 아이들에게 이것은 이야기일 뿐이고 전등에 매달려서는 안 된다는 올바른 도덕적 메시지를 줄 필요가 있다고도 생각했지만, 한편으로는 어린 독자들이 이와 같은 복잡한 물질담론적 단서들을 알아차릴 정도로 눈썰미가 있을 것이라고 믿었다. P4C의 환경에서 내가 이 책과 함께 어린이들과 수업을 했던 경험에 의하면, 작가가 의도하는 도덕적 메시지를 아이들이 파악하는 경우는 결코 없었다. 그러나 이야기

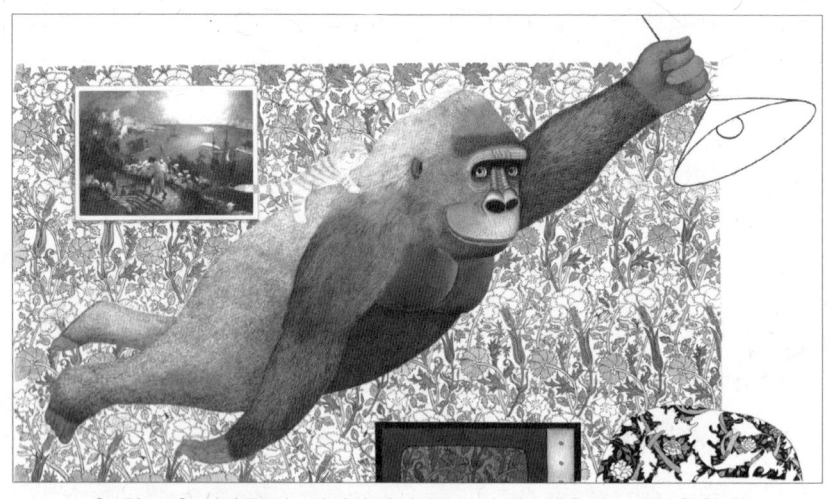

[그림 9.3] 이카루스는 아버지 다이달로스가 경고했음에도 태양을 향해
높이 날아서 날개가 녹아서 추락해 바다에 빠져 죽는다.

속의 다른 부분에 대한 명민하고 통찰력 있는 아이들의 생각들은 복잡한 개념적 생각들과 도덕적 딜레마를 이해할 만큼 충분한 능력이 있음을 입증하고 있다. 다음은 책을 읽은 후 6, 7세 아이들이 던진 질문들이다.

- 고양이는 자신을 어떻게 설명하죠?
- 새끼고양이는 텔레비전을 부순 이유를 어떻게 설명하고 있죠?
- 고릴라와 새끼고양이가 한집에서 함께 지내게 한 사람은 누구이며, 둘은 모든 것을 함께 했어요?
- 왜 고양이를 선택했을까요? 쉽게 헤어질 수도 있어서요?
- 그 이후 행복하게 살았다는 것이 뭐예요?
- 고릴라들이 없었다면 삶이 어떻게 되었을까요?
- 어떻게 모든 것을 같이 할 수가 있어요?

교사의 질문에 이어진 아이들의 질문들은 수화를 포함한 이야기에서 사용된 모든 내포된 언어들에 주의를 돌리도록 하면서 이분법적 한계로 우리를 밀어 넣었다. 예를 들어, "어떤 방식으로 고양이가 자신을 설명하지요? 인간이 설명하는 것과 어떻게 다른 방식으로 하지요?", "고양이들과 고릴라들과 같이 인간 아닌 동물들과 인간 동물들이 모든 것을 함께everything together 할 수 있어요? 그리고 그렇게 되면 어떻게 되는 거예요?", "이 책에서 작가가 동물들의 젠더를 바꾼 이유가 무엇이라고 생각하세요?" 박사과정 학생 중 한 명이 초등학교 2학년 교실에 들어가서 인간들을 위한 동물원[16]을 그려 보라고 했다. 아이들은 먼저 우리에 사람들을 가둬 놓기 위해 사용할 수 있는 분류가 무엇이

---

16. 수업에 필요한 이 사례를 제공해 준 로빈 톰슨(Robyn Thompson)에게 감사의 마음을 전한다.

될 수 있을지에 대해 탐구하였다.

다음의 회절적 일시정지에서는 모든 연령을 대상으로 하는 수업에서 이분법적 사고를 흔들어 놓는 프로젝트에 도움이 되는 생각들을 제안할 것이다. 당부의 글을 먼저 싣는다.

그러나… 살아 있는 유기체로… 당부의 글

어린이와 함께 철학하기는 아동문학을 올바른 도덕적 메시지를 제공하기 위한 교육적 수단으로 사용하는 것에 저항한다. 관계적 수업으로, 아동-성인-동물 그리고 다른 물질담론적 신체들 사이에 좀 더 평등하고 생기 넘치는 관계가 맺어지기를 촉구한다. 교사는 새끼를 밴 가오리로 탐구공동체에 참여하여 다른 사고들을 연결시키고, 깊은 탐구를 유발하는 질문들을 하고, 새로운 생각들을 만들어 낼 수 있도록 돕는 역할을 한다. 그러나 … 살아 있는 유기체로서 철학적 탐구공동체는 늘 예측 불가능하다. 따라서 회절적 일시정지에서 보여 주는 프로젝트 사례에서처럼 개별 프로젝트에서 그림책은 촉발제로 신중하게 선택된다 할지라도 아이들이 그들에게 중요한 것을 탐구할 자유가 있다고 진정으로 느낄 때 보여 주는 결과는 놀라울 뿐이다. 아동문학이 전략적 읽기의 목적으로만 사용된다는 점은 좌절스럽다. 이와 같은 이분법 프로젝트가 특정의 다른 목적을 갖고 있다 하더라도, 교육적 실천 그 자체pedagogical practice itself는 성인/아동의 이항 분할을 뒤튼다. 한 예로, iii가 6세반 수업에서 앤서니 브라운의 그림책 『큰 아기 Big Baby』[1993/1995]를 사용했을 때, 아이들은 시간을 통해 여행을 할 때 발생하는 변화의 가능성에 대해 당황스러워했다. 이 이야기의 주인공은 어떤 물약을 마시고 다시 아기가 되었다. iii가 기대했던, 아이가 된다는 것이 무엇인지에 대해서 이야기를 나누기보다는 아이들의 관심은 시간여행에 있었다.

철학탐구공동체는 예측 불가능한 방향으로 리좀적으로 움직인다. 공동체에서는 금기시되는 주제가 논의되기도 하고 교육자 자신의 정치적 성향이나 민감성과 부딪혀서 불편해질 수 있는 논쟁거리와 만나기도 한다. 다음 장에서는 연령주의ageism 상황에서 주제 중 하나를 검토함으로써 미로를 지나가는 우리의 여정을 마무리하고자 한다.

회절적 일시정지: 앤서니 브라운 이분법적 사고 뒤흔들기 프로젝트

이 프로젝트는 철학적 치유와도 같다. 5장에서 보여 준 신체정신 지도 만들기와 유사하게 이 리좀 프로젝트는 우리가 구성하기를 바라지 않지만 통과해야만 모두가 추구하는 다원주의=일원론PLURALISM=MONISM의 '마술제조법'에 도달할 수 있는 이원론을 없애는 활동을 포함한다. 우리가 반드시 거쳐 가는 이원론에서는 세상에는 적이 있고, 필연적으로 완전히 나쁜 사람들이 있으며, 우리에게 영원히 재배치해야 할 가구들이 있다고 본다.Deleuze and Guattari, 1987/2013: 21 내재성immanence의 철학(일원론)은 정체성 없는without 차이 그 자체를 논한다. 여기서 차이란 본질이나 주체가 없는 존재를 말하며, 대신 관계성에 집중한다. 이 프로젝트의 목표는, 5장에서 언급한 신체정신 지도와 유사하게, 돌핀과 반 데 투인Dolphijn and Van der Tuin, 2012: 127이 말한 '이원론을 극단으로' 몰아붙이는 데 있다. 이를 통해 차이는 이원론의 한계점까지 간다. 그렇게 되면 타자에게서 동일성을 찾는 것이 아니라, 타자에게서 차이를 찾는, 즉, 평가evaluative가 아닌 타자의 수행performative을 보게 된다.^{Dolphijn and Van der Tuin, 2012: 127} 회절은 만들어-지고 있는-이분법을 볼 수 있게 한다. 그것은 차이의 결과들을 지도로 나타난다. 9장에서는 앤서니 브라운의 그림책『우리는 친구』가 인간 동물과 인간 아닌 동물에 대해 탐구할 수 있는 장을 열어 주었다. 그와 동시에 이와 같은 탐구가 제약 없는 내부작용 속에서 아이들이 얼마나 유능하고, 유연하며, 잠재력 있게 (발현)병합(e)merge시키는지를 보여 주었다. [표 9.1]에 있는 앤서니 브라운의 그림책들은 세대 간 철학적 탐구를 할 때 발생할 수 있는 다양한 이분법적 사고에서 나타나는 문제들을 불러일으킬 수 있을 것이다.

[표 9.1]에는 iii가 나의 경험을 토대로 이분법적 장치를 사용하여 정치적 읽기를 유도하는 훌륭한 촉발물이 되었던 자료들을 제시하고 있다. 회절적 저널을 쓰는 과정에서 만들어지는-차이의 결과들을 지도로 그려 볼 수 있다. 예를 들자면 동일성(친숙한 것)을 찾는 것이 아니라, 무엇이 다른지, 무엇이 새롭고 예상치 못했던 것이었는지를 찾아보고 그 내용들을 신체정신 지도에 추가할 수 있다. 철학적 탐구를 하는 동안 명시적으로 드러나는 이분법 문제들은 그림책과 그것이 등장하는 맥락, 예를 들어 『우리는 친구』[17]와 같이 실재 사건들을 토대로 했을 때 V(아주 강한 이분법적 문제를 의미함)로 표시하였다.

---

17. 이 그림책은 늘 현재에 있으며, 현실/가상의 이분법적 구분과 다른데, 그 이유는 가공의 이야기이기 때문이다.

[표 9.1] 이분법적 사고 뒤흔들기 프로젝트에 적합한 앤서니 브라운의 그림책 목록

책 제목형	아동/성인	동물/인간	남성/여성	현실/가상	노동층/중산층	선/악	예쁨/못생김	자연/문화
시내로 간 꼬마곰(1999)		✓				✓		✓
아기가 된 아빠(1993)	✓			✓			✓	✓
달라질 거야(1990)	✓	✓		✓				✓
헨젤과 그레텔(1981)	✓		✓	✓	✓	✓	✓	✓
우리는 친구(2008)		✓	✓	✓		✓	✓	
나와 너(2010)	✓				✓			
돼지책(1986)	✓	✓	✓		✓	✓	✓	
터널(1997a)			✓			✓		✓
꿈꾸는 윌리(1997b)	✓			✓				✓
동물원(1993)	✓	✓	✓			✓		✓

10장
교육을 탈식민화하기
-총을 든 검은 코끼리와 흰 코끼리

특히 너무나 쉬운 문화적 상대주의가 정치적, 인식론적, 또는 윤리적으로 선택 사항이 아닐 때 서로 다른 지식 실천에 뿌리를 둔 사람들이 어떻게 '함께 살아갈 수' 있을까? 차이를 심각하게 받아들이는 지금의 포스트 식민 세계에서 어떻게 보편적 지식이 양성될 수 있을까? 이러한 질문은 오직 새로운 실천을 통해서만 답할 수 있다. 즉, 상이한 계승 역사를 지니며 거의 불가능하지만 절대적으로 필요한 공동의 미래에 책임이 있는 비조화로운 행위주체성과 삶의 방식을 함께 꿰어 맞추는 것에 취약한 현장 실천에서 말이다. 나에게 있어서는 이것이 중요한 타자성significant otherness이 의미하는 바이다.^{Haraway, 2003: 7}

지금까지 미궁을 흐르는 주요 줄기…

2장에서 개괄한 교육의 세 가지 목표를 달성하기 위해 3장에서는 휴머니스트 형이상학에 도전하고 어린이의 포스트휴머니즘 재형상화를 포함하는 다른 존재인식론을 제안한다.[4, 5장] '비인간 iii-되기' 어린이는 물질담론 관계를 통해 풍부하고 유연하며 잠재력 있는 존재로 (발현) 병합한다. 존재인식론적 불평등과 연령주의[6장]를 와해하기 위해 7장에서는 지식을 스파게티의 뒤얽힘으로 묘사하는 리좀적 내부작용 페다고지를 제시한다. 가르친다는 것은 철학탐구공동체와 같은 장치를 사용하여, '인간 타자들 그 이상'과의 관계 맺는 것을 포함한다. 또한 이는 교육자들을 새끼 밴 가오리로 만드는 행위주체적 컷(스파게티 속에 포크를 빙빙 돌리는 것)과 그들이 하는 질문[8장] 그리고 그들이 선택한 책[9장]에 대해 반응-능력을 갖추는 것을 포함한다.

자연문화

마지막 장에서 iii는 어린이와 함께하는 철학이 도나 해러웨이가 위에서 언급한 '중요한 타자significant others'(3장의 지구 거주자들)를 포함하는 새로운 '포스트'-형이상학적 출발을 통해 교육의 탈식민화에 도움을 줄 수 있다고 제안한다. 이 중요한 타자에는 기술, 인간 아닌 동물, "쌀, 벌, 튤립, 기생 식물과 같이 그 자체로 인간의 삶을 만들어 주는 유기체와 그 반대의 경우도 포함된다."[Haraway, 2003: 15] 해러웨이의 "반려종 선언문The Companion Species Manifesto"2003은 '자연과 문화의 붕괴'에 관한 것으로, 자연/문화의 이분화가 아닌 관계성에 대해 재고해 달라는 청원이다. 해러웨이는 '자연문화'의 결합은 '살과 기표, 신체와 언어, 이야기와 세계'를 의미한다고 쓰고 있다.[Haraway, 2003: 20] 포스트휴먼 탐구는 언어가 '반영'에서와 같이 무엇을 의미하는지means에 관한 것이 아니라 '능동형 동사로서의 실재'(어떻게 작용하는지work)에 관한 것이다. 교육의 탈식민화에서 가장 중요한 점은 '주체, 객체, 종류, 인종, 종, 장르, 성별'과 같은 이분화를 포함하는 범주는 모두 중요한 타자significant others '사이 내부between' 관계relationships의 산물이라는 사상이다.[Haraway, 2003: 6-7] 핵심은 (휴머니스트) 정체성(흑인, 여성, 부유층, 노동자 계급)에도 다중적 정체성에도 초점을 두지 않고 인간중심주의와 단절하고, 대신 물질담론적 관계에서 비롯된 차이differences, 배제하거나 포함하는 차이, 즉 물질화되는 차이differences에 초점을 맞추는 것이다.Barad, 2007, 2012, 2014 요점은 휴머니스트 형이상학은 관계성을 무시하고 교육자나 연구자에 의해 분리된 관점을 가정한다는 것이다. 새로운 주체성들을 창출하기 위해서는 사전에 정의된 경계와 이미 가정된 지구 거주자들의 마주침 '안'에서 서로 다른 차이의 범주를 뛰어넘는 것이 중요하다.

우리는 또한 어린이가 어떻게 물질담론적 관계를 통해 현상으로 (발현)병합하는지 보아 왔으며, 따라서 어린이가 존재론적, 인식론적, 윤리적으로 세계의 일부part임을 보아 왔다. 비위계적 존재론에서 이 세 가지는 분리될 수 없다. 그렇다면, 교육의 변화와 탈식민화를 위하여 관계적 물질주의 주체성이 시사하는 바는 무엇인가? 이는 어떻게 우리와 어린이와의 마주침에 대한 생각을 바꾸게 해 주는가? 이러한 중요한 질문에 대한 답을 시작하기 위해 먼저 간단한 실례를 살펴보자.

지배적인 다문화 교육에 비판적인 호주의 유아교육자 베로니카 파치니 케처바우와 피킬 누말로Veronica Pacini-Ketchabaw and Fikile Nxumalo, 2014: 135는 그들이 말하는 소위 '반-식민 가능성'-식민화하는 '보는 방식'의 해체와 교육적 마주침에 대해 보고하고 있다. 누말로는 물과 찰흙을 가지고 노는 작은 무리의 유아들을 관찰하고 있다. 그중 한 명인 레이첼이 찰흙으로 자신의 팔을 문지르며 (계속 문지르면서 팔에 나타나는 영향을 살피는 동안) "나는 이제 피부 대신에 갈색 피부를 갖게 되었다"라고 말한다. 이에 대해 누말로는 다음과 같이 논평한다.

> 레이철이 나의 갈색 몸과 자신의 '갈색 피부'인 찰흙 팔을 접속하는 것으로 보일 때, 나는 그 순간 나의 현존을 '탈장소화된 몸out-of place-body'으로 느끼기보다 반응적 관계성으로 느꼈다. 이 마주침에서 갈색 피부는 그 순간 교실의 즐거운 표정들, 공유되고

있는 웃음들, 특정한 물질과 담론적 역동성과 접속하며 적어도 일시적으로나마 갈색 피부의 체현을 바람직한 것으로 생성하고 있었다.Pacini-Ketchabaw and Nxumalo, 2014: 135

물, 찰흙, 레이첼이 자신의 몸을 사용하는 방식, 레이첼이 연구자를 바라보고 말하며 웃는 것, 콧노래와 노래 등, 상황의 관계물질성이 얼마나 미묘하고 새로운 데이터 해석을 가능하게 하는지가 중요하다. 이것은 '기관 없는 듣기'LwO; 6장의 훌륭한 예로, 7장에서 다루고 있는 레지오에서 영감을 받은 실천의 특징이다. 이 실험으로의-듣기는 늘 다른 것으로부터의 듣기, 우리를 다르게 생각하고 느끼게 하는 것으로부터의 듣기를 통해 발현한다. 어린이의 신체정신은 성인이 기관 없이 들을 준비가 되었을 때 교육자연구자들을 변화시킬 수 있다. 파치니 케처바우와 누말로에 따르면 '인간 그 이상의 관계성'은 '차이의 위계적 이분화'를 와해하고 '이미 알고 있는 해결책보다 긍정적이고 창의적인 가능성을 창조하는 방식으로 식민주의와 인종(차별)화의 마주침의 복잡성에 주의를 기울일 수 있는 잠재성'을 제공한다.Pacini-Ketchabaw and Nxumalo, 2014: 135 휴머니즘에 기반을 둔 반성적 연구 방법이 지닌 문제는 새로운 것으로부터, 재현적이지 않은 것으로부터의 듣기, 그리고 '빛나는' 데이터에 개방적인 것이 아니라 동일성을 추구하고, 성인이 제시한 상황에 대한 가설을 확인하기 위해 이미 잘 알려진 것으로부터의 듣기(일상적-듣기)에 집중한다는 것이다.MacLure, 2013 레이철이 말한 "나는 이제 피부 대신 갈색 피부를 가지고 있어"에 대한 가장 명확한 해석은 아마도 이것이 인종주의적인 발언이라는 해석일 것이다. 왜냐하면 레이철은 기준이 되는 피부가 검은색이 아니라고 생각한 것으로 보이기 때문이다. 그러나 레이철의 말에만 초점을 맞추고 상황이 지닌 관계적 물질성을 경시하는 것은 그에게 존재인식론적 불평등[1]을 행하는 것과 같다.

현실의 공동-세계 관계 형성을 하게 하기

자연문화를 포용하는 것은 이항분리 대립(예: 생물학적 환원주의, 문화적 독특성)에 기반한 보편적 범주 대신 다른 분류체계를 생각하는 것을 포함하며, 복잡한 관계 지도('스케치패드')가 발현한다.^{Haraway, 2003: 8} 재현주의에서 '자연'과 '문화'는 세계를 의미하는 추상적 개념으로 잘못 알려져 왔지만 해러웨이^{Haraway, 2003: 6}가 주장했듯이, 생물학적, 문화적 결정론은 '모두 잘못된 구체성의 사례'이다. 결과는 세계를 재현하는 과정에서 '세계world가 확실히 사라지는 것'이다.^{Haraway, 2014: 125} 이것은 단순한 인식론적 이슈가 아니라, 심각하게 (비)윤리적인 것이다. 주류 학교교육을 통해, 모든 단계의 교육에서 학생들이 배우는 지식은 세계의 일부가 되는 것과 세계와 접촉touch하는 것이 아니라, 빼앗기지 않은 유일한 언어인 단어와 이미지를 통해 재현되는represented 세계에 관한 것이다.^{Malaguzzi, 1998} 어린이는 아프리카 테일러가 말하는 소위 '현실의 공동 세계 관계'를 형성하는 것으로부터 차단되며^{Taylor, 2013: 62} 그 결과 현실 세계real world는 사라져 버린다. 결과적으로 어린이가 자신의 경험들로 의미를 만들어 가는 가능성은 더 낮아지게 되며 이는 전형적인 해석의 불평등 사례이다. 또한 1장 라이카Laika의 사례에서 보았듯이, 언어가 사고와 이해를 판단하는 유일한 매개체라면, 어린이가 자신이 아는 것을 의사소통할 가능성은 더 낮아진다.

발달주의는 어린이를 위한 세계와 성인을 위한 세계라는 '두-세계관'을 만들어 냈는데 이것은 바람직한 것도 가능한 것도 아니다. 그 예로 [그림 10.1]을 보자. 미술 수업을 하는 동안 한 교사가 물감이 엎질

---

1. 존재인식론적 불평등의 개념은 6장에서 바라드의 포스트휴머니즘과 프리커의 인식론적 불평등에 대한 개념을 서로 회절하여 읽으면서 만들어졌다. 기존의 연령에 대한 편견을 와해하는 리좀적이고 내부작용적인 페다고지를 사용하고 교실 내의 존재인식론적 위계를 '평평하게(flatten)' 함으로써 어린이에게 인식론적 정의뿐 아니라 존재(onto)인식론적 정의도 행할 수 있다.

러지는 것에 대비해 테이블을 '덮어둔lined' 낡은 신문에는 다른 살인 사건과 함께 유명한 오스카 피스토리우스Oscar Pistorius 사건에 대한 기사가 사진과 함께 실려 있다.

두-세계관은 성인(문화로 읽기)이 성인 세계로부터 어린이(자연으로 읽기)를 보호해야 한다고 가정한다. 그 결과, 교육은 현실 세계와의 접점을 잃게 되었다. 현실 세계에서, 또는 테일러가 말한 현실적인 '공동 세계'에서 자연과 문화는 다시 재결합한다. 이것은 "뒤얽히고 평탄하지 않은 역사적이고 지리적인 관계, 정치적 긴장감, 윤리적 딜레마와 끝없는 가능성으로 가득 찬"복잡하고 "어지러운" 세계이다.Taylor, 2013: 62 존재인식론적 자연/문화 분리로 인해, 어린이는 올바른 교수 자원과 같이 성인이 결정하는 살균된 교실에서 이러한 현실 세계로부터 성인에 의해 보호되어 왔으며 계속해서 보호되고 있다.

[그림 10.1] 어린이의 교실에서 현실 세계를 배제할 수 있을까?

10장 교육을 탈식민화하기 | 383

이 장의 핵심 질문은 우리가 인간 개체들을 '중심적인 역할자로 만들지 않고, 인간-아닌 타자들 가운데 하나'로 간주하며 식민주의를 뒤흔들려면, 그림책과 같은 자원을 어떻게 사용할 것인가 하는 것이다.Pacini-Ketchabaw and Nxumalo, 2014: 131 게다가 우리는 휴머니즘에서 인간을 '중심 역할자central player'로 칭하는 것이 '완전한 인간', 즉 백인, 중산층, 유럽인, 신체 건강한 남성Braidotti, 2013을 의미하기 때문에, 따라서 가난한 지역에 사는 흑인[2]뿐 아니라 어린이도 동시에 제외된다는 사실을 민감하게 볼 필요가 있다. 그러나 남아공의 변화에 대한 대화 및 탈식민화에 관한 문헌은 언어, 문해, 그리고 특정한 종류의 합리성 및 주체/세계 관계(실제 지식이 위치해 있는 문해를 통해 매개되는)를 더 선호하는, 성인 주도적이고 과학적이며 데카르트식 세계-그림에 의해 어린이를 소외시킨다. 여기서 어린이는 '마지막 미개인'Kromidas, 2014이자 역사적으로 '바보광대'Kennedy, 1989로 제외되는 경향이 있다. 어린이의 주체성은 내적 자아와 함께 심리학 및 정신 분석의 대상이 되는 경향이 있으며 아동기의 경험을 통해 설명된다.Lenz Taguchi and Palmer, 2014: 764

'포스트' 식민주의를 이론화하는 과정에서 권력의 차이가 늘 존재하는 상황에서 인간 동물들이 함께 있을 때 어떤 일이 발생하는지에 대해 강조하는 경향이 있다. 이는 일반적으로 "식민인/피식민인, 백인/[원주민], 권력/저항과 기타 등등의 이분화에 특정 사람과 실천들의 투입으로써" 이루어진다.Cameron이 Pacini-Ketchabaw and Nxumalo에서 인용, 2014: 132

비록 통상적으로 잊히지만, 여기서 핵심인 '기타 등등'은 당연히 어린이이다.

사회 권력, 정체성, 언어 및 담론의 강조는, 예를 들어 프레리 전

---

2. 남아공에서 '보통의 흑인'이란 아시아인을 포함한 모든 유색인을 말한다. 서부 케이프에서 'Cape coloured'라는 용어는 주로 혼혈인들로 구성된 인종 집단을 가리키며 네덜란드계 정착민들이 노예로 데려온 말레이인을 포함한다.

통에 속해 있는 비판적 교육자들, 사회적 구성주의자 또는 후기구조주의자들에 의해 이루어지며, 역설적이게도 심각한 차별과 배제의 위험을 수반한다. 버블스^{Burbules, 2000: 15}가 경고하듯이 "비판성과 포괄성에 가장 중점을 두는 위와 같은 대화양식 또한 가장 미묘한 방식으로 통합시키고 정상화하려는 것일 수도 있다". 물론 모든 언어가 정치화되어 있고, 우리가 거주하는 담론에 새겨진 사유, 신념, 가치의 방식을 와해시킬 필요가 있는 것은 사실이다.^{Janks, 2011; Pandya and Avila, 2014} 그러나 남아공의 교육자 조너선 얀센^{Jonathan Jansen, 2009: 256, 260}이 말했듯이 교실에 제공되는 지식은 문해력에 중점을 두고 있으며, 추상적이고 보편적이어서 "흑인과 백인, 노동 계층과 특권 계층, 시민과 불법 이민자, 남성과 여성, 이성애자와 퀴어, 압제자와 피압제자로 분리된" 세계의 지식이다. 그는 예를 들어 비판적인 텍스트 분석, 특히 억압적인 제도로부터 회복되는 교실에서 그러한 지식이 중요하다는 것은 인정한다. 그러나 '자본주의 체제, 억압과정, 이념의 강요, 신자유주의 국가 등' '적'을 타자화하는 개념화는 교사가 교실에서 마주하는 '실재 인간 존재들'을 무시하게 되는 위험성이 있다고 주장한다.^{Jansen, 2009: 257} 계속해서 얀센은 남아공의 교실을 다음과 같이 묘사한다.

> 논쟁의 역사와 경쟁적 삶의 경험이 간접적(때로는 직접적) 지식을 통해 동일한 교육의 공간으로 체화되고 깊이 분열된 공간[바로 그곳]이다. [또한 바로 그] 교사는 사회적이고 교육적인 내러티브에 가담하고 있어, 불평등한 세계의 문제를 파악하고 이 지혜를 학생들에게 전할 수 있는 권한을 부여받은 교육자가 아니다.^{Jansen, 2009: 258}

어린이를 '채우고' '형성'하기 위한 수단으로 그러한 '특정' 지식을 교실로 가져가는 것은 그것의 기반이 되는 발달적 관점을 어린이에게 적용하게 하는 위험을 갖는다. 이는 또한 물질 관계가 어떻게 무한한 주체들을 생겨나게 하는지를 무시하며, 그럼으로써 '가솔린 주유원'이 아닌 교육자들이 무지한 마음에 올바른 종류의 지식을 쏟아붓도록 요구한다. 교육자들은 '새끼 밴 가오리'가 될 필요가 있다. 미리 결정된 결과나 숨겨진 성인의 의제에 대한 안내 없이, '피해자', '인종', 심지어 '인종주의'와 같은 추상적인 개념들이 어떻게 작용하는지를 탐구하는 탐구공동체 내에서 몸과and 마음으로 철학하며, 교육자들은 마비시키고 스스로도 마비된다.[8장] 그것은 설교하지 않고, 감상적으로 다루지 않으며, 선심 쓰는 척하지 않으면서, 차별을 만들어 내는 이분화에 대한 발산적인 철학적 대화를 개방하고, 주어진 것의 반복을 넘어서도록 교육적 자원을 사용하는 것을 의미한다.[9장]

'채우기'가 아닌 '비우기'

어린이용 텍스트는 아동기에 대해 성인들이 가진 이상을 가장 잘 표현할 수 있는 이상적 기회를 제공한다. 얀센과는 달리, 신하[Sinha, 2010: 460]는 대화에서 상대방이 '느끼는 중압감'은 느낌에 대한 심리적 언어로 이해될 수 없으며 이는 주체의 '내면'에 담긴 정신 상태로 이해된다고 주장한다. 이와는 대조적으로 어린이의 고유한 질문과 철학적 아이디어를 위한 공간을 마련하는 것은 텍스트에서 암시하는 메시지에 반하여against 읽는 것을 가능하게 하고, 신하[Sinha, 2010: 460]가 말했듯이, 자신이 아닌 것에 의해 감동하거나, 마음이 흔들리거나, 흥분하게 한다.

다시 말해 철학적 실천은 '채우기'가 아닌 '비우기'('평가되지 않은 아이디어, 도그마, 신념, 질문 및 가치를') 관계를 가정한다.[Kohan, 2011: 349] 이는 교육을 아동기의 형성으로 간주하려는 충동을 참아 내는 교사의 의식적 노력 역시 가정한다. 이를 위해서는 텍스트에 내포된 이데올로기를 대하는 비판적 자세와 상당한 정도의 기존의 교사 주도적 가르침에서 벗어날 것unlearning을 필요로 한다. 여기에는 '포스트' 식민 교육에서 더 잘 알거나 가장 잘 아는 유일한 존재를 성인 교육자의 역할로 여기는 것을 와해시키는 것을 포함한다. 우리가 버려야 할 것에는 담론들에 대한 지식과 우리가 그 담론들에 거주하는 방식과 그들이 우리를 통해 말하는 방식이 포함된다.^{Janks, 2011} 버블스^{Burbules, 2000: 6}는 그러한 중단(또는 포스트모더니스트 '해체')이 필요함에 대해 반대하지는 않지만 그러한 개입은 '항상 누군가의somebody's 용어에 따른다'는 점을 우리에게 상기시킨다. 예를 들어 정체성identity에 초점을 두는 휴머니스트는 '평화'와 같은 추상적인 윤리 개념의 의미와 그것이 바람직한지 여부에 대한 관점의 차이differences를 배제시킬 위험이 있다.^{6장 참조} 우리의 교육적 관계에 어린이의 마음을 '채우고 싶은' 욕망을 가져오게 되면, 새로운 개념들이 우리가 함께 거'주'하는in'habit 공동 세계에 대한 우리의 미래future 이해에 가져다주는 내용들을 들을 수 없게 된다.

아동기 철학자 월터 코한^{Walter Kohan, 2011: 349}은 우리의 교육적 마주침에서 '어린이처럼 세계에 존재하는 방식'을 해결책으로 제시한다. 교육기관에 의해 덜 형상이 잡히고 덜 형성된 어린이는 스스로 생각하는 경향이 더 많으며 "덜 '채우고', '더 새로워지고', 편견을 덜 가지고", "스스로를 더욱 자유롭게 질문에 개방할 수 있도록" 성인을 가르칠 수 있다.^{Kohan, 2011: 349} 그가 제안하는 활동은 그림 그리기와 '어린이가 되어 질문 만들기'와 같이 성인이 어린이처럼(유치한 것이 아닌) 활동에 참여하는 것이다. 이는 또한 아이디어를 가지고 어린이의 철학적 상상놀이를 할 수 있게 해 준다.^{Stanley, 2012; Haynes and Murris, 2013} 그러나 상상놀이에 적합한 것은 무엇인가? 우리는 어디에 선을 그려야 하고 누가 '우리'에 포함되는가? 페니 홀랜드^{Penny Holland}는 수십 년 동안 학교는 어린이의 상상놀이에서 전쟁, 무기 및 슈퍼 히어로와 같은 주제를 못마땅해하거나 심지어 금지해 왔다고 지적한다. 그는 어린이가 놀이에 그러한 주제를 포함하지 못하게 함으로써 아동, 특히 남아가 교육적 과제에 참여하는 것을 배제할 수 있다고 주장한다. 홀랜드[Holland, 2003/2012: 33]는 전쟁과 무기의 세계는 단지 어린이의 상상적 특징이 아닌 일상의 일부로, 우리는 이 폭력을 외면만 할 것이 아니라 이에 대한 윤리적 책임을 져야 한다고 주장한다. 이런 유형의 현실 세계에서는 어린이는 순수하다는 낭만적 형상화에 현혹되기 쉽다.[디즈니 인기를 그 예로 참조] 문학, 대중문화, 광고뿐 아니라 교육에서 분명히 알 수 있듯이, 이러한 감상적인 이미지는 '순수한 자연'과 아동기를 결합하여 강력한 매력을 지니게 된다. 테일러[Taylor, 2014: 125]는 이러한 순수함과 '자연성naturalness'은 문화적 재현이 지닌 '순수하지 않은 정치성'을 위장하며, '실제의 아동기가 현실적이고 순수하지 않은 공동 세계 관계의 복잡성에 연루되는 방식'을 어떻게 부인하는지에 대해 언급했다.

시간(들)을 문제시하여 차이와 불확실성으로 가득 찬 공간 개방하기

인간중심주의에 뿌리를 두고 있는 개별 페다고지 프레임워크를 해체하는 것은 선형적 시간을 문제시하는 것troubling linear time과 반드시 병행되어야 한다. 선형적 시간의 개념화는 진보에 대한 계몽주의 진리와 신념을 가능하게 한다. 파치니 케처바우와 누말로[Pacini-Ketchabaw and Nxumalo, 2014: 134]는 포스트휴먼을 지향하는 것이 어떻게 선형적 궤도 변화에 대한 아이디어를 무너뜨리는지, 그리고 그 진전이 어떻게 '지속적으로 발현하는 과거-현재-미래' 안에서 '상호성, 혼란, 다양성과 모순을 받아들이는지' 설명한다. 우리는 시간과 공간을 통과하여 원자론적 삶의 단위로 움직이는 멀리 떨어져 있는 관찰자로서 과거를 반영할 수 없다. 과거와 미래는 이미 우리가 일부분으로 있는 현재의 '안에' 있다.Barad, 2007 '인간-이상의-것'과 물질담론적 실재에 개방함으로써 '사물과 공간, 신체에 대한 새로운 접속'이라는 교육의 탈식민화에 관련한 새로운 이해가 (발현)병합하게 된다.Pacini-Ketchabaw and Nxumalo, 2014: 135

다중관계성, 또는 해러웨이Haraway, 2003: 8가 소개한 '스케치패드'는 전문 지식 전달에 관한 것이 아니라not, 자연문화 이야기를 지닌 '다종들multispecies'을 통해 어린이와 다른 지구 거주자들이 '함께with' 역사를 재사유하는 것에 관한 것이다.Pacini-Ketchabaw and Nxumalo, 2014: 138 이 지도 그리기는 어떻게 차이가 만들어지는지, 그리고 세대 간 마주침에서 어떻게 새로운 중첩이 회절적으로 생성되는지 강조하는 것을 포함한다. 이러한 '어지러운 이야기들'은 신체, 사물, 역사, 기억, 인간 동물의 뒤얽힘이다. 여기에는 또한 영토, 인간 아닌 동물과의 관계, 그리고 인간의 자연 정복, 즉, 다툼과 '갈등의 관계적 장'이 포함된다.Pacini-Ketchabaw and Nxumalo, 2014: 139-40

우리가 앞서 9장에서 보았듯이, 텍스트의 선택은 이 복잡한 철학적이고 교육적인 작업에서 우발적인 것이 아니다. 그림책은 복잡하게 뒤얽힌 이야기들이다. 때로 금기시되는 주제를 제기하거나 성인들이 교육자 자신의 정치적 연대에 대해 불만을 가질 때 불편한 논란이 되는 문제들을 다룬다. 이는 탐구공동체가 죽음, 섹스, 종교 또는 인종과 같은 주제를 제기하는 경우에 특히 그러하다.Haynes and Murris, 2009, 2012 예술적 사물로서의 그림책은 특정한 지리적 또는 역사적 위치에 저항하는 추상적 개념들을 풍부하게 담고 있다. 그림책의 등장인물들은 또한 이분법 사이를 중재하기에 어린이와 함께하는 철학과 같은 리좀적 페다고지를 사용할 때 긴장감, 놀라움, 미스터리, 모호함 그리고 복잡성으로 가득 찬full 공간에 관여하고 개방한다. 결정적으로 그림책은 '그' 텍스트에 관련된 안정된 의미, 확실성과 진실을 얻을 수 있는 가능성에 대한 아이디어를 가로막는다. 탐구공동체의 '생산물'은 항상 '임시 휴식처'로, 관점은 (단순한 의견과는 달리) 더 많은 정보나 더 나아간 추론에 비추어 수정, 조정 또는 거부된다.

자신을 '비우면서' 새끼 밴 가오리로서의 교육자는 어린이들이 내러티브와 자신의 생각, 경험, 그리고 (발현)병합적 이론 '사이 내부에서' 회절하고, 교실을 어린이 자신의 궁금증으로 채우는 것을 환영한다. 이것은 현실 세계를 우리 교실에 '새어 들어오게 하는' 하는 중요한 방식이다. 이는 물론 자연/어린이 이분법에 이미 올라타 있는 어린이에 대한 헤게모니적 형상화는 어린이는 순수할 뿐만 아니라 무지하다고 교육자들의 신념에 통보하기 때문에 혼란과 불편함을 야기한다.[5장] 성인들의 가치와 일치하지 않는 자신의 생각을 말할 때 어린이는 종종 무시되거나 진지하게 받아들여지지 않는다(일상적-듣기). 6장에서 우리는 그러한 경우에, 어떻게 어린이에게 존재인식론적 불평등이 행해지는지를 보았다. 이 장에서 iii는 또 다른 존재인식론적 불평등에 대한 예를 제시했지만, 이번에는 '포스트' 식민 교육에 비추어 우리가 사용하는 텍스트에 초점을 맞추고 있다.

그들의 정치적 이상으로 채운 교육자가 없는 공간

7장에서는 레지오에 영감을 받은 어린이와 함께하는 철학을 제안하였다. 어린이와 함께하는 철학이 신체적인 움직임을 체계적으로 포함되지 않으며[Scarpa, 2012; Fletcher, 2014], 그 실천이 유아들에게 너무 많은 인내와 공감을 요구한다는 일부 연구자들의 우려를 수용한다.[Fox, 2001] 물론 모든 가르침이 그러하듯 어린이와 함께하는 철학 역시 특별한 방식으로 신체를 통제하고 훈육한다는 것은 사실이다.[Dixon, 2011] 이 책에서도 역시 어린이와 함께하는 철학에 레지오의 백 가지 언어를 포함하는 중첩 또는 간섭 패턴이 만들어졌다.

수업에서 이용할 수 있는 다양한 아이콘과 상징적 언어는 다른 시공간 차원과 연루된다. 중요한 점은, 구어적 작업은 선이나 사슬처럼 다른 종류의 시간 순서와 관계한다는 것이다. 반면 시각예술은 더욱더 확산적인 정서 인지 활동과 연결되며, 어린이 자신의 그림은 때로 의미 생성 과정의 일부로서as part of 가치절하되고 제대로 탐구되지 않는다.Narey, 2009; Soundy and Drucker, 2010 그러나 최근 연구는 어린이가 "아는 것을 그리며", "시각적 모드를 통해 강력하고 상상력이 풍부한 아이디어와 문제를 표현할 수 있다"라고 제안한다.Kendrick and McKay, 2009: 54 예술은 "어린이가 자신의 세계에 대한 의미를 생성하는 능력에 필수적인 하나의 중요한 요소"이다.Whitfield, 2009: 156 따라서 시각적 기회를 창출하는 것은 지식 구성에 유아의 아이디어를 포함하는 데 특히 중요하다. 아이들이 종종 교실에 가져오는 특별한 전문성은 시각적인 것을 포함해 다양한 언어로 의미를 생성하는 능력이다. 예를 들어 앤드류 스테이블스는 많은 심리학의 단계 이론이 전제하는 결핍된 사고에 대한 대안으로 어린이를 "기호론적 관여자semiotic engagers"Stables, 2008: 4로 간주할 것을 제안한다.

우리는 레지오에서 영감을 받은 어린이와 함께하는 철학에서 그림, 극화 활동 및 기타 아동-주도의 운동감각적인 활동을 포함하여 광범위한 다양한 양식의 기회를 제공한다는 것을 보아 왔다. 존재인식론적 불평등을 방지하기 위한 노력의 일환으로 어린이의 발전하는 아이디어와 이론들은 복잡한 웹에 쓰인 그들의 글씨체, 구어적인 기여, 텍스트의 신체 표현과 이미지, 그들의 그림 및 탐구와 내부작용하는 물질 환경을 포함해 기록된다. 더욱이 놓칠 수 있는 리좀적 접속을 포착하기 위해 많은 세션에 대한 기여를 다른 실천가들과 협력하여 읽고 해석한다.Haynes and Murris, 2013 서로 다른 언어 사이에서 분명하지 않은 상호작용을 해석하는 것은 그 텍스트를 '넘어서는' 무한한 읽기를 촉발하고,

유아의 아이디어가 어떻게 새롭고 심오한 것을 세계에 가져올 수 있는지에 대한 뿌리 깊은 확신을 열어 준다. 가구, 건물, 신체 움직임, 감정, 어린이의 대화, 침묵 등과 같은 물질의 행위주체성의 도입은 뒤얽힌 물질담론 과정을 훨씬 더 복잡해지게 하며 항상 변화하고 진화하며 비확정적인 존재인식론적 맥락을 제공한다.

카를라 리날디Carla Rinaldi는 사람들 '사이 내부의' 차이differences뿐 아니라 말, 그래픽, 조형, 음악, 몸짓 등의 언어들 '사이 내부의' 차이에 귀 기울여 듣기에 관계하도록 학교에서의 다양한 듣기를 권장한다. 이와 더불어 개념들과 개념 지도의 생성과 통합을 가능하게 하는 상호적 상호작용을 권한다.Rinaldi, 2001: 83

우리는 7장에서 어린이와 함께하는 철학 실천의 차이가 '공동체'와 '탐구'의 해석과 둘 간의 균형에 크게 좌우되는지를 살펴보았다. '타인과-함께-사유하기를-통한-자신을-사유하기'의 의미는 쉽게 사회적, 정치적 순응으로 빠져들 수 있다.Browne, 2006 본 장의 회절적 일시정지에서 iii는 특정 그림책으로 수행한 나의 작업에 두 가지 비판으로 촉발된 탐구를 공개한다. 비판에 대한 나의 응답은 교육을 탈식민화하기 위한 대안적 제안인 '포스트' 형이상학적 방법으로 나아가기를 생성하였다.

회절적 일시정지: 놀라움(a)mazement

8장의 케이프 아파트 내 유치원에서의 회절적 일시정지diffractive pause와는 대조적으로 이 프로젝트의 핵심인 철학적 탐구가 요하네스버그 이스트란드[3]의 소규모 독립 남녀 공학 사립학교에서 촬영되었다. 평범한 2학년 교사는 iii가 근무하는 대학의 대학원생 중 한 명이었다. 이 탐구의 맥락적 특성은 비트바테르스란트 Witwatersrand 대학교가 만든 우수한 실습용 시청각 자재가 2015년 남아공의 모든 고등교육기관에 배포되었다는 것이다.[4] 21명으로 구성된 이 학급은 iii가 3주 동안 6번의 문해 수업을 이끌기 위해 학교를 방문하기 전, 문해 수업의 일부로 4개월 동안 탐구공동체 페다고지를 사용해 왔다. 연구 당시 어린이는 7세에서 8세 사이였으며 그중 4명은 9세였다. 여아 11명과 남아 10명으로 성비가 균형적이었으며, 인종으로는 인도 출신 여아 한 명을 제외하고는 모두 백인이었다. 여아 3명과 남아 10명은 주의력 결핍 장애를 치료하기 위해 처방약을 복용해 왔으며, 교사(R학년 또는 1학년)에 의해 학습 장애가 있는 것으로 확인되었다.

데이비드 매키의 그림책 『코끼리 전쟁Tusk Tusk』[1978]은 탐구에서 주요 촉발제가 되었다. 이 책은 많은 교육적이고 철학적인 이유로 어린이와 교사 모두에게 매력적이어서 iii가 자주 사용해 왔던 그림책이다.[9장 참조, Haynes and Morris, 2012] 어린이와 함께하는 철학에서 이 이야기를 사용하는 좀 더 실천적인 제안들은 다른 곳에서 찾아볼 수 있다.[Murris and Haynes, 2002] 때때로 이 그림책은 검열을 촉발하고 논란이 되는 이슈에 관한 가치 있는 토론을 열어 준다.[Haynes and Morris, 2009, 2012] iii는 이와 같은 교육적 마주침을 환영하며, 교사

---

3. 이 지역에 대한 정보는 http://en.wikipedia.org/wiki/East_Rand를 참조하라.
4. 나의 작업은 비트바테르스란트 대학교의 그레이엄 홀(Graham Hall) 교수에 의해 편찬되었고 2014년 남아공의 모든 대학에서 접할 수 있는 기초 단계-비디오 프로그램(Foundation phase-video programmes)이라고 불리는-패키지의 일부가 되었다. 이 프로젝트는 EU와 남아공의 고등교육훈련부의 자금 지원을 받았다. 출판된 DVD에서 iii는 데이비드 매키의 그림책 『코끼리 전쟁』(1978)을 소리 내어 읽고 어린이의 철학적 질문이 장려되는 공간을 열어 줌으로써 어린이와 함께하는 철학에 대해 소개한다. 이 회절하기에서 iii는 몇 주 동안 프로젝트에 참여하며 철학적 작업에 초점을 둔다.

교육에 인식론적 변화를 촉발하기 위해 명시적으로 이 책을 사용하였다.Murris, 2008; Haynes and Murris, 2012

회절적 일시정지에서는 iii가 2주간의 다섯 가지 문해 수업 프로젝트에서 사용한 iii가 철학적 수업에서 만들어 낸 이야기, 즉 '정보 자료data'가 아닌 '창조 자료creata'에 초점을 둔다. 이 사례는 다른 출판물들Haynes and Murris, 2013; Murris, 2014에서도 사용되었지만 여기서는 초점이 다르다.

이 장의 핵심은 어린이와 함께 철학을 할 때 '백인' 작가인 데이비드 매키의 책을 선택한 것에 대해 비판적이었던 후기구조주의자 동료들을 회절시키는 것이다. 그들의 비판은 작가의 일부 그림책Chetty, 2014: 26의 입증되지 않은 인종주의적 요소와 '포스트' 식민 남아공 교실에서 수행된 프로젝트에서 iii가 『코끼리 전쟁』 그림책을 어떻게 사용했는지에 대한 우려가 포함되어 있다.Enciso, 2014 회절적 방법을 남용함으로써 생성되는 간섭 패턴은 '교사의-영향이 없는' 텍스트는 존재하지 않으며Murris, 2015c 참조 어린이와 함께 철학하기의 훈련은 '그' 텍스트에 '반하여against' 읽기에 필요한 교사의 복잡한 역할을 명시적으로 포함시켜야 한다는 귀중한 통찰을 보여 준다. 게다가 이러한 세션들은 한 시간의 분리된 수업이 아닌 보다 큰 프로젝트[5]의 일부여야 한다. 마지막으로 이 회절들은 3장과 4장에서 보여 준 것처럼 후기구조주의자들의 휴머니스트 형이상학을 드러내주며, 선형적 시간을 문제시하고 모든 지구 거주자들을 포함시키는 그림책들에 대한 포스트휴머니즘적 지향을 만들어 낸다. 도그마와 불평등한 관계, 표현의 자유 제한을 방지하기 위해, 차별의 토대가 되는 이분법을 와해시킨다.

---

5. 8장을 보라.

코끼리 전쟁

이 텍스트는 이야기의 주인공들인 코끼리 집단에게 뚜렷한 비밀 공간을 열어 준다. 데이비드 매키가 이야기를 쓰고 삽화를 그린 『코끼리 전쟁』1978의 독자들은 '평화를 사랑하는' 동물 집단이 더 공격적인 검은 코끼리와 흰 코끼리 집단들로부터 탈출하기 위해 미로[그림 10.2] 참조 속으로 도망치는 장면에서 가설을 세우고 상상력을 사용하는 위치에 놓이게 된다.

독자로서 우리는 이 미로에서 어떤 일이 일어났는지에 대해 잘 알지 못했으나 몇 년 후 회색 코끼리가 나타난다. 서로를 이상하게 쳐다보기 시작하기 전까지는 큰 귀를 가진 코끼리들과 작은 귀를 가진 코끼리들은 조화롭게 산다. 검은 코끼리들과 흰 코끼리들은 코를 주먹으로 혹은 다른 무기로 삼아, 모두 죽을 때까지 서로를 공격한다.[그림 10.3] 참조

이야기는 특히 큰 귀를 가진 코끼리와 작은 귀를 가진 코끼리가 서로를 이상하다는 듯 쳐다보고 있는 가운데, 남은 코끼리들의 미래에 대한 불확실함으로 끝을 맺는다. 그러나 마지막 페이지에는 중간 크기 귀를 가진 두 마리의 코끼리가 코/손으로 악수를 하는 장면이 나온다.[그림 10.4]

이 이야기는 차이의 (비)관용과 갈등 해결이라는 주제로 교사교육자들이 선택하곤 한다. 반면에 명확한 해피엔딩이 없고, 인종과 섹스, 그리고 이 둘의 횡단인 다른 피부색을 가진 사람들 간의 성적 관계와 관련된 토론을 쉽게 촉발시킬 수 있어 사용을 꺼리기도 한다.

요하네스버그 학교에서 문해 프로젝트를 진행하는 동안 iii는 이러한 주제들에는 특별히 관심이 없었지만, 아이들의 생각이 훨씬 궁금했었다. 그간의 경험을 통해 많은 것들이 발현될 것이며

[그림 10.2a] 미로

아이들의 생각이 나를 놀라게 할 것임을 알았기 때문에 iii는 되도록 내 생각에 대한 특별한 집착으로부터 나 '자신'을 '비우고' 기관 없는 듣기를 위해 탈중심화되려고 노력했다. 나는 그림책 자체의 행위주체성을 포함하여 "중요한 타자들"Haraway, 2003: 7과의 어떤 마주침이 생성되길 원했다. 이야기를 읽고 난 후 소그룹을 통해 여러 해석이 가능한 철학적 질문들이 만들어졌다. 이 질문들은 아이들이 제기하고 선택한 것인데, 그들의 호기심이 철학적 탐구를 주도하기 때문이다.

집단 내in에서뿐 아니라 하나의 집단으로서as 민주적으로 함께 작업하는 것은 협력 작업에서 힘이 어떻게 작용하는지에 대

[그림 10.2b] 미로

한 인식을 높일 수 있는 풍부한 의사결정 과제와 교육 기회를 제공한다. 뷔르흐와 요샨스키Burgh and Yorshansky, 2011: 437는 신중한 협의는 과정의 필수적인 부분으로서 '의사결정 과정의 질을 결정한다'고 주장한다. 탐구공동체 내의 권력 분배를 위해 세대 간 intergenerational 존중은 존재인식론적 불평등을 방지하는 데 필수적이다. 각 소집단들은 A4 용지에 질문과 iii가 칠판에 적어 놓은 각 집단들이 정한 집단명을 적었다. 질문과 집단명은 다음과 같다.

- 왜 그들은 미로 속으로 들어갔고 다시는 나오지 않았는가? (얼룩말들)

[그림 10.3a] 흰 코끼리와 검은 코끼리가 총으로 서로를 죽인다.

- 미로에서 무슨 일이 일어났는가?(비단뱀들)
- 회색 코끼리는 어떻게 태어났는가?(대단해)
- 그들은 왜 서로를 죽이려고 했을까?(슈퍼그룹)
- 왜 코끼리 전쟁이라고 부르는가?(꽃 코끼리들)
- 왜 검은 코끼리들은 정글의 한쪽에 머무르고, 흰 코끼리들은 정글의 한쪽에 머무르지 않았는가?(멋진 바나나들)
- 모든 코끼리가 죽었다면 어떻게 아기가 태어났는가?(빨간 용들)
- 코끼리는 미로에서 그렇게 오랫동안 무엇을 했는가?(무명)

놀라울 것 없이, 일부 학습자들은 그들의 신체정신을 남아공

[그림 10.3b] 흰 코끼리와 검은 코끼리가 총으로 서로를 죽인다.

에 두고 있기에 특정한 정치적 태도로 내러티브에 접속되었다. 인종 분리와 폭력은 20년 이상 여전한 그들 일상적 삶의 구조적 특징이며, 토론에 깊이 관여하게 하는 주제이다. 일부 아이들('멋진 바나나들')은 "왜 검은 코끼리는 정글의 한쪽에 머무르지 않았는지 그리고 왜 흰 코끼리는 정글의 다른 한쪽에 머무르지 않았는지"의 질문 형태로 싸움에 대한 해결책을 제안했다. 다른 아이들의 반응을 보면, 그들이 멋진 바나나들팀이 제안한 '아파르트헤이트apartheid'를 인정하고 공감했는지 여부는 분명하지 않았다. 흥미롭게도 수업을 촬영하고 있던 다른 성인들은 이 질문에 대해 불편함을 드러냈으며(iii는 방 안의 침묵을 귀가 멍멍할 정도로 경험했

10장 교육을 탈식민화하기 | 399

다) 다른 아이들이 이 문제에 대해 토론하지 않기로 결정했을 때도 안도감을 나타냈다. 개인적으로 iii는 이 특정 질문에 대한 토론을 환영했을 것이다. 학급에서 그러한 논란의 소지가 있는 진정한 탐구 기회를 갖기란 매우 드물기 때문이다.

민주적 토론이 이루어질 수 있도록 내가 한 기여에는 어린이를 '채우고' '형성'하고 싶은 유혹에 저항하는 것이 포함되며, 아직 고려되지 않았거나 말해지지 않은 것들을 아이들이 드러낼 수 있는 공간을 열어 주는 것은 나의 반응-능력response-ability이다. 따라서 iii는 동일성same(예: 아파르트헤이트 제안을 재-인식하고 이의를 제기함) 찾기에 저항했다. 나 자신의 지식 역시 논쟁의 여지가 있으며 iii는 어린이의 곤혹스러운 질문을 기꺼이 견뎌 낼 필요가 있다. 교사들은 단일 주체로부터 나오는 것이 아닌 하나의 목소리인, 기관 없는 목소리를 듣기 위해 진리나 의미로 간주되는 것을 통제하지 않는다.2장과 6장 참조 생각들과 이론들은 모든 물질담론 내 부작용을 통해 발현된다. 어린이의 생각은 '순수하지' 않은 것도 '무지한' 것도 아니다. (탐구)공동체community는 살아 있는 유기체로서 정기적으로 민주적이기 그리고 함께 생각하기를 실천함으로써 시간이 지남에 따라 공동체를 스스로 규제하게 된다. 이 모든 복잡하고 뒤얽힌 관계는 섹스나 인종과 같이 '금기'시되는 주제가 (발현)병합하는 것을 가능하게 한다. 예를 들어 전체 토론에서 한 여아는 수줍어하며 "코끼리는 짝짓기를 했을 수도 있다"고 제안했다. 그림과 글쓰기를 통해 자신의 생각을 표현할 수 있는 기회가 주어졌었다. 아이들은 미로 공간과 그 공간의 제공성에 사로잡혔다.

아이들은 먼저 짝을 지어 그 공간에서 무슨 일이 일어날지 '생각하는 시간'을 가지고 마음속에 이미지를 그리고 이에 대해 함께

[그림 10.4] 이제 회색이 된 중간 크기 귀를 가진 코끼리들이 코/손을 잡고 악수를 한다.

이야기하라는 요청을 받았다. 이 활동은 자기 책상에서 개별 예술활동과 글쓰기를 한 후 진행되었다. 상상이 넘치고 다채로운 아이들의 아이디어는 종종 천을 짜는 실과 같이 남은 세션에서 다시-(발현)병합되었으며 그들만의 '텍스타일text-ile'을 만들었다.Sipe, 2012 inspired by Lewis, 2001

다음 날, 아이들이 한 집단의 질문에 공동으로 답변을 주고받았던 전체 대화 시간에 또다시 짝짓기 주제가 등장했다. "코끼리가 모두 죽었다면 어떻게 아기가 태어났을까?" 이에 대해 두 마리의 검은 코끼리가 정글로 탈출해 새끼를 낳았을 수도 있다는 의견이 등장했다. 어떤 아이들은 이야기를 논리적으로 따라가 보면 두 코끼리 집단은 서로 싸울 것이기 때문에 검은 코끼리와 흰 코끼리일 리가 없었을 것이라고 했다. 이 미로는 몇몇 아이들에 의해 '숨는 장소'로, 나중에는 '놀이 장소'로 개념화되었다. iii는 동물들이 숨고/숨거나 놀 수 있는지, 그리고 코끼리가 동시에 숨으면서 놀 수 있는지와 같은 개념적인 질문을 함으로써 깊이 탐구하고 두 경우를 마비시켰다. 다른 아이들은 물질성에 초점을 맞춰 코끼리는 크기가 크기 때문에 이 미로를 숨는 공간으로 보기에는 너무 작다는 하시에나Hassiena[6]의 초기 관찰에 직접 응답하도록 요청받았다. 그는 코끼리들이 어떻게 회색이었는지에 대한 질문의 답변 중 하나에 다시 관심을 가졌다.

하시에나: 하지만 검은 코끼리와 흰 코끼리가 서로 싫어했는데 어떻게 결혼했을 수 있지?
브론웬: …서로 싸운다면 왜 서로를 사랑하지? 그들의 부모가 함께 있으면 불행하기 때문에?

iii는 아이들에게 코끼리 피부색과의 연관성에 대해 그날 하시에나가 했던 발언을 생각해 보라고 상기시켰다. 이 교육적 내부-개입은 또 다른 아이가 헷갈리는 책 제목과 피부색 사이의 연관성을 떠올리도록 촉발했을 수도 있다. 한 아이는 다음 날 글에서 '코끼리 전쟁Tusk Tusk'이 '하나의 팀'이 될 수 있다고 제안했다. "검은 코끼리들은 첫 번째 상아를 가질 수 있고, 흰 코끼리들은 다른 상아를 가질 수 있다."Murris, 2014a: 155, [그림 7.4] 그는 또한 피부색을 성별과 연관시켰다. "흰 코끼리들은 여자아이들일 수 있다", "상냥하니까". 그리고 "검은 코끼리들은 남자아이들일 수 있다", "거칠기 때문에".Murris, 2014a: 155, [그림 7.4] 이러한 연결은 검은 코끼리와 흰 코끼리가 미로 안으로 들어간 후에 어떻게 회색 코끼리가 나타나

---

6. 모든 어린이의 이름은 가명이다.

는지에 대한 매우 창의적이고 논리적이며 사고를 촉발하는 해결책을 제공한다. 또한 이러한 이분법을 와해하고 "한계까지 밀어내는" 독특한 교육 기회를 제공한다.[9장]

미로

내가 잘 알려진 스토리텔링 장치를 사용하여 이야기를 큰 소리로 읽는 것을 중단하고 이야기의 결말을 다양하게 추측하도록 한 것은 철학적인 작업을 뒷받침해 주었다. 무슨 일이 일어날지 알지 못한 채 두 페이지에 걸쳐 미로만 나온 그림을 보면서[그림 10.1], 아이들은 다음과 같은 풍부한 내러티브 시나리오를 제안했다. '흑백의 코끼리가 싸우고 있다', '친구 사귀기', '짝짓기' '가운데에서 자기', '황금 보물을 놓고 전쟁을 벌이기', '그들은 질투한다'. 그리고 마지막은 마치 미니어처 이야기 같다. 한 남아는 흑인 왕이 금을 가진 멋진 백인 왕을 질투하고 있다고 말했다.

아이들의 미로 그림은 행위주체성을 지닌다. 어린이에게 자기 고유의 의미를 구성하고 사전지식 및 경험과 연결할 기회를 제공한다. 그들의 그림은 사람들이 동굴에서 살고 놀고 읽고 서로 사랑하고 아이를 낳고 결혼을 하고 친구가 되는 행복하고 평화로운 공간에서부터 여행을 완성하기 위해 설정된 어려운 과제가 있는 위험하고 무섭고 혼란스러운 장소에까지 광범위하고 이분화된 내러티브 시나리오들을 보여 준다. 많은 그림의 내러티브들은 피, 유령, 로봇, 거미, 상어, 어두운 터널, 박쥐, 호박, 뱀, 해골, 똥, 레이저, 용을 담고 있다. 한 그림은 미로가 사랑이 있는 곳일 뿐만 아니라 가면 '당신이 죽을 수도 있는' 곳이 될 수도 있음을 보여 준다.Murris, 2014a: 156, [그림 7.5] 다른 그림은 미로의 절반은 지옥으로, 나머지 절반은 천국으로 묘사된다. 미로에 대한 이러한 엄청나게 다양한 해석은 아이들이 구두 대화에서 발현하는 것과 리좀적으로 연결되면서 5개의 세션으로 짜인다. 모든 세션을 함께 고려하면서 iii는 미로 공간이 (발현)병합하는 특정 패턴을 발견했다. 렌즈 타구치Lenz Taguchi, 2010: 95는 이에 대해 '지속duration'이라는 개념을 언급한다. 즉, 학습 사건은 '시간적으로 늘어나며', 어린이가 처음 제시한 문제는 계속 남아 이후에 또다시 제기된다.

내 장치에는 연결성, 아이디어와 시간 순서 구축, 논리적이고 때로는 모순되는 설명과 가설을 시도하는 텍스타일이 포함되었다. 한 집단은 백인이고 다른 한 집단은 흑인이었기에 때로는 긴장감 속에 코끼리가 서로 싸우고 있다는 이 스토리의 주요 아이디어와 함께 서로 다른 많은 아이디어가 공간 내에 (발현)병합되었다. 리앤Leanne이 제안한 코끼리들이 싸우는 이유에 대한 설명은 정말 훌륭했다. "새들이 코끼리를 짜증 나게 하고 있다고 생각해요. 그래서 흰 코끼리와 검은 코끼리들이 새들을 해치기 위해 정글로 갔어요." 리앤은 그림 속에서 코끼리와 내부작용하고 있는 새들을 찾아낸 것이다.

때로 그림책의 백지는 행위주체성을 지닌다. 이것은 [그림 10.3]의 코끼리 왼쪽에 있는 빈 페이지에 매료된 최근 학교 사서 회의 교육자 그룹의 사례이다. 이들은 이 끝에서 두 번째의 빈 페이지가 전체 책에서 가장 중요하며 여기에 무언가 써져야 한다는 데에 동의했다. 큰 귀와 작은 귀를 가진 코끼리들 사이에서 실제로 무슨 일이 일어났는가? 이 페이지 앞에 있는 새들은 코끼리보다 확실히 훨씬 더 현명해 보이거나 적어도 차이에 대해 더 관대해 보인다. 한 사서는 이 빈 페이지의 제목은 '100년 후'가 되어야 한다고 제안했다.

모든 다양한 언어와 새로운 이해를 창출하고 실천에 엄격함을 더해 주는 상황의 관계물질성 사이의 내부-연결성이다. 사이프Sipe는 롤랑 바르트Roland Barthes에 근거해 담론적인 것만 언급하면서 글과 그림은 동시에, 그러나 서로 다른 방식으로 한계를 짓는다고 주장한다.Sipe, 2012: 10 다시 말해, 이 특별한 두 신호 체계의 상호작용은 비판성을 끌어들이고 창의성에 한계를 짓는다. 중요한 것은, 구어로 하는 작업은 선이나 사슬과 같은 다른 종류의 시간 순서를 포함한다는 것이다. 반면 시각예술은 더욱 확산된 정서 인식 활동을 포함한다. 우리가 9장에서 보았듯이 이미지의 독자들은 '응시하고, 그들을 곰곰이 심사숙고하는' 경향이 있는 반면, 언어적 내러티브는 독자들을 전방의 직선 방향으로 나아가게 한다.Sipe, 1998: 100

그리기 활동은 적어도 두 가지를 수행했다. 첫째, 이야기 해석에서 공간 조건에 주의를 집중함으로써 상상적으로 가능한 경계를 설정했다. 예를 들어 그림을 그리고 난 후 아이들은 '코끼리가 끼여서 꼼짝 못할 수도 있다', '미로는 코끼리가 살기에는 너무 작다', '결혼식 드레스를 입기에는 코끼리가 너무 커서 결혼을 할 수 없다', 그리고 '결혼 반지를 낄 수 있는 손이 없다'와 같은 생각을 표현했다. 두 번째로, 그림 그리기 활동은 더 많은 질문을 촉발시켰다. 한 남아는 이렇게 썼다. '그들은 왜 평화를 원했을까?', '어떻게 코끼리들이 미로에서 놀까?'라고 썼다. 처음에 구어로 하는 작업에만 집중함으로써 iii는 내부작용이 생성해 낸 많은 리좀적 연결을 놓치고 말았다. 같은 아이들이 짝을 지어, 소그룹으로 또는 전체적으로 말하는 것을 기록함으로써 5회의 세션을 연결시키고, 이것을 그들의 그림과 쓰기 작업과 비교함으로써 아이들이 (발현) 병합하는 사유로 텍스트가 만들어졌다. 만일 그렇지 않았다면 이 아이디어들은 아마 눈에 띄지 않거나 모순되거나 공상적이거나 마술적인 것으로 무시되었거나 진지하게 받아들여지지 않았을 것이다.^{Haynes and Murris, 2013}

그림책과 함께하는 철학은 어린이가 상상력을 이용하고 생각나는 대로 말하고 반드시 그들만의 것은 아닌 아이디어를 제안하고, 다른 사람들과 함께 자기 생각을 재미있게 시험해 볼 것을 촉발하는 마법의 공간을 제공한다.^{Haynes and Murris, 2013} 그 이야기 미로 장치는 매우 다양하고 상상력이 풍부한 아이디어를 자극하는 것으로 나타났다. 이 유아들은 그림책의 담론 물질성에 매우 깊이 몰입되고 동기가 부여되어 있는 것으로 보였다. 즉 그림책의 단어와 이미지가 때로는 모순을 통해 대부분 혼란을 야기시킴으로써 어떻게 의도적으로 정보를 숨기는지. 독자들은 어떻게 코끼리들이 회색이 되는지 하는 문제를 스스로 밝혀내야 했다. 이런 의미에서 그림책은 물질담론 행위주체성을 지닌다. 즉, 이들은 그 누구 '혼자' 창조한 아이디어를 '소유하지' 않고 사고와 상상력, 정서적 연관성을 촉발한다.

『코끼리 전쟁』의 이분화된 현실과 환상은 아이들이 이 복잡한 예술작품이 불러일으킨 장난기 있고 지적인 곡예를 편안하게 느낄 수 있게 해 주는 것 같았다. 이것은 코끼리를 사랑, 결혼, 싸움, 증오, 죽임의 내러티브적 캐릭터로 선택하는 것을 포함한다.^{Egan, 1991: 86} 그럼에도 나의 역할이 아이들의 탐구에 존재하는 이분법을 와해시키는destabilising 데 좀 더 명백하고 지시적이어야 했을까?

식민화 실천?

내가 선택한 『코끼리 전쟁』과 앞에서 행한 분석에 대해 우려를 나타낸 많은 후기구조주의자가 있다. 그들은 어린이와 함께하는 철학은 매키의 책 자체뿐 아니라 그러한 상황에서 권력이 작용하는 방식을 적절하게 설명하지 못한다고 주장한다. 한 비평가에 따르면, 흰 코끼리들과 검은 코끼리들을 각각 미로 양쪽에 있게 했더라면 문제가 해결될 수 있었을 것이라는 멋진 바나나들의 제안은 특히 걱정스러운 것이었다. 그 비평가는 이 아파르트헤이트 제안은 완전한 순진함에서 나왔고 내가 여기에 이의를 제기했어야 한다고 제안했다. 다시 말해 아이들에게 그 문제에 투표할 수 있도록 함으로써 특정한 질문이 그대로 남아 있게 되었다는 것이다. 가능한 인종차별주의적 가정은 '무작위' 질문 수집을 거쳐 아무런 문제 없이 지나간다. 패트 엔치소[Pat Enciso, 2014: 160]에 따르면 어린이와 함께하는 철학이 가능하지 않은 것은 '말할 수 없고 접근할 수 없는 역사'에 도전하는 것인데, 이는 포스트-아파르트헤이트 남아공의 맥락으로 보면 "식민지와 인종에 따른 차이 및 재산권의 범주에 기반한 길고 비극적인 인종 차별과 폭력의 역사"이다. 엔치소는 『코끼리 전쟁』과 같은 이야기를 사용하려면 "지위, 관심, 정체성 또는 권력 같은 특정한 위치에 대해 답할 수 있는" 성인들이 방 안에 함께 있어야 한다고 제안한다.[Enciso, 2014: 160] 나의 작업을 사회문화 이론[7]의 한 예로 규정해야 한다고 잘못된 가정을 한 그는 권력, 정체성, 담론을 강조하는 후기구조주의가 위와 같은 사례에 사용되는 페다고지를 알려야 한다고 제안한다.

　물론, 탐구가 시작되는 질문은 무작위적randomly인 것이 아니라 아이들이 민주적으로democratically 선택한 것이다. 아이들은 방에 낯선 사람들(연구원과 카메라맨)과 함께 있는 환경이 이 특정한 문제를 토론하는 데 도움이 되지 않는다는 (현명한) 판단을 했을 수

---

7. 내게 사례 연구를 의뢰한 후 나의 실천을 사회문화 이론의 한 예로 오인한 것은 이 책 편집자들의 실수였다(Larson and Marsh, 2014: 135-44) 이를 통해 패트 엔치소는 정체성, 행위주체성, 그리고 권력에 초점을 두어 후기구조주의자 비평을 언급하고 제공할 수 있었다.

도 있다. 그러나 엔치소와의 회절을 통해 얻을 수 있는 좋은 통찰은 흔히 그렇듯 어린이와 함께 철학하기 수업을 단독 수업으로 제한하는 것이 아니라 훨씬 더 큰 프로젝트의 한 부분으로 만드는 것이 중요하다는 것이다(이미 8장에서 제시된 바와 같이). 그런 다음 하나의 책에 대한 아이디어와 질문은 다시-발현(병합)될 수 있으며 교육자들은 마비되고 마비시키는 것을 계속할 수 있다.^{예: 검은 피부 맥락 내에서 Vivian Paley(1997)와 Leo Lionni의 그림책으로 확장된 프로젝트 참조} 그러나 후기구조주의자들은 예를 들어 '비판적 문해'로 불리는 접근 방식에서와 같이 아이들이 지닌 담론을 와해하기 위해 보다 더 직접적인 교사 역할이 필요하다고 믿는다.

인종 차별주의 책?

영국의 교사이자 연구원인 대런 체티^{Darren Chetty, 2014}는 비판적 인종 이론과 비판적 백인 연구 관련 분야는 어린이와 함께하는 철학 분야가 고려해야 할 중요한 비판의 근원을 제공한다고 말한다. 그는 '폐쇄적 탐구공동체^{Gated Community of Enquiry}'^{Chetty, 2014: 14}를 방지하기 위해 교육자들에게 어린이와 함께하는 철학에 『코끼리 전쟁』과 같은 그림책 사용의 재고를 촉구한다. 그는 내러티브에 역사성이 결여되어 있음을 분명히 알고 있다. 코끼리가 싸우는 것에 땅이나 권력, 자원과 같은 명백한 이유는 없다. 코끼리들이 지니고 있는 증오심은 비이성적이며 싸움보다 먼저 생겨나는 것이지 그 반대가 아니다. 그 차이는 상황을 벗어나서 만들어지는 것이 아니지만 증오는 그 차이에서 비롯된다. 따라서 이 이야기의 "비역사주의는 잠재적으로 비교육적이다."^{Chetty, 2014: 21} 체티는 이 이야기가 흑백의 코끼리를 잘못된 것처럼 대표한다는 점을 지적하면서 강력한 비판을 이어 간다. 『코끼리 전쟁』이라는 환상의 세계에는 불평등이 존재하지 않는 것으로 보인다. 검은 코끼리와 흰 코끼리에 대한 묘사가 잘못되어 있으며 사회적 지위, 역사, 문화의 모든 차이가 제거되어 있다.^{Chetty, 2014: 21}

아동문학이 사실적으로factually 정확해야 하고, 억압을 묘사하며, '구조적 불평등'에 대해 말하고 '보수, 재분배 또는 화해와 같이 공정성에 기반한 해결책을 찾는 탐구에 개방'되어야 한다는 것이 과연 옳은 것일까?^{Chetty, 2014: 22-3} 내가 『코끼리 전쟁』을 사용한 것에 대한 이 비평에는 다양한 반응이 있다.

나는 그 답이 부분적으로 체티 자신이 문제라고 생각하는 것에 있다고 믿는다. 그는 이 갈등이 '단지' '신체적 차이'로 인한 것으로만 (그에게 잘못하여) 묘사된 것이라고 말했을 때 정곡을 찌른다.^{Chetty, 2014: 22} 그것은 사실상 매키의 예술을 아주 강력하게 만든다. 그것은 물질담론 행위주체성의 부재absence다. 이야기의 힘은 그 이야기가 놓치고 있는leaves out 것에 있다. 이 이야기는 특정 교육 목적을 위해 만들어진 것이 아니다. 그것이 어떻게 작용하는가 하는 것은 관계적이다. 독자들은 '그' 텍스트가 풍부한 물질담론 환경을 '담고' 있다는 추상적 개념을 가지고 철학적으로 참여한다. 텍스트는 어린이가 탐구하는 것에 확실히 영향을 끼치며 『코끼리 전쟁』과 같은 이야기는 인종차별을 '구조적/체계적'으로 분명하게 드러내지 않는다.^{Chetty, 2014: 25} 그러나 그러한 내러티브가 어떻게 질문되어지는가 하는 것은 또한 점점 마비시키고 마비되는 교육자에게 달려 있다.

어린이와 함께하는 철학은 비판적 탐구 기반 학습을 지지하고 장려하는 환경 '내에서' 텍스트, 교육자, 학습자라는 삼각관계에 따른다. "교사의 영향이 없는teacher-proof 텍스트"와 같은 것은 존재하지 않는다.^{Murris, 2015b} 시공간을 제거하는 것은 이미 선형적 시간위 참조과 인간 종의 발달 진행(현재 시점에서)을 가정한 인종차별주의의 진실에 대한 자기자신의one's own 시/공간적 주장을 포함하여 철학적-거리-측정a-philosophical-distance-taking을 촉발한다(역사상 이 시점에서 우리는 전보다 더 많이 그리고 더 잘 알고 있다). 따라서 체티의 입장은 비역사적으로 보인다. 인종차별주의에 대한 현대적 진실은 그 자체가 역사적인 것이 아닌 보편적인 것이다. 이는 모순된 것일까?

전래 동화 학자인 잭 자이프스Jack Zipes는 그러한 이야기가 비역사적이라는 문제점을 지닌다는 주장에 또 다른 흥미로운 도전을 시도한다. 만약 우리가 "사회-정치적 맥락에서… 그런 동화를 '해부하거나 연구' 한다면 (예를 들어, '인종차별주의'와 '성차별주의'가 담긴 우리에게 잘 알려진 전래 동화 같은) 이들이 가진 마법의 힘을 망가뜨릴지 모른다." 그것은 "보편적이고 영원하며 치유적이고 기적적이며 아름답다."Zipes, 2006: 1 특히 눈에 띄는 것은 과거는 신비롭고 접근하기 어렵지만 하나의 텍스트로as a text 체험될 수 있다는 그의 생각이다.

흑인 어린이를 위한 안전한 공간?

체티의 우려는 권력과 정체성identity에 관한 것이다. 그는 백인 교사가 수업에서 거리낌 없이 발언하기 위해서는 비판적 관점을 고려하기 이전에 '유색인종 어린이'를 신뢰해야 한다고 말한다.Chetty, 2014: 23 엔치소와 같은 후기구조주의 비평가도 선형적 시간과 공간을 통해 움직이는 인간 행위주체성에 초점을 맞춘 휴머니스트 개체-이원론적인 형이상학을 이용한다. 방에는 단 한 명의 흑인 어린이와 한 명의 흑인 카메라맨만 있었기 때문에, 『코끼리 전쟁』은 백인 어린이만이 표현할 수 있는 상상력 있는 의미 생성의 기회를 제공한다고 주장할 수 있다. 그리고 그 흑인 여아는 실제로 거의 말을 하지 않았다. 어린이와 함께하는 철학에 능통하고 탐구 촉진 공동체 경험이 많은 체티는 인종에 관한 탐구를 위한 안전한 공간은 없다고 주장한다. 그러나 그는 사람을 쏘는 '쇠가죽파리' 역할을 하는 교사에게 플라톤의 또 다른 유명한 은유 중 하나인 "혼돈의 교육학a pedagogy of disruption"을 사용하는 것이 가능하다고 말한다.Chetty, 2014: 24

쇠가죽파리로서의 교육자인가 가오리로서의 교육자인가?

쇠가죽파리로서의 교육자인지 가오리로서의 교육자인지 구별하는 것은 중요하다. 쇠가죽파리는 교사teacher는 쏘지 않고 오직 어린이만 쏜다. 이야기 속에 담긴 진실과 함께 쇠가죽파리는 어린이의 물질담론 의미 생성으로부터 스스로 거리를 둔다. 쇠가죽파리는 가오리처럼 스파게티 그릇 안에서 포크를 빙빙 돌리지 않는다. 가오리는 새끼를 밴 상태이므로 단수가 아닌 복수형으로 항상 뒤얽혀 있다. 쇠가죽파리와 쇠가죽파리가 쏘는 사람 사이의 관계는 휴머니스트 주체/객체 대립인 반면, 새끼를 밴 가오리는 비대립적이고 포괄적인 관계적 뒤얽힘에서 (발현)병합한다.

교육자에 대한 이러한 두 가지 형상화는 '포스트' 식민 교육에 대해 매우 다른 두 가지 접근 방식을 보여 준다. 하나는 사회적 권력, 정체성identity, 그리고 비판적 행위주체성에 초점을 두는 휴머니스트이며, 다른 하나는 차이difference: '그' '자신'에게 중요한 차이점에 관한 것이다. 후자는 존재인식론적으로 어린이를 '안'으로 받아들이는 반면 전자는 그렇지 않다. 본 장의 초반에 나오는 피부색에 대한 레이첼의 발언이 이 경우였다. 인종 또한also 피부색에 관한 것이다. 이것은 체티가 주장하는 것처럼 피상적인 것과는 거리가 멀다.Chetty, 2014: 20-2 그것은 또한 그가 어떻게 물질에 대한 담론에 특권을 부여하는지 명확히 보여 준다. 『코끼리 전쟁』을 인종차별주의에 관한 것이라고 먼저 가정해 버린다면 우리는 교육자로서, 예를 들어 아이들이 나의 수업에서 피부색과 성별을 연결 지은 것같이 풍부한 상상력으로 만들어 내는 연결을 놓치게 된다. 우리는 '우리'를 깜짝 놀라게 하는 아이디어가 (발현)병합할 가능성을 막게 된다. 우리가 레이철과의 마주침에서 이 회절적 일시정지diffractive pause를 시작할 때 우리는 스파게티 그릇 '안에' 함께 together 있는 것이 아니었다. 당시 레이철은 레이철과 내부작용하는 연구자인 누말로의 팔에 진흙을 문지르고 있었다. 그는 같은 것을 찾고 있지 않았지만 놀라움에 마음을 열고 있었기에 무언가 새로운 것을 배울 수 있었다. 누말로는 그때까지 알지 못했던 것에 귀를 기울이고 있었다. 또 그는 '비어' 있었고 레이철의 마음을 '그' 올바른 정치적 신념으로 '채우고자 하는' 갈망이 없었다. 레이철은 누말로를 생각하게 만들었다. 새끼를 밴 가오리는 풍부하고 유연하며 잠재력 있는 '비인간 되기-iii'로서의 관계 '내'에서 재형상화된 레이철의 손, 접촉, 미소, 목소리를 귀 기울여 듣고 있었다. 변화와 새로운 주체성 창조를 위해 미리 정의된 경계와 지구 거주자들과의 마주침 '속' 차이로 가정된 범주를 넘어서는 것이 중요하다. 두 접근법의 중요한 차이를 이해하는 것은 후기구조주의가 자리한 서양의 형이상학에 대한 이해를 포함한다.

앞서 5장[그림 5.1]에서 보았듯이, 후기구조주의의 휴머니스트 존재인식론은 현실 세계에 접근할 수 없는 주체와 여기에는 항상 언어와 담론을 통한 중재가 존재한다는 것을 가정한다. 어떤 의미에서 보면, 해석학적 체계는 (거의) '닫혀 있는' 것으로, 역사적, 사회문화적 요인과 정체성에 근거해 개체들은 자유롭지 않고 그들의 정체성에 의해 결정된다. 해체 및 재건과 같은 변화 전략은 물질적이지 않고 언어적linguistic이며 담론적discursive이다. 성인 교육자는 '사회 변화'로 이어지는 적절한 교실 활동을 통해 '어린이의 비판적 행위주체성'을 개발하도록 장려해야 하며Enciso, 2014: 162 따라서 교실 내에서 '실재 인간존재the real human beings'를 무시하는 위험을 감수해야 한다.Jansen, 2009: 257 실재(자연문화)는 사회로 축소된다.Barad, 2007 특히 철학탐구공동체에 어린이를 민주적으로 포함시키는 것은 변화를 가져올 수 있다. 이는 어린이가 구어로만이 아니라 그들의 모든 언어를 통해서 '권력', '목소리', '정체성'과 같은 개념의 실제 의미를 재개념화하는 데에 어린이 자신이 포함될 것이기 때문이다. 철학적 실천에서 우리는 어린이에게 정의로운 미래를 위해 성인의 의제를 강요하는 것에 저항해야 한다. 이것은 존재인식론적 불평등의 또 다른 예이자 그들을 침묵하게 만드는 방법이 될 것이다.Kohan, 1998: 7

리볼버 활동

포스트 식민 교육에 대한 매우 다른 두 가지 접근법은 이 책의 몇 가지 핵심 아이디어에 대한 재검토를 포함하며 '리볼버'라고 불리는 활동에서 스스로 탐구할 수 있게 해 준다. 로저 그리너웨이Roser Greenaway www.reviewing.co.uk가 개발한 이 활동을 iii는 다음과 같이 사용한다.

방에는 테이블 없이 의자들만 원형으로 놓여 있다. 그리고 가운데에 밧줄을 놓아 이 원형을 반으로 '나누고' 있다. 내가 2학년 수업에서 『코끼리 전쟁』으로 진행한 예시와 분석을 소그룹으로 읽고 토론한 후, 양측은 후기구조주의자와 포스트휴머니스트 가운데 하나의 입장을 지지하고 반대하는 몇 가지 주장에 대해 리허설한다. 회절에서 만들어지는 새로운 아이디어 또한 공평하게 다룬다. 원 한쪽의 구성원이 논쟁을 시작하고 다른 쪽에서 이에 응답한다. 모두가 이런 방식으로 찬성과 반대 논쟁에 참여할 때까지 계속한다. 총[8]이 아니라 신체를 '회전하기'라는 활동명에도 불구하고 모든 참여자들에게 '서로 발사해서는' 안 된다는 것을 상기시킨다. 마지막으로 모든 참여자들은 자신이 가장 동의하는 쪽으로 옮겨 갈 수 있으며, 결정하지 못한 참여자는 밧줄 위에 서 있으면 된다. 그러고 나서 소그룹에서 자신들의 회절적 저널로 활동 평가를 지속한다.

교육을 탈식민화하기: '그' '자신' 안에서 '타자' 되기

이 책의 목적 중 하나는 어린이는 어떤 존재이며are 무엇이 되어야만 하는지에 대한 공통 개념을 와해시키고, 무엇이 가능할지에 대한 상상을 제공하는 것이다. 또한 남아공의 복잡한 '포스트' 식민 교육환경에서도 마찬가지다. 우리는 어린이에 대한 보편적이고 전 세계적인 설명이 어떻게 차이와 다양성 수용에 실패하는지 보아왔다.Kocher and Pacini-Ketchabaw, 2011: 47 차별의 범주로 '연령'이 아닌 '인종', '계급' 및 '성별'에만 초점을 맞춘 페다고지는 지식이 무엇이고what knowledge is 누구의 지식이 중요한지whose knowledge matters에 있어 의문의 여지가 없다는 점에서 교수와 학습에 여전히 위계적인 현 상황status quo을 유지한다. 어린이가 존재인식론적으로 '속in'하도록 허용하는 윤리적 움직임은 또한also 어린이가 성인의 정치적 의제-어린이를 배제, 차별하는 이분법을 사용하지 못하게 하는 의제-에 도전할 수 있도록 해야 함을 의미

---

8. 흥미롭게도 로저 그리너웨이(Roger Greenaway)는 이름을 보다 '평화로운', '턴테이블'로 바꾸라는 것에 설득되었다(http://reviewing.co.uk/discuss/discuss2.htm, accessed 10 June 2015).

한다. 교육 목표 중 하나[2장 참조]는 어린이와 학생들이 새로운 어떤 것을 세계로 가져오는 것으로, '관계적 물질주의적인 주체화'이다. 이는 일부 사람들이 '정치적으로 올바른' 것으로 보지 않는 주제나 개념을 공개적으로 탐구하는 형태를 취할 수 있다. 포스트휴먼을 지향하는 것은 어린이가 종종 철학적 탐구에 마법적이고 의인화되고 공상적인 기여('낯선 사람들')를 하는 것을 포함하는 정당성을 이론화하는 데 도움이 되며, 유기체가 지식과 이해를 구성하는 다양한 물질담론적 방식을 지지한다. 가장 중요한 부분은 재현주의에 저항하는 것이고 넘어서거나 남겨 두는 것은 없으며 단지 달라지고 동시에 부분적으로 같아지는 나 '자신self'과의 회절일 뿐임을 받아들이는 것이다. "임신과 같이… 이미 존재하는 것으로부터 새로운 창조와 새로운 생성의 잠재성을 그 자체 내에 간직하고" 있다.Lenz Taguchi, 2010: 95

페다고지의 변화는 공유하고 있는 내부-연결된 자연문화 세계에 대해 집단적 책임을 가진 관계 윤리에 기초한다. 인간과 다른 지구 거주자들과의 접속성을 강조하고 교육에서 심리, 사회, 또는 담론에 초점을 두는 배타적 인간중심주의에서 벗어나는 것은 젊은 세대뿐 아니라 빈곤하고 영어를 모국어로 사용하지 않는 사람들과의 더욱 공정한 교육적 마주침을 위해 특히 시급한 부분이다. 그것은 우리의 가장 어린 시민들을 포함하는 지속가능한 미래를 위해 확실하지만 복잡하고 흥미로운 하나의 교육 방법이다.

옮긴이 후기

우리는 누구나 '어린이란 어떤 존재인지what is child?'를 알고 싶어 한다. 하지만 무리스의 말처럼, 어린이와 아동기에 대한 개념은 철학적으로도 우리를 속일 수 있을 만큼 복잡하다. 『포스트휴먼 어린이The Posthuman Child』는 지금까지 영유아교육의 이론적 기초를 형성하며 진리라고 받아들여졌던 보편적인 어린이와 아동기에 대한 개념에 대항하며 어린이를 향해 있는 존재인식론적 불평등을 다룬다. 무리스는 캐런 바라드, 도나 해러웨이, 로시 브라이도티, 거트 비에스타 등 방대한 철학자들 사이를 회절적으로 오가며 비판적 포스트휴머니즘 관점에서 어린이와 아동기를 재형상화하고, 휴머니즘을 와해시켜 교육적 관계에 대한 새로운 개념을 생성해 낸다.

먼저 책의 구성을 살펴보면, 이 책은 2부로 구성되어 있다. 1부 '포스트휴먼 철학적 관점'에서는 비에스타의 교육의 목표와 바라드의 관계적 물질주의, 프릭커의 인식론적 불평등 사이를 오가며 철학적 정당성을 확보한다. 이를 토대로 5장에서는 포스트휴먼 어린이를 물질담론적 관계를 통해 발현(병합)되는 유능하고rich, 유연하며resilient, 잠재력 있는resourceful 아동으로 새롭게 형상화한다. 2부 '포스트휴먼 내부작용 페다고지'에서는 '어린이와 함께하는 철학' 수업 사례를 기반으로

근대 문해교육과 교사의 지시적 역할에 대해 비판하며, 레지오 에밀리아 교육, 리좀 교육과정, 기관 없는 듣기 등과 중첩하며 교육적 함의를 찾는다. 이를 토대로 교사를 '새끼 밴 가오리'로 새롭게 형상화하며 다른 존재인식론을 제안한다. 그 과정에서 몇몇 사례에서 유튜브 자료를 활용하여 소개하고 있으나, 활용된 자료 일부는 삭제되었으니 참고하길 바란다.

이 책의 특징 중 하나는 모든 장의 앞뒤에 '회절적 일시정지 diffractive pause'가 포함되어 있다는 점이다. 회절적 일시정지는 이론적 개념을 강화하고, 각 장에서 전이의 공간을 형성하며 중요한 새로운 통찰을 실현하는 데 길잡이 역할을 한다. 무리스는 해석, 반성이나 의미부여 등을 피하고 의도적으로 회절적 방법론을 선택하여 아이들을 만나면서 교육자로서 자신의 신체정신을 한계점까지 밀어붙였다. 기존의 교사양성과정에서 받은 교육과 달리, 아이들에게 가르치기 위해 자신이 소유하고 있는 지식을 이용하는 것과 아주 다르게 '나는 철학적이어야 했다'고 고백한 것이 인상 깊다. 이처럼 철학적 실천은 교육자의 인식론적 변화, 즉 힘의 이동을 강제하며, 직접 교수 방식의 습관을 버리고 '채우기'가 아닌 '비우기' 관계로 나아가려는 교사의 의식적 노력이 요구됨을 강조한다. 이 책을 마주하는 순간, 독자들도 잠시 멈추어 무리스-되기를 해 볼 수 있지 않을까?

좋은 책을 발견하고, 번역을 결정짓고, 출판에 이르기까지 많은 사람들이 함께하였다. 10여 명이 넘는 유아교육자들이 꾸준히 만나 들뢰즈 철학을 공부하였고, '유아교육 다시 읽기Contesting Early Childhood' 시리즈의 저서를 중심으로 학문공동체를 형성하여 데이비스의 『어린이에게 귀 기울이기』를 필두로 수년간 국내에 번역서들을 소개하였다. 올슨, 렌스 타구치, 셀러스와 모스의 책은 이미 번역되어 독자들과 만나고 있다.

『포스트휴먼 어린이』 번역 작업은 유독 오래 걸렸다. 그 까닭은 우리의 관념 속에 뿌리내린 여러 지식과 이론을 마주하고 기존의 인식체계를 의도적으로 와해시키려는 무리스의 회절적 방식에 걸려들었다가 빠져나오면서 개념들을 하나씩 새로이 배우는 즐거움에 압도되었기 때문이다. 번역 작업에 참여한 옮긴이들은 대면과 비대면으로 만나 함께 읽고 또 읽었고, 독자와의 만남을 서두르며 수개월 동안 토요일 새벽 시간을 내어 그 강도를 높이는 수고를 아끼지 않았다. 끝으로 이 책이 출판될 수 있도록 오랜 시간 인내심을 갖고 기다려 준 살림터와 400쪽이 훨씬 넘는 원고의 편집과 교정을 기꺼이 맡아 준 김승희 선생님께도 깊은 감사의 마음을 전한다.

무리스의 말처럼 우리가 어린이에게 온전히 귀 기울이지 못한 것은 어린이를 (아직은) 순수하고, 유약하고, 미성숙하며, 비합리적인 고정적인 존재로 보았기 때문일지도 모른다. 독자들은 지금까지 윤리적, 인식론적으로 그리고 존재론적으로 거부당해 온 어린이에 대해 집요하게 통찰해 볼 기회를 얻을 수 있을 것이다. 이 책을 통해 어린이란 어떤 존재인지, 교사는 어떠해야 하며, 지식이란 무엇이어야 하는지를 결정해 온, 뿌리 깊이 박혀 있는 휴머니즘, 개체주의와 재현주의에 균열을 내고 포스트휴머니즘이 부분적으로나마 그 자리에 침투할 수 있기를 기대해 본다.

'벗어난다는 것 unlearning'은 경이로운 일이다. 비움은 새로운 채움을 가능하게 하며 이는 우리들 안에서 타자가 되어 가는 과정일 것이다. 우리는 각자의 위치에서 무엇을 버려야 할까? 이 글을 만나 삶에서 그리고 교육현장에서 '살아 있는 유기체와도 같은 페다고지'를 고민하고 실천해 보기를 바란다.

2021년 10월

번역에 참여하면서 들뢰즈를 함께 공부한 사람들 씀

참고 문헌

Ajayi, A.C. (2000) The changing roles of mother as teacher of her pre-school child: The Nigerian Experience. *International Journal of Early Childhood*, 38, 2, 86-92.

Alaimo, S. and Hekman, S. (2008) *Material Feminisms*. Bloomington, IA: Indiana University Press.

Alanen, L. (1988) Rethinking childhood. *Acta Sociologica*, 31, 1, 53-67.

Alexander, N. (2012) *On the 3 Rs Project: Improving the Quality of Education in South Africa: The Literacy and Numeracy Challenge*. Final report to the Human Sciences Research Council. Cape Town: Project for the study of alternative education (PRAESA).

Alexander, N. and Bloch, C. (2010) Creating Literate Communities-The Challenge of Early Literacy. In M. Krueger-Potratz, U. Neumann and H.H. Reich (eds), *Bei Vielfalt Chancengleichheit*. Munster: Waxmann Verlag, 197-213.

Archard, D. (1998) John Locke's Children. In S.M.Turner and G.B. Matthews (eds), *The Philosophers Child*. Rochester, NY: University of Rochester Press, 85-105.

Archard, D. (2004) *Children: Rights and Childhood* (2nd edn). Abingdon and New York: Routledge.

Arendt, H. (1959) *The Human Condition*. New York: Anchor Books.

Aries, P. (1962) *Centuries of Childhood: A Social History of Family Life* (Transl. Robert Baldick). New York: Alfred A. Knopf.

Arizpe, E. (2012) Review of picturebooks, pedagogy and philosophy. *Journal of Philosophy of Education*, 46, 3, 497-500.

Arizpe, E. and Styles, M. (2003) *Children Reading Pictures: Interpreting Visual Texts*. London: Routledge Falmer.

Barad, K. (1995) A Feminist Approach to Teaching Quantum Physics. In S.V. Rosser (ed.), *Teaching the Majority: Breaking the Gender Barrier in Science, Mathematics, and Engineering*. Athene Series. New York: Teacher's College Press, 43-75.

Barad, K. (2003) Posthumanist performativity: Toward an understanding of how matter comes to matter. *Signs: Journal of Women in Culture and Society*, 28, 31, 801-31.

Barad, K. (2007) *Meeting the Universe Halfway: Quantum Physics and the Entanglement of Matter and Meaning*. Durham, NC: Duke University Press.

Barad, K. (2011) Nature's queer performativity. *Qui Parle*, 19, 2, Spring/Sum

mer, 121-58.
Barad, K. (2012) Intra-actions: an interview with Karen Barad by Adam Kleinman. *Mousse*, 34, 76-81.
Barad, K. (2014) Diffracting diffraction: Cutting together-apart. *Parallax*, 20, 3, 168-87.
Bates, S. (1990) Philosophy taxes infants' intellects. *The Guardian*, 7 November, 8.
Battersby, C. (1998) *The Phenomenal Woman: Feminist Metaphysics and the Patterns of Identity*. New York: Routledge.
Benjamin, M. and Echeverria, E. (1992) Knowledge in the classroom. In A.M Sharp and R. Reed (eds), *Studies in Philosophy for Children*. Philadelphia, PA: Temple University Press, 64-79.
Bennett, J. (2010) *Vibrant Matter: A Political Ecology of Things*. Durham, NC and London: Duke University Press.
Berkeley, G. (1977) *The Principles of Human Knowledge; With Other Writings*. London: Fontana.
Biesta, G.J.J. (1994) Education as practical intersubjectivity: Towards a critical-pragmatic understanding of education. *Educational Theory*, 44, 3, 299-317.
Biesta, G.J.J. (2006) *Beyond Learning*. Boulder, CO: Paradigm.
Biesta, G. (2010) *Good Education in an Age of Measurement: Ethics, Politics, Democracy*. Boulder, CO: Paradigm.
Biesta, G.J.J. (2012) The future of teacher education: Evidence, competence or wisdom? *Research on Steiner Education*, 3, 1, 8-21. Available from: www.rosejourn.com (accessed 10 June 2012).
Biesta, G.J.J. (2013). Pragmatising the curriculum: Bringing knowledge back into the curriculum conversation, but via pragmatism. Availablre from: http://orbilu.uni.lu/bitstream/10993/10683/1/ (accessed 17 December 2013).
Biesta, G.J.J. (2014) *The Beautiful Risk of Education*. Boulder, CO: Paradigm.
Bleazby, J. (2012) Dewey's Notion of Imagination in philosophy for children. *Education and Culture*, 28, 2, 95-111.
Bloch, G. (2009) *The Toxic Mix: What's Wrong with South Africa's Schools and How to Fix It*. Cape Town: Tafelberg.
Bloch, M.N., Swadener, B.B. and Cannella, G.S. (eds) (2014). *Reconceptualizing Early Childhood Care & Education. A Reader*. New York: Peter Lang.
Blyth, M. D. C. (2015). *Chronicle of a dys-appearance: An autoethnography of a teacher on conflict*. Unpublished doctoral dissertation. University of Cape Town, South Africa.
Bonn, M. (2007) Children's understanding of 'Ubuntu'. *Early Childhood Development and Care*, 177, 8, 863-73.
Braidotti, R. (1991) *Patterns of Dissonance: A Study of Women in Contemporary Philosophy* (transl. by E. Guild). Cambridge: Polity.
Braidotti, R. (2002) *Metamorphoses: Towards a Materialist Theory of Becoming*. Oxford: Blackwell Publishers.

Braidotti, R. (2006) *Transpositions: On Nomadic Ethics*. Cambridge: Polity.
Braidotti, R. (2011) *Nomadic Theory: The Portable Rosi Braidotti*. Columbia, NY: Columbia University Press.
Braidotti, R. (2013) *The Posthuman*. Cambridge: Polity.
Brodie, K. (2007) Dialogue in mathematics classrooms: beyond question and answer methods. *Pythagoras*, 33, 3-13.
Browne, A. (1981) *Hansel and Gretel*. London: Walker Books.
Browne, A. (1986) *Piggybook*. London: Julia MacRae.
Browne, A. (1990) *Changes*. London: Walker Books.
Browne, A. (1993) *Zoo*. London: Julia MacRae.
Browne, A. (1993/1995) *The Big Baby: A Little Joke*. London: Red Fox.
Browne, A. (1997a) *The Tunnel*. London: Walker Books.
Browne, A. (1997b) *Willy the Dreamer*. London: Walker Books.
Browne, A. (1999) *Bear Goes to Town*. London: Puffin Books.
Browne, A. (2006) *The Retreat of Reason: Political Correctness and the Corruption of Public Debate in Modern Britain*. London: Civitas, Institute for the Study of Civil Society.
Browne, A. (2008) *Little Beauty*. London: Walker Books.
Browne, A. (2010) *Me and You*. London: Doubleday.
Browne, A. and Browne, J. (2011) *Playing the Shape Game*. London: Doubledays Children.
Bruce, T. (1987/2011) *Early Childhood Education* (4th edn). Abingdon: Hodder Education.
Burbules, N.C. (1995) Reasonable Doubt: Toward a Postmodern Defense of Reason as an Educational Aim. In W. Kohli (ed.), *Critical Conversations in Philosophy of Education*. New York: Routledge, 82-103.
Burbules, N.C. (2000) The Limits of Dialogue as a Critical Pedagogy. In P. Trifonas (ed.), *Revolutionary Pedagogies*. New York: Routledge. Available from: www.faculty. ed.uiuc.edu/burbules (accessed 23 March 2011).
Burgh, G. and Yorshansky, M. (2011) Communities of Inquiry: Politics, power and group dynamics. *Educational Philosophy and Theory*, 43, 5, 436-52.
Burke, C. (2008) Play in Focus: Children's Visual Voice in Participative Research. In P. Thomson (ed.), *Doing Visual Research with Children and Young People*. London: Routledge, 23-37.
Burman, E. (2001) Beyond the Baby and the Bathwater: Postdualistic Developmental Psychologies for Diverse Childhoods. *European Early Childhood Education Research Journal*, 9, 1.
Burman, E. (2008a) *Deconstructing Developmental Psychology* (2nd edn). London: Routledge.
Burman, E. (2008b) *Developments: Child, Image, Nation*. London: Routledge.
Burman, E. (2013) Conceptual resources for questioning 'child as educator'. In J. Haynes and K. Murris (eds), *Child as Educator*. Special Issue. *Studies in*

Philosophy and Education, 32, 3, 229-43.
Burman, E. (2015) Developmental Psychology: The Turn to Deconstruction. In I. Parker (ed.), *Handbook of Critical Psychology*. New York: Routledge.
Burtt, F. (2014) Developing early thinking with philosophy for children in South Africa. D.G. Murray Trust Hands-On Learning publication, 10th issue. Available from: www.dgmt.co.za/category/what-weve-learned/hands-on-learning-briefs/ (accessed 12 February 2014).
Cahill, B.J. and Gibson, T.L. (2012) Using Critical Theories in the Curriculum. In N. File, J. Mueller and D. Basler Wisneski (eds), *Curriculum in Early Childhood Education: Re-examined, Rediscovered, Renewed*. New York: Routledge, 93-101.
Cam, P. (1995) *Thinking Together: Philosophical Inquiry for the Classroom*. Sydney: Primary English Teaching Association & Hale and Iremonger.
Campbell, E. (2003) *The Ethical Teacher*. Maidenhead: Open University Press.
Caroll, L. (2013) *Alice in Wonderland*. D.J Gray (ed.). Third Norton Critical edn. New York: Norton.
Ceppi, G. and Zini, M. (1998) *Children, Spaces and Relations: Metaproject for an Environment for Young Children*. Reggio Emilia: Reggio Children s.r.l.
Chetty, D. (2014) The Elephant in the Room: Picturebooks, Philosophy and Racism. Paper presented at the *16th Conference of the International Council of Philosophical Inquiry with Children*, Cape Town, 31 Aug-2 Sept. Available from http://icpic.cmc-uct.co.za/ (accessed 2 September 2013).
Christensen, P. and Prout, A. (2002) Working with ethical symmetry in social research with children. *Childhood*, 9, 4, 477-97.
Clark, A. (2010) *Transforming Children's Spaces: Children's and Adults' Participation in Designing Learning Environments*. London: Routledge.
Code, L. (2008) Review of Miranda Fricker's Epistemic Injustice: Power and the Ethics of Knowing. Available from https://ndpr.nd.edu/news/23398-epistemic-injusticepower-and-the-ethics-of-knowing/ (accessed 12 August 2014).
Coole, D. and Frost, S. (eds) (2010) *New Materialisms: Ontology, Agency, and Politics*. Durham, NC: Duke University Press.
Corradi-Fiumara, G. (1990) *The Other Side of Language. A Philosophy of Listening*. London: Routledge.
Cregan, K. and Cuthbert, D. (2014) *Global Childhoods-Issues and Debates*. London: SAGE.
Cunningham, H. (2006) *The Invention of Childhood*. London: BBC Books.
Dahlberg, G. (2003) Pedagogy as a Loci of an Ethics of an Encounter. In M. Bloch, K. Holmlund, I. Moqvist and T. Popkewitz (eds), *Governing Children, Families and Education: Restructuring the Welfare State*. New York: Palgrave McMillan.
Curnow, T. (1995) Transcendence, logic, and identity. *Philosophy Now*, 12, 24-6.

Dahlberg, G. and Moss, P. (2005) *Ethics and Politics in Early Childhood Education*. London: Routledge.

Dahlberg, G. and Moss, P. (2006) Introduction: Our Reggio Emilia. In C. Rinaldi, *In Dialogue with Reggio Emilia: Listening, Researching and Learning*. Contesting Early childhood series. London: Routledge.

Dahlberg, G. and Moss, P. (2009) 'Foreword' to Olsson, L.M. (2009) *Movement and Experimentation in Young Children's Learning: Deleuze and Guattari in Early Childhood Education*. London: Routledge, xiii–xxviii.

Dahlberg, G. and Moss, P. (2010) Invitation to the Dance: Series editors' introduction to V. Vecchi, *Art and Creativity in Reggio Emilia: Exploring the Role and Potential of Ateliers in Early Childhood Education*. London: Routledge, xiv-xxiii.

Dahlberg, G., Moss, P. and Pence, P. (1999/2013) *Beyond Quality in Early Childhood Education and Care: Postmodern Perspectives*. London: Falmer Press.

Davies, B. (2014) *Listening to Children: Being and Becoming*. London: Routledge.

Davis, A. (2013) To Read or Not to Read: Decoding Synthetic Phonics. IMPACT Series 20. Available from http://onlinelibrary.wiley.com/doi/10.1111/imp.2013. 2013.issue-20/issuetoc (accessed 22 December 2013).

Davis, B. (2004) *Inventions of Teaching: A Genealogy*. Mahwah, NJ: Lawrence Erlbaum.

De Suissa, J. (2008) Philosophy in the Secondary School-a Deweyan Perspective. In M. Hand and C. Winstanley (eds), *Philosophy in Schools*. New York: Continuum, 132-45.

Deleuze, G. (1970/1988). *Spinoza: Practical Philosophy*. San Francisco, CA: City Light Books.

Deleuze, G. (1994) *Difference and Repetition*. New York: Columbia University Press.

Deleuze, G. and Guattari, F. (1987/2013) *A Thousand Plateaus* (Transl. and foreword by B. Massumi). London: Bloomsbury.

Deleuze, G. and Guattari, F. (1994) *What is Philosophy?* (Transl. by G. Burchell and H. Tomlinson). London: Verso.

Department of Education (2011). *National Curriculum Statement. Curriculum and Assessment Policy, Foundation Phase Grades R-3. English Home Language*. South Africa: Govern-ment Printing Works. Available from www.education.gov.za/ (accessed 3 May 2013).

Department of Education (2013). *Report on the Annual National Assessment of 2013: Grades 1 to 6&9*. South Africa: Government Printing Works.

Descartes, R. (1968) *Discourse on Method & Other Writings; Sixth Meditation* (Transl. by F.E. Sutcliffe). London: Penguin.

Dixon, K. (2011) *Literacy, Power and the Schooled Body: Learning in Time and Space*. New York: Routledge.

Dolphijn, R. and Van der Tuin, I. (2012) *New Materialism: Interviews & Cartographies*. Open Humanities Press. Available from: http://openhumanitiespress.org/newmaterialism.html (accessed 12 March 2015).

Donaldson, M. (1978) *Children's Minds*. London: Fontana.

Dunne, J. (1997) *Back to the Rough Ground: Practical Judgment and the Lure of Technique*. Notre Dame and London: University of Notre Dame Press.

Dunne, J. and Pendlebury, S. (2003) Practical Reason. In N. Blake et al. (eds), *The Blackwell Guide to the Philosophy of Education*. Oxford: Blackwell, 194-212.

Ecclestone, K. and Hayes, D. (2009) *The Dangerous Rise of Therapeutic Education*. London: Routledge.

Edwards, C. (1995) Democratic participation in a community of learners: Loris Malaguzzi's philosophy of education as relationship. Lecture prepared for an international seminar, University of Milan, October 16-17, 1995. Available from: http://digitalcommons.unl.edu/cgi/viewcontent.cgi?article=1014&context=famconfacpub (accessed 11 June 2015).

Edwards, C., Gandini, L. and Forman, G. (1998) *The Hundred Languages of Children: The Reggio Emilia Approach-Advanced Reflections* (2nd edn). Westport, CT: Ablex.

Egan, K. (1988) *Teaching as Storytelling. An Alternative Approach to Teaching and the Curriculum*. London, ON: University of Western Ontario.

Egan, K. (1991) *Primary Understanding: Education in Early Childhood*. London: Routledge.

Egan, K. (1992) *Imagination in Teaching and Learning: Ages 8-15*. London: Routledge.

Egan, K. (1993) The Other Half of the Child. In M. Lipman (ed.), *Thinking, Children and Education*. Montclair, CA: Kendall/Hunt, 281-6.

Egan, K. (1995) Narrative and Learning: A Voyage of Implications. In H. McEwan and K. Egan (eds), *Narrative in Teaching, Learning, and Research*. New York: Teachers College Press, 116–24.

Egan, K. (1997) *The Educated Mind: How Cognitive Tools Shape our Understanding*. Chicago, IL: University of Chicago Press.

Egan, K. (2002) *Getting it Wrong from the Beginning: Our Progressivist Inheritance from Herbert Spencer, John Dewey, and Jean Piaget*. New Haven, CT: Yale University Press.

Egan, K. and Ling, M. (2002) We Begin as Poets: Conceptual Tools and the Arts in Early Childhood. In L. Bresler and C.M. Thompson (eds), *The Arts in Children's Lives: Context, Culture & Curriculum*. Boston, MA: Kluwer Academic Press, 93-100.

Ellsworth, E. (2005) *Places of Learning: Media, Architecture, Pedagogy*. New York: Routledge.

Enciso, P. (2014) Interview with Patricio Enciso about Karin Murris' Case study contribution. In J. Larson and J. Marsh (2005), *Making Literacy Real, Theories and Practices for Learning and Teaching*. London: Sage Publications, 159-62.

Evans, J. (2009) A Master in His Time: Anthony Browne Shares Thoughts about his Work. In J. Evans (ed.), *Taking Beyond the Page: Reading and Responding to Picturebooks*. London: Routledge.

File, N. (2012) The Relationship between Child Development and Early Childhood Curriculum. In N. File, J. Mueller and D. Basler Wisneski (eds), *Curriculum in Early Childhood Education: Re-examined, Rediscovered, Renewed*. New York: Routledge, 29-42.

File, N., Basler Wisneski, D. and Mueller, J. (2012) Strengthening Curriculum in Early Childhood. In N. File, J. Mueller and D. Basler Wisneski (eds), *Curriculum in Early Childhood Education: Re-examined, Rediscovered, Renewed*. New York: Routledge, 200-5.

Fleisch, B. (2008) *Primary Education in Crisis: Why South African Schoolchildren Underachieve in Reading and Mathematics*. Juta: Cape Town.

Fleisch, B. (2012) System Reform: Lessons from the Literacy Strategy in Gauteng. Paper presented at the *Wits School of Education Seminar Series*, 25 July 2012.

Fletcher, N.M. (2014) Body Talk, Body Taunt-Corporeal Dialogue within a Community of Philosophical Inquiry. *Analytical Teaching and Philosophical Praxis*, 35, 1, 10-25.

Forman, G. (1994) Different Media, Different Languages. In L.G. Katz and B. Cesarone, *Reflections on the Reggio Emilia Approach*; Perspectives from ERIC/EECE: a monograph series, no.6, 37-46.

Fox, R. (2001) Can Children Be Philosophical? *Teaching Thinking*, 4, Summer, 46-9.

Fricker, M. (2000) Feminism in Epistemology: Pluralism without Postmodernism. In M. Fricker and J. Horsnby (eds), *The Cambridge Companion to Feminism in Philosophy*. Cambridge: Cambridge University Press, 146-66.

Fricker, M. (2007) *Epistemic Injustice: Power and the Ethics of Knowing*. Oxford: Oxford University Press.

Frost, S. (2010) Fear and the Illusion of Autonomy. In D. Coole and S. Frost (eds), *New Materialisms: Ontology, Agency, and Politics*. Durham, NC: Duke University Press, 158-77.

Frost, S. (2011) The Implications of the New Materialisms for Feminist Epistemology. In H.E Grasswick (ed.), *Feminist Epistemology and Philosophy of Science: Power in Knowledge*. Dordrecht: Springer, 69-83.

Gazzard, A. (1985) Philosophy for Children and the Piagetian Framework. *Thinking*, 5, 1.

Genishi, C. and Dyson, A.H. (2009) *Children, Language and Literacy: Diverse*

Learners in Diverse Times. New York: Teachers College Press.
Green, L. (2008) Cognitive Modifiability in South African Classrooms. In T. Oon Seng and A. Seok-Hoon Seng, *Cognitive Modifiability in Learning and Assessment*. Singapore: Cengage Learning, 137-53.
Green, L. (2012) Evaluation of Community of Enquiry Practices in Under-resourced South African Classrooms: Three Strategies and their Outcomes. In M. Santi and S. Oliverio (eds), *Educating for Complex Thinking through Philosophical Inquiry: Models, Advances and Proposals for the New Millenium*. Naples: Liguori, 349-63.
Green, L. and Murris, K. (2014) Lipman's Philosophy for Children. In L. Green (ed.), *Schools as Thinking Communities*. Cape Town: Van Schaik, 121-40.
Griffiths, F. (2014) The Talking Table: Sharing Wonder in Early Childhood Education. In K. Egan, A. Cant and G. Judson (eds), *Wonder-full Education: The Centrality of Wonder in Teaching and Learning Across the Curriculum*. New York: Routledge, 122-35.
Guthrie, W.K.C. (1956) *Plato: Protagoras and Meno*. London: Penguin.
Hand, M. (2008) Can Children be Taught Philosophy? In M. Hand and C. Winstanley (eds), *Philosophy in Schools*. London: Continuum, 3-18.
Hannam, P. and Echeverria, E. (2009) *Philosophy with Teenagers: Nurturing a Moral Imagination for the 21st Century*. London: Continuum.
Haraway, D. (1988) Situated knowledges: The science question in feminism and the privilege of partial perspective. *Feminist Studies*, 14, 575-99.
Haraway, D. (1990) A Manifesto for Cyborgs: Science, Technology, and Socialist Feminism in the 1980s. In L.J. Nicholson (ed.), *Feminism/Postmodernism*. New York: Routledge, 190-193.
Haraway, D. (1992) The Promises of Monsters: A Regenerative Politics for Inappropriate/d Others. In L. Grossberg, C. Nelson and P.A. Treichler (eds), *Cultural Studies*. New York: Routledge, 295-337.
Haraway, D. (2003) *The Companion Species Manifesto: Dogs, People, and Other Significant Otherness*. Chicago, IL: Prickly Paradigm.
Hatch, J.A. (2012). From Theory to Curriculum: Developmental Theory and its Relationship to Curriculum and Instruction in Early Childhood Education, In N. File, J. Mueller and D. Basler Wisneski (eds), *Curriculum in Early Childhood Education: Re-examined, Rediscovered, Renewed*. London: Routledge, 42-54.
Haynes, J. (2005) The costs of thinking. *Teaching Thinking and Creativity*, Autumn, 7, 32-8. Birmingham: Imaginative Minds.
Haynes, J. (2007a) *Listening as a Critical Practice: Learning from Philosophy with Children*. PhD thesis submitted for examination to the University of Exeter.
Haynes, J. (2007b) Freedom and the urge to think. *Gifted Education International*, Special Issue on Philosophy for Children, 22, 2/3, 229-37,

edited by B. Wallace, guest ed. B. Hymer.

Haynes, J. (2008) *Children as Philosophers: Learning through Enquiry and Dialogue in the Primary School* (2nd edn). London: RoutledgeFalmer.

Haynes, J. (2009a) Listening to the Voice of Child in Education. In S. Gibson and J. Haynes (eds), *Perspectives on Participation and Inclusion: Engaging Education*. London: Continuum, 27-41.

Haynes, J. (2009b) Freedom, Inclusion and Education. In S. Gibson and J. Haynes (eds), *Perspectives on Participation and Inclusion: Engaging Education*. London: Continuum, 76-89.

Haynes, J. (2014) Already Equal and Able to Speak. In S. Robson and S.F. Quinn (eds), *Routledge International Handbook of Young Children's Thinking and Understanding*. London: Routledge, 463-75.

Haynes, J. and Murris, K. (2009) The wrong message: Risk, censorship and the struggle for democracy in the primary school. *Thinking*, 19, 1, 2-12.

Haynes, J. and Murris, K. (2011) The Provocation of an Epistemological Shift in Teacher Education through Philosophy with Children. In N. Vansieleghem and D. Kennedy (eds), Philosophy for Children in Transition: Problems and Prospects. Special Issue: *Journal of Philosophy of Education*, 45, 2, 285-303.

Haynes, J. and Murris, K. (2012) *Picturebooks, Pedagogy and Philosophy*. New York: Routledge.

Haynes, J. and Murris, K. (2013) The Realm of Meaning: Imagination, Narrative and Playfulness in Philosophical Exploration with Young Children. In P. Costello (ed.), Special Issue: Developing Children's Thinking in Early Childhood Education. *Early Child Development and Care*, 183, 8, 1084-100.

Heidegger, M. (1927/1979) *Sein und Zeit*. Tübingen: Max Niemeyer.

Heidegger, M. (1968) *What is called Thinking?* (J.G. Gray, transl. and intro). New York: Harper and Row.

Hekman, S. (2010) *The Material of Knowledge: Feminist Disclosures*. Bloomington, IN: Indiana University Press.

Hocevar, A., Sebart, M.K. and Stefanc, D. (2013) Curriculum planning and the concept of participation in the Reggio Emilia pedagogical approach. *European Early Childhood Education Research Journal*, 21, 4, 476-88.

Holland, P. (2003/2012) *We Don't Play with Guns Here: War, Weapon and Superhero Play in the Early Years*. Maidenhead: Open University Press.

Howie, S.J., Venter, E., Van Staden, S., Zimmerman, L., Long, C., Scherman, V. and Archer, E. (2007) *Progress in International Reading Literacy Study (PIRLS) 2006 Summary Report: South African Children's Reading Literacy Achievement*. Pretoria: University of Pretoria.

Howie, S.J., Van Staden, S., Tshele, M., Dowse, C. and Zimmerman, L. (2012) *PIRLS 2011 Progress in International Reading Literacy Study 2011: South African Children's Reading Literacy Achievement Summary Report*. Available at: http://web.up.ac.za/sitefiles/File/publications/2013/PIRLS_2011

_Report_12_Dec.PDF (accessed 5 October 2013).
Hultman, K. and Lenz Taguchi, H. (2010) Challenging anthropocentric analysis of visual data: a relational materialist methodological approach to educational research. *International Journal of Qualitative Studies in Education*, 23, 5, 525-42.
Jackson, A.Y. and Mazzei, L.A. (2012) *Thinking with Theory in Qualitative Research: Viewing Data across Multiple Perspectives*. New York: Routledge.
Janks, H. (2011) *Literacy and Power*. New York: Routledge.
James, A., Jenks, C. and Prout, A. (1998) *Theorizing Childhood*. Cambridge: Polity.
Jansen, J. (2009) *Knowledge in the Blood: Confronting Race and the Apartheid Past*. Stanford, CA: Stanford University Press.
Jaques, Z. (2015a) *Children's Literature and the Posthuman: Animal, Environment, Cyborg*. London: Routledge.
Jaques, Z. (2015b) Introduction: Special Issue on 'Machines, Monsters and Animals: Posthumanism and Children's Literature. *Bookbird: A Journal of International Children's Literature*, 53, 1, 4-9.
Jaynes, J. (1990) *The Origin of Consciousness in the Breakdown of the Bicameral Mind* (new edn). Boston, MA: Houghton Mifflin.
Jenks, C. (1982) *The Sociology of Childhood*. London: Batsford Academic and Educational.
Jenks, C. (2005) *Childhood* (2nd edn). New York: Routledge.
John, M. (2003) *Children's Rights and Power: Charging up for a New Century*. London: Jessica Kingsley.
Jones, P. (2009) *Rethinking Childhood: Attitudes in Contemporary Childhood*. New Childhood Series. London: Continuum.
Joubert, I. (ed.) (2009) *'South Africa is my Best World.': The Voices of Child Citizens in a Democratic South Africa*. Peter Lang AG, Internationaler Verlag der Wissenschaften.
Kaiser, B.M. and Thiele, K. (2014) Diffraction: Onto-epistemology, quantum physics and the critical humanities. *Parallax*, 20, 3, 165-7.
Kant, I. (1956) *Kritik der Reinen Vernunft*. Hamburg: Felix Meiner Verlag.
Kelly, A.V. (1995) *Education and Democracy*. London: Paul Chapman.
Kendrick, M. and McKay, R. (2009) Researching Literacy with Young Children's Drawings. In M. Narey (ed.), *Making Meaning*. Canada: Springer, 53-70.
Kennedy, D. (1989) Fools, Young children, Animism, and the Scientific World-picture. *Philosophy Today*, 33, 4, 374-81.
Kennedy, D. (1996a) After Reggio Emilia: May the conversation begin! *Young Children*, 51, 5.
Kennedy, D. (1996b) Reconstructing childhood. *Thinking, American Journal of Philosophy for Children*, 14, 1, 29-37.
Kennedy, D. (2000) The roots of child study: philosophy, history and religion.

Teachers College Record, 102, 3, 514-38.

Kennedy, D. (2004) The role of a facilitator in a community of philosophical inquiry. *Metaphilosophy*, 35, 5, 745-65.

Kennedy, D. (2006) *Changing Conceptions of the Child from the Renaissance to Post-Modernity: A Philosophy of Childhood*. New York: Edwin Mellen.

Kennedy, D. (2010) *Philosophical Dialogue with Children: Essays on Theory and Practice*. Lewiston, NY: Edwin Mellen.

Kennedy, D. (2011) From outer space and across the street: Matthew Lipman's double vision. *Childhood & Philosophy*, 7, 13, 49-74.

Kennedy, D. (2012) Rhizomatic Curriculum Development in Community of Philo-sophical Inquiry. In M. Santi and S. Oliverio (eds), *Educating for Complex Thinking through Philosophical Inquiry*. Naples: Liguori Editore, 231-43.

Kennedy, D. (2013) Practicing philosophy of childhood: teaching in the (r) evolutionary mode. Paper presented at the *16th ICPIC Conference* held at the University of Cape Town, 30 August-2 September.

Kennedy, D. and Kohan, W. (2008) Aión, Kairós and Chrónos: Fragments of an endless conversation on childhood, philosophy and education. *Childhood & Philosophy*, Rio de Janeiro, 4, 8. Available from: www.periodicos.proped.pro.br/index.php?journal=childhood&page=index (accessed 5 April 2012).

Kesby, M., Gwanzura-Ottemoller, F. and Chizororo, M. (2006) Theorising other, 'other childhoods': Issues emerging from work on HIV in urban and rural Zimbabwe. *Children's Geographies*, 4, 2,185-202.

Kirby, D. and Kuykendall, C. (1991) *Mind Matters; Teaching for Thinking*. Portsmouth, NH: Boynton Cook.

Kitchener, R. (1990) Do children think philosophically? *Metaphilosophy*, 21, 4, 427-8.

Kocher, L. and Pacini-Ketchabaw, V. (2011) Destabilising Binaries in Early Childhood Education: The Possibilities of Pedagogical Documentation. In A. Mander, P.A. Danaher, M.A. Tyler and W. Midgley (eds), *Beyond Binaries in Education Research*. London: Routledge, 46-59.

Kohan, W.O. (1998) What Can Philosophy and Children Offer Each Other? *Thinking, American Journal of Philosophy for Children*, 14, 4, 2-8.

Kohan, W.O. (2002) Education, philosophy and childhood: The need to think an encounter. *Thinking, American Journal of Philosophy for Children*, 16, 1, 4-11.

Kohan, W.O. (2011) Childhood, Education and Philosophy: Notes on Deterritorisation. In N. Vansieleghem and D. Kennedy (eds), Special issue: Philosophy for Children in Transition: Problems and Prospects. *Journal of Philosophy of Education*, 45, 2, 339-59.

Kohan, W.O. (2015) *Childhood, Education and Philosophy: New Ideas for an Old Relationship*. New York: Routledge.

Kohan, W.O. and Wozniak, J. (2009) Philosophy as a spiritual exercise in an adult literacy course. *Thinking, The Journal of Philosophy for Children*, 19, 4, 17-24.

Kristjansson, K. (2007) *Aristotle, Emotions*, and Education. Aldershot: Ashgate.

Kristjansson, K. (2010) *The Self and its Emotions*. Cambridge: Cambridge University Press.

Kromidas, M. (2014) The 'savage' child and the nature of race: Posthuman interventions from New York City. *Anthropological Theory*, 14, 4, 422-41.

Lakoff, G. and Johnson, M. (1980) *Metaphors We Live By*. Chicago, IL: University of Chicago Press.

Lakoff, G. and Johnson, M. (1999) *Philosophy in the Flesh: the Embodied Mind and its Challenge to Western Thought*. New York: Basic Books.

Larson, J. and Marsh, J. (2014) *Making Literacy Real, Theories and Practices for Learning and Teaching* (2nd edn). London: Sage.

Larson, M.L. and Phillips, D.K. (2013) Searching for methodology: Feminist relational materialism and the teacher-student writing conference. *Reconceptualizing Educational Research Methodology*, 4, 1, 19-34.

LaVaque-Manty, M. (2006) Kant's children. *Social Theory and Practice*, 32, 3, 365-88.

Le Grange, L. (2012) *Ubuntu, Ukama* and the healing of nature, self and society. *Educaitonal Philosophy and Theory*, 44, S2, 56-67.

Leal, F. and Shipley, P. (1992) Deep dualism. *International Journal of Applied Philosophy*; a Journal Dedicated to the Practical Applications of Philosophy (VII), 33-44.

Leeuw, K. van der (1991) *Filosoferen is een Soort Wereldverkenning; Met bijdragen van Berrie Heesen en Hans Jansen*. Tilburg: Zwijsen.

Lenz Taguchi, H. (2010) *Going Beyond the Theory/Practice Divide in Early Childhood Education*. London: Routledge Contesting Early Childhood Series.

Lenz Taguchi, H. (2012) A diffractive and Deleuzian approach to analysing interview data. *Feminist Theory*, 13, 3, 265-81.

Lenz Taguchi, H. (2013) Images of thinking in feminist materialisms: ontological divergences and the production of researcher subjectivities. *The International Journal of Qualitative Studies*, 26, 6, 706-16.

Lenz Taguchi, H. and Palmer, A. (2014) Reading a Deleuzio-Guattarian cartography of young girls' 'school-related' ill-/well-being. *Qualitative Inquiry*, 20, 6, 764–71.

Letseka, M. (2013) Understanding of African Philosophy through Philosophy for Children (P4C). *Mediterranean Journal of Social Sciences*, 4, 14, 745-53.

Lewis, D. (2001) Reading Contemporary Picturebooks: Picturing Text. London: Routledge.

Linington, V., Excell, L. and Murris, K. (2011) Education for Participatory

Democracy: a Grade R Perspective. In S. Pendlebury (ed.), Special Issue: Theorising Children's Public Participation: Cross-disciplinary perspectives and their implications for education. *Perspectives in Education*, 29, 1, 36-46.

Lipman, M. (1988) *Philosophy Goes to School*. Philadelphia, PA: Temple University Press.

Lipman, M. (1991) *Thinking in Education*. Cambridge, MA: Cambridge University Press.

Lipman, M. (1993) Developing Philosophies of Childhood. In M. Lipman (ed.), *Thinking Children and Education*. Dubuque, IA: Kendal/Hunt, 143-8.

Lipman, M. (2008) *A Life Teaching Thinking*. Montclair, CA: Institute for the Advancement of Philosophy for Children.

Lipman, M., Sharp, A.M. and Oscanyan, F.S. (1977). *Philosophy in the Classroom*. Philadelphia, PA: Temple University Press.

Lyle, S. and Bolt, A. (2013) The Impact of the Storytelling Curriculum on Literacy Development for Children Aged Six to Seven and their Teachers. *University of Wales Journal of Education*, 16, 4-20.

Lyotard, J.-F. (1992) *The Postmodern Explained to Children, Correspondence 1982-1985*; transl. by J. Pefanis and M. Thomas. London: Turnaround.

MacLure. M. (2013) Researching without representation? Language and materiality in post-qualitative methodology. Special Issue: Post-Qualitative Research. *International Journal of Qualitative Studies in Education*, 26, 6, 658–67.

MacNaughton, G. (2005) *Doing Foucault in Early Childhood Studies: Applying Poststructural Ideas*. London: Routledge.

Malaguzzi, L. (1998) History, Ideas, and Basic Philosophy: An Interview with Lella Gandini. In C. Edwards, L. Gandini, G. Forman (eds), *The Hundred Languages of Children: The Reggio Emilia approach-Advanced Reflections* (2nd edn). Westport, CT: Ablex.

Mander, A., Danaher, P.A., Tyler, M.A. and Midgley, W. (eds) (2012) *Beyond Binaries in Education Research*. London: Routledge.

Matthews, G. (1978) The Child as Natural Philosopher. In M. Lipman and A.M. Sharp (eds), *Growing up with Philosophy*. Philadelphia, PA, Temple University Press, 63-77.

Matthews, G. (1980) *Philosophy and the Young Child*. Cambridge, MA: Harvard University Press.

Matthews, G. (1984) *Dialogues with Children*. Cambridge, MA: Harvard University Press.

Matthews, G. (1993) Childhood: The Recapitulation Model. In M. Lipman (ed.), *Thinking Children and Education*. Dubuque, IA: Kendal/Hunt, 154-60.

Matthews, G. (1994) *The Philosophy of Childhood*. Cambridge, MA: Harvard University Press.

Matthews, G. (1999) *Socratic Perplexity and the Nature of Philosophy*. Oxford:

Oxford University Press.

Matthews, G. (2009) Getting beyond the Deficit Conception of Childhood: Thinking Philosophically with Children. In M. Hand and C. Winstanley (eds), *Philosophy in Schools*. London: Continuum, 27-41.

Maybin, J. (2006) *Children's Voices: Talk, Knowledge and Identity*. Basingstoke: Palgrave McMillan.

Mazzei, L.A. (2013) A voice without organs: interviewing in posthumanist research, *International Journal of Qualitative Studies in Education*, 26, 6, 732-40.

McGowan Tress, D. (1998) Aristotle's Children. In S.M.Turner and G.B. Matthews (eds), *The Philosophers Child: Critical Essays in the Western Tradition*. Rochester, NY: University of Rochester Press, 19-45.

McKee, D. (1978) *Tusk Tusk*. London: Andersen.

Mercon, J. and Armstrong, A. (2011) Transindividuality and Philosophical Enquiry in Schools: A Spinozist Perspective. In N. Vansieleghem and D. Kennedy (eds), Philosophy for Children in Transition: Problems and Prospects. Special Issue: *Journal of Philosophy of Education*, 45, 2, 82-96.

Miller, A. (2015) Losing Animals: Ethics and care in a Pedagogy of Recovery. In N. Snaza and J. Weaver (eds), *Posthumanism and Educational Research*. New York: Routledge, 104-18.

Miller, E. (2011) *The Giving Tree* and Environmental Philosophy: Listening to Deep Ecology, Feminism, and Trees. In P. Costello (ed.), *Philosophy in Children's Literature*. New York: Rowan and Littlefield, 251-67.

Moss, P. (2014) *Transformative Change and Real Utopias in Early Childhood Education: A story of Democracy, Experimentation and Potentiality*. London: Routledge.

Murris, K. (1992) *Teaching Philosophy with Picture Books*. London: Infonet.

Murris, K. (1993) Not Now Socrates … (Part 1) *Cogito*, 7, 3, 236-44.

Murris, K. (1994) Not Now Socrates … (Part 2) *Cogito*, 8, 1, 80-6.

Murris, K. (1997) *Metaphors of the Child's Mind: Teaching Philosophy to Young Children*. Phd Thesis, University of Hull.

Murris, K. (2000) Can Children Do Philosophy? *Journal of Philosophy of Education*, 34, 2, 261-79.

Murris, K. (2008) Philosophy with Children, the Stingray and the Educative Value of Disequilibrium. In R. Cigman and A. Davis (eds), Special issue: *Journal of Philosophy of Education*, 42, 3-4, 667-85.

Murris, K. (2009a) A Philosophical Approach to Emotions: Understanding *Love's Knowledge* through *a Frog in Love*. *Childhood and Philosophy*: the official journal of the International Council of Philosophical Inquiry with Children (ICPIC), 5, 9, 2009, 5–30. Available from: www.periodicos.proped.pro.br/index.php?journal=childhood&page=index

Murris, K. (2009b) Philosophy with Children, the Stingray and the

Educative Value of Disequilibrium. In R. Cigman and A. Davis (eds), *New Philosophies of Learning*. Oxford: Wiley/Blackwell.

Murris, K. (2011a) Epistemological orphans and childlike play with spaghetti: Philosophical conditions for transformation. *Critical and Reflective Practice in Education*, 3, 62–78. Available from: www.marjon.ac.uk/research/critic alandreflectivepracticeineducation/volume3/Murris, K. (2011b) Is Arthur's Anger Reasonable? In P. Costello (ed.), *Philosophy and Children's Literature*. New York: Rowan & Littlefield, 135-53.

Murris, K. (2012) Student teachers investigating the morality of corporal punishment in South Africa. *Ethics and Education*, 7, 1, 45-59.

Murris, K. (2013a) Reading the world, reading the word: Why *Not Now Bernard* is not a case of suicide, but self-killing. *Perspectives in Education*, 31, 4, 85-100.

Murris, K. (2013b) The Epistemic Challenge of Hearing Child's Voice. In J. Haynes and K. Murris (eds), *Child as Educator*. Special issue: *Studies in Philosophy and Education*, 32, 3, 245-59.

Murris, K. (2014a) Case Study Contribution to: J. Larson and J. Marsh (2005), *Making Literacy Real, Theories and Practices for Learning and Teaching*. London: Sage, 144-62.

Murris, K. (2014b) Corporal punishment and the pain provoked by the community of enquiry pedagogy in the university classroom. *Africa Education Review*, 11, 2, 219-35.

Murris, K. (2014c) Philosophy with children: Part of the solution to the early literacy crisis in South Africa. *European Early Education Research Journal*. Available from: http://dx.doi.org/10.1080/1350293X.2014.970856

Murris, K. (2014d) Reading philosophically in a community of enquiry: Challenging developmentality with Oram and Kitamura's *Angry Arthur*. *Children's Literature in Education*, 45, 2, 145-65.

Murris, K. (2015a) School ethics with student teachers in South Africa: an innovative educational response to violence and authoritarianism. *International Handbook on Alternative Education*. Basingstoke: Palgrave.

Murris, K. (2015b) The Philosophy for Children Curriculum: Resisting 'teacher proof' texts and the formation of the ideal philosopher child. *Studies in Philosophy and Education*. Available from: DOI 10.1007/s11217-015-9466-3.

Murris, K. (2015c) Posthumanism, philosophy with children and Anthony Browne's *Little Beauty*. *Bookbird: A Journal of International Children's Literature*, 53, 2, 59-65.

Murris, K. and Haynes, J. (2002) *Storywise: Thinking through Stories*. Newport, NSW: Dialogue Works.

Murris, K. and Ranchod, V. (2015) Opening up a philosophical space in early literacy with *Little Beauty* by Anthony Browne and the movie *King Kong*. *Reading & Writing*, 6, 1, Art. #69, 10 pages. Available from: http://dx.doi.

org/10.4102/rw.v6i1.69

Murris, K. and Verbeek, C. (2014) A foundation for foundation phase teacher education: making wise educational judgements. *South African Journal of Childhood Education*, 4, 2, 1-17.

Narey, M. (2009) *Making Meaning: Constructing Multimodal Perspectives of Language, Literacy and Learning through Arts-Based Early Childhood Education*. Dordrecht: Springer.

National Education Evaluation and Development Unit (NEEDU) (2013) *The State of Literacy Teaching and Learning in the Foundation Phase*. National Report 2012. Available from: www.politicsweb.co.za (accessed 3 May 2013).

Nikolajeva, M. (2010). *Power, Voice and Subjectivity in Literature for Young Readers*. New York: Routledge.

Nikolajeva, M. and Scott, C. (2000). The dynamics of picturebook communication. *Children's Literature in Education*, 31, 225-39.

Nikolajeva, M. and Scott, C. (2006) *How Picturebooks Work*. London: Routledge.

Nodelman P. (1988) *Words about Pictures: The Narrative Art of Children's Picture Books*. Athens, GA: University of Georgia Press.

Nolan, A. and Kilderry, A. (2010) Postdevelopmentalism and Professional Learning: Implications for Understanding the Relationship between Play and Pedagogy. In L. Brooker and S. Edwards (eds), *Engaging Play*. Maidenhead: Open University Press, 108-22.

Odegard, N. (2012) When matter comes to matter-working pedagogically with junk materials. *Education Inquiry*, 3, 3, 387-400.

Olsson, L.M. (2009) *Movement and Experimentation in Young Children's Learning: Deleuze and Guattari in Early Childhood Education*. London: Routledge.

Olsson, L.M. and Theorell, E. (2014) Affective/Effective Reading and Writing through Real Virtualities in a Digitized Society. In M.N. Bloch, B.B. Swadener and G.S. Cannella (eds), *Reconceptualizing Early Childhood Care & Education. A Reader*. New York: Peter Lang, 216-33.

Osberg, D. and Biesta, G. (2007) Beyond presence: Epistemological and pedagogical implications of 'strong' emergence. *Interchange*, 38(1), 31-51.

Pacini-Ketchabaw, V. and Nxumalo, F. (2014). Posthumanist Imaginaries for Decolon-izing Early Childhood Praxis. In M.N. Bloch, B.B. Swadener and G.S. Cannella (eds), *Reconceptualizing Early Childhood Care & Education*. New York: Peter Lang, 131-43.

Paley, V.G. (1997) *The Girl with the Brown Crayon: How Children Use Stories to Shape their Lives*. Cambridge, MA: Harvard University Press.

Palmer, A. (2011) How many sums can I do'? Performative strategies and diffractive thinking as methodological tools for rethinking mathematical subjectivity. *Reconceptualizing Educational Research Methodology*, 1, 1, 3-18.

Pandya, J.Z. and Avila, J. (eds) (2014) *Moving Critical Literacies Forward: A New Look at Praxis across Contexts*. New York: Routledge.

Pedersen, H. (2013) Follow the Judas sheep: materializing post-qualitative methodology in zooethnographic space. *International Journal of Qualitative Enquiry in Education*, 26, 6, 717-31.

Penn, H. (2005) *Unequal Childhoods: Young Children's Lives in Poor Countries*. London: Routledge.

Peters, P. (2004) Education and the Philosophy of the Body: Bodies of Knowledge and Knowledges. In L. Bresler (ed.), *Knowing Bodies: Moving Minds: Towards Embodied Teaching and Learning*. Dordrecht: Kluwer Academic, 13-29.

Peters, R.S. (1966) *Ethics and Education*. London: George Allen & Unwin.

Petersen, K.S. (2014) Interviews as intraviews: A hand puppet approach to studying processes of inclusion and exclusion among children in kindergarten. *Reconceptualising Educational Research Methodology*, 5, 1, 32-45.

Pretorius, E.J. (2014) Supporting transition or playing catch-up in Grade 4? Implications for standards in education and training. *Perspectives in Education*, 42, 1, 51-76.

Rabinovitch, D. (2003) Author of the Month Anthony Browne, *The Guardian*, 27 August. Available from: www.theguardian.com/books/2003/aug/27/booksforchildrenandteenagers.shopping (accessed 20 December 2013).

Radeva, M. (2011) The Giving Tree, Women, and the Great Society. In P. Costello (ed.), *Philosophy in Children's Literature*. New York: Rowan and Littlefield, 267-85.

Rinaldi, C. (2001) Documentation and Assessment: What is the Relationship? In Project Zero *Making Learning Visible: Children as Individual and Group Learners*. Reggio Emilia: Reggio Children.

Rinaldi, C. (2006) *In Dialogue with Reggio Emilia: Listening, Researching and Learning*. London: Routledge Contesting Early Childhood Series.

Rollins, M. (1996) Epistemological considerations for the community of inquiry. *Thinking, American Journal of Philosophy for Children*, 12, 2, 31-40.

Rorty, R. (1980) *Philosophy and the Mirror of Nature*. Oxford: Blackwell.

Rotas, A. (2015) Ecologies of Practice: Teaching and Learning against the Obvious. In N. Snaza and J. Weaver (eds), *Posthumanism and Educational Research*. New York: Routledge, 91-104.

Russell, B. (1970) *Geschiedenis der Westerse Wijsbegeerte; in verband met politieke en sociale omstandigheden van de oudste tijden tot heden; derde druk*. Wassenaar: Servire.

Russell, B. (1982) *The Problems of Philosophy* (10th edn). Oxford: Oxford University Press.

Scarpa, S. (2012) Corporeity and Human Movement in Philosophical Dialogue.

In M. Santi and S. Oliverio (eds), *Educating for Complex Thinking through Philosophical Inquiry*. Naples: Liguori Editore, 244-55.

Sehgal, M. (2014) Diffractive propositions: Reading Alfred North Whitehead with Donna Haraway and Karen Barad. *Parallax*, 20, 3, 188-201.

Sellers. M. (2013) *Young Children Becoming Curriculum: Deleuze, Te Whariki and Curricular Understandings*. London: Routledge Contesting Early Childhood Series.

Semetsky, I. (2006) *Deleuze, Education and Becoming. Educational Futures: Rethinking Theory and Practice*. Rotterdam: Sense.

Sendak, M. (1963) *Where The Wild Things Are*. London: Bodley Head.

Serafini, F. (2009) Understanding Visual Images in Picturebooks. In J. Evans (ed.), *Talking Beyond the Page: Reading and Responding to Picturebooks*. London: Routledge, 10-25.

Short, K. (2011) Reading Literature in Elementary Classrooms. In S. Wolf, K. Coats, P. Enciso and C. Jenkins (eds), *Handbook of Research on Children's and Young Adult Literature*. London: Routledge, 48-63.

Shotwell, A. (2011) *Knowing Otherwise: Race, Gender, and Implicit Understanding*. Pennsylvania, PA: Pennsylvania State University Press.

Silverstein, S. (1964/1992) *The Giving Tree*. New York: Harper Collins.

Silverstein, S. (2006) *Arbor Alma: The Giving Tree in Latin*. Wauconda, IL: Bolcazy-Carducci.

Simon, J. (1998) Jean-Jacques Rousseau's children. In S.M. Turner and G.B. Matthews (eds), *The Philosophers Child: Critical Essays in the Western Tradition*. Rochester, NY, University of Rochester Press, 105-21.

Simon, J. (2015) Distributed Epistemic Responsibility in a Hyperconnected Era. In L. Floridi (ed.), *The Onlife Manifesto*. DOI 10.1007/978-3-319-04093-6-17.

Sinha, S. (2010) Dialogue as a site of transformative possibility. *Studies in Philosophy and Education*, 29, 5, 459-75.

Sipe, L.R. (1998) How picture books work: A semiotically framed theory of text-picture relationships. *Children's Literature in Education*, 29, 2, 97-108.

Sipe, L.R. (2012) Revisiting the relationships between text and pictures. *Children's Literature in Education*, 43, 4-12.

Snaza, N. and Weaver, J. (2015) *Posthumanism and Educational Research*. New York: Routledge.

Soudien, C. (2007) The 'A' factor: Coming to terms with the question of legacy in South African education. *International Journal of Educational Development* 27, 2, 182-93.

Soundy C.S. and Drucker M.F. (2010) Picture partners: A co-creative journey into visual literacy. *Early Childhood Education Journal*, 37, 447-60.

Souto-Manning, M. (2012) Publishers in the Mix: Examining Literacy Curricula. In N. File, J. Mueller and D. Basler Wisneski (eds), *Curriculum in Early*

Childhood Education: Re-examined, Rediscovered, Renewed. New York: Routledge, 160-72.

Splitter, L.J. (2000) Concepts, communities and the tools for good thinking. *Inquiry: Critical Thinking across the Disciplines*, 19, 2, 11-26.

Splitter, L.J. and Sharp, A.-M. (1995) *Teaching for Better Thinking: The Classroom Community of Enquiry*. Melbourne: ACER.

Stables, A. (2008) *Childhood and the Philosophy of Education: An Anti-Aristotelian Perspective*. London: Continuum Studies in Educational Research.

Stanley, S. (2004) *But Why?: Developing Thinking in the Classroom*. Stafford: Network Educational Press.

Stanley, S. (2012) *Why Think? Philosophical Play from 3-11*. London: Continuum.

Steiner, G. (1993) *Memento*; George Steiner in an interview with Joan Bakewell. Broadcast by UK Channel Four, 13 May 1993.

Stephens, J. (2014) Editorial. *International Research in Children's Literature*, 7, 2, v–ix.

Stremmel, A.J. (2012) A Situated Framework: The Reggio Experience. In N. File, J. Mueller and D. Basler Wisneski (eds), *Curriculum in Early Childhood Education: Re-examined, Rediscovered, Renewed*. New York: Routledge, 133-46.

Sutherland, P. (1992) *Cognitive Development Today; Piaget and his Critics*. London: Paul Chapman.

Taylor, A. (2013) *Reconfiguring the Natures of Childhood*. London: Routledge Contesting Early Childhood Series.

Taylor, C. (1995) Overcoming Epistemology. *In Philosophical Arguments*. Cambridge, MA: Harvard University Press.

Taylor, N. (2014) Thinking, Language and Learning in Initial Teacher Education. Presentation to the seminar *Academic Depth and Rigour in ITE*, 30-31 October 2014, University of the Witwatersrand.

Teale, W., Hoffman, J.L. and Paciga, K.A. (2013) What Do Children Need to Succeed in Early Literacy-And Beyond? In K. Goodman, R. Calfee and Y. Goodman (eds), *Whose Knowledge Counts in Government Literacy Policies?* New York: Routledge.

Thiele, K. (2014) Ethos of diffraction: New paradigms for a (post) humanist ethics. *Parallax*, 20, 3, 202–16.

Thomas, C. and Thomson, I. (2015) Heidegger's *Contributions to Education (From Thinking)*. Chiasma: A Site for Thought, 2, 96-108.

Thomson, P. (2008) Children and Young People: Voices in Visual Research. In P. Thomson (ed.), *Doing Visual Research with Young Children and Young People*. London: Routledge, 1–21.

Turner, S. and Matthews, G. (eds) (1998) *The Philosopher's Child: Critical Essays in the Western Tradition*. Rochester, NY: Rochester University Press.

Twum-Danso, A. (2005). The Political Child. In A. McIntyre (ed.), *Invisible Stakeholders-Children and War in Africa*. Pretoria: Institute for Security Studies.
Van der Tuin, I. (2011) A different starting point, a different metaphysics: Reading Bergson and Barad diffractively. *Hypatia*, 26, 1, 22-42.
Vansieleghem, N. (2006) Listening to dialogue. *Studies in Philosophy and Education*, 25, 175-90.
Vecchi, V. (2010). *Art and Creativity in Reggio Emilia: Exploring the Role and Potential of Ateliers in Early Childhood education*. London: Routledge.
Verbeek, D.C. (2010). *Teaching Reading for Meaning?: A Case Study of the Initial Teaching of Reading in a Mainstream South African School*. Dissertation submitted in fulfilment of the requirements of the degree Doctor of Philosophy, University of KwaZulu-Natal, Pietermaritzburg, South Africa.
Walkerdine, V. (1984) Developmental Psychology and the Child-centred Pedagogy. In J. Henriques, W. Holloway, C. Unwin, C. Venn and V. Walkerdine (eds), *Changing the Subject: Psychology, Social Regulation and Subjectivity*. London and New York: Routledge, 148-98.
Wells, K. (2009) *Childhood in Global Perspective*. Cambridge: Polity.
White, J. (1992) The Roots of Philosophy. In A.P. Griffiths (ed.), *The Impulses to Philosophize*. Cambridge: Cambridge University Press, 73-88.
Whitfield P. (2009) The Heart of the Arts: Fostering Young Children's Ways of Knowing. In M.J. Narey (ed.), *Making Meaning: Constructing Multimodal Perspectives of Language, Literacy, and Learning through Arts-based Early Childhood Education*. New York: Springer, 153-65.
Wittgenstein, L. (1971) *Philosophische Untersuchungen*. Frankfurt am Main: Suhrkamp.
Wood, D., Bruner, J. and Ross, G. (1976). The role of tutoring in problem-solving. *Journal of Psychology and Psychiatry*, 17, 89-100.
Young-Bruehl, E. (2013) *Childism: Confronting Prejudice against Children*. Yale, CT: Yale University Press.
Zipes, J. (2006) *Fairy Tales and the Art of Subversion* (2nd edn). New York: Routledge.

용어 정리

A
a/effect 감응/영향
agency 행위주체성
agent 행위주체(자)
agential realism 행위적 실재론
agential cut 행위주체적 절단
apparatus 장치

B
becoming 생성/되기
binary 이원화/이분화/이항분리/이분법
body 신체
bodymind 신체정신
bodymindmatter 신체정신물질
body without Organs 기관 없는 신체

C
child 어린이/아이/아동
childism 아동주의
child as resilient 유연한 어린이
child as resourceful 잠재력있는 어린이
child as rich 유능한 어린이
childhood educator 유아교육자/유아교사
childhood studies courses 아동 연구 코스
common knowledge 일반적 지식
common world 공동 세계
community of enquiry pedagogy 탐구공동체 페다고지
concept 개념
conception 개념작용
connection 접속/연결

D
decentred 탈중심화된/탈중심적인
differentiation 차이화

diffraction 회절
diffractive methodology 회절적 방법론
diffractive pause 회절적 일시정지
discursive practice 담론적 실천/실제
dualism 이원론

E
educational transformation 교육 변화
embodied 체화된/체현된
(e)merge (발현)병합하다
enactment 집행, 실행
encounter 만남, 마주침
essence 본질
entity 실체
enquiry 탐구
(en)tanglement (뒤)얽힘
epistemic injustice 인식론적 불평등

F
figuration 형상화
fool 바보광대

H
hermeneutical injustice 해석의 불평등
human 인간
human animal(s) 인간 동물(들)
humanism 휴머니즘

I
identity 정체성
(in)determinate (비)확정적
individualism 개체주의
indivi-dual 개체, 개별체
indivi-dualistic 개체-이원(론)적인
Indivi-dualism 개체-이원론
inhuman 비인간
intelligible world 가지계, 플라톤의 이데아 세계
inter-activity 상호-활동

intra-view 내부-관점
intra-action 내부작용
intra-activity 내부-활동
intra-actional 내부-행위적
intra-vention 내부-중재
intensity 강도

K
knower 인식자/지식자

L
labyrinth 미궁
learning 배움/학습
Listening without Organs 기관 없는 듣기
literacy 문해, 문해성

M
mangle 뭉개진
maze 미로
material 물질
materialize 물질화하다, 구체화하다, 구현하다
materialdiscursive 물질담론(의)
matter 질료/물질, 중요하다. 물질화하다
metaphor 메타포
mind 정신/마음
multiplicity 다양체, 다수성

N
natureculture 자연문화
nature/culture 자연/문화
inhuman 비인간
nonhuman 인간 아님
non-human 인간-아닌
non-indivi-dualised 개체-이원회되지-않은

O
object 객체/대상(물), 사물
ontoepistemology 존재인식론

otherness 타자성

P
pedagogical documentation 교육적 기록작업
pedagogy 페다고지, 교육
performativity 수행성
philosophy enquiry community 철학탐구공동체
philosophy with children 어린이와 함께하는 철학/어린이와 함께 철학하기
philosophy with picturebooks 그림책과 함께하는 철학/그림책과 함께 철학하기
position 위치
positioning 위치 짓기
post-humanism 포스트-휴머니즘
practice 실제/실천
property 속성
provocation 촉발/촉발제

R
rhizomatic curriculum 리좀 교육과정
real 진짜, 실재의
realism 실재론
reality 실재/현실
reciprocal 교호적
reflection 반성
relational materialism 관계적 물질주의
relational materialist 관계적 물질주의자
representation 재현/표상
representationalism 재현주의
re-presenting 재-현하는
response-able 반응/응답할 수 있는
response-ability 반응-능력

S
singularity 특이성
signification 의미작용
social constructionist 사회구성론자
social constructivists 사회적 구성주의자
subjectification 주체화

superposition 중첩

T
tanglement 얽힘
testimonial injustice 진술의 불평등
text 텍스트
thinker 사유자
thinking 사유/사고
transcultural 문화횡단적
transcorporeal 신체를 횡단하는
transformation 변형/변화
turn 전회/전환

U
uniqueness 독특성

삶의 행복을 꿈꾸는 교육은 어디에서 오는가?

● 교육혁명을 앞당기는 배움책 이야기 혁신교육의 철학과 잉걸진 미래를 만나다!

한국교육연구네트워크 총서

01	핀란드 교육혁명	한국교육연구네트워크 엮음 | 320쪽 | 값 18,000원
02	일제고사를 넘어서	한국교육연구네트워크 엮음 | 284쪽 | 값 13,000원
03	새로운 사회를 여는 교육혁명	한국교육연구네트워크 엮음 | 380쪽 | 값 17,000원
04	교장제도 혁명	한국교육연구네트워크 엮음 | 268쪽 | 값 14,000원
05	새로운 사회를 여는 교육자치 혁명	한국교육연구네트워크 엮음 | 312쪽 | 값 15,000원
06	혁신학교에 대한 교육학적 성찰	한국교육연구네트워크 엮음 | 308쪽 | 값 15,000원
07	진보주의 교육의 세계적 동향	한국교육연구네트워크 엮음 | 324쪽 | 값 17,000원
08	더 나은 세상을 위한 학교혁명	한국교육연구네트워크 엮음 | 404쪽 | 값 21,000원
09	비판적 실천을 위한 교육학	이윤미 외 지음 | 448쪽 | 값 23,000원
10	마을교육공동체운동: 세계적 동향과 전망	심성보 외 지음 | 376쪽 | 값 18,000원
11	학교 민주시민교육의 세계적 동향과 과제	심성보 외 지음 | 308쪽 | 값 16,000원
12	학교를 민주주의의 정원으로 가꿀 수 있을까?	성열관 외 지음 | 272쪽 | 값 16,000원
13	교육사상가의 삶과 사상 -서양 편 1	심성보 외 지음 | 420쪽 | 값 23,000원
14	교육사상가의 삶과 사상 -서양 편 2	김누리 외 지음 | 432쪽 | 값 25,000원
15	사교육 해방 국민투표	이형빈·송경원 지음 | 260쪽 | 값 17,000원
16	유토피아 교육학	심성보 지음 | 460쪽 | 값 27,000원

한국교육연구네트워크 번역 총서

01	프레이리와 교육	존 엘리아스 지음 | 한국교육연구네트워크 옮김 | 276쪽 | 값 14,000원
02	교육은 사회를 바꿀 수 있을까?	마이클 애플 지음 | 강희룡·김선우·박원순·이형빈 옮김 | 356쪽 | 값 16,000원
03	비판적 페다고지는 세상을 변화시킬 수 있는가?	Seewha Cho 지음 | 심성보·조시화 옮김 | 280쪽 | 값 14,000원
04	마이클 애플의 민주학교	마이클 애플·제임스 빈 엮음 | 강희룡 옮김 | 276쪽 | 값 14,000원
05	21세기 교육과 민주주의	넬 나딩스 지음 | 심성보 옮김 | 392쪽 | 값 18,000원
06	세계교육개혁 민영화 우선인가 공적 투자 강화인가?	린다 달링-해먼드 외 지음 | 심성보 외 옮김 | 408쪽 | 값 25,000원
07	콩도르세, 공교육에 관한 다섯 논문	니콜라 드 콩도르세 지음 | 이주환 옮김 | 300쪽 | 값 16,000원
08	학교를 변론하다	얀 마스켈라인·마틴 시몬스 지음 | 윤선인 옮김 | 252쪽 | 값 15,000원
09	존 듀이와 교육	짐 개리슨 외 지음 | 심성보 외 옮김 | 376쪽 | 값 19,000원
10	진보주의 교육운동사	윌리엄 헤이스 지음 | 심성보 외 옮김 | 324쪽 | 값 18,000원
11	사랑의 교육학	안토니아 다더 지음 | 심성보 외 옮김 | 412쪽 | 값 22,000원
12	다시 읽는 민주주의와 교육	존 듀이 지음 | 심성보 옮김 | 620쪽 | 값 32,000원
13	세계의 대안교육	넬 나딩스·헬렌 리즈 엮음 | 심성보 외 11인 옮김 | 652쪽 | 값 38,000원

미래 100년을 향한 새로운 교육
혁신교육을 실천하는 교사들의 필독서

● 비고츠키 선집 발달과 협력의 교육학 어떻게 읽을 것인가?

01	생각과 말	L.S. 비고츠키 지음 ǀ 배희철·김용호·D. 켈로그 옮김 ǀ 690쪽 ǀ 값 33,000원
02	도구와 기호	비고츠키·루리야 지음 ǀ 비고츠키 연구회 옮김 ǀ 336쪽 ǀ 값 16,000원
03	어린이 자기행동숙달의 역사와 발달 I	L.S. 비고츠키 지음 ǀ 비고츠키 연구회 옮김 ǀ 564쪽 ǀ 값 28,000원
04	어린이 자기행동숙달의 역사와 발달 II	L.S. 비고츠키 지음 ǀ 비고츠키 연구회 옮김 ǀ 552쪽 ǀ 값 28,000원
05	어린이의 상상과 창조	L.S. 비고츠키 지음 ǀ 비고츠키 연구회 옮김 ǀ 280쪽 ǀ 값 15,000원
06	성장과 분화	L.S. 비고츠키 지음 ǀ 비고츠키 연구회 옮김 ǀ 308쪽 ǀ 값 15,000원
07	연령과 위기	L.S. 비고츠키 지음 ǀ 비고츠키 연구회 옮김 ǀ 336쪽 ǀ 값 17,000원
08	의식과 숙달	L.S 비고츠키 ǀ 비고츠키 연구회 옮김 ǀ 348쪽 ǀ 값 17,000원
09	분열과 사랑	L.S. 비고츠키 지음 ǀ 비고츠키 연구회 옮김 ǀ 260쪽 ǀ 값 16,000원
10	성애와 갈등	L.S. 비고츠키 지음 ǀ 비고츠키 연구회 옮김 ǀ 268쪽 ǀ 값 17,000원
11	흥미와 개념	L.S. 비고츠키 지음 ǀ 비고츠키 연구회 옮김 ǀ 408쪽 ǀ 값 21,000원
12	인격과 세계관	L.S. 비고츠키 지음 ǀ 비고츠키 연구회 옮김 ǀ 372쪽 ǀ 값 22,000원
13	정서 학설 I	L.S. 비고츠키 지음 ǀ 비고츠키 연구회 옮김 ǀ 584쪽 ǀ 값 35,000원
14	정서 학설 II	L.S. 비고츠키 지음 ǀ 비고츠키 연구회 옮김 ǀ 480쪽 ǀ 값 35,000원
15	심리학 위기의 역사적 의미	L.S. 비고츠키 지음 ǀ 비고츠키 연구회 옮김 ǀ 556쪽 ǀ 값 38,000원

비고츠키와 인지 발달의 비밀	A.R. 루리야 지음 ǀ 배희철 옮김 ǀ 280쪽 ǀ 값 15,000원
비고츠키의 발달교육이란 무엇인가?	비고츠키교육학실천연구모임 지음 ǀ 412쪽 ǀ 값 21,000원
비고츠키 철학으로 본 핀란드 교육과정	배희철 지음 ǀ 456쪽 ǀ 값 23,000원
비고츠키와 마르크스	앤디 블런던 외 지음 ǀ 이성우 옮김 ǀ 388쪽 ǀ 값 19,000원
수업과 수업 사이	비고츠키 연구회 지음 ǀ 196쪽 ǀ 값 12,000원
관계의 교육학, 비고츠키	진보교육연구소 비고츠키교육학실천연구모임 지음 ǀ 300쪽 ǀ 값 15,000원
교사와 부모를 위한 발달교육이란 무엇인가?	현광일 지음 ǀ 380쪽 ǀ 값 18,000원
비고츠키 생각과 말 쉽게 읽기	진보교육연구소 비고츠키교육학실천연구모임 지음 ǀ 316쪽 ǀ 값 15,000원
교사와 부모를 위한 비고츠키 교육학	카르포프 지음 ǀ 실천교사번역팀 옮김 ǀ 308쪽 ǀ 값 15,000원
레프 비고츠키	르네 반 데 비어 지음 ǀ 배희철 옮김 ǀ 296쪽 ǀ 값 21,000원

혁신학교	성열관·이순철 지음	224쪽	값 12,000원
행복한 혁신학교 만들기	초등교육과정연구모임 지음	264쪽	값 13,000원
서울형 혁신학교 이야기	이부영 지음	320쪽	값 15,000원
혁신교육, 철학을 만나다	브렌트 데이비스·데니스 수마라 지음	현인철·서용선 옮김	304쪽	값 15,000
대한민국 교사, 어떻게 가르칠 것인가?	윤성관 지음	320쪽	값 15,000원
아이들을 어떻게 가르칠 것인가	사토 마나부 지음	박찬영 옮김	232쪽	값 13,000원
모두를 위한 국제이해교육	한국국제이해교육학회 지음	364쪽	값 16,000원
경쟁을 넘어 발달 교육으로	현광일 지음	288쪽	값 14,000원
혁신교육 존 듀이에게 묻다	서용선 지음	292쪽	값 16,000원
다시 읽는 조선교육사	이만규 지음	750쪽	값 37,000원
교실 속으로 간 이해중심 교육과정(개정판)	온정덕 외 지음	216쪽	값 15,000원
대한민국 교육혁명	교육혁명공동행동 연구위원회 지음	224쪽	값 12,000원
포스트 코로나 시대의 교육	성열관 외 지음	224쪽	값 15,000원
내일 수업 어떻게 하지?	아이함께 지음	300쪽	값 15,000원
핀란드 교육의 기적	한넬레 니에미 외 엮음	장수명 외 옮김	456쪽	값 23,000원
한국 교육의 현실과 전망	심성보 지음	724쪽	값 35,000원
독일의 학교교육	정기섭 지음	536쪽	값 29,000원
교실 속으로 간 이해중심 통합교육과정	온정덕 외 지음	224쪽	값 15,000원
초등 백워드 교육과정 설계와 실천 이야기	김병일 외 지음	352쪽	값 19,000원
학습격차 해소를 위한 새로운 도전 보편적 학습설계 수업	조윤정 외 지음	240쪽	값 15,000원

● **경쟁과 차별을 넘어 평등과 협력으로 미래를 열어가는 교육 대전환!** 혁신교육 현장 필독서

학교의 미래, 전문적 학습공동체로 열다	새로운학교네트워크·오윤주 외 지음	276쪽	값 16,000원
마을교육공동체 생태적 의미와 실천	김용련 지음	256쪽	값 15,000원
학교폭력, 멈춰!	문재현 외 지음	348쪽	값 15,000원
학교를 살리는 회복적 생활교육	김민자·이순영·정선영 지음	256쪽	값 15,000원
삶의 시간을 잇는 문화예술교육	고영직 지음	292쪽	값 18,000원
미래교육을 디자인하는 학교교육과정	박승열 외 지음	348쪽	값 18,000원
코로나 시대, 마을교육공동체운동과 생태적 교육학	심성보 지음	280쪽	값 17,000원
혐오, 교실에 들어오다	이혜정 외 지음	232쪽	값 15,000원
수업, 슬로리딩과 함께	박경숙 외 지음	268쪽	값 15,000원
물질과의 새로운 만남	베로니카 파치니-케처바우 외 지음	이연선 외 옮김	218쪽	값 15,000원

그림책으로 만나는 인권교육	강진미 외 지음 ǀ 272쪽 ǀ 값 18,000원
수업 고수들 수업·교육과정·평가를 말하다	박현숙 외 지음 ǀ 368쪽 ǀ 값 17,000원
아이들의 배움은 어떻게 깊어지는가	이시이 준지 지음 ǀ 방지현·이창희 옮김 ǀ 200쪽 ǀ 값 11,000원
미래, 공생교육	김환희 지음 ǀ 244쪽 ǀ 값 15,000원
들뢰즈와 가타리를 통해 유아교육 읽기	리세롯 마리엣 올슨 지음 ǀ 이연선 외 옮김 ǀ 328쪽 ǀ 값 17,000원
혁신고등학교, 무엇이 다른가?	김현자 외 지음 ǀ 344쪽 ǀ 값 18,000원
시민이 만드는 교육 대전환	심성보·김태정 지음 ǀ 248쪽 ǀ 값 15,000원
평화교육 과거, 현재 그리고 미래를 그리다	모니샤 바자즈 외 지음 ǀ 권순정 외 옮김 ǀ 268쪽 ǀ 값 18,000원
마을교육공동체란 무엇인가?	서용선 외 지음 ǀ 360쪽 ǀ 값 17,000원
강화도의 기억을 걷다	최보길 지음 ǀ 276쪽 ǀ 값 14,000원
체육 교사, 수업을 말하다	전용진 지음 ǀ 304쪽 ǀ 값 15,000원
평화의 교육과정 섬김의 리더십	이준원·이형빈 지음 ǀ 292쪽 ǀ 값 16,000원
마을로 걸어간 교사들, 마을교육과정을 그리다	백윤애 외 지음 ǀ 336쪽 ǀ 값 16,000원
혁신교육지구와 마을교육공동체는 어떻게 만들어지는가?	김태정 지음 ǀ 376쪽 ǀ 값 18,000원
서울대 10개 만들기	김종영 지음 ǀ 348쪽 ǀ 값 18,000원
선생님, 통일이 뭐예요?	정경호 지음 ǀ 252쪽 ǀ 값 13,000원
10년 후 통일	정동영 지음 ǀ 328쪽 ǀ 값 15,000원
함께 배움 학생 주도 배움 중심 수업 이렇게 한다	니시카와 준 지음 ǀ 백경석 옮김 ǀ 280쪽 ǀ 값 15,000원
다정한 교실에서 20,000시간	강정희 지음 ǀ 296쪽 ǀ 값 16,000원
즐거운 세계사 수업	김은석 지음 ǀ 328쪽 ǀ 값 13,000원
학교를 개선하는 교장 지속가능한 학교 혁신을 위한 실천 전략	마이클 풀란 지음 ǀ 서동연·정효준 옮김 ǀ 216쪽 ǀ 값 13,000원
선생님, 민주시민교육이 뭐예요?	염경미 지음 ǀ 244쪽 ǀ 값 15,000원
교육혁신의 시대 배움의 공간을 상상하다	함영기 외 지음 ǀ 264쪽 ǀ 값 17,000원
도덕 수업, 책으로 묻고 윤리로 답하다	울산도덕교사모임 지음 ǀ 320쪽 ǀ 값 15,000원
교육과 민주주의	필라르 오카디즈 외 지음 ǀ 유성상 옮김 ǀ 420쪽 ǀ 값 25,000원
교육회복과 적극적 시민교육	강순원 지음 ǀ 228쪽 ǀ 값 15,000원
비판적 미디어 리터러시 가이드	더글러스 켈너·제프 셰어 지음 ǀ 여은호·원숙경 옮김 ǀ 252쪽 ǀ 값 18,000원
지속가능한 마을, 교육, 공동체를 위하여	강영택 지음 ǀ 328쪽 ǀ 값 18,000원
대전환 시대 변혁의 교육학	진보교육연구소 교육과정연구모임 지음 ǀ 400쪽 ǀ 값 23,000원
교육의 미래와 학교혁신	마크 터커 지음 ǀ 전국교원양성대학교 총장협의회 옮김 ǀ 336쪽 ǀ 값 18,000원
남도 임진의병의 기억을 걷다	김남철 지음 ǀ 288쪽 ǀ 값 18,000원
프레이리에게 변혁의 길을 묻다	심성보 지음 ǀ 672쪽 ǀ 값 33,000원
다시, 혁신학교!	성기신 외 지음 ǀ 300쪽 ǀ 값 18,000원

제목	저자 정보
백워드로 설계하고 피드백으로 완성하는 성장중심평가	이형빈·김성수 지음 | 356쪽 | 값 19,000원
우리 교육, 거장에게 묻다	표혜빈 외 지음 | 272쪽 | 값 17,000원
교사에게 강요된 침묵	설진성 지음 | 296쪽 | 값 18,000원
왜 체 게바라인가	송필경 지음 | 320쪽 | 값 19,000원
풀무의 삶과 배움	김현자 지음 | 352쪽 | 값 20,000원
비고츠키 아동학과 글쓰기 교육	한희정 지음 | 300쪽 | 값 18,000원
교실을 위한 프레이리	아이러 쇼어 엮음 | 사람대사람 옮김 | 410쪽 | 값 23,000원
마을, 그 깊은 이야기 샘	문재현 외 지음 | 404쪽 | 값 23,000원
비난받는 교사	다이애나 폴레비치 지음 | 유성상 외 옮김 | 404쪽 | 값 23,000원
한국교육운동의 역사와 전망	하성환 지음 | 308쪽 | 값 18,000원
철학이 있는 교실살이	이성우 지음 | 272쪽 | 값 17,000원
왜 지속가능한 디지털 공동체인가	현광일 지음 | 280쪽 | 값 17,000원
선생님, 우리 영화로 세계시민 만나요!	변지윤 외 지음 | 328쪽 | 값 19,000원
아이를 함께 키울 온 마을은 어떻게 만들어야 할까?	차상진 지음 | 288쪽 | 값 17,000원
선생님, 제주 4·3이 뭐예요?	한강범 지음 | 308쪽 | 값 18,000원
마을배움길 학교 이야기	김명신 외 지음 | 300쪽 | 값 18,000원
다시, 남도의 기억을 걷다	노성태 지음 | 332쪽 | 값 19,000원
세계의 혁신 대학을 찾아서	안문석 지음 | 284쪽 | 값 17,000원
소박한 자율의 사상가, 이반 일리치	박홍규 지음 | 328쪽 | 값 19,000원
선생님, 평가 어떻게 하세요?	성열관 외 지음 | 220쪽 | 값 15,000원
남도 한말의병의 기억을 걷다	김남철 지음 | 316쪽 | 값 19,000원
생태전환교육, 학교에서 어떻게 할까?	심지영 지음 | 236쪽 | 값 15,000원
어떻게 어린이를 사랑해야 하는가	야누쉬 코르착 지음 | 송순재·안미현 옮김 | 408쪽 | 값 23,000원
북유럽의 교사와 교직	예스터 에크하트 라르센 외 엮음 | 유성상·김민조 옮김 | 412쪽 | 값 24,000원
산마을 너머 지금 뭐해?	최보길 외 지음 | 260쪽 | 값 17,000원
전문적 학습네트워크	크리스 브라운 외 엮음 | 성기선·문은경 옮김 | 424쪽 | 값 24,000원
초등 개념기반 탐구학습 설계와 실천 이야기	김병일 외 지음 | 380쪽 | 값 27,000원
선생님이 왜 노조 해요?	교사노동조합연맹 기획 | 324쪽 | 값 18,000원
교실을 광장으로 만들기	윤철기 외 지음 | 212쪽 | 값 17,000원
자율성과 전문성을 지닌 교사 되기	린다 달링 해몬드 외 지음 | 전국교원양성대학교총장협의회 옮김 | 412쪽 | 값 25,000원
선생님, 완벽하지 않아도 괜찮아요	유승재 지음 | 264쪽 | 값 17,000원
지속가능한 리더십	앤디 하그리브스 외 지음 | 정바울 외 옮김 | 352쪽 | 값 21,000원
남도 명량의 기억을 걷다	이돈삼 지음 | 280쪽 | 값 17,000원

제목	저자정보
교사가 아프다	송원재 지음	300쪽	값 18,000원
존 듀이의 생명과 경험의 문화적 전환	현광일 지음	272쪽	값 17,000원
왜 읽고 쓰고 걸어야 하는가?	김태정 지음	300쪽	값 18,000원
미래 교직 디자인	캐럴 G. 베이즐 외 지음	정바울 외 옮김	192쪽	값 17,000원
타일러 교육과정과 수업 설계의 기본 원리	랄프 타일러 지음	이형빈 옮김	176쪽	값 15,000원
시로 읽는 교육의 풍경	강영택 지음	212쪽	값 17,000원
부산 교육의 미래 2026	이상철 외 지음	384쪽	값 22,000원
11권의 그림책으로 만나는 평화통일 수업	경기평화교육센터·곽인숙 외 지음	304쪽	값 19,000원
명랑 10대 명량 챌린지	강정희 지음	320쪽	값 18,000원
교장이 바뀌면 학교가 바뀐다	홍제남 지음	260쪽	값 16,000원
모두 아픈 학교, 공동체로 회복하기	김성천 외 지음	276쪽	값 17,000원
교육정치학의 이론과 실천	김용일 지음	296쪽	값 18,000원
마오쩌둥의 국제정치사상	정세현 지음	332쪽	값 19,000원
교사, 깊이 있는 학습을 말하다	황철형 외 지음	214쪽	값 15,000원
더 나은 사고를 위한 교육	앤 마가렛 샤프 외 지음	김혜숙·박상욱 옮김	438쪽	값 26,000원
더 좋은 교육과정 더 나은 수업	이형빈 지음	292쪽	값 18,000원
한나 아렌트와 교육	모르데하이 고든 엮음	조나영 옮김	376쪽	값 23,000원
공동체의 힘, 작은학교 만들기	미셸 앤더슨 외 지음	권순형 외 옮김	264쪽	값 18,000원
토대역량과 사회정의	존 알렉산더 지음	유성상·이인영 옮김	324쪽	값 22,000원
마을교육, 다 함께 가치	김미연 외 지음	320쪽	값 19,000원
북한 교육과 평화통일 교육	이병호 지음	336쪽	값 22,000원
나는 어떤 특수교사인가	김동인 지음	268쪽	값 17,000원
능력주의 시대, 교육과 공정을 사유하다	한만중 외 지음	252쪽	값 17,000원
교사와 학부모, 어디로 가는가?	한만중 외 지음	252쪽	값 17,000원
프레네, 일하는 인간의 본성과 교육	셀레스텡 프레네 지음	송순재 엮음	김병호 외 옮김	564쪽	값 33,000원
지속가능한 마을교육공동체 운동	양병찬·한혜정 지음	268쪽	값 18,000원
평생학습으로 두 나라를 잇다	고바야시 분진 지음	양병찬·이정연 편역	220쪽	값 15,000원
초등 1학년 교실, 궁금하세요?	이경숙 지음	324쪽	값 19,000원
정의로운 한국사	김은석 지음	272쪽	값 17,000원
세계의 교사교육	린다 달링-해먼드·앤 리버맨 편저	전국교원양성대학교총장협의회 번역 332쪽	값 21,000원
남도 항일독립운동가의 기억을 걷다	김남철 지음	292쪽	값 19,000원
'좋아요'와 '싫어요'를 넘어	여은호·원숙경 지음	268쪽	값 18,000원
독일 정치교육	볼프강 잔더·케르스틴 폴 편저	김상무·김원태 편역, 해제	강구섭 외 공역 504쪽	값 32,000원
혁신교육과 마을교육의 도전과 전환	윤양수 지음	216쪽	값 17,000원

참된 삶과 교육에 관한
생각 줍기